★ 본서는 2007년도 문화관광부 우수학술도서로 선정되었습니다.

가정폭력범죄

그 이론과 실제 그리고 사례

김 운 회 저

Domestic Violence

Domestic Violence

BAEKSAN Publishing Co.
백산 출판사

머리말

가정은 인간사회의 가장 기본적이고 보편적인 사회체계인 만큼 가정의 건강은 바로 그 사회의 건강한 존립의 바탕이 된다. 이에 가정의 불행과 병폐는 곧바로 사회 전체의 해악이 된다. 가정폭력은 비단 피해자에게 치명적인 손상을 입혀 정상적인 생활을 할 수 없게 할 뿐만 아니라 가족 모두를 공포와 근심, 혼란과 절망 속에 빠뜨린다. 그래서 가정폭력은 엄연한 범죄행위이며 가정은 피해자들에게 빠져나갈 방법이 없는 감옥이고 지옥인 것이다. 이러한 관점에서 볼 때 가정에서 일어나는 폭력은 일반 사회에서 일어나는 여느 폭력에 비해 그 폐해가 훨씬 심각하다고 할 수 있다.

하지만 우리 사회는 가정폭력으로 인한 피해자의 고통스러운 처지에 대해 애써 무관심하였다. 그간 조직폭력이나 학교폭력과 같이 사회에서 발생하는 폭력에 대해서는 상당한 경각심을 갖고 대책을 강구하느라 부산한 움직임을 보였지만 가정 안에서 일어나는 폭력에 대해서는 대수롭지 않은 일로 여겨 사회나 국가에서도 외면하였다. 이는 오랫동안 우리 사회에 자리 잡고 있는 뿌리 깊은 가부장적 관념으로 인해 단순한 가정문제로 치부한 나머지 가급적 가정 안에서 자체적으로 해결되도록 하고 외부사람은 이에 관여하지 않는다는 생각이 지배적이었기 때문이기도 하다. 이에 따라 국가에서도 이 문제에 별다른 관심을 기울이지 않았고 특별한 문제가 없는 한 굳이 개입하지 않으려는 입장이었다. 그 결과 여성이나 아동과 같은 사회적 약자의 희생은 닫혀진 문 뒤에서 계속 될 수밖에 없었다.

최근에는 가정폭력으로 인한 가정의 해체 및 비행청소년의 증가와 함께 일가족 살해사건과 같은 끔찍한 사건들이 계속 발생하고 있다. 이에 따라 가정폭력이 이제는 국가와 사회가 그저 방관할 수 없는 심각한 사회문제로 부각되어 세계 각국에서는 이에 대한 대책을 수립하기 위해 노력을 기울이고 있다. 우리나라에서도 가정폭력에 관한 특별법이 제정되어 시행됨으로써 가정폭력에 대한 일반의 관심을 환기시키고 사회와 국가가 이에 직접 개입하기 시작하였다. 그럼에도 우리 사회에서 가정폭력이 여전히 계속 행해지고 있으며 이로 인한 피해자들의 깊은 신음 또한 계속되고 있다. 가정폭력에 관한 특별법의 제정이나 사회복지적 제도들도 선진 외국에 비해서는 아직도 한참 뒤져 있는 점을 고려하여 앞으로 이에 관한 연구와 실무적 대응책 마련이 더욱 활발히 이루어져야 할 것이다.

몇 년 전 필자는 가정폭력을 주제로 하여 박사학위 논문을 썼는데, 그 과정에서 자료부족으로 많은 어려움을 겪었다. 물론 가정폭력에 관한 특별법이 시행된 초기단계였기 때문이기도 하겠지만 이에 관한 서적이나 연구논문이 외국에 비해 상당히 부족하다는 것을 느꼈다. 촉박한 논문작성 일정으로 욕심만큼 논문을 제대로 쓰지 못하여 항상 아쉬움이 남았던 차에 모처럼 시간적 여유가 생겨 외국과 국내 자료를 수집하여 보다 체계적으로 정리해보았다. 따라서 이 책에서는 가정폭력문제에 대한 저자 개인의 시각이나 소견보다는 국내외의 여러 연구를 종합적이고 체계적으로 정리했다는 편이 더 정확한 표현일지 모르겠다.

우리나라에서 가정폭력문제가 사회 일반의 관심을 끌게 된지도 얼마 되지 않았고 이에 관한 연구 또한 많지 않은 만큼, 비록 부족한 책이지만 가정폭력을 공부하는 학생과 이와 관련된 업무에 종사하는 실무자와 자원봉사자, 그리고 특히 가정폭력에 대한 역할과 임무가 강조되고 있는 경찰관들에게 이론적 또는 실무적으로 보탬이 되었으면 하는 바람을 조심스럽게 가져본다. 그리고 건강한 가정을 소망하는 모든 이들에게도 조금이나마 도움이 되기를 기대해 본다.

5년이란 긴 세월 동안 이 책이 출간될 수 있도록 도움을 주셨던 많은 분들의 고마움을 잊을 수 없다. 특히 바쁜 공직생활에 쫓겨 그만 포기할까도 생각을 많이 했는데, 고비 때마다 격려를 해주시고 지도해주신 전북대학교 서거석 총장님과 법률문제에 대해 친히 교정해주신 법과대학의 신양균 교수님께 감사를 드린다. 그리고 어려움이 있을 때에도 옆에서 불평 한마디 없이 꿋꿋이 자리를 지키며 힘이 되어준 아내와 학업에 열중인 두 아들에게도 고마움을 전하고 싶다.

끝으로 평생을 자식들 걱정으로 고생만 하며 사시다가 큰 병을 얻어 홀연히 하늘로 가신 아버지께 생전의 불효를 용서를 빌면서 이 책을 바친다.

2007년 11월 22일

김 운 회

CONTENTS

차 례

제 1 편 가정폭력의 일반이론

제 2 편 가정폭력의 실태

제 3 편 가정폭력에 대한 통제 및 한계

제1편

가정폭력의 일반이론

제1장 가정폭력의 의의

제2장 가정폭력의 역사

제3장 가정폭력의 이론적 배경

제4장 가정폭력의 특성 및 폐해

제1장 가정폭력의 의의

Domestic Violence 가정폭력

제1절 가정폭력의 개념

최근에 우리 사회에서 가정폭력에 대한 관심이 증가하면서 이에 대한 조사와 연구가 활발하게 이루어지고 있다. 그러나 가정폭력에 대한 정의가 매우 다양하고 광범위하여 현재까지 이에 대한 합의된 개념은 없다. 이는 폭력이라는 것이 사회적 가치관에 따라 다르고 변화하는 사회·문화적 환경에 따라 달라질 수 있기 때문이다. 또한 연구자들 사이의 견해의 차이 및 관심의 방향이 다르기 때문이기도 하다. 따라서 가정폭력의 개념은 아주 넓게도 또는 아주 좁게도 정립될 수 있다. 넓게는 여성이 폭력이라고 생각하면 그것이 폭력이고 좁게는 실정법상의 범죄규정에 해당되는 경우에만 폭력이 된다고 할 수 있다.

이처럼 가정폭력에 대한 정의가 매우 다양하고 일관적인 정의를 내리기가 쉽지 않기 때문에 구체적으로 어느 정도의 행위를 폭력의 범주 속에 포함시킬 것인가가 문제가 된다. 예컨대 부부간의 말다툼이나 사소한 신체적 폭력과 자녀의 훈육과정에서 이루어지는 훈육차원의 체벌 등을 가정폭력에 포함시킬 것인가에 대해서도 논란이 있다.

1. 일반적 개념

일반적으로 폭력이란 다른 사람에게 의도적으로 행하는 물리력을 의미한다. 그리고 이러한 폭력이 1차집단인 가정에서 행해질 때, 이를 가정폭력(domestic violence)이라고 한다. 가정폭력에 있어서의 학대와 폭력은 거의 같은 의미로 사용되고 있지만, 어떤 형태의 학대는 잘못 사용되거나 불명확하게 정의될 수 있다. 폭행(assault)은 정서적·신체적 협박 또는 공격적인 행동으로 정의될 수 있다. 신체적·성적 또는 정서적 폭행 중의 어떤 패턴은 학대가 되며, 한편 보호할 책임이 있는 사람이 그가 보호하고 있는 사람에 대한 기본적인 인간욕구를 충족시켜 주지 않는 것은 방임이 된다. 구타는 가장 심각한 형태의 폭력, 즉 심각한 신체적 상해나 상해의 위험성이 있는 학대를 의미하는 것으로 여타 폭력행위와 구별된다.

그러면 폭행 중 어느 정도의 행위가 학대나 폭력에 해당되는지가 문제가 되는데, 이에 대해서는 스트라우스(M. A. Straus)가 기존의 개념적 의미로만 구분하였던 것과는 달리 현상을 보다 정확하게 진단할 수 있는 구체적인 분류기준을 제시하였다. 스트라우스는 폭력의 의도나 동기에 관계없이 상해가능성에 따라 폭력을 8가지 등급으로 나누면서 다음과 같은 행위를 폭력으로 규정하였다. 이 중에서 K에서 M까지는 가벼운 정도의 폭력으로, N에서 R까지는 심각한 정도의 폭력으로 구분하고 있다.[1]

K : 물건을 던지는 행위

L : 떠밀거나 움켜잡는 행위

M : 뺨을 때리는 행위

1) M. A. Straus, Measuring Infrafamily Conflict and Violence : The Conflict Tactics(CT) Scales, Journal of Marriage and the Family, February, 1979, pp.75~87.

N : 발로 차거나 물어뜯거나 주먹으로 때리는 행위
O : 물건으로 때리거나 때린다고 위협하는 행위
P : 계속 무차별로 때리는 행위
Q : 칼이나 망치, 도끼, 총 등으로 위협하는 행위
R : 칼이나 망치, 도끼, 총 등을 실제로 사용하여 구타하는 행위

그러나 이와 같은 스트라우스의 분류방법은 폭력의 개념 속에 신체적 폭력만을 포함시키고 정서적·언어적·성적 폭력 등은 제외되어 있음을 알 수 있다. 기존의 가정폭력에 관한 많은 연구들은 스트라우스가 제시한 8가지 등급의 신체적 폭력을 기준으로 하여 실태를 파악하고 있다. 이것은 현실적으로 가정폭력의 실태를 파악하는 데에 따르는 많은 제약 때문에 신체적 폭력만을 기준으로 한 것으로 이해가 된다. 또한 과거에는 폭력행위의 정도와 상해의 결과가 경찰이 일반적으로 그 행위가 범죄인지 아닌지를 결정하는 기준이 되었기 때문에 신체적 학대만이 가정폭력에 해당되는 것으로 보는 고전적 입장을 취했던 것이다. 하지만 이와 같은 것은 구시대적이며, 가정폭력이 피해자를 위협하고 통제하고 공포에 사로잡히게 하는 것과 같은 정신적 피해를 간과하고 있는 것이다. 가해자와 피해자의 성별과 연령에 따라서는 심리적·정서적 폭력과 유기 및 방임에 의한 폭력이 신체적 폭력보다 빈번히 사용되기도 하며, 오히려 피해자의 입장에서는 이것에 의해서 보다 큰 충격을 받는 경우도 적지 않다. 이러한 점을 감안한다면 가정폭력을 논함에 있어서 신체적 폭력만을 다루는 것은 결코 바람직하지 못하다고 할 것이다.[2)]

따라서 신체적 폭력 외에 심리적·정서적 학대도 가정폭력의 범위에 포함시켜야 할 것인바, 레만(Fredrica Lehrman)은 심리적·정서적 학대도 가정폭력의 범위에 포함시켜 범죄행위로 보이는 구체적인 유형을 다음과 같이 제시하였다.[3)]

2) 김승권/조애저, "한국 가정폭력의 개념 정립과 실태에 관한 연구", 한국보건사회연구원, 1998, 83쪽.

- Beating(계속 두드려 패기)
- Pulling Hair(머리 잡아당기기)
- Shoving(밀기)
- Striking(타격을 가하기)
- Pulling(잡아끌기)
- Punching(주먹으로 치기)
- Slapping(따귀 때리기)
- Kicking(발로차기)
- Hitting(몽둥이로 치기)
- Choking(숨막히게 하기)
- Biting(물어뜯기)
- Pointing Weapons(무기로 겨누기)
- Throwing Things(물건 던지기)
- Threatening(위협하기)
- Harassing(괴롭히기)
- Sexual Abuse(성적 학대)
- Stalking(스토킹)
- Homicide(살인)

심리학자이자 작가인 포워드(Susan Forward)도 심리적 · 정서적 학대에 주목하여 가정폭력에 대해 "공포와 굴욕감, 언어적 또는 신체적 폭행을 통해 다른 인간을 지배하고 복종시키려는 모든 행동으로서 이것은 배우자 중 한쪽이 상대방에게 가하는 체계적인 박해" 라고 표현하였다. 그녀는 특히 심리적 · 정서적 학대를 강조하였는데, 가해자는 종종 여성의 결점을 발견하고 이에 대해 가차 없는 비판을 함으로써 여성을 지치게 만든다고 하였다. 여러 유형의 학대 중에서 특히 심리적 · 정서적 학대가 잔인한 이유는 이러한 학대가 여성에게 보다 나은 인간이 되는 법을 가르치는 것으로 위장되기 때문이라고 말한다.[4] 또한 이와 같은 관점에서 섹터(Susan Schecter)와 간리(Ann Ganley)도 가정폭력에 대해 "가정폭력은 청소년이나 성인이 그들의 애인 또는 배우자에게 경제적 위협뿐 아니라 신체적 · 성적 · 심리적 공격을 포함한 폭행과 위협적인 행동을 가하는 것이다"라고 정의하였다.

이상의 이론들을 정리해 보면, 가정폭력이란 친밀한 관계에 있는 사람 사이의 폭력으로서 남녀간의 폭력뿐만 아니라 동성파트너간, 그리고 아동과 노인, 형제간의 폭력도 포함된다. 친밀한 관계는 결혼, 동거, 연인 사이의

---

3) D. K. Gosselin, Heavy Hands: an Introduction to the Crimes of Domestic Violence, Prentice-Hall Press, 2000. p. 9.

4) D. B. Berry, The Domestic Violence Sourcebook, L A : Lowell House, 2000, p. 1.

관계 등을 말하며, 더 넓게는 이혼한 배우자, 옛 연인까지도 포함된다. 친밀 관계가 있는 사람들 간의 폭력은 신체적 학대 외에 정서적 학대, 성적 학대, 스토킹까지도 포함된다. 따라서 가정폭력이라는 말은 배우자학대(spousal abuse), 부부폭력(conjugal violence), 아내학대(wife abuse), 아내구타(wife battering) 등을 의미하는 것 이외에 파트너학대(partner abuse), 아동학대(child abuse), 노인학대(elder abuse) 등까지도 포함하는 개념이다. 이것은 가정폭력이 가족뿐만 아니라 친밀한 관계에 있는 상대방에 대한 지배력, 즉 지배와 통제를 확립하기 위해서 행하는 학대적 행동패턴으로서, 부부 사이의 학대 외에 아동이나 노인에 대한 학대 등을 모두 포함한다는 것을 말한다.

이상에서 설명한 가정폭력을 학대행위의 행태와 학대대상에 따라 유형별로 분류하면 다음과 같다.5)

〈표 1-1〉 가정폭력의 유형

행태 / 대상	신체적 폭행	성적 폭행	정서적 폭행	기본욕구의 충족실패
아 동	벌주는 폭행, 또는 신체적 학대	아동 성학대	아동 심리적 폭행 또는 학대	아동방임
배우자/ 가족동반자	아내구타	배우자 강간	심리적 폭행 또는 학대	
노 인	노인 신체적 학대	노인 성학대	노인 심리적 폭행 또는 학대	노인방임

그러나 이러한 여러 유형의 학대들 간에 항상 명확한 경계선이 있는 것은 아니다. 한 가지 이상의 학대가 동시에 중첩적으로 일어나는 것이 보통이다. 예를 들면 심리적 또는 정서적 학대는 다른 형태의 학대가 있을 때

5) 알란켐프 저 / 이화여자대학교 사회사업연구회 역, 가족학대 · 가족폭력, 나남출판, 2001, 35쪽 참조.

나타나는 것이 보통이다. 그래서 일부 연구자들은 정서적 학대가 다른 모든 형태의 학대들의 기초가 되는 학대형태라고 믿는다.

2. 법적 개념

앞에서 가정폭력에 대한 일반적인 개념 정의를 하였다. 하지만 우리가 일반적으로 말하는 친밀관계, 즉 가정 내에서 일어나는 모든 학대나 폭력행위가 모두 범죄에 해당되는 것은 아니다. 이들 행위 중에서 법에서 범죄행위로 규정한 경우에만 비로소 범죄로서 처벌받게 된다. 가정폭력문제의 해결을 위하여 제정된 가정폭력범죄의처벌등에관한특례법(이하 '가정폭력특례법' 이라 한다)에서는 가정폭력을 '가정구성원 사이의 신체적·정신적 또는 재산상 피해를 수반하는 행위'라고 규정하고(제2조 제1호), 이 중에서 특별한 유형의 가정폭력만을 가정폭력범죄로 규정하고 있다(제2조 제3호).

즉 가정폭력범죄는 가정구성원 사이에 이루어진 폭력행위 중에서 법규에 의해 특별히 범죄로서 처벌되는 것으로 명시된 행위만을 의미한다.

(1) 가정폭력범죄의 대상

가정폭력범죄는 법집행을 통한 국가의 개입을 정당화시킬 정도의 배우자나 가정구성원 사이의 폭력을 말하는 것이므로 가족관계가 꼭 법적으로 인정되지 않더라도 실제로 같이 사는 관계이면 되고 현재뿐만 아니라 과거의 친밀한 관계까지도 포함해야 한다.

가정폭력특례법에서도 가정구성원의 범위를 현재의 가족관계뿐만 아니라 과거의 관계까지 포함하며 동거하는 친족까지 확대하여 이 법이 실효를 거둘 수 있도록 하였다. 즉 사실상 혼인관계에 있는 자를 포함한 배우자 또는 배우자관계에 있었던 자, 사실상의 양친자관계를 포함하여 자기 또는 배우자와 직계 존비속관계에 있거나 있었던 자, 계부모와 자의 관계 또는 적모서자의 관계에 있거나 있었던 자, 동거하는 친족관계에 있는 자를 가정구성원으로 규정하고 있다(제2조 제2호). 또한 가정폭력행위자는 가정폭력범죄를 범한 자 및 가정구성원인 공범을 의미하며(제2조 제4호), 피해자는 가정폭력으로 인하여 직접적으로 피해를 입은 자를 말한다(제2조 제5호).

여기서 폭력행위자인 가해자는 가정구성원인 공범까지를 포함하고 있으나 피해자는 직접적으로 피해를 입은 자로 한정하고 있다. 가정폭력의 유형을 아내학대, 아동학대, 노인학대로 크게 나누어 볼 때, 폭력의 현장에서 폭력장면을 목격하면서 자녀들은 이차적인 신체적 폭력의 피해자가 될 수도 있고 다른 가정구성원들은 정신적·재산적 피해자가 될 수도 있다. 따라서 피해자의 범위에 간접적인 피해자까지 포함시켜야 한다는 견해도 있다.

(2) 가정폭력범죄의 범위

가정폭력범죄의 범위를 어디까지 인정할 것인가에 관하여는, 가정폭력특례법에서 불법성이 중한 행위들을 유형화하여 가정폭력범죄로서 별도로 열거하고 있다. 동법에서는 가정 내에서 발생하는 모든 폭력 중에서 형법 및 특별법상의 일정한 범죄유형에 해당되는 폭력행위만을 가정폭력범죄에 포함시켜 처벌대상으로 하고 있다. 따라서 가정폭력범죄는 일반적인 가정폭력 중에서 형법상의 상해, 폭행, 유기, 학대, 아동혹사, 체포, 감금, 협박, 명예훼손, 모욕, 주거 및 신체수색, 강요, 공갈, 재물손괴와 아동복지법에서 규정하고 있는 아동보호의무를 위반한 행위까지도 포함하고 있다(제2조 제3호).

가정폭력특례법에 규정되어 있는 가정폭력범죄에 해당되는 구체적인 행위들을 살펴보면 다음과 같다.

① 가정구성원의 신체에 대하여 폭행 및 상해를 가하는 행위가 해당된다. 이와 같은 행위는 형법의 상해와 폭행의 죄 중에서 제257조(상해·존속상해), 제258조(중상해·존속중상해), 제260조(폭행·존속폭행), 그리고 제261조(특수폭행)에 명시되어 있는 행위이다.

② 가정구성원 중에서 노후 또는 질병 기타 사정으로 인하여 부조를 요하는 자를 보호할 법률상 또는 계약상 의무가 있는 자가 유기하는 경우, 직계존속이 치욕을 은폐하기 위하여 또는 양육할 수 없음을 예상하거나 특히 참작할 만한 동기로 인하여 영아를 학대하는

경우, 자기의 보호 또는 감독을 받는 16세 미만의 자를 그 생명 또는 신체에 위험한 업무에 사용할 영업자 또는 종업원에게 인도하는 경우 등이 포함된다. 이와 같은 행위는 형법의 유기와 학대의 죄 중 제271조(유기·존속유기) 제1항, 제2항, 제272조(영아유기), 제273조(학대·존속학대), 그리고 제274조(아동혹사)에 규정되어 있다.

③ 가정구성원을 체포 또는 감금하는 경우로서 미수범도 이에 포함된다. 이러한 행위는 형법의 체포와 감금의 죄 중 제276조(체포·감금·존속체포·존속감금), 제277조(중체포·중감금·존속중체포·존속중감금), 제278조(특수체포·특수감금), 제279조(상습범, 제276조와 제277조에 한함) 등에 나타나 있다.

④ 가정구성원에 대하여 협박하는 경우로서 미수에 그친 경우도 포함된다. 이는 형법의 협박죄 중 제283조(협박·존속협박) 제1항 및 제2항, 제284조(특수협박)에 규정되어 있다.

⑤ 가정구성원에 대하여 공연히 사실을 적시하여 명예를 훼손한 경우로서 사자에 대한 행위도 포함되며, 또한 가정구성원을 비방할 목적으로 신문, 잡지 또는 라디오, 기타 출판물에 의하여 명예를 훼손하는 경우도 이에 해당된다. 아울러 공연히 가정구성원을 모욕한 자도 가정폭력범죄로 처벌된다. 이러한 행위는 형법의 명예에 관한 죄 중 제307조(명예훼손), 제308조(사자의 명예훼손), 제309조(출판물 등에 의한 명예훼손), 그리고 제311조(모욕)에 명시되어 있다.

⑥ 가정구성원의 신체, 주거, 관리하는 건조물, 자동차, 선박이나 항공기 또는 점유하는 방실을 수색하는 경우에도 가정폭력범죄로 인정된다. 이는 형법의 주거침입의 죄 중 제321조(주거·신체수색)의 죄에 해당하는 경우를 말한다.

⑦ 폭행 또는 협박에 의하여 가정구성원의 권리행사를 방해하거나 의무 없는 일을 하게 하는 경우와 미수에 그친 경우에도 가정폭력의 범위에 포함된다. 이는 형법의 권리행사방해죄 중 제324조(강요)에 명시되어 있다.

⑧ 가정구성원을 공갈하여 재물의 교부를 받거나 재산상의 이득을 취득하는 경우와 제3자로 하여금 재물의 교부를 받게 하거나 재산상의 이득을 취득하게 하는 경우로서, 이러한 행위가 미수에 그친 경우에도 가정폭력범죄에 해당된다. 이는 형법의 사기와 공갈의 죄 중 제350조(공갈)에 명시되어 있다.

⑨ 가정구성원의 재물, 문서 또는 전자기록 등 특수매체기록을 훼손 또는 은닉 등 기타 방법으로 그 효용을 해한 경우이다. 이는 형법의 손괴의 죄 중 제366조(재물손괴 등)의 죄에 해당한다.

⑩ 가정폭력 대상의 범주에 속하는 아동에게 구걸을 시키거나 이들을 이용하여 구걸하는 행위를 말한다. 이와 같은 행위는 아동복지법 제29조 제8호에 명시되어 있다.

제2절 가정폭력의 유형

가정폭력은 피해의 대상자가 누구인지에 따라 다양하게 나타날 수 있다. 이는 피해자와 가해자의 성별, 연령, 특수한 관계 등에 따라 매우 상이한 유형의 폭력이 다양하게 행해질 수 있기 때문이다. 피해의 대상자에 따라서는 크게 아내학대(여성학대), 아동학대, 노인학대 등으로 분류된다. 그리고 폭력행위의 행태에 따라 분류될 수 있다. 여기에서는 가장 폭력의 발생빈도가 높고 그 폐해가 심각하여 가정폭력의 대명사로 불리고 있는 아내학대를 중심으로 하여 아동학대와 노인학대에도 공통되는 폭력의 주요유형들을 살펴보기로 한다. 그리고 아동학대와 노인학대의 특수한 유형들은 뒤의 아동학대, 노인학대 편에서 다시 세부적으로 설명하고자 한다.

이런 관점에서 가정폭력의 유형은 폭력행위의 행태에 따라 크게 신체적 학대, 심리적 · 정서적 학대, 성적 학대, 스토킹, 방임 등으로 분류할 수 있다.

1. 신체적 학대(Physical Abuse)

신체적 학대는 물리력을 사용하여 피해자의 신체에 상해나 손상을 입히는 것을 말한다. 발로 차기, 뺨 때리기, 머리 잡아당기기, 물어뜯기, 구타, 잡고 흔들기, 흉기로 신체에 상해를 입히기 등과 같이 앞서 스트라우스(M.A. Straus)가 제시했던 폭력의 유형들은 모두 신체적 학대에 해당하는 것들이다. 부모의 자녀에 대한 체벌이 신체적 학대에 해당하는가에 대해서는 논란이 있지만 상해를 가져오는 체벌행위는 일반적으로 학대에 해당하는 것으로 보고 있다.[6)]

신체적 학대를 받은 것으로 의심케 하는 징후들은 외부적으로 나타날 수도 있고 내부적으로 나타날 수도 있다. 또한 외부적인 징후와 내부적인 징후가 함께 나타나는 경우도 있다. 상해의 외부적 징후는 멍, 채찍자국, 흠집, 화상, 혈흔, 뜯겨지거나 헝클어진 머리카락, 찢어진 옷, 울음소리, 약물 주입 자국, 이빨자국, 교살 등이 있다. 혈관파열이나 동공확대는 아동에 대한 신체적 학대를 의심케 하는 지표이다. 상해의 내부적인 징후로는 내피 또는 기관의 손상, 골절, 출혈, 염좌, 탈골 등이 포함된다.

이와 같은 신체적 학대행위는 고전적이고 전형적인 학대유형으로서 피해자를 영원히 치료 불가능한 불구로 만들거나 목숨까지 잃게 하는 일이 종종 있기 때문에 다른 유형의 학대들에 비해서 가장 위험하고 또한 심각한 것이다.

6) 알란 켐프 저 / 이화여자대학교 사회사업연구회 역, 앞의 책, 33쪽.

2. 정서적 학대(Emotional Abuse)

심리적 또는 정서적 학대는 개념 자체가 모호하고 광범위하여 정확하게 정의하기가 어렵다. 이것은 심리적 또는 정서적인 공격패턴이거나 순수한 심리적 또는 정서적인 욕구에 대한 방임을 말한다. 즉 상대방을 통제하기 위해서 정서적으로 고민, 걱정, 고통을 주거나, 아니면 전혀 관심을 주지 않는 등의 정서적으로 방임하는 행위를 말한다. 또한 언어를 사용하거나 사용하지 않고 학대를 하는 방법이 있는데, 여기에는 언어폭력, 모욕, 놀라게 하기, 위협, 굴욕, 집요한 괴롭힘 등이 있다. 이 중에서 위협의 경우를 제외하고는 이 유형의 학대는 대부분 불법이라고 할 수 없다. 그러나 이와 같은 학대들은 다른 유형의 학대와 함께 행해지기도 하고 시간이 지남에 따라 신체적 학대와 같은 다른 유형의 학대를 일으키는 원천이 된다.

많은 전문가들은 심리적·정서적 학대가 신체적 학대보다 오히려 피해자에게 더 큰 영향을 미친다고 믿는다. 예를 들어, 한 여성이 우둔하고 쓸모없고 못생겼다는 말을 계속해서 듣는다면 그녀는 이러한 것들을 내면화할 것이고 그것들을 자아상의 일부가 되게 할 것이다. 그 결과 피해자에게 자신감과 자존심을 빼앗아 피해자가 또다른 유형의 가정폭력의 희생자가 될 가능성이 한층 높아지기 때문이다. 또한 정서적인 학대는 피해자가 자기자신의 처한 상황을 변화시킬 수 있다거나 떠날 수 있다고 더 이상 믿지 않을 때까지 가해자가 피해자의 고유한 선택을 통한 지각을 파괴하고 정신을 압도하는 데 종종 사용되는 통제방법의 하나이다.[7] 이것이 뒤에서 중요하게 다루게 될 '구타당하는 여성 증후군'의 한 특성이다. 그러므로 정서적인 학대는 피해자에게 가장 황폐한 영향을 미치기 때문에 모든 다른 유형의 학대 중에서도 가장 핵심적이고 중요한 문제이다.

7) D. B. Berry, *Ibid.*, p. 2.

3. 성적 학대(Sexual Abuse)

성적 학대는 성적 만족이나 지배를 목적으로 하는 성적 접촉을 포함하여 다른 사람에 대해 부적절하게 사용하는 것을 말한다. 상대방과의 어떠한 교감이 없이 강제적으로 행한 성적 접촉이나 상대방과의 교감이 있었다고 하더라도 어린이나 미성년자와의 성적 접촉은 성적 학대에 해당한다. 왜냐하면 어린이나 미성년자는 성적 관계의 의미에 대해 올바르게 이해하지 못하기 때문에 관계를 맺는 것에 대해 동의했다 하더라도 자유로운 의사표시라고 할 수 없기 때문이다.

성적 학대에는 원치 않는 접촉, 강간, 수간, 강제로 옷 벗기기, 신체부위의 촬영, 기타 성적 수치심을 불러일으키는 행위 등을 말한다. 즉 여성이 원하지 않는 때에 성관계를 강요하거나, 여성이 싫어하거나 불쾌하고 폭력적이라고 생각하는 성적 행위를 하도록 강요하거나, 다른 사람과 성관계를 갖도록 하거나, 다른 사람이 보는 앞에서 성관계를 갖도록 강요하는 것, 성적 행위에 대한 비판과 가학적인 성행위, 기타 여성이 품위를 손상당하거나 당했다고 느끼게 만드는 모든 성적 행위들을 말한다. 성적 학대를 당한 신체적 징후는 언제나 나타나지 않고 특별한 경우에만 나타난다. 그것은 가슴이나 성기 주위의 멍, 성병 또는 생식기 감염, 질이나 항문의 출혈, 찢어지거나 얼룩지고 피가 묻은 속옷 등이 해당된다.

여기에서 문제가 되는 것은 부부 사이의 강간이 성적 학대에 해당하는가이다. 이에 대해서는 학자들 사이에 논란이 많다. 일반적으로 매 맞는 여성들은 부부강간을 당할 위험성이 가장 많다고 한다. 남편에게 맞고 사는 여성들은 강압에 의해 남편과 섹스를 하는 경우가 많기 때문에 부부 사이의 강간과 아내학대와의 사이에 강한 상관관계가 있다는 것을 알 수 있다. 이에 대해 일부에서는 남자가 성적 만족을 위해 자신의 방법만을 고집한다면 부부간의 성에 대한 사소한 갈등차원이 아니라 강간이 된다고 지적하였다. 그것은 짐승처럼 강요하는 행위이며, 여성에게 굴욕감을 갖게 하고 상해를 입히려고 의도적으로 하는 행위이기 때문에 명백하게 성적 학대에 해당한다고 말한다.

4. 스토킹(Stalking)

스토킹은 상대방이 원하지 않는 상태에서 계속해서 괴롭히거나 따라다니기, 피해자에게 정신적인 고통이나 신체적인 상해에 대한 두려움을 줄 의도로 행하는 위협, 실질적으로 신체적 상해를 가하는 것 등으로 정의할 수 있다. 이것은 대개 과거의 파트너와의 관계를 청산한 여성들이 과거의 파트너에게서 겪게 되는 문제로서 따라다니기, 전화, 편지 등의 형태로 이루어진다. 스토킹은 단발적인 행위라기보다는 일련의 행위로 구성되어 있기 때문에 대다수의 범죄와는 다르다. 이들의 행동을 개별적으로 보면 그것들은 불법행위를 구성하지 않는다. 예를 들어 어떤 사람에게 꽃이나 연애편지를 보내고 전화를 하는 것은 완벽하게 적법한 행위인 것이다. 그러나 가해자의 일련의 반복적인 행위가 어떤 사람에게 상해를 유발하거나 상해에 대한 뚜렷한 공포심을 일으키게 한다면 그것은 법적으로 금지되는 행위가 되는 것이다. 이런 관점에서 어떤 학자들은 스토킹을 구타의 한 유형에 포함시키고 있다. 스토킹의 대표적인 유형으로는 다음과 같은 것들이 있다.

① 따라다니기(following): 가장 일반적인 스토킹 행위는 따라다니기이다. 대부분의 스토커는 피해자를 따라다니거나 염탐하고 그 사람의 집 밖에 서 있다. 그것은 피해자의 관심을 끌고자 하는 것이 스토커의 목적이기 때문이다. 그래서 스토커는 종종 자신의 존재를 피해자에게 인식시키려고 노력한다. 예를 들어, 메모나 전화메시지를 피해자가 자주 머무는 장소나 상점, 직장, 거주하는 장소에 보내기도 하는데, 이것은 피해자의 주의를 끌고 피해자가 추적당하거나 염탐당하고 있다는 것을 알려 주기 위한 것이다. 이것도 피해자를 위협하고 통제하기 위한 것이다.

② 괴롭힘(harassing): 피해자를 괴롭히는 유형은 너무 다양하기 때문에 일일이 열거하기 어렵다. 보통 여성피해자를 괴롭히는 것은 전화를

통한 경우가 많다. 여성피해자는 남성피해자보다 괴롭히는 전화를 훨씬 더 많이 받는다. 전화는 반복적으로 걸려오며 낮이나 밤에 아무 때나 걸려온다. 그들은 오랫동안 아무 말도 없이 있다가 수화기를 내려놓거나 무거운 숨소리를 내기도 하여 피해자를 심리적으로 불안하게 만든다.

③ 위협(threat): 여성을 상대로 한 남성에 의한 스토킹은 신체적·물리적인 위협이 주가 된다. 위협은 꼭 말로 하지 않아도 상대에게 공포심을 불러일으킬 정도면 된다. 칼이나 동물의 신체 일부분을 포장하여 보낸다거나 문 앞에 죽은 동물의 시체를 놓는다거나 손가락을 구부려서 마치 총 쏘는 것처럼 어떤 사람에게 겨눈다면 충분한 위협이 된다.

5. 방임(Neglect)

이 유형은 나이 어린 아동이나 노인에게 해당되는 학대의 유형이다. 아동이나 노인을 보호하고 부양하는 지위에 있는 사람이 경제적 문제 등으로 이들에 대한 보호나 부양을 제대로 하지 않고 방치하여 위험에 처하게 하는 것을 말한다. 방임에 대해서는 뒤의 아동학대와 노인학대에서 자세히 설명하기로 한다.

제2장

가정폭력의 역사

여성과 아동에 대한 학대는 결코 최근에 생긴 새로운 현상이 아니다. 이것은 오랜 역사를 통해서 전해 내려온 역사적 산물인 것으로 동서양을 막론하고 어느 사회에서나 있었던 것으로 보고되었다. 오랜 옛날부터 육체적인 힘은 사회에서 지배집단이 피지배집단을 자신들의 지배영역에 묶어 놓는 데 사용되었다. 여성은 남성에 비해 지적·육체적으로 열등하다고 생각되었으며, 남성은 여성이나 아동보다 육체적으로 크고 힘이 강하기 때문에 대부분의 사회는 남성중심의 지배체제가 되었다. 여성과 아동은 법적 지위에서 처음에는 재산으로 취급되었으며 여성은 결혼해서는 남성에 비해 열등한 파트너로서 남성에게 종속되었다. 이런 관점에서 볼 때 여성이나 아동이 가장인 남성에 의해서 신체적 폭행을 당하는 것은 그리 놀라운 일이 아니라고 할 수 있다. 따라서 과거에는 가족에 대한 폭력이 사회적으로 용납되는 행위로서 관용되었으며 기껏해야 일탈행위로서 비난받는 정도에 지나지 않았다. 따라서 여성과 아동에 대한 학대는 오늘날 우리가 말하고 있는 여러 가정폭력 중에서 역사적으로 가장 오래 된 유형이다.

제1절 여성학대

1. 로마시대

이미 오래 전부터 여성과 어린 아이에 대한 남성의 폭력이 사회적·법적·종교적으로 승인되어 왔다. 수세기에 걸쳐 남성은 단순한 가장이 아니라 그 가정의 전부였다. 이 시대에는 사회질서 유지의 한 수단으로서 여성과 어린 아이에 대한 남성의 지배제도, 즉 가부장제(patriarchy)[8]가 강하게 뿌리를 내리고 있었다. 여기에서의 사회질서는 의식주의 해결과 같은 생존을 위한 생활관계의 질서일 뿐 그 이상의 어떤 것도 아니었다. 학자들은 이러한 가부장제에 입각한 성별간 불평등이 남성우월주의와 가정폭력의 기반이라고 주장한다. 남편에게 잘못이 있는 아내를 징벌할 수 있는 권리를 주는 것은 남성의 여성에 대한 횡포를 정당화시켜 준다. 이러한 것은 가부장제가 남편과 아내, 자녀간의 관계에 관해서 규정을 하였던 로마시민법에 잘 나타나 있다.[9]

로마시민법에 따르면 가족의 남성 우두머리는 아내, 어린 아이, 그리고 남계혈족을 통해서 나온 모든 후손에 대해 완벽한 힘과 권력을 가지고 있었다. 이 권력은 여자와 아이의 평생에 걸쳐 작용하였다. 여자와 아이는 노예와 똑같이 사고 팔 수 있는 재산으로 취급되었다. 아버지는 자식을 팔 수 있는 권리와 죽이고 살리는 권리까지 있었다. 여자는 남편의 완전한 통제하

8) 가부장제는 라틴어의 아버지의 권위를 뜻하는 patria potestas에서 유래된 말이다. 이것은 남성이 지배하는 사회시스템을 말하는데, 이 제도 아래에서는 성인여성에게 인간으로서의 법적 지위를 인정하지 않을 정도로 남녀간의 힘의 불균형이 심한 것이 특징이다.

9) D. K. Gosselin, *Ibid.*, p. 31.

에 있고 남편에게는 자신의 아내를 소유물로 다스릴 수 있는 권리가 주어졌다. 여자가 간통, 공공장소에서의 술주정, 투기대회에 참가 등을 했다는 이유로 남편은 아내를 체벌하고 이혼하고 죽이기까지 할 수 있도록 법으로 보장되었다. 하지만 이같은 행위들은 정작 남성에게는 일상적으로 행해지는 것들이었다.[10)]

가장인 남성의 이러한 절대적인 권력은 평생 동안 온 가족을 지배하였다. 로마법에서 가장의 권력(patria potestas)은 로마의 개인의 지위에 관한 법에 지대한 영향을 미친 유산 중의 하나이다. 또한 고대 그리스에서도 아내와 자녀는 남성의 절대적인 소유물이었다. 그 당시에는 우선순위가 아버지, 가축, 어머니, 자녀의 순서로 정해졌다. 아내의 지위가 수송아지보다 더 낮은 것을 보면 그러한 관습으로 인하여 여성이 얼마나 학대를 당했는가를 쉽게 짐작할 수 있다.[11)]

이같은 남성의 특권에 비해 여성에게는 아무런 법적인 지위조차 부여되지 않았다.[12)] 따라서 여성에 대한 행위는 결혼하기 전이면 그녀의 아버지에게 한 것이 되고, 결혼한 후에는 남편에게 행한 것이 되었다. 여성이 피해를 입은 경우에도 여성은 법적인 피해자가 될 수 없기 때문에, 복수하거나 피해를 보상받는 것도 여성은 할 수 없었고 여성의 소유주인 남성만이 할 수 있었다. 여성이 간통하게 되면 남편은 원래부터 아내를 죽일 수 있는 권리가 있었다. 이 권리는 후에 그녀의 아버지에게로 제한되었다. 이때에도 여성은 법적인 지위가 없는 관계로 아무런 잘못 없이 과도한 징벌을 당했어도 피해자가 될 수 없기 때문에 법에 호소할 수조차 없었다.[13)]

---

10) D. B. Berry, *Ibid.*, p. 19.

11) 그랜트 마틴 저 / 김연 역, 가정폭력과 학대, 두란노, 2002, 24쪽.

12) 하지만 로마시대의 상류층 여성들은 대부분의 여성과는 달리 재산권을 인정받았을 뿐만 아니라 명문가문간의 정략결혼이 예사였기 때문에 친정의 권세를 등에 업고 기가 드세었으며 자기주장도 강하였다. 그래서 세계의 패권자가 된 로마 지도층에도 공처가가 상당히 많았다고 한다. 한니발 시대의 대(大)카토도 원로원 의원들 앞에서 연설할 때 "세계의 패권자가 된 여러분 위에 마누라라는 또 하나의 패권자가 있다"라고 말하여 웃음을 산 적이 있었다: 시오노 나나미 지음/ 김석희 옮김, 로마인 이야기, 한길사, 2006, 제4권, 158쪽.

13) 가장 오래된 법전인 기원전 18세기의 함무라비법전에서도 남편과 아내와의 관계에 관해

2. 중세 기독교시대

그리스도사상은 완전한 평등을 주장하고 있는데도 아내의 남편에 대한 복종을 용인하였다. 유대교 관습을 보면 매일 남자들이 하는 기도에서 얼마나 남녀에 대한 편파적 사고가 베어있는지를 발견하게 된다. "하나님, 하나님이 나를 이방인이나 노예나 여자로 태어나지 않게 해 주신 것을 감사드립니다." 유대인의 율법에 녹아있는 지배적인 사상은 여성을 인간으로 보지 않는다는 점이다. 아내는 동산에 해당하는 재물이었고 남편의 소유물이었으며 아내에게는 아무런 권리가 없었다. 유대인의 이혼법에도 이러한 불평등이 반영되어 있다. 아내는 남편이 문둥병이거나 배교자, 또는 밀거래를 하지 않는 한 이혼할 권리가 없었다. 이에 반해 남편은 어떤 이유를 대더라도 아내와 이혼할 수 있었다. 남편이 이혼하고 싶을 때는 두 사람의 증인 앞에서 아내에게 이혼장을 주면 그 결혼관계는 곧 끝나는 것이었다.

성서는 여성에게 조용하고 순종하며 남편의 권위를 받아들이라고 명령한다. 신약성서의 에베소서 5장 22~24절에 교회를 다니는 여성들의 역할에 대해서 특별히 서술되어 있다. "아내는 자신의 남편을 왕처럼 대접해야 한다. 왜냐하면 예수가 교회의 머리이며 모든 사람을 구원해주는 것처럼 남편은 아내의 머리이기 때문이다. 그리고 교회가 그리스도에게 복종하듯이 아내도 모든 일에 있어서 남편에게 복종해야 한다"(Jerusalem Bible, 1996).

중세교회에서도 여성에게 자유를 주는 것은 필연적으로 기존사회에 무질서와 파멸을 불러올 것이기 때문에 남성에게는 자살하는 것과 같은 것이라고 경고하였다. 중세교회의 성직자들은 남편에게는 아내를 때릴 권리가 있고 때로는 때려야 할 의무까지 있다고 가르쳤다. 이러한 예는 15세기 말 그리스도교 학자인 쉐루비노(Friar Cherubino)가 만든 결혼생활의 규칙(Rule of Marriages)에서 찾아볼 수 있다. 그는 "만약 너의 아내가 잘못을 저질렀

서 많은 규정을 하고 있었다. 부부는 계약에 의해서 결혼하지만 그 계약은 아내의 아버지와 하는 것이었으며, 여성은 소유물로서 그들의 남자친척에 의해 통제되고 보호되었다. 이때의 여성의 지위도 로마시대와 별다른 차이가 없었다.

으면 먼저 말로 날카롭고 무섭게 꾸짖고 겁을 주어라. 말로 해서 안 들을 때는 매로 호되게 때려라. 매를 들어 때리되 분노하지 말고 아내의 영혼을 불쌍히 여기는 자비로운 심정으로 때려라. 그리하여 그 결과가 너에게 공로가 되고 아내에게도 유익하도록 해야 한다"라고 말했다.[14]

이와 같이 기독교사상이 지배했던 중세시대에는 여성에 대한 신체적인 징벌이 서양의 여러 나라에 걸쳐 일반적으로 제도화되었다. 13세기 프랑스에서는 남성은 아내에게 상해를 가한 것에 대해 용서가 되었으며 법은 이에 절대로 관여하지 않았다. 죽이거나 불구로 만들지만 않는다면 아내가 남편에게 잘못을 한 경우에 아내를 때리는 것을 인정하였다. 반면에 여성은 남편에게 순종하지 않고 대항하는 정도에 따라 상해정도를 넘어서 산채로 불태워질 수도 있었다. 성인으로 추대된 로마 최초의 기독교도 황제인 콘스탄티누스는 자신의 나이어린 아내를 간통했다는 이유로 장작불 위에서 서서히 끓는 가마솥에 넣고 삶아 죽였다. 그 후 부정한 아내에 대한 체벌관행이 널리 퍼지게 되었다. 이처럼 중세시대에는 기독교 신앙에 의해 남성의 지배권이 무조건적으로 인정되고 지지된다는 생각이 오랜 세월 동안 이어져 내려왔다. 이러한 여성차별사상은 비단 서양에서만 있었던 것이 아니고 동양 등 세계 어느 사회에서나 관습과 문화의 일부분이었다.[15]

3. 근세시대

18~19세기 유럽과 미국에서 남성은 종교와 법을 등에 업고 물리적인 힘을 사용하여 아내와 자식, 하인, 노예를 포함한 모든 가족구성원에 대하여 통제권을 행사하였다. 그 당시에도 여성은 남성의 소유물에 자나지 않았다. 여성은 한 남성에 속하였고 단지 아버지의 소유에서 남편의 소유로 옮겨질 뿐이었다. 그래서 여성으로서의 역할을 제대로 수행하지 못하면 징벌이 가

14) 그랜트 마틴 저/김연 역, 앞의 책, 26쪽.

15) 여성에 대한 차별사상은 동양에서도 마찬가지였다: 子曰, 唯女子與小人 爲難養也, 近之則不遜 遠之則怨. (공자께서 말씀하셨다. 여자와 소인은 다루기가 어렵다. 가까이하면 기어오르고 멀리하면 원망한다): 論語, 第十七, 陽貨篇.

해졌다. 즉 여자의 간통이나 요리솜씨, 청소, 살림, 집밖에서의 노동의 미숙, 음주, 상스러운 언행 등은 모두 남성의 폭력을 정당화시켜주는 것들이었다. 결혼생활에 있어서 폭력을 사용하는 것은 상당부분 정상적인 결혼생활의 일부분으로 받아들여졌다.

(1) 영국보통법(British Common Law)

남성의 가족을 통제하고 지배하는 절대적인 권력은 암흑시대인 중세뿐만 아니라 르네상스 시대를 거쳐 근세에까지 이어져 내려왔다. 영국에서도 남성위주의 가부장제가 지배하여 여성은 남성의 종속적인 존재에 불과하였다. 블랙스톤(William Blackstone)은 영국법의 주석(Commentaries on the Laws of England)에서 가부장적 질서의 개념에 대해 다음과 같이 설명하였다. "결혼에 의해서 남편과 아내는 법적으로 한 사람이 된다. 이것은 여성의 존재나 법적 지위가 결혼기간 중에는 정지되거나 적어도 남편의 존재에 통합된다는 것을 의미한다. 따라서 여성은 남편의 날개와 보호 아래 모든 일을 할 수 있게 된다."[16] 이처럼 영국법의 주석에서는 여성, 특히 결혼한 여성은 어떠한 법적·공식적 존재가 아닌 무능력자로 기록되어 있다. 이런 분위기 속에서 영국법정에서의 첫 번째 가정폭력사건의 재판이 1395년에 있었다. 피해여성과 목격자들은 그녀의 남편이 칼로 공격하여 여러 군데 상처를 입고 뼈가 부러졌다고 증언했는데도 법원은 법적 이혼요건을 충족시키지 못한다고 하여 그녀를 남편에게 돌아가도록 명령하였다.

이후 이와 같은 남녀간의 불평등에 따른 모순을 규제하기 위해 1768년 블랙스톤이 영국법을 성문화하면서 '엄지손가락의 법칙(Rule of Thumb)'을 새로 만들었다. 이것은 블랙스톤판사에 의하여 1768년에 출판되었던 성문화된 블랙스톤의 법전에 포함된 영국의 관습법을 말한다. 이 법칙은 남편이 아내를 자신의 엄지손가락보다 굵지 않은 회초리로 때릴 수 있는 권리가 있다는 것이다. 이 법칙의 목적은 남편이 그 아내를 때릴 때 법적으로 허용되는 무기를 제한함으로써 학대당하는 여성을 곤경에서 구해주기 위한 것이었다. 이것은 남편이 어떤 흉기나 도구로도 마음대로 아내를 때릴 수 있

16) 조세핀 도너번 저 / 김익두·이월영 역, 페미니즘이론, 문예출판사, 1998, 17~20쪽

었던 것을 엄지손가락보다 굵지 않은 막대기와 같은 '적당한 도구(reasonable instrument)'를 사용하여 아내를 때릴 수 있도록 제한한 것인데 그 당시에는 이것도 여성에게 상당히 동정적으로 규정한 것이었다.[17] 그 후 점차적으로 여성에 대한 폭력을 규제하는 방향으로 발전하였다.

(2) 프랑스법

프랑스에서는 남성의 권리선언에 의해 추정된 여성의 열등성에 대해 근본적인 의문을 제기하는 것 자체도 위험한 것이었다. 1789년 프랑스혁명 직후에 여성의 권리에 대한 관심이 높아져 1791년 여성학자인 올림프 드 구즈(Olymoe de Gouges)가 몇 장의 종이 위에 쓴 '여성과 여성시민의 권리선언(Declaration des Droits de la Femme et de la Citoyenne)'이 여권운동의 선언서로는 시조로 꼽힌다. 이 선언서에는 '여성국민병의 징집을 요구하고 현재 남성본위로 되어 있는 결혼도 계약을 통한 자유로운 결합으로 바뀌어야 한다'는 내용이 담겨졌는데, 당시로서는 획기적이고 급진적인 주장이었다. 구즈는 이 팸플릿을 파리 시내에 뿌렸다는 이유로 임신한 상태에서 단두대의 이슬로 사라져야 했다.[18] 19세기 초반에 나폴레옹은 프랑스에서 여성을 평생 동안 법적 미성년자로서 남편에게 예속시키는 시민법을 만들었다. 이 법에 따르면 아내들은 남편에게 맞도록 되어 있으며 말 안 듣고 꾸지람 듣는 어린 아이처럼 취급되었다. 또한 프랑스의 기사도법에서는 남편에게 아내를 때려 땅에 쓰러지게 하고 주먹으로 얼굴을 때릴 수 있으며 그녀가 평생을 부끄럽게 살도록 하기 위해 코를 부러뜨릴 수 있도록 허락하였다. 이러한 나폴레옹법전은 프랑스, 스위스, 이탈리아, 독일의 법들에 영향을 미쳤다. 여성들이 이같은 폭력에서 벗어날 수 있는 유일한 방법은 이혼을 통해서만 법적 구제를 받을 수 있었으나 이것마저도 쉬운 일이 아니었다. 그것은 남편이 아내를 살해할 목적으로 구타한 경우에만 비로소 할 수 있었기 때문이다.[19]

17) 그랜드마틴 저/김연 역, 앞의 책, 28쪽.
18) 박선영, 법여성학, 법문사, 2003, 22쪽.

(3) 미국법

식민지시대의 법률은 대부분이 영국의 법에서 유래한 것이기 때문에 영국과 마찬가지로 남편의 아내구타를 묵인하는 것이 미국의 전통적인 관습이었다. 1776년 미국혁명 이후 미국은 아내구타를 묵인하는 고유의 법을 제정하였다. 때로 아내구타가 법의 한도를 넘어서는 경우에도 법정까지 오는 경우는 거의 없었다. 1824년 미시시피주 법원은 브래들리사건(Calvin Bradly v. the State)을 통해 남편의 아내에 대한 적절한 신체적 매질을 허락하였다. 이러한 전례가 계속되어 오다가 1870년대에 들어와 여성운동이 일어나면서 당시의 시민운동, 아동보호운동과 더불어 이 시대의 사회변화에 크게 기여하게 됨으로써 아내구타가 사회적으로 용납될 수 없는 것으로 받아들여지기 시작하였다. 미국의 대부분의 주에서 불법으로 선포되기에 이르렀으며 법원에서도 남편의 아내에 대한 구타의 권리를 부정하는 판결이 비록 느리지만 서서히 계속되고 있었다.

그렇지만 비록 아내구타가 사회적으로 용납될 수 없는 행위라고 하더라도 계속 닫힌 문 뒤의 문제로서 피해여성이 구타사건에 대한 재판을 통해서 승소한 경우는 거의 없었다. 근래에 이르러서야 몇몇 주들은 바늘로 꿰매야 하는 상처를 입혔을 때 남편을 구속할 수 있도록 하는 법(Stitch Rule: 바느질 법령)을 만들고, 여성이 영구적으로 남는 상처를 입었을 때만 경찰이 개입하도록 하는 법(Curtain Rule: 커튼법)을 만들었다. 1882년에 메릴랜드주는 아내구타를 범죄로 인정한 법을 통과시킨 첫 번째의 주가 되었다. 아내를 때린 남편은 40대의 태형 또는 1년간의 감옥형에 처해졌다. 뒤를 이어 각각의 주들이 이같은 법을 통과시킴에 따라 20세기가 시작되면서 지금까지 법적으로 허용된 범죄로서의 가정폭력이 사라지게 되었다.[20]

그러나 불행하게도 이러한 단시간의 변화도 1차 세계대전으로 인해 아내구타에 대한 사회적 관심이 다시 사라지게 된다. 그 후 반세기 이상 아내에 대한 구타행위를 제재하는 법이 있더라도 법원은 이에 개입하지 않았다. 이

19) D. K. Gosselin, *Ibid.*, p. 35.
20) D. K. Gosselin, *Ibid.*, p. 39.

것은 겔레스(R. Gelles)가 그의 논문 '매 맞는 아동 증후군(Battered Child Syndrome)'에서 당시의 미국사회는 아동학대에 대한 관심은 대단하였지만 여성학대에 대해서는 학자나 일반인의 관심이 거의 없었다고 말했던 데서도 잘 나타난다.

제2절 유아살해와 아동학대

1. 고대사회

역사적으로 유아들은 아버지로부터 생존에 대한 허락을 얻기 전까지는 생존권을 갖지 못하고 유기되거나 죽게 내버려졌다. 많은 사회에서 유아에게 어떤 의식이나 생존시험을 거치게 하였다. 독일인들은 아이를 얼어붙은 강물에 던져서 울음소리가 나면 건져냈고 북아메리카 인디언들도 아이를 물속에 던져 놓고 아이가 물에 떠서 울면 살려주었으며, 그리스인들은 생존시험으로 어린 아이를 들판에 내버려두었다. 이러한 생존시험은 아이를 부양해야 하는 경제적인 부담 때문에 아이를 줄이기 위한 수단으로 행해졌다는 것이 근본적인 이유이다.

고대사회에서 아이들은 항상 학대당하고 무관심 속에 버려졌다. 이 시대에는 아이에 대한 구타나 성적 학대는 사회적으로 용인되는 행위로 받아들여졌으며 공공건물이나 다리에 제물로 바치기 위한 영아살해도 보편적인 것이었다. 가부장제를 신봉하는 로마시민법은 여성뿐만 아니라 아이의 법적 지위도 인정하지 않았다. 아이의 지위는 법적인 재산으로 간주하여 아버지의 소유물이었고 자신만의 권리는 없었다. 그래서 아버지는 자식을 죽일 수 있었고 다른 사람에게 팔 수도 있었다. 유아들은 너무 운다거나 아프거나 불구라는 이유로, 또는 어떤 결점이 있다고 해서 살해당하였다. 첫 아이로서 건강한 남자아이는 항상 귀하에 여겼고, 여자아이는 남자아이에 비해서 더 많이 버려지거나 죽임을 당했으며, 한 가정에서 하나 이상의 딸은 두지 않으려 했다. 특히 기형이나 미숙아, 쌍둥이, 사생아와 가난한 집에서 태어난 아이들이 가장 위태로웠다.[21]

이러한 육체적인 기형, 병약, 사생아 등은 유아살해의 합리적인 이유가 되었는데, 그것은 경제적으로 짐이 될 것 같은 아이를 죽이는 것이 사회전체의 일반적 복지를 증진시킬 수 있는 것으로 생각했기 때문이다. 초기 그리스 철학자들은 신생아를 죽이는 유아살해를 너그럽게 보았다. 심지어 아리스토텔레스(Aristoteles)조차도 장애아를 키우는 것을 금지하는 법에 찬성하였다. 민주주의를 주창한 학자 중 한 사람인 아리스토텔레스도 자녀의 지위를 인간 이하로 취급하였는데, 그는 "주인이나 아버지의 의는 시민의 의와는 다르며, 아들이나 노예는 재산이기 때문에 자기 재산을 처리하는 것이 불의일 수는 없다"라고 하였다.[22] 이같은 어린 아이를 살해하는 관습은 그 후로도 오랜 세월 동안 서구사회에 이어져 내려와 18세기와 19세기까지 계속되었다. 1526년 로마에서는 어린 아이를 화장실에 버려 로마의 화장실은 그곳에 버려진 채 숨이 끊어지지 않은 아이의 울음소리로 진동하였다고 한다.[23]

오늘날에는 옛날과 같이 아이를 비인간적으로 살해하거나 학대하는 것이 크게 줄어들었지만 아직도 수많은 태아가 어머니 뱃속에서 죽임을 당하고 있고, 사생아는 종종 태어나자마자 화장실이나 골목길 쓰레기통에 버려지고 있다.

---

21) R. J. Gelles 저 / 이동원 · 김지선 역, 가정폭력의 허상과 실상, 길안사, 1998, 28쪽.
22) 그랜트 마틴 저 / 김연 역, 앞의 책, 148쪽.
23) R. J. Gelles 저 / 이동원 · 김지선 역, 앞의 책. 29쪽.

2. 중세 기독교시대

성서에 기록된 내용은 역사적 사실로 이해하기보다는 신학적 의미로 해석되어야 하겠지만, 성서의 내용도 어느 정도는 그 시대의 생활상을 반영한다고 할 것이기 때문에 이를 통해서도 아동학대의 한 단면을 엿볼 수 있다. 아브라함이 아들 이삭을 산채로 묶어 희생의 제물로 삼으려 했거나(창세기 22:1-12), 태어나면서 강가에 버려진 모세(출애굽기 2:1-3), 힌놈의 골짜기에서 자식을 화형에 처한 사건(역대하 28:3), 채찍으로 자식을 때리라는 훈계(잠언 23:13-14) 등에서 보면, 아동은 하나의 인격체로서가 아닌 부모의 소유물이었다는 것을 알 수 있다.[24] 그러나 유아살해가 아버지의 경제적 부담과 밀접한 관련이 있지만, 유대교와 중세시대 기독교 아래에서는 삶의 질과는 관계없이 아이들의 생존권이 보장되었다. 기독교의 '살인하지 말라'는 계율은 유아살해의 시대적 풍속과 관계가 깊다고 생각된다.

또한 중세시대의 아이와의 성관계에 대한 사회적 제재는 오늘날의 기준과는 사뭇 차이가 있다. 근친상간을 제외하고는 여자아이를 손님에게 빌려주거나 성적 용도로 그들을 고용하는 것이 사회적으로 허용되었다. 러시아에서는 17세기까지 아버지와 딸 사이의 근친상간이 지속되어 온 증거들이 있다. 아이에 대한 양육 또한 엄격하여 고대에서 18세기에 이르기까지 거의 모든 아동양육지침서에는 훈육을 위해서는 구타가 가장 적절한 방법으로 필요하다고 생각하여 권장하였다.

3. 근세시대(식민지시대의 미국)

부모에 의해 가해지는 아동학대의 유형에는 단지 유아살해 외에도 여러 가지가 있었다. 아메리카에서는 식민지시대까지 아동들은 훈육이라는 미명

24) 이배근, 아동학대의 이론과 실제, 신흥메드싸이언스, 2004, 9쪽.

하에 고문을 당하고 화상을 입었으며 손발이 절단되고 채찍질을 당하였다. 심지어 남자아이는 거세되기도 하였다. 아이가 말을 잘 듣지 않으면 아이에게서 악마를 쫓아낸다고 혹독하게 매질하였으며, 많은 지역에서는 부모가 말을 잘 듣지 않는 아이를 죽이는 것을 허용하는 법률(Stubborn-Child Law)도 존재하였다. 근세 산업혁명이 태동될 때까지도 아동들은 계속 보호받지 못하는 계층이었다. 산업혁명의 시작은 또다른 아동의 노동착취를 보편적인 것으로 만들었고 결과적으로 미국과 여러 나라에서 아동노동을 합법화하기에 이르렀다. 이 시대에는 아동은 노동의 수단으로 이용되었을 뿐이며 가정에서조차 잘 보호받지 못하였다. 그 후 미국에서 아동학대가 이슈화되어 큰 관심을 불러일으키기 시작한 것은 19세기 중반의 후기부터였다. 1875년에 미국에서 아동학대예방협회가 생겨났는데 이것이 동물학대예방협회가 설립된 이후에 만들어졌다는 것을 볼 때 아동인권에 대해 얼마나 무관심했는지 잘 알 수 있다.[25)]

25) 알란 켐프 저/이화여자대학교 사회사업연구회 역, 앞의 책, 79쪽.

제3장 가정폭력의 이론적 배경

Domestic Violence 가정폭력

왜 사람들은 자기와 친밀하거나 관계가 있는 사람을 때리고 때로는 죽이는가? 왜 아버지나 남자친구는 딸이나 여자친구를 강간하는가? 이에 대한 간단한 답은 우리가 그것을 쉽게 할 수 있기 때문이라는 것이다. 그렇다면 그렇게 하지 않을 수는 없는가? 라는 질문에 대해서는 어느 하나의 이론만 가지고 답하기에는 너무 복잡하다.

가정폭력의 원인에 대해 설명하는 이론은 학자들에 따라서 매우 다양하다. 특히 사회학자, 심리학자, 정신분석학자 등 여러 분야의 학자들은 가정폭력의 원인을 다양한 측면에서 설명하고 있다. 이것은 가정폭력이 매우 복합적이라는 것을 의미하는 것이다. 가정폭력에 관심을 갖기 시작한 초기의 연구들은 가해자와 피해자가 모두 정신병적인 장애를 가지고 있다는 견해를 취하였다. 그러나 1970년대 이후의 연구에서는 가정폭력에 대한 그런 측면이 부정확하고 단순하다는 것을 발견하였다. 즉 개인적・인구학적・경제적・문화적 원인 등 수많은 원인과 요소들이 가정폭력과 관련되어 있음을 알게 되었다. 또한 이런 요인들은 상호연관되어 있으며 사회집단마다 각각 다르게 나타날 수 있다.

이같은 입장에 따라 가정폭력과 같은 사회문제를 연구하는 데는 개인을 중심으로 한 미시적 접근과 사회 전체를 포함한 거시적 접근이 있다. 일반적으로 행위자 개인의 결함과 특성에 초점을 둔 심리적, 개인주의적인 이론들이 미시적 관점에서 접근한 것이다. 종래의 대부분의 이론들은 이러한 관점에서 학대문제를 이해하였다. 이에 반해 개인의 행동도 임의의 우발적인 것이 아니고 어떤 사회적 목적을 가지고 행해지는 것이기 때문에 사회와 직·간접적으로 연결되어 나타나는 것으로 보고, 이러한 사회적 측면에서 학대문제를 이해하려는 입장이 거시적 관점이다. 따라서 사회적 요소에 바탕을 둔 사회구조적, 문화적, 생태적 이론들은 거시적 관점에서 접근한 것이다.

제1절 고전학파(Classical School)

고전적인 범죄학은 개인이 범죄행위를 선택한다는 관념에 기반을 두고 있다. 전통적 범죄학의 아버지라고 불리는 베까리아(C. Beccaria)는 사람은 자유의지를 가지고 있고 합리적으로 행위를 선택하여 행할 수 있는 능력을 가지고 있다고 주장하였다. 그는 사람의 행동을 통제하기 위해서는 특별히 성문법을 통해서 어떤 것이 범죄행위이며 이에 대한 처벌이 무엇인지를 명시하는 것이 필요하다고 하였다. 사람은 쾌락주의적이며 즐거움을 찾기 때문에 고통과 불명예의 위협은 사람의 의지에 영향을 준다는 것이다. 따라서 범죄자에 대한 처벌은 그것의 제지효과 때문에 범죄를 통제하기 위한 고전적 접근의 관점에서는 아주 핵심적인 것이다. 처벌이 효과적이기 위해서는 범죄에 적합해야 하고 신속하게 행해져야 하며, 범죄자가 순응할 수 있도록 너무 과도하거나 임의적이어서는 아니 된다고 말한다.[26]

1. 합리적 선택이론(Rational Choice Theory)

합리적 선택이론은 범죄행위가 사회적 압력이나 교육에 대해 단순히 반응하는 것 그 이상으로서 이것은 계산된 선택이라고 말한다. 가정폭력도 이러한 관점에서 이루어진다고 한다. 즉 폭력행위자는 폭력을 사용함으로써 얻어지는 이익과 이에 따르는 비용을 계산하고 가정폭력을 행할 것인지를 선택하게 된다. 이 때 폭력행위자의 선택이 반드시 객관적으로 합리적이지는 아닐지라도 자신이 범죄를 행할 수 있는 기회와 범행으로부터 얻을 수 있는 이익에 대해 사전에 확신이나 믿음이 있으면 된다. 이 이론의 요지는 어떻게 하면 범죄로부터 얻어지는 이익을 최소한으로 줄이고 처벌로 인한 손실을 증가시킬 것인가에 대한 효과적인 개입방안을 마련해야 한다는 것이다.

2. 제지이론(Deterrence Theory)

이 이론은 범죄를 제지하기 위해서는 처벌이 신속하게 이루어지고 명확해야 한다는 것이다. 처벌의 제지효과는 처벌을 받게 되는 범죄자에게 다시 범죄를 행하는 것을 포기하도록 하는 것과 같은 개별적인 효과가 있는 것 외에도 일반인도 이에 대한 영향을 받게 됨으로써 일반적인 예방효과도 있다는 것이다.

이와 같은 고전주의 입장에 대해서는 다음과 같은 비판이 제기되고 있다. 고전주의 입장에서는 모든 사람이 동등하다고 여기고 범죄를 피할 수 있는 똑같은 기회를 가지는 것으로 전제하고 있지만, 반대론자들은 법이 소수자와 불우한 사람에게 편견을 가지고 불공정하게 적용되고 있다고 주장한다. 또한 고전파 이론은 사람이 왜 범죄를 행하는지에 대한 근본적인 이유를

---

26) D. K. Gosselin, *Ibid.*, p. 63.

설명하지 않고 범죄자를 통제하려고 하기 때문에 단순하다고 말한다.[27] 형사처벌의 효과에 대해서도 의문을 제기하는데, 범죄자에 대한 처벌이 재범을 방지하는 데에 어느 정도 효과가 있겠지만 상습범에 대해서 어느 정도의 제지효과가 있는지에 관하여는 아직 결정을 내리지 못하고 있다. 미국에서 가정폭력행위자에 대해 실시된 강제체포가 어떤 부류의 사람들에게는 이차적인 범행에 대한 제지효과가 있는 것으로 나타났지만 특정부류의 사람들, 즉 실직자나 사회적 연결고리가 부족한 사람에게는 폭력의 재발이 줄어들지 않았고 어떤 경우에는 오히려 증가한 것으로 나타났다.

이런 점으로 볼 때 고전주의 입장은 사전예방적이 아니라 사후반응적이라 할 수 있다. 따라서 형사사법제도는 처벌과 예방이라는 두 가지 기능을 가지고 있는 데 비해서 이 이론은 피해자를 충분히 보호해 줄 수 없는 것이 된다.

제2절 실증학파(Positive School)

20세기 초반에 들어 실증주의 사조가 지배하면서 범죄원인을 과학적 방법으로 분석하려는 시도가 생겨났는데, 실증학파는 이러한 분석을 토대로 한 과학적 방법으로 범죄문제를 해결할 수 있다고 보는 입장이다. 일단 범죄원인이 밝혀지면 그에 대한 행동을 변화시키기 위한 치료법이 발견될 수 있다는 것이다. 치료로는 육체적 치료, 환경의 변화, 빈곤의 해소 등이 될 수 있다. 실증학파는 범죄의 원인이 생물학, 심리학, 사회학적인 시각을 통해 식별된다고 본다. 그래서 이 이론들은 상호 배타적이지 않고 중첩되는 경우도 있다. 고전학파의 사고가 법률적인 데 반해 실증학파는 과학적이다.

27) D. K. Gosselin, *Ibid.*, p.66.

1. 생물학적 이론(Biological Theories)

이 이론은 범죄원인을 행위자의 생물학적 특징에서 찾는 이론이다. 범죄자에 대해 생물학적인 입장에서 과학적으로 연구한 최초의 학자는 롬브로조(C. Lombroso)이다. 그는 범죄인은 범죄행위를 할 수밖에 없도록 태어날 때부터 정해졌다는 '생래적 범죄인(born criminal)'을 주장하였다. 여기에서 범죄인은 보통 사람에 비해서 덜 진화되었고 그들은 격세유전을 하며 유인원과 비슷한 특성을 지니고 있다고 주장했다. 이 모델에 의하면 폭력과 범죄행위는 행위자의 통제력 밖에 있는 것이 되고 이들 행위가 사람의 생태에 의해서 숙명적으로 일어나는 것이 된다.

그러나 이 이론은 범죄현상을 일관성있게 설명하지 못할 뿐만 아니라 실천학문으로서의 이론적 한계가 있다는 데에 문제가 있다. 이를테면 생물학적 범죄원인론은 생물학적 원인에서 범죄가 발생한다는 현상의 설명 이외에 제시할 수 있는 어떠한 대응방안도 가지지 못하였다. 이에 따르면 범죄는 숙명적인 것이기 때문에 이를 막을 수도 없고 재사회화 노력도 성공할 수 없다. 그러므로 이 이론은 최소한의 행위지침을 제시해야 할 범죄론의 관점에서 볼 때 무용하다 할 수 있다.[28] 그 이후 발달된 실증적 연구에 의하여 필연적으로 범죄인이 될 수밖에 없는 유전인자는 존재하지 않는 것으로 증명되었다. 다만, 유전적으로 나타나는 비정상성이 범죄에 어느 정도의 영향을 미치는가에 대해서는 연구가 계속되고 있다.

2. 사회학적 이론(Sociological Theories)

범죄원인에 대한 사회학적 입장에서의 실증적 연구는 페리(E. Ferri)에 의해서 처음으로 시도되었다. 페리는 "일정량, 일정온도의 물 가운데는 일

28) 배종대, 형사정책, 홍문사, 2001, 161쪽.

정량의 화학물질이 용해되지만 그 이상은 한 개의 원자도 많거나 적거나 간에 용해되지 아니 한다"고 하는 화학상의 법칙에 비추어 범죄를 설명하고 있다. 즉 "범죄는 물질적 · 지리적 · 인류학적 · 사회적 인자의 총합적 산물이고, 일정한 사회환경에 일정한 인적 · 물적 상태가 수반되면 범죄의 수는 일정하다"고 하는 '범죄포화의 법칙'을 제창하였다. 이 원칙은 "사회는 범죄의 맹아를 함유하고 범죄를 준비한다"는 께뜰레(A. Quételet)의 견해나, "범죄는 사회를 움직이는 윤활유 역할을 한다"는 뒤르켐(E. Durkheim)의 견해들과 일맥상통한다.[29] 또한 께뜰레는 최초의 사회범죄학자로 알려지고 있는데 범죄와 빈곤 간에 상관관계가 있음을 상기시키고 부자와 가난한 사람과의 사이에 커다란 불균등이 법을 위반하게 하는 데 기여한다고 주장하였다.

이러한 견해들은 범죄원인이 사회에 있기 때문에 일정 부분 사회에 그 책임이 있다는 것을 나타낸다. 이에 대해 스펜서(H. Spencer)는 '자연선택(natural selection)'의 이론을 내세우면서 약자에 대한 정부의 지원은 자연질서에 반하는 것이라고 주장하였다. 사회에 적응하지 못하는 부적절한 사람은 도태되어야 하고 가난한 사람들에 대한 원조프로그램은 종의 자연선택에 반하는 것이라고 주장했다.[30] 스펜서의 주장에도 불구하고 사회학적 설명은 20세기에 들어 지지를 얻었으며 범죄행위에 대한 많은 이론들을 제공했다. 이 이론은 경제와 문화에 의해서 크게 영향을 받는 인간행동과 사회변화와의 상호작용에 관심을 가지고 있다.

(1) 사회구조와 문화이론 (Social Structure and Cultural Theories)

사회구조적 이론은 가정폭력의 원인을 일탈행위를 정당화시키는 구조적 · 문화적 규범 탓으로 돌린다. 즉 폭력의 발생이 행위자 개인의 범죄적 특성에 기인하기보다는 사회구조나 문화에 있는 것으로 보기 때문에 사회체계와 사회제도 등에 초점을 두고 있다.

29) 김용우/최재천 공저, 형사정책, 박영사, 1998, 136쪽.
30) D. K. Gosselin, *Ibid.*, p. 71.

(가) 폭력문화이론(Culture of Violence Theory)

이 이론은 폭력에 대한 사회의 광범위한 수용성에 주목한다. 우리 사회에서 폭력에 대해 관대하게 바라보고 이를 수용하는 사회분위기가 가정폭력의 원천이라고 한다. 폭력에 대한 묵인은 가정 내에서의 갈등을 해결하기 위해 폭력을 사용해도 되고 이것이 또한 법적으로 아무런 처벌을 받지 않는 행위라는 것을 알려주는 것과 똑 같은 결과가 된다. 따라서 폭력이 사회의 모든 계층에서 갈등과 분쟁을 해결하기 위한 수용가능한 수단으로 받아들여지고 있다고 주장한다.

(나) 사회해체이론(Social Disorganization Theory)

이 이론에 의하면 공동체 생활의 해체는 개인에 대한 사회적 통제력의 상실을 초래한다. 사회가 산업화 · 도시화되어 감에 따라 도시지역에서의 빈번한 주민이동으로 인하여 기존의 사회조직이 무너지면서 사회의 규범의식이 변화되고 사회일반의 행동규범도 개인에게 미치는 영향력이 현저히 감소하게 된다. 그 결과 개인에 대한 사회의 통제력이 약화되어 반사회적 행위가 보편화되고 범죄가 늘어난다는 것이다. 생존문제의 해결이 가장 시급한 하류층 사람들에게는 공동체적 문제는 그다지 중요한 관심사가 아니며 일시적으로 생활을 함께 하는 이웃과의 관계에서도 가난과 빈곤은 법을 무시하도록 만든다. 이들은 공동체의 법규를 지키도록 하는 가정, 학교, 사회서비스단체와 같은 일반적인 통제장치로부터 영향이나 감화를 받지 않는다.

(다) 긴장이론(Strain Theory)

이것은 욕망과 그것을 충족시키는 능력간의 차이에서 긴장관계가 형성되어 폭력이 발생한다는 것이다. 사회적 · 경제적 목표달성이 좌절되거나 방해받았을 때 무력감이 생기고 긴장과 스트레스가 쌓여 범죄를 불러일으킨다. 이런 경우에는 가장 가까이 있는 가족을 대상으로 공격성이 표출되어 폭력을 행사하게 되는데, 이것은 자신의 사회적 · 경제적 실패와 좌절이 자신의 책임이 아닌 가정 때문에 생긴 것으로 생각해서 일어난다. 오 브라이언(O' Brien)은 이혼하려는 사람들을 대상으로 한 연구에서 폭력남편 집단은 비폭력남편 집단에 비해 더 많은 직업적인 불만과 더 낮은 교육수준을 지녔으며, 폭력집단의 남성들은 가족부양자로서 경제적 성공이나 안정을 달성할 수 없을 때 폭력을 사용한다고 주장하였다.

(라) 하류계층문화이론(Lower Class Culture Theory)

이 이론은 주로 저소득층 남성에게 비중을 두고 설명한다. 어느 사회에서나 하류계층은 지배적인 중산층과는 다른 독자적 문화규범을 가지고 있다는 것을 전제로, 이들이 가지고 있는 가치체계가 서로 다르다는 것을 강조한다. 하류계층 사람들은 그들만의 하위문화를 창출하게 되는데, 그들의 가장 큰 특징은 폭력을 상습적인 자질로 받아들인다는 점이다. 이것은 대개 주류사회로부터 고립된 비슷한 환경의 사람들이 서로 돕기 위해 뭉치면서 형성된다. 사회의 주류문화가 요구하는 가치를 성취하기 어려울 때 하류계층 사람들은 그것을 거부하고 도달하기 쉬운 대안문화를 발전시키게 되는데, 남성은 사내다움(machismo)과 신체적 우월성에 가치를 더 두고 폭력을 행사한다는 것이다.[31)]

하위문화를 가정폭력에 적용하면 크게 두 가지 유형으로 설명할 수 있다. 첫 번째는 코헨(Cohen)의 이론으로 하류계층의 남자청소년들은 주류사회에서 사회적 지위상의 좌절을 경험하고 그에 대한 반동으로 비행의 하위문화를 만들어 폭력행위를 하는 경향이 있다. 즉 어린 시절의 잠재된 폭력성이 성장한 이후에도 계속해서 남아 있다가 결혼한 이후에까지 폭력을 사용할 가능성이 높게 나타난다는 것이다. 또 하나는 볼프강(Wolfgang)과 페라쿠티(Ferracuti)의 이론으로 가정에서 배우자나 자녀에게 폭력을 사용하는 것은 그 행위자가 폭력의 하위문화를 지니고 있기 때문이라는 주장이다. 이것은 하류계층 남성들은 지적 능력보다 신체적 우월성을 과시하며 가정에

31) 변화순 외, "가정폭력의 예방과 대책에 관한 연구", 한국여성개발원, 1993, 21쪽.

서 폭력을 사용할 가능성이 높다는 이론이다.32)

하위문화이론은 사회학습이론과도 연관되어 있다. 폭력행위는 중산층 가정에서보다 저소득층 가정에서 많이 발생하는 경향이 있는데, 이것은 저소득층 가정에서는 폭력이 갈등과 대립을 해결하는 데 있어서 유용한 수단으로 보다 관대하게 받아들여지기 때문이다. 저소득층 가정은 그들의 하위문화 속에서 이러한 규범을 자연스럽게 학습하게 된다. 이런 관점에서 밀러(W. B. Miller)는 예컨대 청소년범죄의 경우에도 사회의 지배적 규범을 부정하는 행위로 보지 않고 오히려 하류계층 사회에 존재하는 가치질서를 추종한 행위로 해석한다.33)

(2) 성역할이론(Gender-Role Theory)

가정폭력 중 특히 아내학대는 성역할에 대한 고정관념과 밀접한 관계가 있다. 전통적인 아이들의 성역할에 대한 사회화가 어른이 되어 아내학대로 이어진다고 설명한다. 이런 관점에서 보면 아이들은 그들의 성별에 따라 어려서부터 가해자와 피해자로 정해진다고 할 수 있다. 성역할이론에 따르면 소녀들은 소극적이고 자신보다 강한 남성에게 순종해야 되는 것으로 생각한다. 남성에게 성적으로나 육체적으로 애교가 있어야 한다는 관념은 그녀들을 성적 학대에 쉽게 순응하도록 만든다. 사회가 여성으로 하여금 결혼생활에서의 역할과 아이 양육에 대한 책임, 가정에서의 의무 등을 강요한다고 주장한다. 반면에 소년들은 남성이 여성에 대한 지배권을 가져야 되는 것으로 배운다. 이들은 항상 힘을 과시하고 리더십 역량을 길러야 한다. 그래서 이들은 자신들의 지위가 폭력을 포함해서 어떤 대가를 치르고서라도 지켜져야 한다고 생각한다. 이런 관념에 쉽게 빠져버린 젊은 여성들은 남성파트너로부터의 성적 희생을 당하기 쉽다. 또한 여성에 대한 남성의 성폭력을

32) M. E. Wolfgang, Ferracuti, The Subculture of Violence : Toward an Integrated Theory of Criminology, London : Tavistock, 1967, p. 23: 김승권 · 조애저, 앞의 논문, 59쪽 참조.

33) 배종대, 앞의 책, 258쪽.

관대하게 보아 주는 사회에서는 확실히 성폭력 피해신고가 많지 않은 것을 알 수 있다. 이와 같은 성역할에 대한 사회화는 방송매체의 역할이 크다. TV에서 남성의 공격성과 여성의 소극성이라고 하는 극히 대조적이고 피상적인 면만을 남성상과 여성상으로 묘사하고 있는 현실에 비추어 볼 때, 이러한 방송매체의 잘못된 보도행태가 성에 대한 올바른 관념을 왜곡시키는데 크게 기여하고 있는 것을 알 수 있다.

사회학적 이론에 대한 대부분의 비판은 범죄를 행하는 사람이 왜 자기 스스로 이상한 사람이 되는지에 대해 설명하지 못한다는 데 있다. 대다수의 사람이 일상생활이나 방송매체를 통해서 범죄에 노출되고 사회화가 되더라도 모두가 가정폭력범죄를 저지르지는 않는다. 또한 모든 남성이 폭력적이지도 않고 모든 여성이 피해자인 것도 아니다. 이 이론들은 왜 성적・육체적 학대를 당한 피해자가 다른 사람에 대한 가해자가 되지 않는지의 이유를 설명하지도 못한다.

3. 심리학적 이론(Psychological Theories)

(1) 사회학습이론(Social Learning Theory)

사회학습이론에서는 개인의 학습바탕을 원래 백지상태라고 가정하고 폭력행위를 하나의 학습된 현상으로 설명한다. 이 이론에 따르면 사람은 선천적으로 폭력성을 지니고 있는 것이 아니라 환경이나 인생경험을 통해서 폭력성을 학습하게 된다는 것이다. 즉 개인은 다른 사람의 폭력행위를 관찰하고 모방함으로써 새로운 폭력행위의 기술을 배워 폭력을 사용하게 된다. 그리고 자신의 폭력행위에 대해 아무런 양심의 가책이나 죄의식을 갖지 않는다. 폭력의 학습과정은 타인과의 의사소통을 통해 이루어지고 여기에는 범행의 동기, 동인, 태도, 그리고 범행의 합리화 등이 포함된다. 일단 폭력을 행사하여 바라던 결과가 이루어지면 행위자에게 있어 폭력은 목표에 대한 수용 가능한 수단이 된다.

특히 어린 시절에 가정환경이 좋지 않아 일반가정의 아이처럼 사랑과 안정을 받지 못한 사람은 성장한 후에 폭력을 사용할 가능성이 높은 것으로 보고 있다. 겔레스(R. Gelles)는 학대가정과 비학대가정을 비교하여 살펴본 결과, 아내학대가 성장기의 가정에서 학습된 결과인 것으로 나타나, 가정이 개인 상호간의 폭력에 대한 규범, 가치, 책략, 기술 등을 학습하는 훈련의 장이라고 결론지었다.[34)]

행위모델이론을 개척한 반두라(A. Bandura)는 가정생활에 관한 연구에서, 공격적인 행동을 하는 아이들은 타인과의 관계에서 공격적인 태도를 취하는 부모가 있다는 것을 발견하였다. 반두라는 모델치료법으로 유명한데, 그는 자신의 최초의 연구에서 뱀에 대해 지나칠 정도로 공포심을 갖고 있는 사람들을 대상으로 실험을 하였다. 최초의 치료법에서 뱀을 사용했을 때 배우 한 사람이 뱀에게 천천히 힘들게 겨우 다가가서 뱀을 들어올려 자기 목에 걸 수 있었다. 그리고서 사람들에게 직접 해보도록 권유하여 많은 사람도 그와 같은 방식으로 드디어 뱀을 목에 걸 수 있었다.[35)]

이런 관점에서 볼 때 아이들이 폭력을 학습하게 되는 가장 주요한 원천은 가정이라는 것을 알 수 있다. 따라서 아이들이 어머니가 학대받는 모습을 보고 자라서 성인이 되면 희생자와 동질감을 느껴 피해의식에 사로잡히거나, 그렇지 않으면 아버지가 했던 것과 똑같이 폭력을 사용하게 될 것이다. 또한 가정 이외의 환경적인 경험도 학습에 영향을 주는 또다른 원천이다. 범죄를 행하기 쉽고 폭력적인 지역에 사는 아이들은 폭력적으로 행동할 가능성이 높다. 폭력적인 TV쇼와 영화들도 아이들의 학습을 위한 원천이 된다. TV나 영화에서 폭력이 자주 수용 가능한 행위로 묘사되기 때문에 아이들은 자신의 행동에 아무런 죄책감을 느끼지 않은 채 폭력을 정상적인 행위로 받아들이게 된다.

---

34) 변화순외, 앞의 논문, 19쪽.

35) D. K. Gosselin, *Ibid.*, p. 74.

(2) 사회통제이론(Social Control Theory)

기존의 범죄원인에 관한 여러 이론에서는, 사람은 원래 범죄성향이 없지만 생물학적, 심리학적 또는 사회학적인 어떤 특정한 요인에 의해서 범죄의 유혹에 빠진다는 것이었다. 사회통제이론은 범죄발생에 관한 접근방법이 이와 반대이다. 통제이론에서는 범죄행위의 동기는 인간본성의 일부이고 사람은 그대로 두면 누구든지 범죄를 저지를 수 있다는 전제에서 출발한다.

이러한 관점에서, 통제이론에서는 '그대로 두면 범죄를 저지를 사람이 왜 대부분 범죄를 저지르지 않고 합법적인 행동을 하는가?'에 주안점을 두고 연구한다. 이에 대한 해답은 개인에게 부과되는 통제력 또는 억제력 때문이라는 것이다. 예를 들어, 법규를 지키고 범죄를 저지르지 않는 사람은 자신을 통제할 수 있는 능력이 있기 때문에 범죄를 저지르지 않는다는 것이며, 반면에 범죄자는 어떤 원인에 의해 이 통제력이 약화되어 범죄나 그 밖의 반사회적 행위가 야기된다고 설명한다.[36] 따라서 누구든지 범죄를 저지를 가능성이 있기 때문에 이에 대한 사회적 통제가 필요하다는 것이다. 사회적 통제는 반사회적 행위를 억제하는 메커니즘이다. 사회적 통제가 약해지거나 없을 때에 범죄와 비행이 나타나게 된다.

여러 통제이론 중에서 사회통제이론(Social Control Theory)을 제안한 사람은 허쉬(Hirschi)이다. 그는 1969년에 저술한 '비행의 원인(Causes of Delinquency)'에서 "우리는 모두 동물이며 자연적으로 누구든지 범죄를 저지를 수 있다"라고 단언하여, 범죄를 자행케 하는 근본적인 원인은 인간의 본성에 있다고 보았다. 이처럼 범죄를 저지를 수 있는 본성을 가지고 있는 사람을 범죄를 저지르지 못하도록 통제하는 기제로는, 허쉬는 개인이 가족, 학교, 동료, 이웃 등 일상적인 사회와 맺고 있는 유대(bond)라고 설명한다. 개인이 사회와 유대관계를 맺는 방법으로는 애착(attachment), 전념(commitment), 참여(involvement), 믿음(belief) 등 네 가지가 있다고 그는

36) 박상기/손동권/이순래, 형사정책, 형사정책연구원, 2001, 164쪽.

지적하였다. 사회통제이론은 사회와의 유대가 강할수록 개인의 범행의 잠재력이 적절히 통제되어 비행이나 범죄가 억제된다는 것이다. 허쉬는 나이(Nye)와 함께 이 이론을 약 4,000명의 학생들을 대상으로 실험하였는데, 그 결과는 부모에 대한 애착이 강하고, 학업에 전념하고, 학교생활에 참여를 많이 하며, 법을 지켜야 한다는 믿음이 강한 학생일수록 비행을 덜 저지르는 것으로 나타남으로써 자신의 이론에 대한 타당성을 입증시켰다.[37]

이후의 여러 경험적 연구에서 소년비행을 대상으로 사회통제이론을 검증하였는데, 그 중 상당수의 연구에서 이론과 일치되는 결론을 도출하였다. 그러나 허쉬의 연구를 비롯하여 대부분의 연구가 절도나 싸움 등의 비교적 경미한 비행만을 대상으로 하였기 때문에 심각한 유형의 범죄를 저지르는 경우에도 이 이론과 같이 사회유대의 약화로 설명할 수 있을지는 아직 단정하기 이른 상태이다.

심리학적 이론에 대한 비판으로는 가정이나 사회에서의 학습에 기반을 둔 여러 모델이 가정폭력을 설명하는 데 자주 인용되고 있지만, 이 이론들은 왜 모든 사람이 폭력과 희생자의 발생을 목격하고서도 개인적으로 범죄를 행하지 않는지를 설명하지는 못한다. 또한 가정폭력행위자가 사회생활의 다른 면에서는 아주 성공적인 인간성을 가지고 있다는 것도 충분히 설명하지 못하고 있다.

37) 박상기/손동권/이순래, 앞의 책, 172~174쪽.

제3절 갈등학파(Conflict School)

갈등론자들은 사회생활을 여러 집단 간의 갈등관계로 보고 사회가 가치나 이해관계가 서로 다른 집단 간의 갈등을 통하여 유지되는 것으로 생각한다. 법을 만들고 범죄를 규정하고 범죄자를 처벌하는 국가사법기관의 활동도 집단 간 갈등의 산물이라는 것이다. 이들은 법이 사회구성원 대다수의 가치를 반영하고 공공이익을 대변하기보다는 지배계층의 이익을 도모하기 위한 수단으로 본다. 입법자들은 소수파와 하위계층 사람을 억압함으로써 자신들의 우월적 지위를 합법화시키는 것으로 보고 있다. 이처럼 법과 규범이 사회 모든 계층의 가치를 반영하지 못하기 때문에 서로 다른 집단 간에 갈등이 생기고 사회통제가 약화되어 범죄나 일탈행위에 쉽게 끌리게 된다고 생각한다. 이런 관점에서 보면 가난과 실업이 범죄의 핵심이 되는 것은 당연한 것이다.

이 학파는 권력에 대한 투쟁이 어느 사회에서건 정상적으로 일어나고 있는 일인 만큼 범죄의 원인을 이해하려고 하지는 않는다. 오히려 사회가 커질수록 다양한 집단들이 행위규범에 동의하지 않을 가능성이 더 커지는가에 대해 논의한다. 사회적 갈등에는 마르크스주의에 의한 계급갈등이 대표적으로 논의되고 있지만, 페미니스트들은 남성의 여성에 대한 폭력이 사회적으로 용인되고 있다고 주장하면서 남성위주의 가부장제와 남녀 간의 성적 불평등으로 인한 여성학대를 비판한다.

1. 가부장제이론(Patriarchal Theory)

페미니스트 이론가들은 가정폭력을 전통적인 가부장제적 사회구조에서 남성에 의하여 행해지는 여성에 대한 학대로 이해한다. 그래서 가부장제이론을 페미니스트 접근법이라고 칭하기도 한다. 이들은 여성에 대한 학대를 아동학대나 노인학대와 같은 일반적인 가정폭력과 같은 유형으로 보지 않고, 여성에 대한 다른 형태의 폭력(즉 강간이나 성폭행)과 더 밀접하게 관련이 있는 독특한 현상으로 본다. 이것은 남성의 여성에 대한 학대가 가족간의 갈등이나 집안문제의 해결을 위한 수단으로서 단순히 폭력을 사용하는 것이 아니라 근본적으로 남녀불평등에서 비롯된 여성에 대한 남성의 통제수단이라고 주장한다. 이 이론에 의하면 가족간의 갈등에서 비롯되는 단순한 폭력은 일반적인 사회문제로서의 가정폭력의 범주에 해당되지 않으며, 기본적으로 남녀불평등에서 비롯되는 폭력만을 그 범주에 포함시킨다.

페미니스트 이론의 핵심은 인류역사는 사회적, 경제적 전 과정이 직·간접적으로 가부장적인 사회질서와 가족구조를 유지하는 방향으로 작용해 왔으며, 가부장제는 여성의 종속을 낳고 여성학대는 이러한 종속관계를 유지하기 위한 메커니즘의 하나라고 보았다.[38]

가부장제 이론의 주요 내용은 다음과 같다.[39]

① 남성과 여성과의 관계는 사회생활의 근본적인 요소이다. 그러므로 성차에 따른 사회적인 처우에 관심을 갖게 된다. 남성과 여성 모두 분석의 대상이 되고, 사회적 환경이나 권력관계에서 비쳐지는 남녀간의 차이점에 특히 주목해야 한다.

② 남성의 우월적 지위에 따른 권력은 여성을 통제하는 수단이다. 남성은 전통적으로 자신의 권력을 유지하기 위해 여성의 참여를 배제하고 여성학대를 정당화시키는 법을 제정하였으며 재산을 소유하

38) R. J. Gelles 저/이동원·김지선 역, 앞의 책, 147쪽.
39) D. K. Gosselin, *Ibid.*, p. 78.

여 왔다. 그러므로 권력과 통제는 사회에서 여성의 종속을 확립하고 유지시키며 또한 성에 따른 사회적 지위를 합법화시키는 핵심요소이다.

③ 사회구조를 변화시킴으로써 여성의 예속을 종식시키는 것이 페미니스트 운동의 주요한 목표이다. 이것은 남성과 여성이 법에 의해서 동등하게 취급되고 보호받는 것을 의미한다. 하지만 남녀간의 평등은 형식적인 법적 평등에 그쳐서는 안 되고 궁극적으로 사회체제 전체에서 실질적인 평등이 이루어져야 한다는 것을 의미한다.

이와 같은 가부장제적 관점에서는 남성의 여성에 대한 폭력은 비정상적인 현상이 아니라 사회질서의 유지차원에서 당연하고도 자연스러운 현상인 것이다. 모든 유형의 억압과 마찬가지로 가부장적 통제의 수단은 사회 전반에 미묘하고 뿌리 깊게 박혀 있다. 따라서 여성이 기존의 관계를 단절하겠다고 하거나 또는 여성집단에서 그들의 권리를 주장하여 가부장적 질서가 위협받지 않는 한 문제가 되어 밖으로 잘 드러나지 않는 정교하고 치밀한 폭력의 기반인 것이다.

2. 성 불평등(Gender Inequality)

가부장제적인 사회구조 외에도 남녀 간의 성적인 불평등과 세대 간 불평등이 폭력을 유발시키는 요인이 된다. 여성이나 아이와 같이 성적 또는 세대 간 불평등의 경우에는 이들이 가정폭력의 피해자가 되었을 때 적절히 대응할 수 없다. 남성은 대체로 여성보다 육체적으로 크고 더 높은 지위를 갖고 있으며 더 많은 돈을 번다. 그래서 남성은 여성으로부터 신체적 공격을 받을 염려가 없으며 또한 경제적·사회적 제재를 당할 위험성이 거의 없다. 그렇기 때문에 남성은 여성에게 큰 부담 없이 폭력을 사용할 가능성이 그만큼 커지게 된다.

이와 같은 것은 부모와 자녀와의 관계에서도 마찬가지이다. 부모는 자녀가 자신에게 반격을 하고 상처를 입힐 수 있다는 두려움 없이 자녀에게 폭력을 사용할 수 있다. 어머니가 자녀에게 폭력을 사용하는 것이 자녀의 연령이 높아짐에 따라 감소한다는 사실은 자녀가 성장하고 나이를 먹어감에 따라 반격을 가할 위험성이 더 커진 결과로 해석할 수 있다. 여성과 아동은 신체적으로 강하지도 못하고 경제적으로 충분한 재원을 갖고 있지 못하기 때문에 마땅히 도망갈 수도 없다. 따라서 이들은 가장 빈번하게 가정폭력의 피해자가 될 수 있다.[40]

이처럼 여성과 아동이 가정폭력의 피해자이고 그 중에서도 특히 여성이 주요 피해자라는 것은 틀림이 없다. 하지만 여성에 의해 발생하는 범죄도 상당히 있는데 반하여 이러한 여성의 범죄성에 대해서는 범죄학에서도 애써 무시하는 경향이 있다. 여성이 아동학대의 주요 가해자라는 것은 여러 조사결과에서 나타나고 있음에도 많은 이론가들은 여성을 사회적 약자로 보고서 그들에 의한 범죄에 대해서는 별로 대수롭지 않은 것으로 여긴다. 이는 여성의 자녀와 사랑하는 사람에 대한 학대행위에 대하여 체계화된 이론적 설명이 없기 때문일 것이다. 그 외에 여성이 각종 범죄의 피해자로 각인된 나머지 사법시스템에 의해 보호를 받아야 하는 존재이고, 또한 남성과 동일한 범죄를 저질렀을 경우에도 남성보다 더 관대한 처벌을 받게 된다는 사회적 통념이 작용하기 때문일 것이다.

갈등학파의 이론에 대해서는 개인적인 몇몇 강간범이나 학대행위자의 범죄에 모든 남성을 포함시키는 것은 너무 지나치다는 평가가 있다. 물론 가정폭력피해자의 대다수가 여성이라지만 페미니스트적 관점에서의 설명은 모든 남성에 대한 극단적인 고발이라는 것이다. 이들 이론은 폭력이 이따금씩 여성에 의해 가해지고 또한 동성 간의 관계에서 발생하는 이유를 명확하게 설명하지 못하는 한계가 있다.

40) R. J. Gelles 저 / 이동원 · 김지선 역, 앞의 책, 150쪽.

제4절 다면적·생태학적 관점

가정폭력에 관한 앞의 이론들은 모두 나름대로 어떤 범주 내에서 타당성을 가지고 있기 때문에 어느 한 이론만이 옳다고 말할 수는 없다. 가정폭력에 대해 어느 한 요인이 작용한다는 이론은 가정폭력의 총체적인 현상을 효과적으로 설명하지 못한다. 그것은 행위자 개인의 정신병적인 요인이나 심리적 특성에만 폭력의 발생에 대한 책임을 돌릴 수 없는 것이며, 또한 사회문화적 요인이나 구조적 영향으로 폭력이 용인된다고 해서 그것이 바로 행위자로 하여금 폭력을 촉발시키지도 않기 때문이다. 따라서 다면적 모델이 가정폭력의 복잡성을 이해하기 위한 가장 합리적인 접근방식이라 할 수 있다.[41)]

다면적 모델은 다른 여러 이론적 관점을 통합한 이론으로, 개인적인 폭력이 가족과 같은 특정의 사람들에게서 학대의 형태로 발생하게 되는 이유를 설명하는 가장 유명한 이론들 중의 하나이다. 이 이론은 생물학과 심리학, 사회학적 관점을 서로 구분하지 않고 모든 관점들을 통합하여 설명한다. 이는 각각의 관점들이 가정폭력의 원인을 설명하는 데 있어서 상호교류하기 때문이다. 특히 사람과 그를 둘러싼 환경과의 교류하는 측면을 강조하고 있기 때문에 생태학적 모델이라고도 한다. 이 접근방식은 사람의 폭력적인 행동이 개인의 내부적인 요인이나 출생가정과 새로이 만들어진 가정, 사회구조, 그리고 거대한 사회문화적 환경 등의 요인들에 의해 결정된다고 본다. 이러한 접근방식을 지지하는 이론가들은 학대행위가 일어나는 상황들이란 개인적, 상황적, 사회적, 정치적, 그리고 문화적 요인들 간의 상호작용에 의

41) M. P. Brewster, "Domestic Violence Theories, Research, and Practice Implications", Handbook of Domestic Violence Intervention Strategies, Oxford University Press, 2002, p. 34.

해 파생되는 결과일 것으로 믿는다.

이들은 대체로 여기에 관여되는 요소들을 크게 4개의 시스템으로 나누어 설명하고 있다. 하이스(Lori Heise)는 가정폭력에 관한 대부분의 연구에서 나타난 결과들은 4개의 시스템으로 구성된 생태학적 모형을 지지하고 있다고 주장한다. 개인적 경력(personal history), 마이크로시스템(microsystem : 미시체계), 엑소시스템(exosystem : 외적체계), 매크로시스템(macrosystem : 거시체계)이 바로 그것이다.

개인적 경력은 개인적 차원의 사적인 요인들인데 어린 시절 부모의 폭력을 목격, 어린 시절의 신체적·성적 학대 경험, 일관된 아버지상 없이 자라옴 등이 그것이다. 예를 들어, 한 개인의 출생가정에서의 폭력과 어린 시절의 성적 학대는 그 사람의 일생을 통한 가정폭력과 상당한 상호연관성을 갖는 것으로 밝혀졌다. 마이크로시스템은 학대를 둘러싼 상황적인 요인들을 말한다. 의사결정에 있어서의 남성지배, 남성의 경제적 통제, 부부간의 갈등, 알코올남용 등이 이에 포함된다. 엑소시스템은 공식적 또는 비공식적인 사회구조와 제도 안에 존재하면서 상황에 영향을 줄 수 있는 요인들이다. 실업이나 낮은 사회경제적 지위, 사회적 고립, 비행친구와의 교제 등을 들 수 있다. 그리고 매크로시스템은 사회생태의 다른 세 개의 시스템(즉 개인적 경력, 미시체계, 외적 체계)에 영향을 미치는 문화적 가치와 믿음을 말한다. 매크로시스템의 중요한 요인들에는 전통적인 성역할의 고수, 엄격한 가부장제 문화, 여성에 대한 남성의 우월성에 대한 인식, 여성에 대한 신체적 처벌의 허용, 개인 사이의 갈등해결을 위한 폭력의 사용에 대한 문화적인 지지 등이 있다.[42)]

또한 가레트(Garrett)와 리베이(Libbey)는 아동학대와 방임이 부모들의 그릇된 인격 때문이라기보다는 다양한 요인으로부터 비롯된다는 것을 설명하기 위해서 생태학적 이론이 만들어졌다고 말한다. 이들은 그 요인들이 개인(individual), 가정(family), 공동체(community), 문화(culture)라고 하는 4개의 시스템으로 구분된다고 주장하였다. 이 4개의 시스템에 크게 영향을

42) M. P. Brewster, *Ibid.*, pp. 35~36.

미치는 것으로는 어린 시절의 경험, 아동의 성격, 부모의 성격, 결혼관계, 동료, 학교, 직장, 경제적 요인, 사회적 지지, 사회문화적 환경 등이 있다.[43] 생태론적 이론은 사회의 일반적인 폭력이나 사회로부터의 고립이 가정의 폭력에 영향을 미치는 것도 포함하고 있다.

이와 같은 생태학적 관점에서 볼 때, 가정폭력의 발생은 행위자의 개인적 특성뿐만 아니라 가정적·사회적·문화적인 모든 요인이 함께 원인으로 작용하고 있으며, 그 요인들 또한 서로 긴밀하게 영향을 주고받는다고 할 수 있다. 다만, 각각의 상황에 따라서 어떤 요인이 더 크게 작용할 수도 있을 것이기 때문에 이러한 요인들 간의 상호작용은 매우 복잡한 것으로 여겨지고 있다. 어린 시절에 학대받았던 모든 성인남성이 학대행위를 저지르는 것도 아니고 모든 학대행위자가 어린 시절에 학대를 받은 것도 아니다. 또한 모든 저소득층 가정에서 폭력이 일어나는 것은 아니며 중산층과 상류층 가정에서는 이러한 문제가 발생하지 않는 것도 아니다. 따라서 생태학적 모형에서 여러 요인들 간의 복합적인 상호작용은 가정폭력을 설명하려고 할 때 어떠한 고립된 단일요인보다 훨씬 중요하다고 할 수 있다.[44]

가정폭력을 이해하기 위한 생태학적 접근의 가치는 많은 요인이 가정폭력의 발생에 다양한 원인이 되고 있으며 또한 요인들 간의 상호작용이 상당한 중요성을 갖는다는 것을 인식하는 데 달려 있다. 생태학적 모형은 학대행위자와 피해자를 위한 치료프로그램과 밀접한 관계를 갖는다. 극단적으로 단순화된 프로그램은 문제를 해결하지 못하기 때문에 생태학적 모형의 다양한 단계를 다루는 다면적인 접근들이 요구되는 것이다.

---

43) D. K. Gosselin, *Ibid.*, p. 80.

44) 겔레스(Gelles)도 같은 입장에서, 가정폭력 문제를 보다 가족 전체적인 차원에서 바라보도록 주장한다. 그에 따르면 사회와 가정에서의 남녀간의 불평등과 성차별의식, 가정내 일에 대한 불간섭원리의 오용, 폭력을 남성의 특성이자 진정한 남성다움으로 생각하는 잘못된 관행과 그 내면화 등이 가정폭력의 원인으로 작용한다고 말한다. 이어서 그는 폭력의 방지를 위해서는 잘못된 문화를 일소하는 한편 폭력이 순환될 수 있는 고리를 끊는 것과, 가정구성원의 갈등을 다스리는 능력을 제한하는 일련의 장애들, 즉 실업, 빈곤, 건강악화, 여유부족 등을 해소해야 한다고 주장한다: R. J. Gelles, Family Violence, Sage Publications, 1987, pp. 18~21.

제4장

가정폭력

Domestic Violence

가정폭력의 특성 및 폐해

제1절 가정폭력의 특성

부부란 서로 아무리 사이가 좋다 해도 어떤 문제를 두고 각자의 생각이 달라 충돌하거나 상대방의 행동으로 화가 나는 경우가 있다. 기분이 나쁘다거나 피로·노여움·스트레스 등으로 한 번도 서로 언쟁을 해 본 적이 없는 부부는 없다. 두 사람 간의 의견 차이를 해결하는 방법도 여러 가지가 있다.

그러나 가정폭력은 여느 부부싸움과는 그 성격이 다르다는 것이다. 우선 부부 또는 가족 간의 언쟁이나 갈등과 다른 점은 가정폭력에는 공포와 위협, 강요 또는 위압적인 분위기가 존재한다는 것이다. 이같은 강요나 위압적인 행위는 상대방에 대해 계속해서 군림하기 위해 의도적으로 행해지는 경우가 많으며, 설사 의도적이지는 않더라도 결과적으로 볼 때 여성을 가해자에게 종속시키는 방향으로 폭력이 행사되기 때문이다.[45]

또한 가정폭력이 일반폭력과 구분되는 차이점이 있는가에 대해서는, 일부 학자는 가정폭력이 가해자와 피해자의 관계에 따른 폭력범주 중의 하나

45) 법무부, 각국의 여성에 대한 폭력방지제도, 2001, 12쪽.

인 만큼 일반폭력과 구분할 필요가 없다고 말한다. 그러나 대부분의 학자는 가정폭력의 폭력으로서의 특성에 주목하고 이를 밝히는 데 초점을 두고 있다. 특히 가정폭력이 발생하는 사회적 배경이나 가정폭력의 내적 특성, 그리고 이에 대한 사회적 평가에 있어서 일반폭력과의 사이에 어떠한 차이가 있는지에 관심을 두고 있다.

먼저 가정폭력 중 아내에 대한 남편의 폭력은 가부장적 사회구조의 문화 속에서 배태된다는 것이다. 물론 다른 범죄도 그 시대의 사회구조와 연관시켜 생각해야 되겠지만, 가정폭력은 특히 성차별을 전제로 하고 있는 사회구조적 성격에 의해 자연스럽게 이루어져 왔다. 이런 점에서 가정폭력은 외형적으로는 '아래로부터의 범죄'(개인간의 범죄)라는 모습을 띠지만 성격적으로는 '체계적 범죄'라고 할 수 있다.[46] 가정폭력에 대한 무개입의 근거로 작용해 온 사생활보호의 논리도 사실상은 가정 내에서의 남성의 가부장권을 보호해 온 명분에 지나지 않는다고 할 수 있다.

다음으로 가정폭력은 일반적인 폭력과 같이 단 한 번의 폭발적인 구타사건으로 끝나는 것이 아니고 순환성, 반복성을 가지며 시간이 지날수록 더욱 심각해지는 경향이 있다. 일반적인 폭력의 경우 타인으로부터 여러 차례 폭력을 당할 수 있지만, 같은 사람에게서 계속 여러 차례 폭력을 당하는 경우는 그다지 흔하지 않다. 이에 비해 가정폭력은 일회적인 경우도 있겠지만 반복적으로 계속해서 피해를 입는 경우가 대부분이다. 이것은 가족관계라는 틀에서 벗어나지 않는 한 계속 폭력을 당할 수밖에 없기 때문이다.

이처럼 반복적으로 폭력을 당할 가능성과 이로 인해 피해자가 지속적으로 느낄 수 있는 폭력의 공포, 그리고 이러한 상황들로 인한 피해자의 심리적 손상 등이 일반폭력과는 다른 가정폭력의 내적 특성이라 할 수 있다. 이 때문에 가정폭력은 외형상으로는 같은 물리적 폭력이라 하더라도 이에 대한 대응에 있어서는 다른 접근이 필요한 폭력이라 할 수 있다. 이를테면 피해자로부터 가해자의 격리나 치료와 같은 다양한 가해자에 대한 교정프로

46) 박선미, "가정폭력의 개념과 대책에 관한 고찰 : 남편의 아내폭력 문제를 중심으로", 국회보, 제301호(1991. 11), 110~111쪽.

그램과 피해자의 치료와 경제적 자립을 위한 피해자 지원프로그램의 개발과 같은 특별한 대책을 강구해야 하는 다루기 어려운 문제인 것이다.

그리고 같은 폭력이라 할지라도 외부 사람들 사이에서 일어났을 때와 가정 내 구성원 사이에서 일어났을 때에 그것의 사회적 의미가 상당히 다르다는 점이다. 피해자나 가해자뿐만 아니라 사회에서도 가정폭력이 범죄행위라는 인식이 부족하기 때문에 가정폭력사건에 대해서는 폭력으로 인식하지도 않고 관용하거나 묵인하는 경우가 상당히 많다.

형사사법적 차원에서도 이와 크게 다르지 않다. 일반폭력에 대해서는 피해당사자나 사법기관이 보다 강력하게 대응하는 데 반해서, 가정폭력은 피해자나 가해자, 형사사법기관 모두가 이에 대해 통제나 조정하기보다는 덮어두는 것이 좋은 가정사적인 문제로 인식하고 있다는 것이다. 이와 같이 가정폭력은 발생 배경부터 내적 특성 및 사회적 의미에 이르기까지 일반폭력과 구별되는 성격을 갖고 있기 때문에 일반폭력과는 다른 관점에서 대응방법을 강구해야 한다.

일반적 폭력과 구별되는 가정폭력 자체의 가장 대표적인 특성으로는 은폐성과 강화성, 순환성을 들 수 있다.

1. 폭력의 은폐성

가정폭력은 가정 안에서 일어나고 외부로 노출되지 않는 특성으로 인해서 외부에 알려지는 경우가 매우 적다. 또한 피해자가 느끼는 공포심과 수치스러움 때문에 제대로 신고조차 되지 못하고 있으며, 이로 인해 가정폭력이 감춰지는 사례가 많고 이에 개입하는 것도 피해자의 진술에 크게 의존하게 된다.

가부장적인 사회구조 속에서 폭력의 피해자들은 '맞을 짓을 했으니까 맞지'라고 하는 사회적 통념과 스스로의 자책감으로 인해 외부에 알려 도움을 요청하는 일이 드물다. 사회적으로도 가정폭력에 개입하는 것을 남의 가정사에 끼어드는 일로 여겨 관심을 갖지 않으려고 하기 때문에 가정폭력은 은폐된 채로 지속될 수밖에 없다. 만약 이와 같은 일이 외부에 알려져 그 심각성이 인식되고 외부의 개입이 시작될 때는 이미 그 피해자들은 오랜 기간 동안 피해를 당해 온 관계로 심각한 상처를 입어 치료하기 어려운 상태에 이르는 경우가 많다. 이와 같은 특성으로 인해 폭력이 발생한 초기단계부터 적절한 외부개입이 이루어지기 어렵게 된다.

2. 폭력의 강화성

가정폭력은 결코 일회성 사건이 아니며 시간이 지날수록 그 정도와 심각성이 커진다. 처음에는 언어적 · 심리적인 폭력에서 시작하여 시간이 지날수록 치명적인 폭력으로 발전한다. 즉 통상 처음에는 대수롭지 않은 것처럼 보이는 사소한 것에서부터 시작된다. 남성이 여성에게 평소 안 하던 난폭한 행동을 하거나 모욕과 같은 자존심을 상하게 하는 언어적인 폭력이 부쩍 늘어날 때가 바로 폭력의 시초이다. 이 때에 나타나는 모욕적인 거친 말들은 신체적 폭력에 앞서 나타나는 것으로서 일종의 경고신호인 것이다. 폭력은 대개 결혼초기부터 발생하는 것이 보통이지만 심지어는 남녀 간의 데이트 과정에서 시작되기도 한다. 결혼생활이 진행되면서 점차 폭력의 정도가 강해진다.

이같은 폭력의 발전과정에 대해 베리(Berry)는 다음과 같이 설명한다. 결혼이나 데이트 초기에 가해자는 상대방에 대한 질투심이 강해지면서 상대방을 통제하려 하고 상대방의 단점에 대해 지속적으로 비난하게 된다. 상대방을 쓸모없는 존재라고 세뇌시켜 상대가 자신감을 잃고 자기에게 의존하도록 만든다. 상대방에 대한 통제를 강화하기 위해 집안의 재정을 통제하는 것에서부터 시작하여 상대방이 집 밖에서 일하는 것을 금지시키고 친구나 친지로부터 격리시키는 것으로 발전한다. 점차 폭력의 위협이 증가되고 이어서 신체에 대한 폭력이 시작되는데, 단순한 구타정도에서 시작하여 심각한 상해에 이르는 폭력으로 발전하게 된다.[47)]

이러한 신체적 폭력의 발단은 가해자를 거슬리게 하는 피해자의 사소한 말과 행동에서 비롯된다. 어떤 경우에는 피해자가 아무런 잘못이나 말을 하지 않았는데도 폭력을 사용하고 한밤중에 피해자를 깨워 때리거나 심지어 죽이는 일도 있다.

3. 폭력의 순환성

가정폭력의 가장 큰 특징은 폭력이 지속적이고 반복적으로 발생하는 데 있다. 대개의 경우, 가정폭력은 어느 정도 예상할 수 있는 단계가 있는 행동패턴을 가지고 있다. '매 맞는 여성(The Battered Woman)'의 저자인 워커(L. E. Walker)는 폭력이 일어나는 가정의 대략 2/3 정도에서 부부가 계속해서 경험하는 순환적인 형태의 세 가지 국면이 있다는 것을 밝혀 냈다. 그녀는 이것을 '폭력의 순환(Cycle of Violence)'이라는 말로 기술하였는데, 이 폭력의 사이클은 순환적인 패턴으로 작용하는 3단계로 되어 있다. 폭력의 빈도는 가해자와 피해자 사이의 관계에 따라 각각 다르다. 각 단계가 지속되는 기간도 몇 시간에서 몇 주에 이르기까지 다양하다. 이 폭력의 순환은 그 기간과 강도에 있어서 각 커플마다 다양하지만, 이 주기는 거의 대부분 긴장의 고조단계, 격렬한 구타단계, 화해단계의 3단계로 진행된다고 한다.[48)]

(1) 긴장의 고조단계(Tension Building Phase)

첫 번째 단계는 스트레스가 누적되고 긴장이 고조되는 시기이다. 남편은 신경이 날카로워지고 트집을 잡으며 화를 잘 내게 된다. 이 때 여성은 남편을 달래고 진정시키려 하며 되도록이면 부딪치지 않도록 노력한다. 남편과의 충돌을 피하기 위해 자기의 생활방식을 잊고 남편의 화를 돋우지 않기

47) R. W. Summers and A. M. Hoffman, Domestic Violence : a Global View, Greenwood Press, 2002, pp. 174~175.

48) L. E, Walker, The Battered Woman, Harper & Row, 1979, p. 55.

위해 조심하며 남편으로 하여금 자신을 공격하게 할 수 있는 원인을 제공하는 어떠한 행위도 삼가한다.

그러는 동안 남편은 사소한 일로 아내의 뺨을 때리고 모욕을 주는 식으로 점점 더 학대를 하고 아내에 대한 통제력을 강화하게 된다. 아내는 더 이상 관계가 악화되는 것을 막으려는 자포자기의 심정으로 이러한 행동을 받아들인다. 아내는 계속해서 남편 주변의 일과 사람들을 통해 긴장국면을 완화시켜보려고 하지만 점점 더 고립되고 남편은 그럴수록 더욱 격한 반응을 보인다. 이런 불안정한 단계는 며칠에서 수년간 계속되기도 한다. 대개 양쪽은 절박한 통제불능의 상태를 느끼고 더 필사적이 되는데, 이것은 긴장을 더해 줄 뿐이다. 많은 여성은 이 단계의 심리적 고통이 최악이라고 느낀다.

(2) 격심한 구타단계(Acute Explosion Phase)

두 번째 단계에서는 폭력이 발생하는 것으로, 첫 번째 단계에서 누적되었던 긴장이 통제할 수 없을 정도로 폭발한다. 대개 남편은 뚜렷한 이유 없이 또는 사소하고 불합리한 이유를 들어 가면서 갑자기 격분하게 되어 폭력을 사용하게 된다. 여성이 폭발의 계기를 제공하는 경우는 드물고 일반적으로 남성의 기분이나 가정 밖의 일들로 이런 폭력상황을 불러일으킨다. 남편은 갑자기 흉포하고 난폭한 행동을 저지르는 식의 완전히 통제불능 상태가 된다.

이 단계의 남성들은 극단적으로 이성을 잃고 아내를 공격하여 상해를 입힌다. 경찰의 개입이 필요한 것도 이 단계에서이다. 그들은 심지어 중재하려는 사람에게까지 적개심을 나타낸다.

이것은 경찰이 때때로 가정폭력 신고에 개입하기를 꺼려 하는 이유 중의 하나이며, 따라서 이에 대한 경찰훈련이 필요한 것도 이 때문이다. 이 단계는 폭력이 멈추면서 끝나게 되고 이와 함께 긴장도 줄어들게 된다. 긴장과 불안의 일시적인 감소는 강화효과를 나타낸다. 폭력적인 행동이 강화되고 앞으로도 폭력사용의 가능성이 증가하는 것은 그만큼 효과가 있기 때문이다.[49] 이 단계는 보통 1~2시간에서 24시간 정도 지속되는데, 피해자는 일주일이나 그 이상 동안 심각한 정신적 고통을 느낀다고 호소한다.

(3) 화해단계(Remorse or Honeymoon Phase)

마지막 단계는 화해단계로 폭풍이 몰아치고 나면 폭풍 뒤의 고요함이 찾아온다. 남편은 용서를 구하고 다시는 그런 일이 없을 것이라고 맹세하며 친절하고 애정을 쏟는 쪽으로 생활방식을 바꾼다. 실제로 자신이 다시는 이성을 잃고 그와 같은 폭력을 사용하지 않을 거라고 믿기도 한다. 남편은 잘못을 깊이 뉘우치고 미안하게 생각하는데, 드물게는 폭력을 다시 사용하지 않는 경우도 있다. 남편은 아내에게 선물을 주기도 하고 로맨틱한 애정행위를 나타내기도 한다. 이 때 여성은 처음에는 혼란스런 감정에 휩싸이다가도 오히려 자기가 잘못을 했고 남편의 분노가 자기에게 책임이 있는 것으로 여기게 된다.

이 때는 가해자와 피해자 양쪽에 있어서 깊은 안도가 이루어지는 시기이다. 여성은 종종 남편이 자기를 믿어 달라고 하는 것을 진심이라고 믿고 그를 진실한 사람이라고 생각한다. 여성은 이상적이고 애정이 있는 동반자 관계와 같은 것을 마음 속에 그린다. 많은 여성은 자신이 남편에게 정서적인 안정을 줄 수 있는 유일한 사람이라고 생각하고 그의 행복에 책임감을 느낀다. 워커는 이러한 국면이 정신적으로 가장 피해를 입은 것이라고 생각한다. 왜냐하면 이것은 남성은 여성의 용서에 의존하고 여성은 남성이 본래의 모습으로 돌아오는 것에 의존하는 상호의존의 환상을 계속해서 가지기 때문이다.[50]

그러나 이 사이클(순환)은 자체적으로 반복되고 시간이 지남에 따라 폭력의 강도가 한층 강해진다. 폭력의 순환이 반복될수록 상황은 더욱 심각해지는 것이다. 그렇지만 여성은 불행하게도 이번이 정말 마지막이고 남편이 변할 것으로 믿으면서 가정을 지키려고 노력한다. 그 이유는 여성이 반복되는 순환관계에 빠져버린 나머지, 친절하고 사랑스런 관계가 계속되기를 바

49) 그랜트 마틴 저/김연 역, 앞의 책, 49쪽.
50) D. B. Berry, *Ibid.*, p. 36.

랬던 결혼초기의 희망이 여성으로 하여금 처음 데이트하던 당시의 사랑스런 남자상에 계속 매달리게 하기 때문이다.

여성은 종종 현재의 참고 견디고 있는 폭력에 대해서보다는 자신이 사랑에 빠졌던 과거의 남편의 이상적인 모습에 집착하는 경향이 있다.[51] 그래서 학대받는 여성은 외부에서의 새로운 변화가 없으면 자신의 힘으로는 폭력의 순환에서 벗어나기 힘들다. 폭력의 사이클은 다시 시작될 것이고 학대는 더욱 심해질 것이다.

〈표 1-2〉 폭력의 사이클(Cycle of Violence)

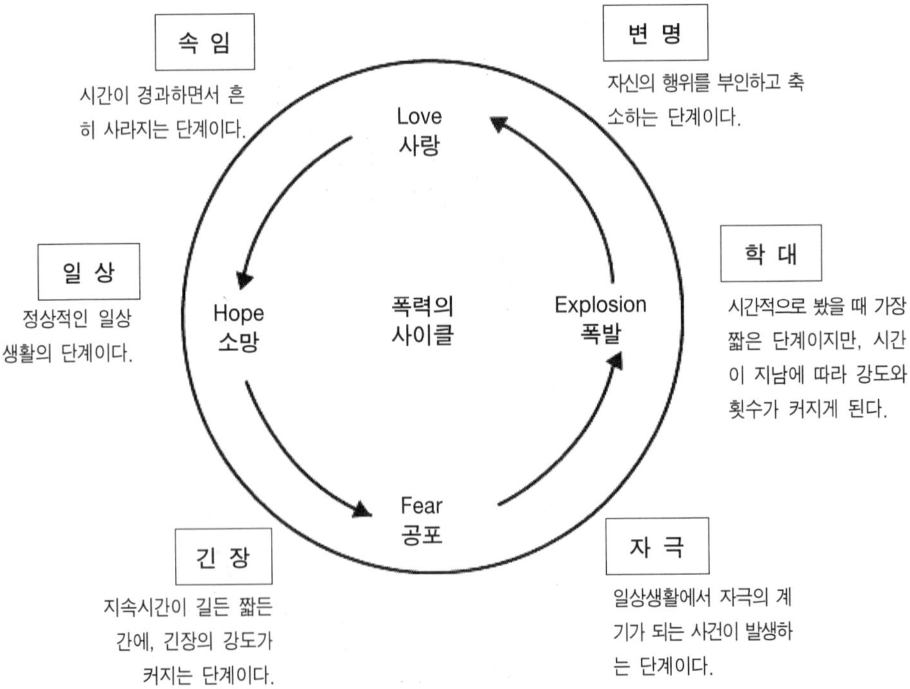

출처 : 워커(Lenore Walker)의 '매맞는 여성(The Battered Woman)'에서 참조.

---

51) D. K. Gosselin, *Ibid.*, p. 75.

단 계	특 징
긴장고조 (tension)	· 사소한 사건이 일어나기 시작한다(고함을 지르고 성을 내며, 툭하면 쉽게 화를 낸다). · 피해자는 가해자의 마음을 진정시켜야 한다고 생각한다(설득하려 하고, 아이들을 조용히 시키며, 집 안을 깨끗이 하고, 외출을 가급적 삼간다). · 피해자는 살얼음판을 딛는 것 같은 두려움을 느낀다. · 대화가 되지 않는다. · 상대방을 무시하거나 비꼬는 말과 같은 언어폭력이 늘어나고 신경전이 벌어진다.
자극 (trigger)	· 무슨 일로 가해자를 건드리게 된다. 가해자는 이것으로 폭발의 계기를 찾는다. · 일상생활에서 일어나는 단순한 일로 자극을 받는다.
학대발생 (explosion)	· 분노가 폭발한다. · 신체적 · 정서적 · 성적 학대가 발생한다.
변명 (excuses)	· 피해자와 가해자 모두 폭력을 합리화한다. · 피해자와 가해자 모두 폭력을 부인하거나 애써 축소한다(아무런 문제도 없다, 그저 한두 번 떠밀었을 뿐이다). · 가해자는 학대행위를 유발했다고 피해자를 질책하고 피해자는 자신이 잘못했기 때문이라고 인정한다.
속임(조종) (manipulation)	· 가해자가 학대행위에 대해 사과하고 다시는 이런 일이 일어나지 않을 것이라고 약속한다. · 때로는 진정으로 후회하고 용서를 구하는 경우도 있다. · 가해자는 피해자로부터 다시 애정을 구하려고 시도한다(선물을 주거나, 로맨틱한 사랑을 하거나, 각별한 관심을 갖는다). · 피해자는 사과를 받아들이고 상대방의 각별한 관심과 애정표현에 마음이 흔들린다.
일상(평온) (routine)	· 양쪽 모두 학대사건을 잊어버린다. · 정상적인 일상생활이 다시 시작된다. · 피해자는 학대행위가 이제는 끝났다고 안도하게 되고 희망을 갖는다.

제2절 가정폭력의 유발요인

가정폭력도 다른 형태의 폭력행위와 마찬가지로 폭력을 일으키도록 유도하는 어떤 요인들이 있는데 이러한 요인들을 위험요인 또는 유발요인이라 부른다. 모든 유발요인은 개인으로 하여금 가해자가 될 위험성을 증가시킨다. 코프만(Kaufman)과 지글러(Zigler)는 생태론적 모델을 적용하여 유발요인을 크게 사회적, 가족적, 개인적 수준으로 구분하여 지적하고 있다. 사회적 수준과 관련된 요인으로는 체벌을 지지하는 문화, 아이를 하나의 소유물로 간주, 경제적 침체, 편모나 편부의 역할, 실업, 빈곤, 사회적 자원의 부족 등을 들고 있다. 개인적 혹은 미시적 수준에 적합한 것으로 보이는 요인으로는 아동기의 학대 경험, 낮은 자존감, 낮은 지능, 아동기의 친구관계 미숙, 대인관계 등을 포함한다. 중간수준인 가족수준과 관련된 요인으로는 결혼불화, 아동의 성적이나 행동문제, 아이의 양육에 따른 스트레스 등이 문제된다.[52)]

1. 사회적 · 문화적 요인

가정폭력과 관련된 모든 사회적 요인 중에서 빈곤과 가족의 사회경제적 지위는 가장 중요한 요인들이다. 빈곤이나 실업, 부족한 삶의 조건들은 가정 내 폭력발생과 밀접한 관련이 있다. 특히 빈곤은 모든 가난한 가정에서 똑 같은 것은 아니지만, 노인과 아동에 대한 방임의 위험성을 크게 증가시킨다. 여성학대와 관련해서는 가부장제도나 성차별이 가장 크게 작용한다.

52) 알란 켐프 저/이화여자대학교 사회사업연구회 역, 앞의 책, 99~105쪽 참조.

그리고 사회적인 낮은 지위나 저학력 등이 위험요인이 된다. 가정폭력가해자들은 모든 사회적인 계층에서 널리 나타나고 있지만, 하류계층의 사람들이 상류계층의 사람들에 비해 보다 커다란 폭력의 위험수준에 있다고 할 수 있다.

2. 가족적 요인

부부간의 잦은 논쟁, 종교상의 갈등, 결혼문제 등이 중간수준인 가정과 관계되는 부부간 폭력의 요인들이다. 결혼이나 동거문제는 가정폭력의 발생에 크게 기여하는데, 쉽사리 헤어질 수 없는 관계에서 상호간에 충돌이 발생할 경우에는 다양한 형태의 가정폭력이 발생할 수 있는 조건이 형성된다. 또한 가정폭력이 많은 가정은 사회적으로 고립된 가정인 경우가 많다. 일반적으로 학대가 있는 가족들은 사회적 참여가 위축되고 고립되어 있으며, 좋은 외부의 지지망이 없고 외부의 지역사회 활동에도 잘 관여하지 않는 경향이 있다. 부모의 양육방침이나 부모와 자녀와의 관계에 따라서도 아동학대에 영향을 끼친다.

3. 개인적 요인

폭력을 행하는 사람의 개인적인 특징은 아동기의 학대 경험과 낮은 자아존중감, 알코올과 약물중독 등이다. 알코올중독은 폭력을 촉진하는 요소로서 작용하는데, 폭력상황이 진정된 이후에는 자신의 자제력 상실에 대한 변명으로 자주 이용된다. 하지만 이에 대해 많은 전문가들은 음주나 약물 등의 남용이 폭력의 본질적인 요인은 아니라고 주장한다. 음주나 약물 등이 잠재적 가해자를 폭력적으로 몰고 가는 촉매역할을 할 수도 있지만, 폭력적 행동을 보이지 않는 다수의 알코올·약물중독자도 있는 것이 사실이며, 또한 이러한 물질남용 없이 폭력을 행사하는 사람도 많기 때문이다.

아동기의 학대 경험은 가정폭력에 관한 가장 중요한 이론 중의 하나인 사회학습이론 입장에서 볼 때, 어릴 적에 부모의 폭력을 목격했던 자녀들은 이것을 배워 성인이 된 후에 다시 학대자와 피학대자가 된다고 한다. 어머니가 학대당하는 것을 보고 자란 여자아이는 자연스럽게 어머니의 행동패턴을 반복한다고 하고 남자아이는 아버지처럼 결혼한 후에 아내를 학대하게 된다는 것이다. 그러나 이 이론은 부모의 폭력을 목격하고 자란 자녀 중에 성인이 된 후 부모와 같은 전철을 밟지 않는 사람들도 많이 있다는 것이 밝혀졌기 때문에 이에 대해 많은 논란이 이어지고 있다.

이상에서 설명한 가정폭력의 유발요인들은 코프만과 지글러가 크게 세 개의 체계로 나누어 지적한 것이다. 그러나 이와 같은 요인이 있다고 해서 반드시 폭력이 유발되는 것은 아니고 그만큼 폭력이 발생할 위험성이 높다는 것을 의미한다. 또한 이 요인들이 개별적으로 독립하여 작용한다는 것을 의미하는 것도 아니다. 가정폭력의 발생은 어느 한 가지 요인만으로는 설명될 수 없다. 우리는 흔히 가해자의 개인적 요인인 정신병리학적 원인에 의해 가정폭력이 자주 발생하는 것으로 이해한다. 그러나 가해자의 개인적인 특성도 중요하지만 거시적으로 보아야 하는 것은 가해자를 둘러싸고 있는 사회의 관습이나 통념, 문화들이 이에 상당한 영향을 미치기 때문이다.

이같은 관점에서, 쿠리(Elliot Currie)는 '폭력사회의 처방(Recipe for a Violent Society)'이라는 에세이에서 미국사회의 폭력과 관련된 특징들을 다음과 같이 지적하였다.

· 부의 불균등한 분배로 인한 부자와 빈자의 격차
· 상당수 인구의 직업의 부재
· 인적 자원을 언제나 교체 가능한 것으로 간주
· 협력보다는 경쟁을 장려
· 일자리를 구하지 못하는 사람에 대한 기본적 혜택의 거부
· 성차별 · 인종차별적 태도의 장려
· 특정인의 희생양화

이와 같은 사회적인 특징들은 정도의 차이는 있을지라도 다른 나라에도 해당될 수 있다. 독일사회에서는 남성다움이 여성에 대한 우월성을 의미한다. 남성우월성은 사회적·물질적 재원의 불평등한 분배로 나타나는데 이로 인해 남성이 여성에게 폭력을 행사할 수 있는 우월적인 상황이 자연스럽게 조성되는 것이다. 러시아에서는 '그 사람을 때리는 것은 그 사람을 사랑하는 것이다'라는 유명한 속담이 있다. 따라서 남성들의 폭력은 어느 정도 거시적인 문화·정치·경제적인 큰 틀을 벗어나서 그 요인을 설명하기는 어렵다. 이것은 경제적·육체적·심리적·사회적 요인들의 복합적인 결과로 나타난다고 할 수 있다. 이들 요인간의 복합적인 상호작용이 남성에 의존적이고 복종적인 여성의 성역할이라는 특수한 상황과 맞닥뜨려져 발생한다.

또한 가정폭력과 관련된 유발요인에 대하여, 겔레스(Gelles)와 락크너(Lackner), 울프너(Wolfner)는 어떠한 유발요인을 지니고 있다고 해서 자동적으로 학대나 폭력과 연관지어 생각할 수는 없으며 유발요인들이 다수 나타날수록 학대나 폭력의 위험이 증가한다고 주장한다. 그들은 유발요인으로 크게 10가지를 제시하고 있다. 즉 실업, 불법약물남용, 동거, 아버지가 어머니를 학대하는 것을 보고 자란 남성, 육체노동자 계층, 자녀양육과 관련한 폭력행사, 빈곤수준의 수입, 커플끼리 종교가 다른 경우, 고교학력 미이수 남성, 18~30세 사이의 남성이다. 이 10 가지 유발요인 중 2개를 가진 가정은 유발요인이 없는 가정보다 가정폭력의 발생위험이 2배 정도 높고, 7개 이상의 유발요인을 가진 가정은 가정폭력의 발생위험이 40배 정도 높다고 말한다.[53]

53) R. W. Summers and A. M. Hoffman, *Ibid.*, p. 174.

제3절 피해자와 가해자의 특성

1. 피해자의 특성

(1) 피해자의 심리적 특성

친밀한 관계에서의 폭력이 있는 경우에는 피해자와 가해자 모두에게서 심리적인 독특한 특성들이 많이 나타난다. 과거에는 가해자의 특성만을 중심으로 가정폭력을 이해하려는 경향이 많았지만, 이에 대한 현실적인 대처방안을 모색하기 위해서는 가해자와 피해자 모두의 특성을 이해할 필요가 있다. 피해자의 심리적 특성은 여성이 왜 그렇게 고통스러운 상황 속에서도 떠나지 않고 그대로 머물러 있는가에 대한 해답을 제공해주기 때문이다.

일반적으로 학대받는 여성의 경우에는 그들의 가족배경이나 인성에 어떤 일관적인 패턴이 있는 것처럼 보이지는 않지만, 오랜 기간 학대관계를 지속해 온 여성에게서는 몇 가지 특징들이 나타난다. 학대받는 여성은 자존감이 낮고 자신에 대한 빈곤한 자아상이나 어린 시절 부모로부터 학대받은 경험 등이 많이 발견된다. 이러한 여성은 신체적·성적 학대의 전력이 있는 가정에서 자라났기 때문에 정상적인 가정이 어떠한 것인지에 대해서도 제대로 알지 못한다. 이들은 종종 약물이나 알코올에 의존하는 경향을 보이는 사람도 있고 전통적인 성역할을 지켜야 한다는 강한 믿음을 가지고 있는 사람도 많다.

(가) 낮은 자존감

학대당하는 여성은 심각할 정도로 자존감이 낮은 경향이 있다. 그리고 가치관이 확립되지 않아 남편으로부터의 언어적·신체적 학대로 상처를 받는다. 그들은 어리석고 무능하며 못난 여자라고 멸시를 당하고 위협을 받는다. 정서적 학대는 신체적 학대보다 더 큰 상처를 주는데, 그것은 정서적 상처는 혼자서 간직하고 오랫동안 지속되기 때문이다. 이와 같은 학대가 지속됨에 따라 생활에 있어 자신감을 잃게 되고 결국 자기는 더 이상 좋은 아내가 될 자격이 없다고 생각하고 자포자기해 버린다. 이런 여성은 자기에 대한 주체성을 잃게 되어 자신보다는 남편과 아이들을 위해서 자기를 희생하고자 하며, 남편으로부터 구타를 당해도 남편을 탓하기보다는 자기에게 책임을 돌리고 혼자 자책하면서 괴로워한다.[54] 남편에 대해서는 적개심을 표현하지 못하면서도 조금만 자존심 상하는 일이 있으면 과도하게 흥분하고 화를 내며 감정을 절제하지 못한다. 다른 사람에게 자신이 맞고 산다는 사실을 숨기고 남편을 반대로 말하기도 한다. 이러한 과정을 거치면서 서서히 남편에게 맹목적으로 순종하고 길들여진다.

(나) 비현실적인 희망

남편으로부터 학대받는 여성은 나름대로 자신의 결혼생활에 가치를 두고 고통을 받으면서도 여전히 남편을 사랑하고 복종하기까지 한다. 어떤 여성은 남편에게는 자기가 꼭 필요한 존재라고 믿고, 남편이 잘 되도록 보살펴 주고 책임을 져야 한다고 생각한다. 맞고 사는 여성은 데이트 초기에 인생에 있어 커다란 문제점을 가진 남자에게 그 사람을 보살펴 주어야 한다는 일종의 모성애적인 책임감을 느끼고, 남자에게 새 삶을 찾아 주어야 한다고 생각하여 결혼하는 경우가 많다. 이들은 끝까지 참고 견디면 언젠가는 남편도 결국 처음과 같은 위치로 돌아올 것으로 믿는다.

---

54) 그랜트 마틴 저/김연 역, 앞의 책, 43쪽.

남편이 매번 다시는 안 그러겠다고 약속하면 여성은 그 말을 사실로 믿고 싶기 때문에 끝까지 그 희망에 매달린다. 또한 이런 희망이 전혀 이루어지지 않을 것 같지도 않다. 남편은 때때로 기분에 따라 후회를 하면서 친절하고 사랑스런 말과 태도로 사태를 호전시키려고 노력한다. 여성은 남편의 따뜻한 마음에서 잠시나마 위로를 받고 사랑받고 싶은 욕구가 어느 정도 충족된다.[55]

(다) 고립

학대받는 여성의 또다른 특징은 사회적으로 점차 고립되는 것이다. 흔히 학대당하는 여성이 도움을 요청할 때까지는 가족과 친구, 교회와 같은 사회적 대인관계로부터 단절된다. 그들은 집에만 있기를 바라는 남편 때문에 친척과 친구들과의 만남을 피한다. 또한 자신이 맞고 살고 있다는 것이 친구나 주위 사람에게 알려지는 것이 두려워 스스로 사람 만나는 것을 기피하여 더욱 고립되게 된다. 이렇게 해서 학대당하는 여성은 자기를 도와 줄 수 있는 주위의 자원을 제대로 활용하지 못하고 아무런 도움이나 보호를 받지 못하여 더욱 학대관계에 묶이게 된다.

(라) 독립심 결여

학대받는 여성은 독립심이 결여되어 있다. 이런 여성은 자신이 처한 상황에 대해 어떤 도움을 받을 수 있는 기술이나 교육, 경험이 없는 경우가 많다. 그래서 경제적으로 남편에게 의존할 수밖에 없고 또다른 차선책이 있다는 것을 자각하지도 못한다. 또한 학대를 당하는 여성의 대다수는 몇 년간 계속 학대를 당하면서 자존감이 손상되고 폭력에 대한 공포로 인하여 자신감이 없어진다. 그들은 자기자신을 비하하고 정신적으로 무력감을 느끼게 되어 현재의 생활에 익숙해지고 새로운 변화에 대해서는 큰 위험을 느낀다. 이것은 자신이 남편에게 의존하고 있는 경제적・사회적 자원들을 포기하였

---

55) 그랜트 마틴 저/김연 역, 앞의 책, 44쪽.

을 때의 사회적 독립에 대한 두려움 때문이다. 이러한 피해자의 독립심 결여는 자신의 자원결핍을 자각하게 하고 폭력적인 가정을 떠날 수 없게 하는 직접적인 요인이 된다. 그 결과 이혼을 하거나 독립적인 생활을 할 엄두를 내지 못한 채 남편의 학대행위를 받아들이고 체념 속에서 학대관계를 계속 유지하게 된다.

(마) 공포감

학대받는 여성은 학대의 상황에서 느끼는 공포감을 재경험하게 된다. 즉 남편이 집에 귀가할 시간이면 심한 공포감을 느끼고 남편을 연상할 수 있는 대상이나 목소리, 옷차림 같은 것을 접할 때마다 공포감을 느낀다. 심한 경우, 남편이 연상되는 장면에서 전환증상이나 해리증상 혹은 졸도를 하기도 한다. 공포감은 자신의 행동과 삶을 스스로 결정하거나 지배하지 못하게 하며 항상 남편으로부터의 보복에 대한 두려움에 떨게 된다.

(2) 피해자의 희생자화 과정

이와 같은 피해자의 심리적 특성 때문에 피해자가 과감하게 남편에게서 떠나지 못하고 계속 학대를 당하면서 살게 된다. 워커(L. Walker)에 따르면 학대당하는 여성들은 반복적이고 예측 불가능한 학대로 인하여 자신을 둘러싼 내・외적 환경에 대해서 무기력하다는 신념이 발달된다고 한다. 따라서 외부에 도움을 요청하는 것과 같은 적극적인 대응보다는 그 속에 머물면서 고통을 참는 소극적인 대응을 하게 되고, 결국 계속적인 폭력의 순환과정에 빠져들게 된다는 것이다.[56] 이와 같이 폭력이 반복될수록 피해자는 서서히 모든 것을 자포자기하기에 이르게 되는데, 이러한 전 과정을 피해자의 '희생자화 과정(victimization process)'이라고 한다.

---

56) L. E. Walker, Terrifying Love: Why Battered Woman Kill and How Society Responds, N.Y: Harper & Row, 1989, pp. 42~63 ; 박미은, "가정폭력과 사회복지적 대응방안", 사회복지, 제131호, 1996. 12쪽.

(가) 제 1 기(분노의 시기)

여성이 남성으로부터 폭력을 당하는 초기에는 분노와 수치심을 느끼며 자존심이 크게 상한다. 이는 모든 피해여성에게서 공통적으로 나타나는 특성으로서 자존심과 수치심 때문에 누구에게도 그 사실을 말하지 못한다. 따라서 주변에서 적극적으로 관심을 가지고 피해여성을 지켜보지 않는 한 별다르게 문제가 된다거나 심각하다는 점을 발견하기가 어렵다. 학대당하는 여성은 상대방 남성에 대해서 극도의 적개심과 분노를 가진다. 가해자는 대부분이 잘 아는 남성이거나 또는 가정 내 구성원인 남편이나 아버지, 또는 남동생, 아들 등이기 때문에 이들을 상대로 한 분노의 강도는 최고조에 달한다.[57]

(나) 제 2 기(공포의 시기)

남성에 의한 폭력이 반복되면 또다시 폭력을 당할까 봐 공포와 두려움에 떤다. 보복이 두려워 어디에 가서 함부로 하소연도 하지 못하고 침묵을 지킨다. 여성이 남성에 비해 육체적으로 약하고 공포에 대한 수용성이 훨씬 떨어지기 때문에 피해여성이 경험하는 공포의 강도는 극한의 수치를 보여준다. 이 시기부터 '공포의 재경험'이 일어나는데, 폭력상황 혹은 가해자와 관련된 상황을 회상하거나 기억이 떠오를 때에 공포에 휩싸인다. 더러는 꿈속에서도 그런 현상이 일어나기도 한다.

그 밖에 불면증, 심계항진, 호흡곤란 같은 자율신경과민이 생기면서 정신이 멍해지는 현상도 생겨서 전형적인 '외상후 스트레스 장애(PTSD)'가 생긴다. '외상후 스트레스 장애'가 심각해지면 피해여성의 일상생활이 거의 망가지다시피 되고 다른 사람들과의 사회적 인간관계에도 큰 손상을 입게 된다.

57) 최영인 / 염건령, 가정폭력범죄와 여성에 의한 스토킹범죄이론, 백산출판사, 2005, 73쪽.

(다) 제 3 기(무기력의 시기)

매일같이 폭력에 계속 시달리면 자존심의 손상과 공포 때문에 독립심이 전혀 없고 아주 무기력하게 된다. 일상에서 처리해야 하는 모든 일에 결단을 못 내리고 이 핑계, 저 핑계를 대어 그때그때 위기를 모면하기에 바쁘다. 남편의 폭력에 대처할 아무런 힘도 없고 맞아죽더라도 남편에 의지해서 살 수밖에 없다는 처절한 체념 속에서 산다. 이 시기를 무기력의 시기라고도 할 수 있고 우울의 시기라고도 할 수 있다. 이 시기에 어떤 사람은 자살을 하거나 일시적인 정신착란에 빠지는 수도 있고, 이런 때 정신착란 상태에서 남편에게 대항해 남편을 살해하는 경우도 있다. 극히 일부이기는 하지만 자녀와 함께 동반자살을 시도하는 경우까지도 나타난다. 하지만 자녀를 살해하고 자신이 자살을 시도하는 과정에서 실패하는 경우가 많기 때문에 존비속살해죄로 처벌되는 사례도 많은 실정이다.

무기력의 시기에 여성은 인간으로서의 존엄성과 인간적 권리까지 포기하는 모습을 보여 준다. 그리고 폭력을 행사하는 남성에게 강력한 저항 한 번 하지 못하고 그대로 모든 상황을 받아들이는 태도를 보인다. 가해자인 남성은 이러한 상황을 내심 즐기게 되며 여성을 일종의 노리개 내지는 장난감이나 애완동물 다루듯이 취급한다.

2. 가해자의 특성

가정폭력의 가해자는 대부분 한 가정의 가장인 남성이다. 가정폭력은 이들의 사회적 · 경제적 지위나 직업에 관계없이 모든 계층에 걸쳐 나타난다. 피해자의 경우에는 왜 남편에게 맞고 사는가에 대한 공통된 특성이 일관되게 나타나지 않는 데 비해, 대부분의 남성가해자는 공통된 특성과 배후의 요인, 행동성향을 가지고 있다.

일반적으로 가해자는 자부심이 낮고 과도하게 피해자에게 의존하며 지나칠 정도로 질투심과 소유욕을 보인다. 거의 항상 상대방에게 잘못이 있는 것처럼 상대방을 비난한다. 또한 공적인 장소에서 하는 행동과 집에서 하는 행동이 매우 다른 이중적인 면을 가지고 있다. 그래서 집에서는 아내를 구타하면서도 밖에서는 전혀 그렇지 않은 점잖고 신사다운 모습을 보인다. 스스로에 대한 자신감이 없으며 종종 심각한 우울증상을 보이기도 한다. 가해자는 정서적으로 냉정하고 폭력적인 가정환경에서 자란 경우가 많기 때문에 사람들에 대한 불신이 강하다. 가해자 중에는 사무직 직원도 많이 있지만, 그럼에도 낮은 교육수준과 낮은 임금을 받는 남성이 대부분의 가해자의 특징이다. 비록 정신적·인성적 결함이 폭력행사의 유일한 요인은 아니라고 하더라도 이들 학대남성은 정신적·인성적 결함이 있는 경우가 많다.

거의 대부분의 가정폭력 가해자가 남성이기는 하지만 여성이 가해자인 경우에도 남성과 비슷한 성격적 특징을 보인다. 남성가해자와 여성가해자의 구별은 학대의 본질 및 폭력상황으로부터의 탈출 여부에서 찾아보아야 한다. 여성가해자는 신체적 학대는 거의 하지 않으며 정신적으로 학대를 한다. 그리고 남성피해자는 학대적 관계를 여성피해자보다 훨씬 조기에 청산한다.[58]

(1) 가해자의 폭력유형

왜 남성은 아내를 학대하는가를 이해하기 위해, 엘보우(M. Elbow)는 남성의 폭력유형을 다음과 같은 네 개의 범주로 구분하였다.[59]

① 지배자형(controller): 이런 남성은 자기가 원하는 것을 얻고 욕망을 성취하기 위해 사람을 이용하는 사람이다. 자기의 원하는 바를 얻기 위해서 때로는 불법을 저지르기도 하고, 아내의 행동을 통제하고 조종하기를 원한다. 그래서 자기가 지배력을 상실했다고 느낄 때 폭력을 사용하게 된다.

---

58) R. W. Summers and A. M. Hoffman, *Ibid.*, p. 179.
59) 심재근, "가정 내의 폭력과 공격성: 아내구타의 이론과 발생빈도 그리고 구타양상", 가정폭력: 그 실상과 대책, 1997, 74쪽.

② 방어자형(defender): 이런 유형은 지배자형과 정반대로서 아내가 자기에게 의지하기를 원한다. 그는 도덕적 안내자로서 아내를 보호하고 싶기 때문에 상대방이 독립적으로 되는 것을 두려워한다.
③ 승인추구형(approval seeker): 자기자신에 대하여 불만을 갖고 자신의 지위에 대한 위협을 느낄 때에 아내를 학대하게 된다. 즉 어린 시절의 학대받은 충격이나 의사소통에 대한 기술부족, 사회적 지위 등 자신에 대한 불만과 열등감으로 인해 폭력을 사용한다.
④ 혼합형(incorporation): 이중에서 가장 위험한 유형이라 할 수 있다. 일반적으로 신경정신질환이나 알코올중독에 걸린 사람이 여기에 해당된다. 이런 사람은 자기의 주체성을 구별할 수 없고 매우 질투가 심하며, 공격성이 쉽게 꺾이지 않고 심지어 아내를 죽이기까지 하는 사람이다.

일부 학자들은 여성을 구타하는 남성에 대한 천편일률적인 묘사에 대해 지적하고 있다. 배우자를 학대하는 사람의 다양한 유형에 대한 연구에서 홀츠워쓰 몬로(Holtzworth-Monroe)와 스튜아트(Stuart)는 폭력남성을 다른 관점에서 다음과 같은 세 가지 유형으로 구분하였다.[60]

ⓐ 가족만을 대상으로 한 가해자(family-only offenders): 이 유형의 학대자는 어릴 적 가정에서의 폭력에 노출된 경험을 가지고 있는 경우가 많다. 이들은 일반적인 사람에 비해 타인과의 의사소통이 원활하지 못하며 사회생활 기술이 부족하다. 이들은 다른 두 범주의 가해자에 비해서 충동의 정도나 학대의 내용, 범죄행위의 면에서 볼 때 그 일탈정도가 덜한 편이다. 이들에 대해서는 인격장애 치료가 필요한 경우는 드물다.
ⓑ 정신불안 또는 경계선상의 가해자(dyspboric or borderline offenders): 이 유형의 사람은 아주 가끔 이성을 잃고 폭력적으로 돌변하는 성향이 있다. 이들은 아동기에 학대 및 부모로부터 방임된 경력이 있

60) D. K. Gosselin, *Ibid.*, p. 104.

는 것으로 보인다. 행동이 태만하고 여성에 대한 부정적인 시각을 가지고 있으며, 폭력에는 적극적인 태도를 취하지만 자신의 행동에 대해서는 양심의 가책을 느끼지 않는 특징을 보인다. 또한 이들은 부모에 대한 높은 의존도를 보이며 사회적 기술이나 의사소통의 기술에 있어 능력이 매우 부족한 편이다.

ⓒ 폭력적・반사회적인 가해자(violent or antisocial offenders): 가정 밖에서도 폭력적인 성향을 보이는 유형으로서 이 부류의 가해자가 가장 공격적이다. 이들은 갑작스레 폭력적 성향으로 돌변하고 싸움에 휘말리거나 성폭력 등 다른 형태의 폭력범죄를 종종 저지르게 된다. 폭력적인 가정에서 어릴 적에 학대받았던 것으로 보이고 의사소통이나 사회적 기술이 아주 많이 부족하다. 사회화가 크게 부족하기 때문에 점점 반사회적 행동을 하게 되며 어떤 분노나 분개에 대해 폭력을 적절한 대응책으로 보는 시각을 가진다. 인격장애 치료가 이 부류의 가해자에게 필요하지만 상담 및 치료 등에 좀처럼 응하지 않는 경향이 있다.

(2) 가해자의 심리적 특성

(가) 전통적 성역할 고정관념

폭력적인 남성은 남성우월의식 및 전통적인 성역할에 대한 고정관념이 강하다. 아내의 역할과 임무에 대해 융통성 없는 고정적인 신념을 가지고 있다. 따라서 강한 남성상을 보이기 위해 절대 약한 모습을 보이지 않으려 하고 타인의 도움 없이 자신의 문제를 해결하려고 한다. 가족에 관한 모든 문제를 심하게 지배하고 통제하려 하며 모든 중요한 결정을 자기가 내린다. 이들은 아내와 자녀가 자기에게 복종하기를 바라고 만약 아내가 자기 의사에 따르지 않거나 개인적으로 행동하면 화를 낸다. 종종 아내의 외부활동에 대해서도 통제하려 들기 때문에 결과적으로 아내는 사회적으로 고립되고 정서적으로 남편에게 의존하게 된다.[61]

이들은 아내에게 폭력을 사용했으면서도 그 사실을 부인하거나 변명하고 오히려 아내에게 잘못이 있다고 비난한다. 피해여성이 문제를 일으켰으며 여성의 잘못이 없었더라면 자신도 그녀를 때리지 않았을 것이라고 자기 자신과 친구, 경찰, 피해당사자에게 말한다. 그리고 "제발 내가 너를 때리지 않도록 해줘"라는 너무도 불합리한 경고를 당사자인 피해여성에게 하기도 한다.[62]

(나) 분노 조절능력 결핍

어려서 폭력과 학대를 경험한 사람은 성인이 되어서 배우자나 자녀를 학대하는 성향이 있다. 폭력적인 가정은 어린 아이들이 폭력을 경험하게 되는 최초의 장이기 때문에 자신의 감정이나 갈등을 해결하는 데 있어서 폭력을 사용하도록 배우게 된다. 이러한 환경에서 자라 온 사람은 성인이 된 후에 난폭해져서 학대자가 되거나, 아니면 희생자답게 폭력에 대해 인내하는 태도를 취하거나 한다. 이런 경우 학대자가 되는 경우가 훨씬 많다고 한다. 이들은 성인이 되어 분노를 표출할 때도 다른 정상적인 사람과 같이 적절한 방법을 사용하지 못하고 모든 것을 폭력을 사용하여 해결하려고 한다. 그리고 자신의 분노를 조절할 수 없을 뿐만 아니라 배우자가 화가 났을 때 이에 대해서도 적절한 방법으로 대응하지도 못한다.

(다) 표현능력 부족

폭력적인 남성은 자기감정을 인식하고 조절하고 표현하는 데 어려움을 느낀다. 그리고 다른 사람과의 관계에 있어서 진정한 친밀감을 형성하지 못하며 감정을 솔직하게 드러내놓는 것을 두려워한다. 이들은 화를 내는 것 이외의 다른 감정들을 인식하고 표현하는 것이 매우 어렵다. 즉 불안, 공포, 좌절, 때로는 사랑까지도 오로지 폭력적인 방법 한 가지로 표현하게 된다. 그들은 일상생활에서 충분한 언어구사력을 갖고 있으나 자신의 생각과 감정을 표현하는 언어능력은 상당히 부족하다. 특히 자기가 좌절당했을 때 자

61) 그랜트 마틴 저/김연 역, 앞의 책, 38쪽.

62) D. B. Berry, *Ibid.*, p. 40.

기감정을 제대로 표현하지 못하고, 아내에게 의지하고 정신적인 만족을 기대하면서 자기가 무엇을 원하는지 자기의 마음을 아내가 다 알아서 이해해 주기를 원한다. 만약 아내가 그렇게 하지 않으면 진심으로 자신을 사랑하지 않는 것으로 여기고 아내에 대해 폭력을 사용하게 된다.[63]

(라) 정서적 의존

대부분의 남성은 감정을 표현한다든지 약한 모습을 보이면 안 된다는 전통적인 사고를 갖고 있지만, 폭력적인 남성은 사실 정신적인 지주로서의 배우자나 친밀한 상대에게 정서적으로 지나치게 의존하는 경향이 있다. 이들이 보이는 극도의 의존성은 보호, 안전, 끊임없는 확인을 요구하는 것으로 표현된다. 이들은 마음속 깊이 아내를 잃을지도 모른다는 두려움을 품고 있기 때문에 자신감을 잃게 된다. 자신이 아내에게 그렇게 의존하고 있는 것에 대해 마음속으로 분노하게 됨으로써 자신의 약함을 부정하기 위해서 폭력을 사용하고 아내를 통제하려고 한다. 그러므로 폭력을 사용하고도 남성답게 태연한 체하는 남성들은 정신적으로는 가장 빈곤한 사람들이다. 사실상 이들은 무기력하고 절망적이며, 질투심이 많고 여성에게 지나칠 정도로 의지하고 있는 것이다.

주된 증상은 아내에 대한 강한 질투와 소유욕이다. 질투의 본질은 대개 성적인 것을 의미한다. 아내가 다른 남자와 성관계를 가졌다고 의심하기도 하고, 자기 아내를 다른 사람에게 빼앗길지 몰라 항상 긴장하고 아내를 다그치기도 한다. 아내를 잃을까 봐 두려워해서 아내가 다른 남자나 이웃 여자하고 대화하는 것까지도 싫어하고 못하게 하며, 심지어 가족, 친구, 일까지도 아내의 관심을 끄는 것이면 무엇이든지 질투의 대상이 된다. 이런 남성은 결국 아내를 쉽게 믿지 못하기 때문에 아내에 대한 통제를 강화하고, 그것이 잘 되지 않을 때 폭력만이 유일한 해결책이라고 생각한다.

이와 같은 편협하고 편향된 정서를 가지고 있기 때문에 폭력적인 남성은 직장이나 사회에서 다른 사람과의 원만한 인간관계를 맺지 못하고 가족 이외의 타인과는 매우 피상적인 관계만을 유지한다. 간혹 친구가 많은 사람도

---

63) 그랜트 마틴 저/김연 역, 앞의 책, 36쪽.

있지만 전형적인 학대자는 이런 친구관계를 좋아하지 않는 경향이 있다.

(마) 자존감 저하와 자기주장 부족

일반적으로 폭력적인 남성은 밖에서 자기주장을 제대로 하지 못하고 자존감이 낮고 말이 별로 없으며 우울하다고 한다. 그의 질투, 우울, 주위 사람에 대한 과민한 반응 등은 낮은 자존감 때문일 수도 있다. 낮은 자존감이 경제적인 문제나 직업, 학력 등의 여러 상처와 결합이 되면 즉시 분노로 폭발하게 되고, 그 다음에는 폭력을 수반한 공격적인 태도로 전환된다. 때때로 이런 공격성은 가정 밖으로까지 확대되어 친구와 직업까지도 잃게 되며, 가족들에게 상해를 입힐 수도 있다.

앞에서 설명했던 것처럼 남성의 표현능력이 부족하면 부부싸움에서 이기기 위해서 폭력을 사용하는 경향이 높다. 폭력적인 가정의 일반적인 특성인 가족간의 의사소통이 부족한 것에서 알 수 있는 것처럼 학대하는 남성은 배우자에게 자기주장을 잘 하지 못한다. 이것은 특히 아내 쪽이 학력이 높고 남편 쪽이 학력이 낮은 부부 사이의 경우에 자주 나타나는 현상이다. 학력이나 배움의 정도에서 여자보다 떨어져 자기주장을 제대로 할 자신이 없기 때문에, 말로 설득하려 하지 않고 폭력으로써 해결하려고 한다. 이와 같이 여자에 대한 열등의식에 의한 경우 외에 문화적으로 남성성에 대해 공격적 행동을 강조하는 고정관념에서 비롯된 경우도 있다. 남성들은 가장 또는 남자로서의 위신을 확립하기 위한 수단으로 언어적인 의사소통보다는 폭력에 의존하게 된다.

(3) 가해자의 행동적 특징

가해자는 심리적 특성에서 나타난 바와 같이 여러 심약한 성격으로 인하여 우발적이고 충동적으로 아내와 가족을 학대하는 경우도 있다. 그러나 대부분의 가해자의 행위는 다분히 의도적으로 행해지는 것들이다. 자주 구타를 하는 남성에 대해 연구하는 전문가들은 학대관계의 요인을 설명하기 위해서 종종 둘루스 모델(duluth model)에 의해 개발된 '힘과 통제의 바퀴(power and control wheel)'를 사용한다. 이들에 따르면 가해자가 사용하는 전략은 다른 여느 집단의 지배자가 지배력을 유지하기 위해 사용하는 전략과 유사하다고 한다. 구타하는 남성은 자신이 여성을 통제하기 위한 수단으로 구타를 한다는 것을 인식하지 않고 있다 하더라도 이것은 다분히 의도적인 것이라고 한다.64)

남성의 여성에 대한 폭력 사이클의 핵심은 '힘과 통제'라는 요소인데, 학대관계에서 일어나는 모든 행위들은 상대방에 대한 통제와 지배의 목적을 위해서 행해진다는 것이다. 즉 수레바퀴(wheel)에서의 각각의 톱니(cog)들은 어떤 하나의 행동을 나타내고 있지만, 이들이 모두 합쳐져서 전체적인 학대행위를 구성하는 것이다. 이 '힘과 통제의 바퀴' 이론은 학대관계에 대한 페미니스트적 입장을 대변해 주고 있다. 페미니스트적 입장은 여성에 대한 남성의 폭력을 남성과 여성 사이의 단순한 학대문제로 보지 않고 여성에 대한 전반적인 억압의 연장과 표현으로 간주하고 있다. 따라서 여성에 대한 폭력이 남녀간의 힘의 불균형에서 유래되는 만큼, 이러한 힘의 불균형을 변화시키고 평등한 관계를 형성할 수 있도록 해야 한다고 말한다.65)

(가) 행동통제(controlling behaviors)

가해자인 남성은 피해자를 위압하기 위해 피해자의 행동을 통제한다. 때때로 이 통제는 질투에서 비롯되기도 하는데 피해자의 외출시간, 옷, 행동 등을 통제하려고 한다. 이와 같은 행동통제는 피해자에 대한 존중이나 배려 없이 모욕감을 주는 것이다. 과도할 정도로 성인 피해여성의 이름을 부르거나 혹평하는 것은 피해자의 자신감을 무너뜨리고 앞으로의 위협을 미리 예고하는 데 사용되는 기술이다. 예를 들어, 아내에게 돼지나 바보와 같은 경멸적인 용어로 부르는 것들은 종종 육체적 구타가 시작되기 전의 정신적 학대의 신호이다.

---

64) D. K. Gosselin, *Ibid.*, p. 112.

65) 알란 캠프 저/ 이화여자대학교 사회사업연구회 역, 앞의 책, 366쪽.

(나) 공포와 위협(fear and intimidation)

공포와 위협은 폭력이 임박했음을 암시하는 것이다. 고함을 지르거나 주먹이나 손을 들어올려 때릴 듯한 동작을 취하는 것 등은 피해자에게 물리적 폭력을 연상시킴으로써 피해자를 공포와 위협에 싸이게 한다. 집안에서나 또는 애완동물에게 소화기를 뿌리는 것은 심각한 위협을 주는 행위이고, 특히 애완동물을 죽이거나 불구로 만드는 것은 "다음은 네 차례야"라는 메시지를 보내는 것과 같다.

(다) 속임(manipulation)

가해자는 상대방을 교묘하게 속이거나 조종하는 데 있어서 탁월한 능력이 있다. 그러기 때문에 학대행위 후에 가해자가 용서를 비는 것은 이상한 것도 아니고 일상적인 일이다. 다시는 그렇게 하지 않겠다고 말하면서 선물과 꽃을 선사하기도 하고 색다른 애정공세를 펴기도 한다. 이와 같은 것은 피해자를 학대관계 속에 계속 묶어 두려는 가해자의 상투적인 수법이다. 피해자가 언젠가는 떠나갈지도 모른다는 생각에 두려움을 느낀 나머지 피해자에게 네가 필요하다는 감정을 가지게 하는 식의 연민이라든지, 또는 붙잡혀서 다시 되돌아오게 될 것이라는 두려움을 심어 줌으로써 통제력을 유지하려는 시도는 결코 특이한 것이 아니다. 관계를 청산하고 떠날 때가 피해자에게는 가장 위험한 때이기 때문이다.

(라) 과도한 규칙제정(excessive rule making)

한쪽이 상대방이 따라야만 하는 규칙을 일방적으로 만든다는 것은 지배를 위한 불평등한 관계의 신호이다. 이러한 패턴을 발견하기 위한 한 방법은 상대방이 규칙을 지키지 못했을 때, 즉 기대를 충족시키지 못했을 때 벌칙이나 처벌이 따르는가를 알아보는 것이다. 건강한 부부 사이에는 "당신은 ○○하는 것이 좋을 것이다"나 "그렇지 않으면"이라는 식의 용어는 사용하지 않기 때문이다.

(마) **고립**(isolation)

지리적으로 고립된 지역에 사는 여성은 구타가 발생했을 때 이웃이나 친구에게 구원을 요청할 수가 없다. 아내를 통제하는 방법으로 남자가 직장에 나가는 동안에는 수화기를 떼어 놓는다든지 자동차의 키를 감추어 놓는 식으로 피해자가 외부와의 접촉이나 출입을 못하도록 하기도 한다. 데이트나 결혼 초에는 이와 같은 행동들이 매력적으로 보일지 모르지만 가해자가 피해자의 삶의 유일한 관심사가 되기를 바라고, 그 외에는 전혀 관심을 갖지 못하게 함으로써 친구나 가족들과 거리를 두게 만드는 것도 피해자를 고립시키는 한 방법이다. 또 더 심한 경우로는 직장을 그만두게 한다든지 집을 나갈 수 있는 자동차를 없애 버리는 경우도 있는데, 이러한 경제적·사회적 고립은 피해자를 지원이나 학대로부터의 보호를 단절시켜 통제관계가 지속되게 하기 쉽다.

〈표 1-3〉 힘과 통제의 바퀴(Power And Control Wheel)

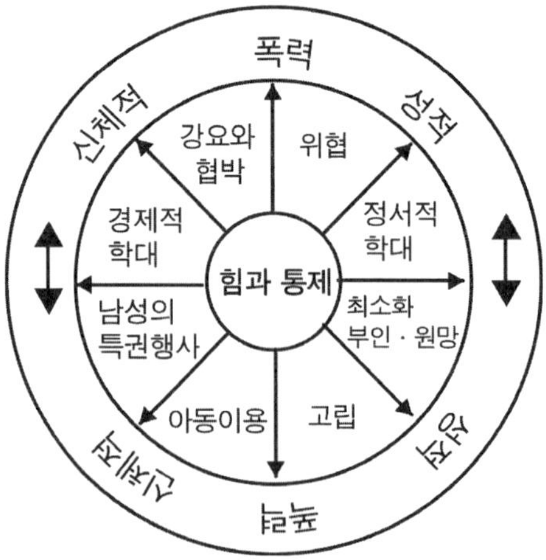

출처: 둘루스 모델('가해남성을 위한 집단교육 프로그램', E. Pence and M. Paymar, 1993, Springer Publishing Company, New York, 10012)

강요와 협박	위 협
· 여성을 해치기 위해 무엇을 할 것이라고 협박하거나 실제로 한다. · 그녀에게서 떠나겠다거나, 자살하겠다거나, 신고하겠다고 위협한다. · 고소를 취하하게 하거나 불법적인 일을 하도록 강요한다.	· 모습, 행동, 제스처를 사용해서 여성을 두렵게 한다. · 물건이나 재산을 부순다. · 애완동물을 학대한다. · 무기나 흉기를 보인다.
경제적 학대	**정서적 학대**
· 일을 하거나 직장을 구하지 못하게 한다. · 모든 수입을 혼자 관리하고, 생활비나 용돈을 타 쓰게 한다. · 피해자가 번 돈을 갈취한다.	· 무시하고, 창피를 주고, 욕하는 등 상대방의 기를 죽인다. · 불안감과 자신에 대한 의구심을 갖게 한다. · 심리전을 편다.
남성의 특권 행사	**최소화, 부인, 원망**
· 피해자를 하인처럼 대한다. · 모든 중요한 결정은 자기 혼자한다. · 가장으로서 군림하려 한다.	· 학대를 가볍게 여겨 그것을 심각하게 보지 않도록 한다. · 학대가 없었다고 하거나, 그 원인이 피해자에게 있다고 책임을 전가한다.
아동이용	**고 립**
· 피해자로 하여금 아이들에게 죄의식을 느끼게 한다. · 아이들을 시켜 말을 전달케 한다. · 아이들과 가정을 해치겠다고 위협한다. · 자녀양육권을 무기로 이용한다.	· 여성이 무엇을 하고, 누구를 만나고, 누구와 전화하고, 무엇을 읽는지, 어디를 가는지를 통제한다. · 집 밖의 활동을 제한한다. · 자신의 행동을 정당화하기 위해 질투심을 이용한다.

3. 피해자의 참고 사는 이유

(1) 피해자의 책임 문제

남성에 의한 여성학대는 일회성 사건으로 끝나지 않고 일생동안 계속해서 반복된다. 처음 남성으로부터 학대를 당했을 때는 몰랐다 하더라도 어느 정도의 기간이 지나고부터는 여성도 비로소 사태의 심각성을 깨닫게 된다.

그렇다면 피해자인 여성이 힘없는 아이가 아니라 성인이기 때문에 이러한 학대상황을 타개하기 위한 방법으로 남성에게서 떠나가거나 이혼하면 될 것이라고 생각하는 사람들이 많다. 그럼에도 많은 수의 매 맞는 여성이 학대를 당하면서도 가정을 떠나지 못하고 계속 남성과 함께 살고 있는 형편이다. 이에 대해 '왜 매 맞는 여성은 곧바로 짐을 싸서 떠나버리지 않고 계속 학대관계에 머물러 있게 되는가' 에 대한 물음이 많은 연구자에 의해 제기되어 왔다. 이것은 어떤 면에서는 그녀의 학대에 대해 여성자신이 책임이 있다는 것으로서 여성을 비난하는 의미도 내포되어 있다.

이러한 여성의 우유부단한 태도 때문에 학대받는 여성이 학대받는 아동과 같은 주위의 관심과 동정을 받을 수 없게 된다. 그 이유는, 첫째로는 피해여성이 학대를 유발하였다는 것과, 둘째로는 최초의 폭력 이후에 떠나지 않았다면 피해자가 학대받는 것을 좋아하기 때문이라는 것이다.[66]

먼저, 피해여성이 학대상황을 유발한다는 점이다. 피해자가 학대상황을 유발한다고 가정할 때 피해자의 성격과 행위가 상대방의 학대행위를 유발하는지가 1차적인 관심의 대상이다. 이것은 피해자가 자신의 피해에 대해 책임이 있는 정도와 관련이 있다. 볼프강(Marvin Wolfgang)은 살인과 관련된 희생자에 대한 이론을 연구하기 위해 살인사건 자료를 사용하면서 이 접근법을 개척하였다. 그는 희생자가 전혀 모르는 타인보다도 아는 사람의 손에 의해서 살해당할 가능성이 더 높다는 것을 발견하였다. 이런 점에서 범죄를 유발하는 사람은 먼저 주먹을 날렸거나 자신을 죽음으로 내모는 개인적인 특수관계에서 폭력상황을 상승시킨 사람이다. 그런 점에서 볼 때 배우자 살인의 희생자는 자신의 사망에 있어서 중요한 역할을 한 것으로 추정할 수 있다. 또한 볼프강은 아미르(Menachem Amir)의 악명 높은 연구의 기초를 닦았다. 강제적 강간의 패턴에 있어서, 아미르는 강제적 강간의 피해자들은 자신들도 피해의 책임을 공동으로 져야한다고 결론을 지었다. 그에 따르면 여성의 옷 입는 자세, 저속한 언어사용, 음주와 같은 여성의 태도들은 여성이 무의식적으로 강간당하고 싶어 하는 욕망의 표현이라고 주

66) R. J. Gelles 저/ 이동원·김지선 역, 앞의 책, 17쪽.

장하였다.[67]

다음으로 학대받는 여성 스스로가 학대받는 것을 좋아한다는 점이다. 이 같은 오해를 받게 되는 것은 피해여성이 가해자와의 관계를 청산하지 않고 계속 같이 생활하기 때문이다. 또한 설령 가해자와의 관계를 청산한다 해도 다시 새로운 남자를 만나 가학적 관계를 형성하기 때문이다. 심리학적 관점에서 볼 때는 여성 스스로 범죄가 일어나기를 바라는 심리적인 면이 있다고 한다. 프로이트(Sigmund Freud)는 1887년 여성의 정신질환과 히스테리 증세를 설명하려는 최초의 시도에서 유혹이론(Seduction Theory)을 제창하였다. 여기에서 그는 여성들의 정신질환과 히스테리의 원인으로 그녀들이 성적 학대의 희생자라는 점을 제기하였다. 프로이트는 그의 부유한 여성 고객들의 대다수가 자신의 가족에게 강간을 당했다는 것을 발견하였다. 이 이론을 발표한 뒤 학자들의 비판에 부딪치자 1890년 자신의 유혹이론을 철회하고 여성들이 성적 학대의 실제 피해자가 아니라 그런 성적 학대의 환상 속에 사로잡혀 있다고 수정하였다. 그 후 그는 위의 유혹이론을 오이디프스 콤플렉스(Oedipus Complex)와 성기숭배사상(Penis Envy)으로 대체하였으나, 이 이론 또한 많은 학자들의 비판을 받았었다.[68]

이와 같은 피해자책임론은 피해자의 변호인과 여성단체로부터 격렬한 비난을 받았다. 이들은 여성피해자의 책임을 논하는 것은 피해자의 입장을 제대로 반영하지 못한다고 주장하였다. 그러나 비평가들은 그 반대의 일이 일어나고 있다고 말한다. 특히 친밀한 관계가 있는 사람 사이에 일어난 범죄의 경우에는 피해자를 비난하는 경향이 있는 것은 분명하다. 일반적으로 볼 때도 사람들은 여성이 학대를 받으면 바로 남편을 떠날 것이라고 생각하고 있다.

하지만 이렇게 생각하는 사람들은 대부분 교육수준이 높고 전문직 직업을 가지고 있으며 광범위한 사회적 네트워크를 가진 사람들이다. 그렇기 때문에 그들은 사회적, 법적으로 그리고 신체적으로 결혼이란 덫에 빠져서 헤

---

67) D. K. Gosselin, *Ibid.*, p. 125,
68) D. K. Gosselin, *Ibid.*, p. 124.

어나지 못하는 사람들이 있다는 것을 쉽게 상상하지 못한다. 그들은 여성이 실제로 도망갈 만한 마땅한 장소가 없다는 것을 모른다. 그래서 많은 사람은 여성이 학대행위에 책임이 있다고 믿고 있으며, 여성이 떠나지 않는 것을 보고 심지어 피해여성이 학대받는 것을 좋아하기 때문인 것으로 생각하기도 한다. 하지만 유감스럽게도 그것은 진실과는 너무 동떨어진 이야기이다.

(2) 피해자의 참고 사는 이유에 관한 이론

피해여성이 학대를 당하면서도 가정을 떠나지 못하고 왜 계속 머물러 있는가에 대해서는 앞에서 본 바와 같이 처음에는 피해여성에게 책임이 있는 것으로 보았다. 그래서 피해여성의 정신병질적인 면에 관심을 갖고서 '왜 학대를 하는가'가 아니라 '왜 그녀는 떠나지 않는가'에 초점을 두고 연구하였다. 가정폭력에 관한 한 이 분야의 선구적 연구자인 워커(L, Walker)가 폭력의 주기이론과 학습된 무기력이론을 제시할 당시만 해도 맞고 사는 여성은 매저키즘적 성격을 지니고 있다는 생각이 지배적이었다. 여성은 자신의 맞고 싶은 욕구를 충족시켜 줄 남성을 찾는다는 것이다. 워커는 이런 가설을 반박하기 위해 종래의 입장과는 다른 새로운 심리적인 이론적 근거를 제시하였다.[69] 뒤를 이어 점차 학대행위에 대한 책임을 피해자에게서 가해자로 돌리는 많은 연구들이 이루어졌다.

이러한 연구들에 따르면, 피해여성은 개인의 병질적인 요인 때문이 아니라 경제적, 문화적, 인간관계적 그리고 사회적인 요인들로 인하여 학대관계에서 떠나지 못하는 것으로 나타났다. 피해여성이 계속 학대관계에 머물게 되는 이유에 대해 설명하려고 하는 심리학적 이론들은 자기비난이나 부정, 결혼의 신성함을 지키려는 마음, 남편을 도와야 한다는 책임감 등의 여러 요인들을 제시하여 왔다. 어떤 점에서 보면 상당히 비합리적으로 보이는 이와 같은 피해여성의 행위를 설명하기 위해 사용되는 이론으로는 폭력의 주

69) D. K. Gosselin, *Ibid.*, p. 137.

기, 학습된 무력감, 구타당하는 여성 증후군, 스톡홀름증후군, 외상성 유대이론, 심리적 함정이론 등과 같은 것들이 있다.[70]

(가) 폭력의 순환(Cycle of Violence)

가정폭력의 연구에 있어서 선구자 중의 한 명인 워커는 1970년대부터 여성학대에 관한 자료를 수집 분석하고 학대받는 여성의 심리와 학대관계의 원동력에 대해 광범위한 조사를 하였다. 1979년 그녀는 가정폭력에 관한 역작이라 할 수 있는 '매 맞는 아내(The Battered Woman)'를 저술하였다. 이 책에서 지금은 대부분의 가정폭력 전문가에게 인정받고 있는 그녀의 가장 유명한 발견 중 하나인 폭력의 순환(cycle of violence)을 설명하고 있다.[71] 워커는 심하게 매 맞는 여성들이 자주 그녀들이 통제할 수 없는 폭력의 주기에 사로잡혀 있다는 것을 발견하였다. 워커의 폭력의 주기 모형에 따르면 폭력의 주기나 유형에는 세 개의 중요한 단계가 존재한다. 즉 긴장의 고조단계, 격렬한 구타발생단계, 그리고 화해단계가 그것이다.

최초의 단계인 긴장의 고조단계를 거쳐 격렬한 구타발생단계에 이르면 여성은 극단적이고 격렬한 구타를 당하게 되어 가해자에게서 벗어나고자 하는 심각한 고민을 할 수도 있다. 그러나 바로 화해단계가 찾아오면서 가해남성은 피해여성에게 양심의 가책을 느끼게 되고 여성에게 자신의 사랑을 확신시키려고 이전과는 색다른 시도를 하면서 다시는 그런 일이 없을 것이라는 약속을 한다. 대개 남성은 여성에게 선물공세를 하고 커다란 관심을 쏟게 된다. 대부분의 여성은 이 때에 그녀가 본 남성의 모습이 그녀가 사랑하는 남자의 진짜 모습이라고 확신하게 되어 가정을 떠나지 못하고 계속 학대관계에 머무르게 된다. 여성은 화해단계가 언제까지나 지속될 것이라고 스스로를 확신시킨다.

---

70) M. P. Brewster, *Ibid.*, pp. 30~31.
71) L. E. Walker, *Ibid.*, pp. 55~70.

(나) 학습된 무력감(Learned Helplessness)

학대당하는 여성이 왜 가정에서 뛰쳐나오지 않고 계속해서 그곳에 머물러 있어 학대관계가 영속화되는지를 설명하는 또다른 심리적 논거로서 학습된 무력감(learned helplessness)을 들 수 있다. 이 이론은 개를 대상으로 행해진 연구에 근거를 둔 것으로서 워커와 같은 연구자들이 학대당하는 여성에게 적용시킨 것이다.

학습된 무력감은 펜실베이니아 대학의 심리학자 셀리만(Martin Seligman)에 의해서 최초로 명명되었는데, 셀리만은 도망칠 가능성이 없는 상황에 놓인 동물과 사람이 예측할 수 없는 고통을 당하게 된 경우에 대하여 연구하였다. 한 실험에서 개들을 출입구가 막히고 바닥에 전선을 깔아놓아 전기가 흐를 수 있도록 장치된 우리에 가두었다. 그리고 이따금씩 바닥에 전기가 통하도록 하였다. 처음에는 예상대로 개들이 도망칠 방법을 찾으려고 노력하였다. 그러나 출입구가 막혀 있어 결국 도망칠 생각을 완전히 포기하고 그 대신에 고통을 최소화하는 방법을 모색하였다. 전기가 통하지 않도록 배설물 위에 누워 있거나 전기충격이 가장 적은 쪽의 바닥에 한쪽 발을 들고 몸을 꼬는 식의 불편하고 괴상한 자세를 취하였다. 결국 이와 같이 대처하는 방식은 개들의 일반적인 도망치는 반응을 완전히 대신하였다. 나중에는 문을 열어주고 즉시 도망칠 수 있도록 했는데도 우리를 떠나지 않고 그 대신 전기충격에 대처했던 반응을 계속 보이고 있었다. 개들은 도망치는 방법을 습득하기 위해 다시 훈련받아야만 했고 훈련을 받고 나서야 전기충격에 대처하던 과거의 행동들이 사라졌다.[72)]

위 실험에서 중요한 점은 개들이 도망칠 수 있게 된 경우라 할지라도 학습된 무력감으로 인하여 도망치지 않게 된다는 것이다. 이것은 자신들이 어떤 시도를 하더라도 전기충격을 완화하는 데는 별 도움이 되지 않는다는 것을 인식하고 있기 때문이다. 이처럼 개들과 마찬가지로 학대당하는 여성은 남편과의 부부관계 속에서 새로운 돌파구를 찾을 생각을 않고 무기력하

72) D. B. Berry, *Ibid.*, p. 37.

게 살아간다. 직장생활이나 다른 생활영역에서는 성공적이고 능력을 잘 발휘하는 여성도 구타하는 남편과의 관계에서만큼은 무기력해진다. 대부분의 사람은 구타당하는 여성이 왜 바로 관계를 정리하고 떠나버리지 않는가에 대해 이해하지 못하고 이런 여성은 자신의 운명에 대해 너무 수동적이라고 비판한다.

이에 대해 워커는 셀리만의 학습된 무기력 이론을 적용하여 여성들이 학대관계에서 벗어날 수 없는 이유를 설명하였다. 학대당하는 여성은 자신이 처한 상황에 대처할 수 있는 능력에 대한 인식이 앞의 개들에게서 본 것과 크게 다르지 않다고 보았다. 여성이 학대를 당하면서도 가정을 떠나지 못하는 것이나 개들이 우리에서 도망가지 않는 것은 모두 자신을 통제하는 상황에서 벗어날 수 없다는 공통된 인식을 갖고 있기 때문이라고 주장하였다. 그녀는 사회학습의 관점을 적용하여 여성은 폭력의 상황에서 도저히 벗어날 수 없다는 잘못된 믿음을 갖게 하는 성역할의 사회화 때문에 폭력상황에서 자신의 무력함을 받아들이게 된다고 이론화하였다. 여성의 무력감은 행복한 가정이라는 문화적 고정관념으로 인해 더욱 강화될 수 있고 또한 친구나 가족, 다른 피해자들로부터의 고립은 여성이 구타사건을 혼자서 해결해야 하기 때문에 사건 자체가 축소되고 흐지부지 되기 쉽다. 이러한 설명에 따르면 구타는 희생자로 하여금 계속 희생자의 지위에 있도록 하는 심리적 마비상태를 만들게 한다는 것이다.[73)]

그러나 엄밀히 따져 보면 실험실 개들의 상황과 구타당하는 여성의 상황에는 차이가 있다. 동물의 경우에서는 단순히 위기에서 벗어나기 위해 도망치고자 하는 욕구가 있을 뿐이지만, 학대당하는 여성의 경우에는 단순하지 않고 복합적인 심리가 작용한다. 부부 간의 싸움에서는 동물과는 다른 서로 상치되는 두 가지의 인간적인 특징을 가지고 있다고 한다. 즉 상대에게 굴복하지 않으려는 의지와 도망가지 않으려는 의지가 나타난다는 것이다. 야생동물은 싸움에서 질 것 같으면 상대의 공격을 멈추게 하기 위해서 항복하는 동작을 취하거나 그 자리에서 도망가 버린다. 그러나 여성은 남편의

---

73) D. K. Gosselin, *Ibid.*, p. 137.

폭력에 위축될지는 몰라도 반드시 그에게 전적으로 복종하지 않으며 또한 도망가지도 않는다. 그것은 여성에게 있어서 결혼의 실패는 곧 여성으로서의 실패를 의미하기 때문에 가정을 떠날 수 없어서이다. 결국 여성은 자신의 도망과 복종의 본능을 억누름으로써 더 이상 이러지도 저러지도 못하는 가사상태에 빠지게 되는 것이다.[74)]

베리(D. B. Berry)도 '학습된 무기력'이라는 용어는 사람이 사실상 무기력해지는 것을 학습하는 것은 아니기 때문에 오해의 소지가 있다고 말하였다. 오히려 학대받는 여성은 자신의 행동이 가져올 결과를 예측할 수 없다는 것을 배우게 된다는 것이다. 따라서 이들에게는 새로운 대처기술을 발달시켜야 한다고 주장한다. 자신이 무슨 일을 했을 때 그 결과가 어떻게 나타날지 모르는 상황에서 학대받는 여성은 커다란 불안감을 느낀다. 이에 따라 이러한 여성은 익숙한 상황 속에서 가장 예측 가능한 행동만을 하려하고 생소하다고 느껴지는 일들은 피하려고 한다. 잘 알고 있는 악마는 모르는 것들보다 덜 위험하기 때문이다.[75)] 도로상의 차 안에서나 열려 있는 문처럼 여성이 상황에 대한 통제권을 가지고 있는 것으로 보이는 경우에도 남편에게 학대와 구타를 당하면서 도망치지 못한다. 만약 도망했을 때 일이 어떻게 전개될지 두렵고 또한 뾰족한 별다른 선택권도 없다고 여겨 그대로 차 안에서나 방 안에서 구타를 당하는 여성이 의외로 많다.

그래서 워커도 '학습된 무기력'이라는 최초의 개념화를 수정해서 구타관계에 있는 여성은 '구타당하는 여성 증후군(Battered Woman Syndrome: BWS)'이라는 일련의 결과들을 경험한다고 제안하였다. 즉 반복된 구타에 의해 생긴 심리적 외상으로 인하여 여성이 학대관계에서 벗어나는 것을 두려워하거나 다른 일부 여성은 학대하는 남편을 죽이기로 결심하게 된다고 주장하였다.

---

74) W. Goode, Force and Violence in the Family, J. Marriage & Family, 33, 1971, pp. 624~636 : 심재근, 앞의 논문, 93쪽.

75) D. B. Berry, *Ibid.*, p. 38.

(다) 구타당하는 여성 증후군(Battered Woman Syndrome)

학습된 무력감, 폭력의 주기와 연관된 개념이 바로 구타당하는 여성 증후군이다. 워커는 일부 여성이 신체적·성적·정신적인 학대를 당하면서도 계속 그 관계에 머무르는 이유가 극단적인 공포감과 도망칠 곳이 없다는 믿음 때문이라는 사실을 지적했다.

여성이 장기간에 걸쳐 구타 등의 학대를 받다 보면 자신이 무능력하여 아무것도 할 수 없다는 무기력감이 생기는 것 외에도 남편에 대한 공포감에 시달린다. 공포감은 대부분의 학대받는 여성이 집을 완전히 떠나지 못하게 하는 공통된 이유이다. 공포감은 그들의 삶과 행동, 의지 자체를 지배하고 그들을 꼼짝하지 못하게 만든다. 학대받는 여성은 만약 자신이 관계를 청산하고 떠나거나 떠나려고 시도하면 남편으로부터 보복을 당할까 봐 두려워한다. 또한 자녀를 잃게 될까 봐 두려워하기도 한다. 피해여성이 관계를 청산하고 떠나려고 하면 그녀의 남편은 아이들과 집에서 기르는 애완동물을 죽여 버리겠다고 위협하기도 하고, 또한 말로만 하는 것이 아니라 직접 행동으로 아이들과 동물을 학대하는 것을 보여 주기도 한다. 실제로 여성이 도망갔을 때 살해당하는 사례가 훨씬 많은 걸 보면 떠나는 것에 대한 두려움이 어느 정도인지 이해가 될 것이다. 그래서 여성은 매를 맞으면서도 이웃에 도움을 청하지 못하거나 집을 나와 피난처로 옮겨 일시적으로 피신해 있을 때도 남편이 자기를 잡으러 온다는 공포감 속에 매일 밤잠을 제대로 자지 못한다. 어떤 여성은 차라리 자기 쪽에서 먼저 남편이 있는 집에 돌아가는 것이 훨씬 안전하다고 여겨 다시 집으로 돌아가는 경우도 많다고 한다.[76] 이렇게 해서 결국 피해여성은 구타를 하는 남편에게 머무르는 것 이외에는 달리 선택의 여지가 없다는 생각을 하게 된다. 이와 같은 구타당하는 여성의 증상은 폭력의 주기가 반복되고, 또 여성이 희망을 잃고 상황을 효과적으로 대처하는 데 있어 자신감을 잃어감에 따라서 시간을 두고 더욱 심각해진다.

---

76) E. Pizzey, Scream Quietly or the Neighbours Will Hear, London, If Books, 1974: 심재근, 앞의 논문, 92쪽.

(라) 스톡홀름증후군(Stockholm Syndrome)

상습적으로 학대당하는 여성은 남편을 대단히 두려운 존재로 여기며 절대로 자신이 남편의 손아귀에서 벗어날 수 없을 것이라고 생각한다. 하지만 다른 한편으로는 많은 학대받는 여성이 남편에게 진저리를 치면서도 남편이 자신에게 친절하게 대할 때는 그것에 크게 감동받는 성향이 있는 것도 사실이다. 이런 성향 때문에 학대당하는 여성이 자기를 학대하는 사람에게 계속 남아 있게 된다고 한다. 이러한 여성의 심리적 현상은 스톡홀름증후군 또는 인질증후군에서 찾아 볼 수 있다.

스톡홀름증후군은 1973년 스웨덴 스톡홀름의 한 은행에서 발생한 인질극에서 유래된 말이다. 무장강도들이 은행에서 인질들을 잡고 6일 동안 경찰과 대치했을 때, 인질들이 처음에는 범인들을 무서워했으나 시간이 지나면서 범인들이 친절함을 보이자 범인들을 동정하고 옹호하기에 이르렀다. 나중에는 오히려 은행을 포위한 경찰에게 공포와 적의를 품게 되었는데, 이러한 인질들의 특수한 심리상태를 가리킨다. 이와 같은 현상은 인질들이 외부와 고립된 상황 속에서 생명의 위협을 느끼고 탈출이 불가능할 때, 범인들이 약간의 친절을 보여도 이를 고맙게 여기고 차츰 범인들에게 동화되어 자신들의 정체성을 잃어버리게 되기 때문이다.[77]

이 이론은 학대당하는 여성도 인질과 비슷한 관계에 있다고 보는 입장으로서, 남편 또는 남자파트너가 학대관계 속에서도 이따금씩 친절을 베풀어 주면 그것을 친절로 생각하고 고맙게 여기게 된다. 그리고 그 같은 상황을 정상적인 것으로 착각하고 자신의 처지를 망각하게 되기 때문이라고 한다.

(마) 외상성 유대이론(Traumatic Bonding Theory)

몇몇 학자들은 친밀한 정서적 유대와 비뚤어진 애정으로 인해 가정폭력이 발생한다고 주장한다. 볼비(Bowlby)는 파트너가 자신을 버리고 도망갈

77) 변화순 외, 앞의 책, 113쪽.

것이라는 막연한 불안감과 두려움 때문에 서로에 대해서 때때로 강하지만 비뚤어진 애정을 갖게 된다고 가정한다. 각각의 파트너들은 상대방을 통제하거나 버림받는 것을 피하기 위한 방법을 생각해내는데 그 중에는 폭력이 포함된다. 게다가 어린 시절에 학대받거나 방임된 경험 때문에 부모에 대해 비뚤어진 애정을 가졌던 여성은 어른이 되어서도 잘못된 애정방식을 갖게 된다고 한다. 안정된 애정방식을 가지고 있는 여성은 불안한 애정방식을 가지고 있는 여성에 비해 정서적 학대를 행하거나 받을 가능성이 훨씬 적다고 말한다. 또한 신체적인 폭력성향을 가지는 남성이 비폭력적인 남성에 비해 불안정하고 비뚤어진 애정방식을 더 많이 갖고 있다는 것이 밝혀졌다.

이와 같은 파트너 사이의 비뚤어진 애정을 바탕으로 한 비정상적인 정신적 유대는 학대당하는 여성이 자신을 학대하는 남성에게 그대로 머물러 있거나 그에게 다시 돌아오는 이유를 설명해줄 수 있는 것으로 보인다. 더튼과 페인터(Dutton & Painter)는 학대관계가 비정상적인 유대관계에 필요한 특성들을 갖고 있다고 주장한다. 즉 강한 정서적인 속박과 간헐적인 학대가 바로 그것이다. 육체적 또는 정신적으로 학대당한 후에 피해여성은 애정을 필요로 하기 때문에 파트너의 잘못했다는 후회와 사랑을 받아들이게 된다. 또한 간헐적인 학대는 피해여성의 취약성과 파트너로부터의 분명한 대접을 받기 원하는 필요로써 귀결된다. 학대 후에 파트너가 나타내는 친절과 사랑은 남성과 여성 사이의 정신적인 유대를 강화시킨다.

> 야나는 44세의 미국여성으로서 그녀의 내연남자와의 비정상적이고 비뚤어진 유대관계에 대해서 말하였다. "나는 그를 정말로 사랑하였다. 그가 나를 많이 때리지만 그래도 그는 나를 사랑한다고 믿고 있다. 내가 생각해 볼 때도 우리 사이의 관계가 아주 불건전한 관계라는 걸 알 수 있다. 그러나 그가 나를 몹시 때린 후에는 우리의 사랑에 대하여 절망한 나머지 다시는 그러지 않겠다고 후회와 약속을 하는 그 사람의 말을 나는 기꺼이 믿으려고 한다. 그리고 짧은 시간 동안 우리는 정상적이고 매우 사랑스런 커플로 되돌아간다. 그러나 구타와 구타 사이의 행복한 시간은 갈수록 짧아지고 구타는 갈수록 심해졌다."

(바) 심리적 함정이론(Psychological Entrapment Theory)

심리적 함정이론은 여성이 남성과의 학대관계에서 빠져 나오지 못하는 이유가 두 사람 사이에 비폭력적인 정상적 관계를 만들기 위해 여성이 시간과 에너지와 정을 너무 많이 쏟았기 때문이라고 말한다. 상대남성으로부터의 학대가 계속된다고 하더라도 여성은 이제 와서 이것을 포기하기에는 너무나 많은 것을 투자했다고 생각하게 된다. 그래서 여성은 둘 사이의 지내온 오랜 시간과 그동안의 쌓인 정 때문에 헤어질 수 없다는 것이다.

이상의 이론들은 피해자가 학대관계에서 벗어날 수 없는 상황에 관해서 설명하고 있다. 하지만 이같은 피해자의 감당하기 힘든 상황에도 불구하고 피해자의 대응자세에 대해서는 여전히 아쉬움이 남는다. 학대를 중지하도록 하기 위해서나 그 상황으로부터 탈출하기 위해서는 피해자 스스로가 보다 현명하고 적극적으로 대응하는 자세가 필요하다. 처음 폭력을 당했을 때 이에 대응하는 피해자의 태도는 앞으로 있을 폭력의 재발을 막는 데 있어서 아주 중요하다. 일단 폭력이 시작되고 얼마간 시간이 흐른 후에는 피해자가 자신감을 잃어버려 학대에 정면으로 대응하기를 기대하기는 극히 어렵다. 따라서 폭력이 시작되는 초기단계에 이에 대한 확실하고 적극적인 대처가 있어야 한다는 것이다.

폭력가정에서의 여성의 대응자세와 관련하여, 포워드(S. Forward)는 자신이 저술한 '여성을 학대하는 남성과 그 남성을 사랑하는 여성(Men Who Hate Women and the Women Who Love Them)'이라는 책에서 다음과 같이 주장하였다. "여성이 자신의 가치에 대한 공격을 받아들이고 자신의 품위가 떨어지도록 취급하는 것을 허락한다면 그녀는 미래의 폭력에 대해 문을 연 것이다"라고 말하였다. 포워드는 남성의 불합리한 공격에 대해 여성의 이성적인 대응이 필요하다고 하면서, 남성의 어떠한 학대행위에도 그것이 발생하는 즉시 과감히 맞서는 자세가 필요하다고 강조하였다. 만약 학대가 말로써 행해진다면 적어도 이런 취급을 받고 살 수는 없다는 식의 단호

한 의사표명을 해야 한다는 것이다. 그리고 학대가 폭력적 행동으로 바뀐다면 일단 그 상황에서 벗어나서 외부의 도움을 받아 다시 그와 같은 폭력이 발생하게 해서는 안 된다는 것이다. 둘 사이의 관계는 여전히 정상으로 회복될 수 있는 것이지만 이것은 반드시 전문적인 외부의 중재를 통해서만 가능하다고 말한다.[78]

제4절 가정폭력의 폐해

1. 피해자에게 미치는 영향

가정폭력은 가장 친밀한 사람들 사이에 발생하는 폭력이라는 점에서 다른 범죄들보다 훨씬 심각한 신체적·정신적 피해를 입힌다. 이것은 피해자에게 치명적인 상해에서부터 여러 건강상의 장애들을 일으킨다. 상해를 입은 여성은 머리나 뇌를 다치는 경우가 많은데, 이로 인해 일부 여성은 평생 완치되지 못하고 육체적, 정신적으로 고통을 겪게 된다. 또한 많은 여성은 경제력이 없기 때문에 의료적 도움을 받을 수 없어 불행한 삶을 살아갈 수밖에 없다. 피해여성의 건강장애에는 임신과 출산합병증, 영아급사, 뇌의 정신적 외상, 골절, 성병, 에이즈 감염, 의기소침, 정신분열, 정신이상, 그리고 다른 스트레스와 연관된 육체적이고 정신적인 장애들이 있다.

1992년 미국의료협회의 보고에 따르면, 미국 내 내과의사들은 가정폭력 피해여성 환자들을 일상적으로 치료하고 있는데, 병원응급실의 치료를 받으러 온 여성 중 대략 30% 정도가 남편의 구타로 인해 상해를 입었다고 하

78) D. B. Berry, *Ibid.*, p. 2.

였다. 쉼터 내의 구타피해여성에 대한 연구에서도 피해여성 중 40~60%가 임신 중 구타당한 것으로 나타났다.

한국보건사회연구원이 1998년 전국의 만 20세 이상의 성인남녀 1,000명에 대해 실시한 가정폭력 실태조사와 1년 동안 가정폭력을 당한 158명의 성인여성을 면접조사한 결과를 보면, 피해여성 중에서 89.9%가 신체적 피해증상을 보이고 있는데, 평균 1.8종류의 증상들을 가지고 있다. 그 구체적인 내용을 보면, 가벼운 타박상 및 상처가 42.7%, 골절상 17.2%, 고막이상 및 치아손상 7.9%, 실명 6.4%, 실어증 0.7%, 허리디스크 0.7% 등으로 나타났다. 정신적 피해증상도 83.3%로 높게 나타났고 평균 2.8종류의 증세를 보였으며 남편을 죽이고 싶다는 응답이 15.1%, 자살사고 6.8%로 나타났다.[79]

또한 한국여성개발원이 1993년 상담소와 쉼터를 이용한 구타피해여성을 대상으로 조사한 연구결과에서는, 가정폭력이 신체에 미친 영향으로는 조사대상자 중 65.4%가 심한 두통을 호소하였고, 48.1%가 타박상을 입었으며, 17.3%가 골절상, 11.5%가 고막파열과 치아가 부러진 것으로 조사되었다. 실명이나 신경마비 등 매우 심각한 영향도 나타났다. 이 밖에도 심한 경우는 맞은 직후에 머리를 수십 바늘 꿰매고, 인대가 끊어져 수술을 하고, 병원에 보름 가량 입원을 하고, 질식하여 병원에서 며칠 후에 깨어난 뒤 후유증으로 어려운 말을 못하는 등의 심한 피해를 입은 것으로 조사되었다. 폭력의 정신적 영향으로는 자존심 상하고 죽고 싶다가 67.3%이고, 자신감 상실과 무기력이 57.7%, 남편이 죽었으면 좋겠다가 50.0%, 죽을지도 몰라 걱정된다가 40.4% 등으로 나타났다.[80]

피해자들은 이와 같이 다양한 신체적 손상과 함께 심리적 영향을 받게 되는데, 그에 따른 정신적 피해는 신체적 손상보다 훨씬 장기적이고 광범위하며 심각하다. 가정폭력의 성인피해자는 공포감과 학습된 무기력을 더 많이 경험하게 된다. 피해자의 특성에 따라 약간의 편차를 보일 수 있겠지만 김광일 교수의 한 연구에 따르면, 남편의 폭력이 심할수록, 아내의 교육수준을 비롯한 사회경제적 지위가 낮을수록, 아내의 신체건강이 좋지 않을수

---

79) 안동현, "가정폭력 피해자 및 가해자 상담실제", 멍든 가정 그 후, 한국가정생활개선진흥회, 1999, 6쪽.

80) 변화순 외, 앞의 논문, 39~42쪽.

록, 자녀의 수가 많을수록 아내의 무기력이 심하고 자아강도도 약하며 자아기능의 손상정도가 크다고 한다. 또한 어린 시절에 학대가정에서 자라나 부모의 학대를 많이 목격하거나 부모로부터 학대당한 경험이 많을수록 무기력과 자아기능의 손상이 크다고 한다.[81]

가정폭력을 경험한 여성은 그렇지 않은 여성보다 4배나 높은 우울증 증세와 자살을 시도하며, 일상적인 사건에 대하여 문제해결능력이 정상적인 여성보다 현저히 뒤떨어진다. 또한 가정폭력 경험이 주는 스트레스는 가정폭력과 직접적으로 관련이 없어 보이는 신체적·정서적 증상들을 일으킨다. 두통, 만성적인 통증, 소화불량, 불면증과 같은 증상은 가정폭력의 피해자들이 흔히 겪는 증상들이다. 이러한 상태가 심각할 경우에는 '구타당하는 여성증후군' 즉 정신의학적 관점에서의 '외상 후 스트레스장애(Post-Traumatic Stress Disorder : PTSD)'가 나타난다.

'외상 후 스트레스장애(PTSD)'의 전형적인 증상은 공포의 재경험, 정신적 둔마, 신경과민 등인데, 폭력이 계속되면 그 정도가 더욱 심해진다.[82] 남편으로부터 폭력을 계속 당하게 되면 극도의 자존심 손상이 있어서 구타당한 사실을 남에게 제대로 이야기하지 못하고 구타하는 남편을 오히려 신처럼 우러러보며 남편을 두둔하기까지 하는 소위 폭력에 의한 노예의 정신상태를 나타낸다. 또 철저한 무기력과 절망상태에 빠져 자기는 도저히 그 폭력상황에서 헤어날 수 없고 맞아 죽는 도리밖에 없다고 하는 좌절감에 사로잡힌 나날을 보내게 된다. 그러한 정신상태를 늘 가지고 살다가 어떤 사람은 자살하기도 하고 자살의 용기마저 없으면 우울증에 빠지기도 한다. 사람에 따라서는 구타당할 위기에 처하거나 구타를 당한 직후 너무 심한 공포 때문에 정신착란이 일시 오기도 한다. 이처럼 여성에 대한 남편의 폭력은 피해여성으로 하여금 커다란 신체적·정신적 손상을 가져오게 하고, 시간이 경과하고 폭력이 상습적으로 진행됨에 따라 신체적·정신적 장애는

81) 김광일, "구타당하는 아내의 무기력, 자아강도 및 자아기능에 관한 연구", 여성연구, 1994(봄호), 131~136쪽.

82) 김광일, "구타당하는 아내 50례의 정신의학적 연구", 정신건강연구, 제3집, 1985, 243쪽.

점차 악화될 수밖에 없다. 피해여성은 무기력감에 의해 다른 사람들과의 상호교류를 기피하게 되고, 그 결과 사회적 고립감에 빠져 정상적인 사회활동을 할 수 없게 될 뿐만 아니라, 심한 경우에는 남편살해와 같은 중대한 범죄로 이어질 가능성도 있다.

2. 자녀에게 미치는 영향

가정폭력은 피해자인 여성에게 뿐만 아니라, 자녀나 그밖의 주위의 연관된 사람들에게도 심각한 영향을 끼치는 결과를 초래한다. 부부 간의 폭력이 행해지는 가정에서는 자녀에 대한 학대도 동시에 행해지는 경우가 많다. 어린 자녀는 자주 학대의 직접적인 피해자가 되기도 하는데, 여성을 구타하는 남성 중 절반 이상이 자녀를 구타하고 상당한 수의 성적 학대가 자녀에게, 특히 딸에게 행해진다.

미국에서는 배우자를 폭행하는 남성의 1/3이 자녀를 성적으로 학대하며, 가해남성의 70%가 육체적으로 자녀를 학대하는 것으로 나타났다. 이 중에서 90%가 4명 이상의 자녀가 있는 경우이다. 러시아에서는 아동학대에 대한 통계가 정기적으로 수집되지는 않지만 여러 교육기관 및 내무부와 검찰청의 조사에 따르면, 거의 2백만 명의 아동이 가족에 의해 학대당하고, 미성년자에 대한 성폭행의 30%가 가족에 의해 이루어진다. 어린이들은 가정뿐만 아니라 유치원, 기숙사, 기술학교, 고아원 등의 집단시설에서도 정신적·육체적 학대를 당한다. 특히 놀라운 사실은 학대피해아동이 대부분 취학 전의 어린 아이라는 사실이다. 예를 들면, 학대로 인해 병원에 입원하는 어린이의 30%가 1살 미만 유아이고, 또다른 30%는 취학전 아동이며, 나머지 40%가 7살 이상 취학아동이다.[83] 우리나라의 경우에도 한국여성의전화가 1995년에 조사한 자료를 보면, 쉼터에 오는 가정폭력 피해여성들 중 65.9%가 남편이 자기 외에 자녀에게도 심각한 폭력을 행사한다고 말한 것

83) Lydia Voigt and William E. Thornton, Domestic Violence: A Global View, Greenwood Press, 2002, p.101.

으로 나타났다.

가정에서의 아동에 대한 직접적 학대는 많은 사회적 영향을 낳는다. 학대받은 아이는 사회에 적응하는 데 있어서 많은 문제가 생긴다. 무관심으로 방치된 아이는 언어발달 장애가 있으며 지적능력이나 사회적 능력에서 뒤떨어진다. 성폭력 피해자는 종종 학교성적 저하와 방과 후 활동에 대한 참여율이 떨어진다. 폭력적인 가정에서는 종종 부모와 아동 간의 역할반대 현상이 나타나기도 한다. 신체적 발육상태와 정서적 수준이 일치하지 않기 때문에 아동이 부모에게 대들기도 하고 큰소리를 치며, 심지어는 부모를 학대하는 등의 부모와 자식 간에 서로 입장이 뒤바뀌는 관계가 형성되기도 한다. 그리고 학대받는 아동은 감기와 후두염, 야뇨증, 잠을 깊이 못 자는 등의 신체적 증세가 나타나기도 한다. 이러한 증세는 쉼터와 같은 안전한 장소로 옮겼을 때 자연히 없어진다.

또한 자녀가 직접 학대를 받는 경우는 말할 것도 없거니와 자신이 직접 학대를 당하지 않고 부모의 폭력을 목격하는 경우에도 상당히 심각할 정도의 영향을 받게 된다. 부모의 구타가 벌어지고 있는 집에서 아이들은 부모의 폭력을 목격한다. 일부는 실제로 어머니가 맞거나 강간당하는 것을 보게 된다. 그들은 부모의 비명소리와 울음소리를 듣고 피와 멍 또는 부서진 유리창과 가구들을 보게 된다. 이러한 폭력에 노출된 아이는 보이지 않는 깊은 상처를 받게 된다. 유아 때는 건강하지 못하고 나쁜 잠버릇과 심하게 비명을 지르는 등의 특징이 나타난다. 미취학 아동은 비명지르기, 참을성 없음, 숨기, 몸을 흔들기, 말더듬기 등의 태도에서 알 수 있는 것처럼 공포의 증후를 보인다. 특히 많은 자녀는 아버지가 어머니를 때리는 무자비한 행동을 보고 심각한 마음의 상처를 입고 고통스러워한다. 더 비극적인 사실은 아들이 어머니를 보호하려다가 그 자신이 상해를 입거나 죽기도 한다는 것이다. 미국의 한 연구조사에 따르면, 어머니가 구타를 당하는 가정에서 14살이 넘는 아들 중 62퍼센트는 어머니를 보호하려고 하다가 상처를 입는 것으로 나타났다.[84] 그리고 아들이 어머니를 보호하기 위해 구타자를 살해하는 경우도

84) J. Zorza, "The Criminal Law of Misdemeanor Domestic Violence,

있는데, 놀랍게도 미국에서 살인사건으로 구속된 15~20세 사이의 남성의 60% 이상이 어머니를 구타하는 사람을 살해한 것으로 나타났다.[85)]

부모의 폭력을 목격하고 자란 자녀는 지적, 정서적으로 슬픔과 불행감을 갖게 되고 판단력과 사고력의 손상, 학습장애, 대인관계의 실패, 적응장애 등의 포괄적인 인격적 장애를 일으킬 수 있다. 폭력적 가정의 아이는 청년기에 이를 때까지 자기 집안의 문제를 숨기고 부인하게 되며, 다른 사람과의 관계에서는 타인을 비난하고 불안한 행동을 보인다. 또한 자신이 비정상적인 가정에서 살고 있다는 것을 스스로 자각할 수 없는 어린이나 청소년은 부모의 폭력을 목격함으로써 왜곡된 인간관계의 모델을 자연스럽게 배우면서 성장하게 된다. 이에 따라 분노와 적개심 등의 정서가 잠재하게 되고, 이렇게 잠재된 폭력적 정서는 성장한 이후에 그 결과가 나타날 수 있다. 처음에는 폭력을 사용하는 부모에 대해 부정적인 시각을 가지고 자신은 폭력을 사용하지 않겠다고 다짐하지만, 직장에서나 가정에서 갈등관계가 있을 때는 이미 익숙해진 폭력을 자연스럽게 사용하게 된다. 결혼한 이후에 가족에게 다시 폭력을 사용하게 될 가능성도 일반가정의 보통아이들보다 높다고 한다.

이러한 아이는 청소년기에 접어들면서 정상적인 아이처럼 학교생활에 적응하지 못하고 학대를 피하기 위해 가출하기도 하여 비행청소년이 되기 쉽다. 이들에 의한 청소년범죄 등은 가정에서의 문제가 또다른 사회적 문제를 일으키게 된다는 것을 보여준다. 러시아에서는 부모로부터 육체적・정서적 학대를 받은 어린이 중에서 매년 5만 명의 어린이가 가출하고 약 2만 명의 어린이가 기숙사와 같은 집 이외의 집단시설에서 뛰쳐나온다. 학대를 피해 가출한 어린이 중 상당수가 절도, 매춘, 강도와 같은 범죄에 연루된다. 또한 가족에게서 받은 정신적 충격 때문에 해마다 2천여 명의 어린이가 자살한다고 보고되었다.[86)]

이와 같은 결과로 볼 때 한 개인의 어린 시절에 겪은 직접적 또는 간접적

1970~1990", The Journal of Criminal Law & Criminology, Vol.83, No.1, 1992, p. 47.

85) R. W. Summers and A. M. Hoffman, *Ibid.*, p. 174.

86) Lydia Voigt and William E. Thornton, *Ibid.*, p. 101.

인 가정폭력에 대한 경험이 자신에게도 커다란 상처가 될 뿐만 아니라, 성인이 된 후에 가정이나 사회에서 폭력을 유발하게 하는 등 폭력의 사회화를 낳게 한다. 따라서 가정이 폭력의 사회화에 주요한 기재가 될 수 있다는 데에 더더욱 그 심각성이 크다 할 것이다.[87]

3. 사회적 영향

(1) 폭력의 세대 간 전수

가정폭력과 관련하여 자주 논의되는 것은 폭력이 세대에서 세대로 전수되어 폭력의 악순환이 고리를 형성한다는 것이다. 이 이론은 반드시 인과론적 관계에서 검증된 것은 아니지만 직관적인 수준에서는 매우 의미가 있어 보이는 이론이다. 이러한 견해는 1960년대 초반부터 제기되기 시작하여 각종 연구문헌에서 일관되게 꾸준히 나타나고 있다. 그렇지만 이에 대한 학자들의 연구결과가 다양하고 차이가 있기 때문에 견해가 일치되지는 않는다.

사회과학자들은 폭력의 원인을 설명하는 데 있어서 폭력이 세대에서 세대로 전수되는 것으로 믿고서, 이것을 '세대 간 전수이론(Intergenerational Transmission Theory)'이라고 명명하였다. 이들은 아이들이 다른 사람의 행동을 관찰함으로써 그 같은 행동을 배운다고 가정하고 사회학습이론에 의해 폭력행위를 설명하려고 한다. 만약 아이들이 관찰한 사람이 보상을 받으면 아이들은 그 같은 행동을 모방할 것이고 그 사람이 벌을 받는다면 그렇게 하지 않을 것이라고 설명한다. 사회학습 이론가들은 이러한 두 과정을 대리적 강화와 대리적 처벌이라고 말한다.[88]

일반적으로 볼 때는 부모 사이의 폭력에서 나타나는 폭력성과 공격성이 자녀에게 전이될 가능성이 상당히 높은 것으로 보인다. 세대간 전수이론을 지지하는 학자들은, 자녀는 부모 사이의 폭력에 노출되는 과정에서 어릴 때

87) 변화순 외, 앞의 논문, 44쪽.
88) 알란 켐프 저 / 이화여자대학교 사회사업연구회 역, 앞의 책, 94쪽.

에는 어머니의 무력함을 동정하고 아버지를 미워하지만, 소년기를 거치면서 남자아이는 아버지의 공격적인 행동을 혐오하면서도 아버지가 했던 말과 공격적인 행동을 그대로 답습하게 된다고 말한다.

이러한 과정은 성인으로 성장한 후에 남자아이는 학대자로, 여자아이는 피학대자로의 세대 간 전이가 나타나게 된다고 한다. 이것은 부모로부터 직접 학대를 받은 경우보다는 부모 사이의 학대를 목격하면서 성장한 경우에 학대자가 되는 비율이 더욱 높다고 지적한다.[89] 이처럼 가정 내에서의 부부 간의 폭력행위가 자녀에게 전수된다고 하는데, 이것은 부모의 폭력성향이 자녀에게 유전된다는 것이 아니고 자녀가 경험을 통해서 부모에게서 배우게 된다는 것을 의미한다.

우리나라에서도 어린 시절의 체벌경험과 부모폭력의 목격이 아내구타의 발생과 유의미한 관련을 갖고 있다는 것을 입증하는 연구는 많다. 대체로 아내를 구타하는 남편의 50%는 자신이 어린 시절에 부모의 구타를 목격했거나 부모로부터 구타당한 사람이라고 한다. 특히 자신의 아버지가 어머니에게 구타를 일삼은 경우 그는 스스로 아내구타자가 될 확률이 높은 것으로 나타난 연구결과도 있다.[90] 한국여성의전화연합에서 1993~1994년도에 구타피해자를 대상으로 면접상담한 통계에 따르면, 아내를 구타하는 남자의 51.2%가 아이를 구타하는 것으로 나타났다. 아이를 구타하기 시작한 시기도 한 살 이전이 17.2%로 훈육이나 교육의 명분과는 아무 상관이 없이 이루어졌다. 이러한 아내와 아이를 구타하는 남자의 성장배경 중에서 어린 시절 가정폭력의 경험이 있었던 경우가 50.6%를 차지하고 있는 것으로 볼 때, 어렸을 때 가정폭력을 경험한 아이가 성장하여 다시 폭력을 자행할 가능성이 높다는 것을 알 수 있다.

그러나 어린 시절에 부모의 학대를 목격했거나 폭력의 피해자였던 사람이 부모가 된 이후에 학대자가 될 가능성이 높다는 가정폭력의 세대 간 전수이론에 대해서 여러 연구들이 이루어졌지만, 이러한 현상이 일관되게 나

89) D. Douglas, "Intervention With Male Toddlers Who Have Witnessed Parental Violence", J of Contemporary Human Service, Nov, 1991, p. 515.
90) 김정옥 외, "아내학대와 관련된 변인파악 및 아내학대 척도 개발에 관한 연구", 여성문제연구, 제18집(별책), 효성여자대학교, 1990, 22쪽.

타나고 있지는 않다. 위덤(Widom)은 아동으로서 학대받는 것과 학대부모가 되는 것 사이에 명확한 인과관계를 설정하는 것은 어렵다고 지적하였다. 그녀는 어렸을 때 학대받는 것이 성인이 된 후에 학대자가 되는 것에 대한 하나의 요인으로 작용하는 것을 인정할 수는 있지만 이들 사이에 명확한 1 : 1의 인과관계는 성립되지 않는다고 결론지었다.[91)]

코프만(Kaufman)과 지글러(Zigler)도 폭력의 세대 간 전수이론을 검증한 연구들을 재검토한 결과, 폭력의 세대 간 전달비율이 18%에서 70%에 이른다는 것을 발견하였다. 그들은 결국 세대 간 전달비율의 최적 추정치는 30%(± 5%) 정도로 보인다고 결론지었다. 이러한 추정치에 근거해서 코프만과 지글러는 폭력의 세대 간 전달이라는 사회적 통념에서 벗어나야 하며, 아울러 연구자들도 "학대받은 아동이 자라서 학대하는 부모가 되는가?"라는 질문 대신에 "어떤 조건 하에서 학대의 세대 간 전수가 일어날 가능성이 높은가?"라는 질문을 던져야 한다고 말한다.

한편, 이와 같은 부정적인 연구들에 반해서 헌터(Rosemary Hunter)가 신생아의 산모를 대상으로 조사한 바에 따르면, 아동기에 학대의 전력이 있는 산모가 신생아를 학대하거나 유기한 경우가 월등히 많은 것으로 나타났다. 또한 이겔랜드(Byron Egeland)와 야코비츠(Deborah Jacobvitz)가 폭력 위험성이 높은 저소득층의 어머니들을 대상으로 연구한 결과에 따르면, 어렸을 때에 학대받은 경험이 있는 어머니들 중 70%가 아이를 학대하거나 최소한의 육아만을 한 것으로 나타났으며, 이 외의 다른 연구에서도 아동기에 학대를 당한 부모 중 47%가 자신의 자녀를 학대한다는 것이 밝혀졌다. 이 비율은 어렸을 때 학대를 당하지 않은 부모가 자녀를 학대하는 비율보다 훨씬 높은 것이다.[92)]

이상의 연구들을 정리해 보면, 학대의 세대 간 전수가 일관되게 나타나지도 않을 뿐만 아니라 세대 간 전수가 있는 것으로 나타난 경우에도 비율이 절대적일 정도로 크게 높지는 않다. 이에 따라 많은 연구는 학대당한 아동

91) 알란 켐프 저 / 이화여자대학교 사회사업연구회 역, 앞의 책, 95쪽.
92) R. J. Gelles 저 / 이동원 · 김지선 역, 앞의 책, 73~74쪽.

의 대다수가 학대하는 부모가 되는 것은 아니라고 결론짓고 있다. 그럼에도 불구하고 아동기에 폭력을 목격하거나 직접 경험한 아이가 보통가정의 아이에 비해 폭력에 대한 수용성이 높다는 점을 감안한다면, 성인이 된 이후에 가정폭력에 연루될 가능성이 더 많을 것으로 보아야 할 것이다.

(2) 피해자에 의한 가해자 살해

(가) 가해자 살해의 실태

여성은 남편이 폭력을 사용할 때 다양한 방법으로 대응한다. 보통은 무조건 빌기도 하고 도망가거나 소리를 지르기, 꼬집고 할퀴기와 같은 지극히 소극적이고 여성적인 방법으로 대응한다. 이에 반해 여성이 폭력을 견디다 못해 가해자를 살해하는 경우도 종종 일어난다. 오늘날 가정폭력의 피해자인 여성이나 자녀가 남편과 아버지를 살해하는 커다란 사건들이 자주 일어나고 있다.

1990년대에 발생한 가정폭력사건과 관련하여, 신문에 보도된 대표적인 피해자에 의한 가해자 살해사건들을 소개하면 다음과 같다.

① 10여년간 장이 파열되고 유산되는 등 남편의 극심한 구타로 고통받아온 아내가 남편을 살해한 남씨사건(1991. 2)

② 평소 아내와 자신의 아버지를 상습적으로 폭행하던 남편을 아내가 시아버지와 함께 살해한 사건(1992. 7)

③ 14년간 남편에게 갖은 수모와 폭행을 당해오다 자신의 목에 칼을 들이대고 위협하던 남편을 우발적으로 살해한 이씨사건(1993. 2)

④ 술 마시고 들어와 수시로 주먹과 발, 작대기로 구타하는 남편을 부엌칼로 복부를 찔러 살해한 이씨사건(1994. 1)

⑤ 평소 술중독, 의처증, 변태적 성폭력을 일삼던 남편이 술에 만취해 강제로 성관계를 가진 후 잠든 사이 남편을 살해한 김씨사건(1995. 3)

⑥ 주 2회 가량 닥치는 대로 구타하고 밤중에 산속으로 끌고 가 나무에 묶어놓고 때린 후, 딸(13세)의 몸을 더듬으며 잠이 든 남편을 올

가미로 목을 졸라 살해한 최씨사건(1995. 6)

⑦ 남편의 폭력을 피해 친정에 와 있던 딸에게 만취상태에서 칼을 휘두르며 딸의 가슴을 찌르려고 위협하는 사위를 칼로 찔러 살해한 이할머니사건(1996.4).

이 밖에도 가정폭력으로 인한 수많은 강력범죄 사건들이 보도되고 있다. 1997년 대검찰청 분석에 의하면, 여성범죄 288,200건 중 가정불화에 의한 범행이 1,376건으로 조사되었다. 그 중 여성의 강력범죄에서 가정불화에 의한 살인은 112건 중 19건, 강도는 63건 중 2건, 방화는 75건 중 8건, 폭행은 1,650건 중 41건, 상해는 6,459건 중 94건, 협박은 184건 중 6건, 공갈은 150건 중 3건으로 나타났다.[93]

그러나 공식적 범죄통계인 대검찰청의 범죄분석에는 살인죄의 가해자와 피해자의 관계에 대한 분석자료가 없다. 그렇기 때문에 교도소에 복역 중인 살인죄의 죄수들을 대상으로 신분장조사와 설문조사를 실시한 한 연구를 보면, 가족 및 친・인척 간의 살인이 32.5%이고 직장동료, 마을주민, 동업자, 친구, 애인관계, 내연관계 등 평소에 잘 알고 지내던 사람 사이의 살인이 38.0%인 반면에, 처음 보는 사람 간에 살인이 발생한 경우는 13.0%에 불과하였다. 따라서 살인은 대부분 가족, 친지, 친구 등 아는 사람 사이에서 발생한다는 것을 알 수 있다.

가해자가 남성인 경우에는 단순한 면식관계에 있는 사람을 살해한 경우가 49.4%, 가족, 친・인척을 살해한 경우가 23.1%이며, 처음 보는 사람을 살해한 경우가 16.3%를 차지한다. 가해자가 여성인 경우에는 피해자와 가족, 친・인척인 경우가 59.8%, 단순한 면식관계가 21.8%, 애인관계가 14.9%이며, 처음 보는 사람을 살해한 경우는 3.4%에 지나지 않는다.[94] 즉, 여성범죄자의 경우에는 가족이나 친・인척관계, 애인관계에 있는 사람을 살해한 비율이 약 75%를 차지하고 있어 남성범죄자에 의한 가족이나 친・인척

93) 대검찰청, 범죄분석, 1997, 364~365쪽 참조.

94) 김상희 / 이태원, "살인범죄의 실태에 관한 연구", 한국형사정책연구원, 1992, 112~115쪽 참조.

관계에 있는 사람을 살해한 경우보다 훨씬 높다는 것을 알 수 있다. 또한 그 중에서 대부분은 가정폭력과 관련하여 발생된 것임을 쉽게 짐작해 볼 수 있다.

(나) 가해자 살해의 정당방위 여부

가정폭력피해자인 여성이나 자녀가 가해자인 남편이나 아버지를 살해한 경우에, 정당방위나 긴급피난으로서 무죄로 인정되지 않고 살인죄의 실형을 선고받는 사례가 많다. 이 때문에 여성단체 등 시민단체를 중심으로 이에 대한 논란이 많다. 이에 새삼 피해자에 의한 가해자 살해행위가 정당방위나 긴급피난에 해당되는지가 관심의 대상이다.

가정폭력과 관련해서 가족을 살해하는 경우는 두 가지 유형으로 나누어 볼 수 있다. 먼저 가정폭력의 가해자가 가족을 살해하는 경우인데, 이는 대체로 폭력의 연장선에서 이루어지는 공격행위라고 보아야 한다. 이것은 가장인 남편이 아내나 자녀들을 살해한 것이기 때문에 가장 큰 사회적 비난과 형사처벌을 받아야 마땅하다. 그럼에도 불구하고 종종 이러한 살인사건에 대해서는 폭행치사 등의 결과적 가중범으로 판단하여 단순살인보다 경미하게 처벌되는 경우가 적지 않다. 우발적으로 이루어진 경우에는 심지어 기소유예 정도로 처리되는 사례도 있는 형편이다.

또 하나는 가정폭력의 피해자인 아내와 자녀가 남편(아버지)을 살해하는 경우인데, 이는 그동안의 학대를 견디다 못해 최후의 저항수단으로 행해지는 경우가 적지 않다. 보통의 경우에는 여성이 남편을 살해하는 것은 매우 우발적으로 이루어진다. 남편이 폭력을 사용한 후 술에 취해 잠들어 있을 때나 혹은 폭력이 행해지고 있는 순간에 생명의 위협을 느껴 자기방어적 목적으로 살해를 하게 된다. 그런데 이에 대해서는 거의 예외 없이 형사처벌을 받으며, 사건이 발생하게 된 원인과 배경은 무시하고 패륜적 살인범으로 낙인이 찍히기까지 한다. 따라서 양자간 처벌에 있어서의 형평성의 문제가 제기될 수 있는 것이다.

이에 대해서는 아내와 자녀가 가해자인 남편(아버지)을 살해하는 시점에서 가해자의 폭력행위가 있었느냐가 관건이다. 폭력을 행사하고 있는 가해자를 죽인 경우, 즉 피살자가 적극적 피해자(active victim)인 경우에는 정당방위 또는 과잉방위 쪽으로 쟁점화될 수 있으며 현재의 정당방위이론으로도 어느 정도 해명이 가능하다. 반면에 피해자가 장기간에 걸쳐 폭력에 시달려 왔고 살해사건이 있기 전 며칠간 또는 사건이 있던 당일에도 심한 폭력과 협박을 당했다고 하더라도 가해자가 술에 취해서 잠자고 있다든가 텔레비전을 시청하고 있을 때 뒤에서 죽인 경우, 즉 가해자가 수동적 피해자(passive victim)인 경우에는 정당방위이론을 원용하기에는 무리가 따른다는 것이 통설이다.[95]

따라서 대부분의 여성에 의한 남편 살해행위는 여성이 남편으로부터 구타나 성폭행을 당하는 과정에서 이루어진 것이 아니라 폭력행위가 종료한 후에 다른 장소, 다른 시점에 일어났다는 점 때문에 정당방위로 인정받지 못하고 실형을 살게 된다.[96] 예컨대, 의붓아버지로부터 오랫동안 성폭행을 당하며 자란 여대생이 남자친구와 함께 아버지를 살해한 사건에서, 대법원은 "성폭행이라고 하는 침해행위가 그 후에도 반복하여 계속될 염려가 있었다면 반격행위가 비록 침해행위 당시에 이루어진 것이 아니라 하더라도 현재의 부당한 침해가 있었다고 볼 여지가 없는 것은 아니다"라고 하면서도, "의붓아버지의 강간행위에 의하여 정조를 유린당한 후 계속적으로 성관계를 강요받아 온 피고인이 상피고인과 사전에 공모하여 범행을 준비하고 의붓아버지가 제대로 반항할 수 없는 상태에서 식칼로 심장을 찔러 살해한 행위는 사회통념상 상당성을 결여하여 정당방위가 성립하지 아니 한다"라고 판시한 바 있다.[97] 이와 같은 맥락에서 앞에서의 세상을 떠들썩하게 했던 살해사건의 가해자들은 이할머니사건에서만 정당방위의 여지가 있다고 보아서 상해치사죄로 집행유예선고를 받았으며, 나머지 대부분은 살인죄로 실형을 선고받았다.

95) 한인섭, "가정폭력 피해자에 의한 가해자 살해: 그 정당화와 면책의 논리", 법학, 제37권, 제2호, 서울대학교, 1996, 276쪽.

96) 박선영, 앞의 책, 182쪽.

97) 대판 1992. 12. 22. 92도2540.

이상과 같은 법적 판단은 엄격한 법해석에 따른 결과로 당연한 귀결이라 할 수 있다. 그러나 이는 현실적으로 여성이 남편을 살해할 정도에 이르게 된 배경이나 앞으로의 예방적인 측면은 경시한 채 살인행위의 법적인 측면에만 너무 편협하게 초점이 맞추어짐으로써 여성이 이중피해자가 되는 결과를 초래하게 되기도 한다. 어차피 사회나 국가도 가정폭력으로부터 피해자를 충분히 보호해 주지 못하는 입장이다(“이 여성이 14년간 매 맞으며 피눈물을 흘릴 때 법은 어디에 있다가 이제 와서 옥살이를 명한단 말입니까?”)[98]. 따라서 장기간의 폭력에 시달린 나머지 극히 불안정한 심리상태하에서 최후수단적인 자기방어의 목적으로 사건이 이루어지는 점을 감안한다면, 정당방위를 인정하는 방향으로의 보다 신축적인 법적용이 필요하다 할 것이다.

> “아저씨(판사를 지칭), 우리 엄마는 절대로 나쁜 사람이 아니예요. 엄마는 아빠의 욕설과 폭력도 참아가며 오빠와 나를 위해 이혼도 하지 않고 살아온 불쌍한 사람입니다. …제가 2학년 때만 해도 엄마는 아빠한테 맞아서 기절을 한 적도 몇 번씩이나 있었습니다. 아빠는 엄마를 때려도 아비하게 때립니다. 허리끈으로 엄마를 때리다가 오빠방에 있는 전기스위치도 안으로 들어가 버렸습니다. 또 팔을 꺾거나, 입으로 물고, 발로 얼굴이나 배를 찹니다. 그리고 멱살을 잡아서 엄마 옷은 찢어진 옷과 늘어진 옷밖에 없습니다. 머리를 잡고서 어디까지 끌고 다닙니다. 또 욕도 이상한 욕도 다 있습니다. 보통이 씨발년, 호양년, 개호로 씨발년입니다. …아빠는 술만 먹으면 칼을 들고…다 죽인다고 하고 살림을 망가뜨리고…수업시간, 점심시간, 쉬는시간에도 엄마가 불쌍했기 때문에 ‘우리 엄마 살려주세요’ 하고 속으로 수십 번도 더 말했습니다. …엄마가 한 짓은 아빠가 한 짓의 10분의 1도 안돼요. 아니 오히려 잘된 일입니다. 죄 없는 엄마와 같이 살게 해 주세요”[99]

98) 이○○ 피고사건의 무죄석방을 위한 공동대책위원회 성명서 중에서.
99) 이○○ 피고사건에서 피고의 초등학교 6학년 딸이 담당판사에게 보낸 탄원서 중에서.

가정폭력 사례

① 여성의 통제와 지배를 위한 폭력

〈사례 1〉 일정한 직업 없이 피해자(여, 49세)와 동거생활을 하던 가해자 M씨(남, 56세)는 노점상을 하면서 그날그날 어렵게 생활하고 있었다. 그런 와중에도 그는 동거녀인 피해자 외에 다른 여자와 정을 통하고 있어 이로 인해 피해자와 말다툼을 하는 날이 많았다. 피해자가 다른 여자와의 관계를 청산하고 가정에 충실해 달라고 요구한다는 이유로 동거하기 시작한 때부터 1998년 10월 사건 발생시까지 수십 회에 걸쳐 피해자에게 말로는 다할 수 없을 정도의 상습적인 폭행과 구타 및 난행을 저질렀다.

한번은 심야에 조상 묘가 있는 산 속으로 피해자를 끌고가서 옷을 다 벗겨 찢어버리고 알몸인 상태로 인가가 없는 산 속에서 나무에 묶어 놓고 30여 분간 홀로 둔 채로 자신은 그 곳을 떠난 적도 있었다. 또 한번은 야간에 저수지로 데리고 가서 피해자를 저수지에 밀어 넣겠다고 위협하였다. 자신이 운영하는 노점상 트럭 안에서 과도로 그녀의 치마와 속옷을 찢어버리고 칼을 목에 대고 죽이겠다고 위협하였다. 또 다른 남자에게 가지 못하도록 음모를 10여 차례 뜯어냈고 음부를 도려내겠다고 위협하면서 폭행하였다. 이렇게 수년간 구타와 멸시를 당해 온 피해자는 남자가 사귀고 있는 여자를 포기하는 것이 어렵다고 판단하여 다른 여자와의 관계를 청산할 수 없으면 차라리 헤어질 것을 강하게 요구하였다. 이에 가해자 M씨는 차 안에서 피해자의 머리채를 잡아 의자에 머리를 찧게 하고 얼굴과 머리를 30여 차례 때리면서 6시간 이상 차 안에 알몸 상태로 감금하였다. 그리고 피해자의 아들이 다니는 중학교 앞에서 알몸으로 만들어 우세를 시키려고 옷을 모두 찢었는데, 피해자가 도망쳐 나와 지나가는 사람들에게 도움을 청하여 위기를 모면한 일도 있었다.

이 사건에서 가해자가 피해자를 구타한 이유는 단지 자신의 부정한 행위에 대해 그녀가 말리고 간섭했다는 것 때문이었다. 자신이 무슨 일을 하든지 그녀에게 아무 소리도 못하도록 함으로써 전적으로 그녀를 통제하고 지배하기 위한 목적으로 행해진 것이었다.

가해자 M씨는 이렇게 수년 간에 걸쳐 보통 사람으로서는 상상하기도 힘든 온갖 방법을 동원하여 동거녀를 상습적으로 학대한 나머지 이를 보다 못한 피해자의 친정어머니가 경찰에 신고함으로써 사건 처리를 하게 되었다. 피해자는 M씨가 구속 수감된 이후 곧바로 헤어짐으로써 6년간에 걸친 그녀의 노예와 같은 생활도 막을 내릴 수 있게 되었다.

〈사례 2〉 2004년 11월 저녁 H씨의 남편은 술을 마셨으나 그렇게 많이 취하지 않은 채 술과 안주를 사가지고 집으로 돌아왔다. 그는 먼저 아이들을 각각 서로 다른 이웃집에 재워달라고 부탁하고 집 안에는 아내와 단 둘만 남아있는 상태에서 현관문을 철사줄로 묶어 걸어 잠그고 아무 말도 없이 아내 H씨의 옷을 강제로 모두 벗겼다. 곧바로 뻰치를 이용하여 철사로 H씨의 양쪽 엄지손가락을 운동기구에 묶어 움직이지 못하도록 고정시켰다. 그럼에도 H씨는 주위의 이목과 아이들을 생각하여 반항도 하지 못하고 남편의 처분을 바라보면서 참고 있을 수밖에 없었다.

남편은 평소 H씨가 바람을 피운다고 의심하고서 H씨의 온몸을 발로 차고 가위로 머리카락을 잘랐다. 가스에 커피포트를 올려 물을 끓인 후에 끓는 물을 가슴과 얼굴 및 하복부에 붓고 커터칼로 얼굴과 하복부를 위에서부터 아래로 조밀하게 그었다. 그러면서 H씨에게 누구와 육체관계를 맺었는지 자백하도록 다그쳤다. 그래도 H씨가 계속해서 울며 부인을 하자 귀에서 입술까지 뼈가 보일 정도로 칼로 깊이 긋고 그 상처에서 흐르는 피를 빨아먹었다. 그리고 다시 끓는 물을 얼굴과 몸 전체에 붓고 전기인두와 담뱃불로 얼굴과 눈부위, 하복부 및 가슴을 수없이 지졌다. 고통을 이기지 못한 H씨가 차라리 죽어서 나의 결백을 밝히고 싶다고 말하자 미리 준비해 온 술을 억지로 먹인 후에 찬물을 가슴에 끼얹고 전선의 껍질을 벗겨 전기 콘세트에 연결한 뒤 H씨의 몸에 전류가 흐르게 하였다. H씨가 고통을 못 견뎌 있지도 않은 허위자백을 하자 남편은 또 다시 전기충격을 가하여 H씨를 기절시키고 말았다. 그러자 남편은 H씨에게 물을 끼얹어 정신이 들게 한 후에 뻰치로 생이빨을 뽑았으며 이에 다시 기절한 H씨의 음부 주위 및 하복부를 부엌칼로 찌르고 휘저어 소장이 천공된 상태로 2~3시간 방치하여 복막염까지 생기게 하였다. H씨가 거의 죽음 직전에까지 이르게 되자 남편이 119에 신고하였다. 사태의 심각성을 깨달은 119 구급대원들이 현장에서 경찰에 신고하였고 출동한 경찰관들이 남편을 체포하였다.

이 사건은 전날 저녁부터 시작하여 다음 날 새벽 2~3시까지 계속된 악몽과도 같은 것이었다. 사건이 진행되는 동안 H씨는 비명을 질러 이웃 사람들에게 도움을 요청하려고 하였으나 스카프로 입에 재갈을 물려 그 또한 여의치 않았다. 또한 어쩌다 비명소리를 들은 이웃 사람들도 단순한 부부싸움인 줄 알고 경찰에 신고를 하지 않았던 탓으로 이와 같은 인면수심의 범행이 밤새껏 자행될 수 있었던 것이다.

이 사건 후 아내 H씨는 지역 여성단체의 도움으로 치료를 받고 상태가 호전되어 사건 발생 후 한 달이 지나서야 조금씩 걸을 수 있는 상태가 되었다. 가해자인 남편은 1심에서 징역 15년을 선고받았고 2심에서는 징역 7년을 선고받고 사건이 종결되었다. 이 사건의 경우에서는 지역 여성의전화가 큰 역할을 하였다. 저소득수급자인 H씨의 치료비를 마련하기 위해 지역 자선단체들과 구청, 동사무소의 사회복지사와 연계하여 의료보험 혜택을 받을 수 있도록 하였다. 또한 자녀들이 공포심에서 벗어날 수 있도록 외갓집 부근의 학교로 전학을 시켰으며 새 학교의 담임선생님에게 사실을 알리고 주의 깊게 보살펴줄 것을 요청하였다. 그리고 피해자와 자녀들의 희망대로 남편의 친권포기와 이혼재판을 신속히 진행하여 피해자가 재활하는 데에 도움을 주었다.

② 보험금 노린 일가족 살해

〈사례 3〉 P씨(남, 35세)는 지방에서 실업계 고교를 졸업한 후 서울의 한 회사에 실습을 나갔다가 만난 아내와 결혼하여 세 아이들과 함께 단란하게 살았다. 주위에서도 이들 부부가 금슬이 좋다고 할 정도로 큰 걱정 없이 살았는데 P씨의 안경점과 휴대전화 판매점, 슈퍼마켓 운영이 잇달아 실패하면서 신용불량자가 되었고 4000여만 원의 은행빚도 지게 되었다. 그는 성격이 내성적이라 친구도 거의 없었다. 살림이 어렵게 되자 P씨는 음식점 체인점에서 배달

업무를 하면서 한 달에 100만 원 가량 벌면서도 집에 거의 돈을 갖다 주지 않았다. 그러자 아내는 보험영업을 했고 사건이 발생하기 몇 달 전부터는 이웃에 쌀을 꾸러 다니는 등 극도로 궁핍한 생활을 하게 되었다.

그러던 중에도 P씨는 2001년 10월 초에 부인과 자신 명의로 2개의 생명보험에 가입하였다. 어려운 살림에 매달 30만 원 가까운 보험료를 내는 것을 걱정한 아내에게는 "회사에서 보험료를 대신 내 준다"고 안심시키기까지 하였다. 그로부터 몇 달 후인 2002년 1월 사건이 있던 날 아침, 잠에서 깬 아내와 10살, 8살 난 두 아들에게 독약이 들어 있는 보리차를 마시게 해 그 자리에서 숨지게 하였다. P씨는 가족들이 아침에 일어나자마자 물을 마시는 습관을 이용하여 냉장고에서 물병을 꺼내어 한 모금 마신 뒤 미리 준비한 청산가리를 넣었다. 이로부터 10분 뒤 물을 마신 부인과 큰아들, 둘째아들이 잇달아 쓰러졌다. 그리고 물을 마시지 않은 막내아들(5살)이 아버지의 뺨을 때리면서 저항하였으나 목을 졸라 숨지게 하였다. 범행 후 P씨는 태연하게 체인점으로 출근하였고 일하면서 여러 차례 집으로 전화해 보고 점심시간을 이용해 집에 들러 가족들이 숨진 사실을 재차 확인하였다. 당일 저녁에 퇴근해서는 범행을 화재사고로 위장하려 사체에 시너를 뿌린 뒤 불을 질렀다. 그리고 알리바이를 조작하기 위해 집에서 약간 떨어진 PC방에서 인터넷 게임을 하며 상황을 지켜보다가 밤이 깊어서야 집에 돌아와 시커멓게 타버린 방을 보고 "나 혼자만 살아서 뭐 하느냐"라며 통곡하고 발을 동동 구르는 연극까지 하였다.

경찰은 처음에는 동반자살이나 누전으로 인한 화재사고에 무게를 두었으나 사건 당일의 휴대전화 통화명세를 조사한 결과 P씨가 경찰에서 진술한 것과는 달리 아내와 통화하지 않았다는 사실을 알고 P씨를 의심하기 시작하였다. 또한 국립과학수사연구소의 검사 결과 부인과 아들의 위장과 옷 등에서 각각 청산가리와 시너성분이 검출되었고, 사건이 발생하기 바로 몇 달 전에 어려운 형편인데도 불구하고 생명보험에 가입했던 점 등이 드러나 경찰은 이를 집중적으로 추궁하였다. 결국 P씨는 범행을 자백하여 살인죄로 장기형을 선고받고 복역 중에 있다.

③ 폭력가정에서 탈출하기 위한 몸부림

〈사례 4〉 남편의 폭력에 시달리던 주부가 아이들과 경제적인 문제로 가출할 생각은 엄두도 못 내다가 계속된 남편의 폭력으로 결국 돌출행동을 벌인 사건이 있었다. 그녀는 남편의 폭력을 견디다 못해 일부러 감옥에 가기 위해 건물에 불을 질러 스스로 범죄자가 되는 길을 선택하였다.

N씨(여, 36세)에 대한 남편의 폭력이 시작된 것은 결혼 초기인 1994년부터였다. 결혼 전 교통사고를 당해 사고보상금으로 오천만 원이 넘는 돈을 받은 것을 알고 있던 남편은 사업자금이 필요하다며 돈을 달라고 요구했다. 처음에는 거절도 하고 안 된다고 사정도 하였다. 그러자 남편은 폭력을 행사하기 시작했고 구타는 갈수록 심해졌다. 견디다 못한 N씨는 식당일을 하여 번 돈과 친정에 맡겨 둔 보상금을 수시로 건네주었지만 남편은 친정에서 돈을 더 가져오도록 계속 요구하였다. 그래서 친정에 맡겨 둔 돈을 모두 주었지만 또 돈을 요구해 와 돈을 마련하기 위해 공공기관 식당에 취직도 했다. 하지만 하루에도 몇 번씩 걸려오는 남편의 전화로 일을 제대로 할 수 없어 석 달을 겨우 채우고 그만두었다. N씨는 결혼 전 교통사고로 머리를 다쳐 약간의 후유증이 있는 정도에 불과한데도 남편은 그녀를 정신병자로 취급해 수시로 노끈으로 묶어놓고 때렸으며 정신병원에 강제로 입원시킨 적도 있었다. 7살, 5살 난 아들과 딸 때문에 가출도 할 수 없었고, 지긋지긋하고 무서운 남편이지만 혼자 아이들 둘을 데리고 독립하여 산다는 것에 대한 두려움 때문에 이혼도 생각할 수 없었다. 이렇게 어찌 해볼 수 없는 상황에서 N씨는 갖은 학대와 비인간적인 대우를 받으며 살아야만 했다.

결국 이런 학대상황을 견디다 못한 N씨는 결혼한 지 7년째인 2001년 3월 집 안에 이불을 쌓아 놓고 불을 지르며 스트레스를 풀기 시작했고 그 후 남편의 봉고차와 집 주변의 비닐하우스에도 잇따라 불을 질러 태워버렸다. 그리고 집을 뛰쳐나와 슈퍼마켓과 문구점, 공중전화부스에 불을 질렀다. 그뒤 N씨는 스스로 경찰에 전화하여 자수했다. 경찰에서 N씨는 "허구한 날 노끈에 묶여 매를 맞는 지옥 같은 생활을 하기보다 차라리 감옥에 가는 것이 더 나을 것 같아서 그랬다"며 남편을 고소했다.

경찰조사 결과 N씨의 남편은 이전에도 가정폭력으로 2차례나 고소당해 불구속 입건되어 형사처벌을 받은 전력이 있었다. 이 사건에 대해 경찰은 N씨가 아무리 남편의 폭력을 피하기 위해서 했던 것이라 할지라도 방화혐의가 인정되어 구속하였고 남편에 대해서도 폭력혐의로 입건하였다.

④ 가해자 살해의 정당방위 성립여부

〈사례 5〉 아내에 의한 남편 살해

사건의 당사자인 N씨(여, 32세)는 결혼 초부터 10년 동안 남편에게 갖은 모욕과 협박, 구타를 당하면서 살아왔다. 처음에 N씨는 남편의 성격이 괴팍하고 난폭하여 결혼을 하지 않으려고 했었다. 그러나 결혼 전부터 폭력전과가 있고 결혼해 주지 않으면 친정식구들을 모두 죽여버리겠다고 칼로 위협하고 자신의 몸을 칼로 자해하는 남편이 무서워 원하지 않는 결혼을 하게 되었다. 결혼한 후에도 남편은 일정한 직업 없이 술만 먹고 놀고 지냈으며 생활비 한 푼 벌어오지 않았다. 이에 생활고에 시달린 N씨가 작은 상가를 내어 운영하였는데 남편은 지속적으로 돈을 가져오라고 하면서 돈을 주지 않으면 N씨를 마구 때렸다. 그래서 돈을 주면 유흥비와 외모 치장으로 곧장 다 써 버렸다. N씨는 더 이상 참고 살 수가 없어 남편에게 이혼을 요구하였으나 남편이 이를 들어주지 않자 가출을 3번이나 했다. 하지만 남편이 칼을 들고 친정집에 쳐들어가 N씨를 데려오지 않으면 친정식구들을 죽이겠다고 난동을 부리고 주변 친구들까지 괴롭혀 번번이 다시 돌아와 폭력을 감내하며 살아왔다.

사건이 있던 1991년 2월, 당시 임신 4개월이었던 N씨는 잠자고 있다가 아무런 영문도 모른 채 남편에게 옆구리와 배를 발로 채이고 머리채를 휘어잡히는 폭행을 당하여 장이 파열되고 아이는 사산되었다. 남편의 앞뒤 가리지 않는 격렬한 구타가 계속되고 자못 생명이 위태로울 수 있는 상황에서 N씨는 넥타이로 남편의 손을 묶고 목을 조르면서 남편과 함께 쓰러졌다. 남편이 이내 잠잠해지자 지쳐서 자기도 모르게 함께 잠이 들었는데 아침에 일어나서야 남편이 숨진 것을 알고 경찰에 신고하였다. N씨는 살인죄로서 1심에서 징역 3년을 선고받았으나 2심에서 집행유예 5년을 선고받고 석방되었다.

이 사건은 한국여성의전화가 여성의 구타남편 살해사건으로는 최초로 대대적인 구명운동을 벌인 사건이었다. 이 사건은 남편의 상습적인 구타에 시달리던 아내가 생명의 위협을 느껴 우발적으로 구타자를 살해한 경우이다. 사회가 아내구타 문제의 심각성을 외면하고 국가가 범죄자에 대한 통제를 소홀히 하는 동안 가정 내의 폭력이 구타자 살해라는 극단적 형태로 발전하여 가정폭력 피해자를 도리어 살인자로 만든 것이다. 이른바 정당방위적 살인이었다. 이 사건은 여성단체의 광범위한 노력에도 불구하고 정당방위로 인정되지는 못하였지만, 우리 사회 전반에 아내구타의 심각성을 인식시키는 계기가 되었다.

〈사례 6〉 아내와 딸에 의한 남편(아버지) 살해

평소 가족들에게 엄했던 아버지 C씨(남, 52세)는 술만 마시고 들어오면 더욱 냉정하고 차갑게 변해 사사건건 트집을 잡고 가족들에게 주먹을 휘둘렀으며 흉기를 들고서 위협하였다. 말대꾸를 한다거나 아무 신발이나 신는다는 이유로 딸들을 때리고 얼굴에 침을 뱉는 일이 다반사였다. 맏딸은 귀고리를 하기 위해 귀를 뚫었다는 이유로 심하게 매질을 당하였다. 아내와 두 딸이 C씨의 폭력을 참다못해 경찰에 신고하여 접근금지명령이 내려지기도 했지만 아무런 효과가 없었고 도리어 C씨는 경찰에 신고한 것에 앙심을 품고 가족들을 더욱 못살게 괴롭혔다. 이에 가족들은 C씨가 술을 마시고 들어온 날이면 보복이 두려워 집 밖으로 도망 나왔다가 C씨의 마음이 진정되는 것을 보아가며 집에 들어가는 일이 반복되었다.

그러던 중 폭력과 고성이 그칠 날이 없는 이들의 집에 사건이 일어난 그 날은 분위기가 여느 때와는 다르게 심상치 않았다. C씨가 단순히 위협하는 정도를 넘어 두 손에 칼을 들고 아내의 목에 대고 위협하는 것을 본 큰딸은 '저러다 어머니가 죽겠구나'라는 생각이 들어 급박한 나머지 부엌으로 달려가 고춧가루를 가져와 아버지의 두 눈을 향해 힘껏 뿌렸다. 고춧가루가 눈에 들어가서 괴로워하던 C씨가 칼을 놓친 틈을 타 아내가 그 칼을 주워 C씨를 찔러 그 자리에서 숨지게 하고야 말았다.

만취상태에서 이성을 잃고 흉기를 휘두르는 아버지를 단순히 제지하려고 했던 딸의 행위가 살인을 도와 준 모양새가 된 것이다. 큰딸은 경찰조사에서 "아버지가 목숨을 잃은 것은 슬픈 일이지만 가만히 있으면 엄마가 죽을 것 같

었다. 사건은 절박한 순간에 우발적으로 벌어졌기 때문에 어머니는 아무 잘못이 없다"며 어머니의 행위가 정당방위였음을 주장하였다. 경찰은 유족들의 진술 등으로 미루어 볼 때 큰딸은 자신의 행위가 살인행위로 이어질 수 있다는 생각이 없었기 때문에 살인에 대한 공모혐의가 없는 것으로 보고서 죄가 없는 것으로 검찰에 수사지휘를 의뢰했고, 아내 N씨에 대해서는 정당방위 주장을 인정하지 않고 살인혐의로 구속하였다.

〈사례 7〉 딸(여중생)에 의한 아버지 살해

L양(13세, 중 2)의 아버지(남. 44세)는 오징어잡이 선원으로 일이 없을 때는 항상 술에 찌들어 지내며 상습적으로 가족들에게 술주정을 부리고 못살게 굴었다. L양의 어머니는 L양이 태어난 지 100일 즈음에 아버지의 술주정과 폭력을 피해 집을 나가 소식이 없었기 때문에 L양은 할머니, 할아버지, 그리고 아버지와 함께 연립주택에서 어렵게 살고 있었다. 아버지는 술을 마시기만 하면 집에 들어와 가재도구를 때려 부수고 물건을 던져 가족들을 불안과 공포 속으로 몰아넣었다. 한번은 4살 된 L양을 세탁기에 넣고 돌리는 바람에 죽을 위험에 처했지만 고모가 꺼내 주어 간신히 생명을 구한 적도 있었다.

사건이 일어난 날 새벽 3시, 아버지가 술에 취해 들어와 욕설을 해대자 L양은 잠에서 깨어 무서워서 방 구석으로 몸을 숨겼다. 아버지는 병환으로 누워있는 할아버지(74세)와 할머니(70세)를 발로 차면서 일어나라고 하며 차마 입에 담지 못할 욕설까지 퍼붓기 시작하였다. 또한 중풍을 치료한다면서 송곳으로 할아버지의 귀를 강제로 뚫으려 하였다. L양은 "제발 그만 좀 하세요"라고 하며 할머니와 함께 아버지의 옷소매를 붙들고 만류했으나 아버지는 오히려 딸의 머리채를 잡고 얼굴을 마구 때렸다. 한동안 소란을 피우던 아버지가 제풀에 지쳐 쓰러지자 L양은 아버지가 움직이지 못하도록 양손을 끈으로 묶었다. 그러자 아버지는 계속 고함을 질렀고 겁에 질린 L양은 방바닥에 떨어져 있던 넥타이를 주워 아버지의 목을 감은 뒤 넥타이 양 끝을 붙잡은 채 경찰에 신고를 하였다. 경찰이 112신고를 받고 현장에 도착했을 때 이미 아버지는 L양이 묶은 넥타이에 의해 질식해 숨져 있었다.

경찰은 L양을 존속살인 혐의로 구속하였으나 검찰에서는 불기소처분(죄가 안됨)으로 석방하였다. 이는 L양이 14세 미만의 형사 미성년자에 해당되는 데다, 사건 당시 경찰에 두 차례나 전화를 걸어 "빨리 와서 도와 달라"고 신고하였고 경찰이 도착할 때까지 넥타이 양 끝을 붙잡은 채 울고 있었던 점 등으로 미루어 살인의 고의가 있었다기보다는 아버지의 더 큰 폭력을 모면하기 위한 방어의 목적으로 이루어진 점을 참작하여 보호사건으로 송치하지 않고 불기소처분을 한 것이다.

제2편

가정폭력의 실체

제7장

가정폭력 Domestic Violence

아내학대

우리 사회 전반에 걸쳐 가정폭력이 얼마나 편재하고 있는지를 파악하기 위해서는 이에 대한 실태조사가 실증적이고 체계적으로 이루어져야 한다. 하지만 가정폭력은 숨겨진 범죄로서 외부에 노출되기 매우 어렵기 때문에 정확한 실태를 파악하기가 어렵다. 서구사회에서는 가정폭력에 대한 피해자 중심의 연구뿐만 아니라 전국 단위의 연구가 활발히 이루어져, 그 결과를 토대로 가정폭력의 예방 및 치료프로그램이 연구되어 실행되고 있다.

이에 비해 우리나라에서는 1980년대에 들어와 가정폭력에 대한 관심을 갖기 시작하면서부터 현재까지 일부 학자 및 연구기관을 통해 가정폭력에 대한 연구가 진행되어 오고 있으나 아직까지 전국을 대상으로 한 체계적인 조사가 부족한 실정이다. 다만, 최근에 발표된 정부기관의 통계와 전문가들의 연구결과를 통해서 그 실태를 어느 정도 짐작해 볼 수 있을 뿐이다. 여기에서는 가정폭력의 최대 피해자인 여성, 즉 아내에 대한 학대의 실태와 현황을 중심으로 살펴보기로 한다.

제1절 외국의 실태

1. 미국

미국에서 발생하는 여러 폭력사건 중에서는 가정폭력사건이 제일 많은 비중을 차지하고 있다. 경찰은 매년 배우자와 애인과 관련된 폭력사건을 800만 건 이상 처리한다고 한다. 이러한 폭력의 피해자는 대부분 여성인데, 이들은 나이 · 인종 · 민족 · 사회계층에 관계없이 전반적으로 망라되어 나타나기 때문에 심각한 사회문제로 대두된 지 오래이다. 가정폭력은 미국여성의 사망과 상해의 가장 큰 요인이 되고 있다.

하지만 친밀관계에서 발생하는 폭력에 관한 통계와 관련된 문제점은 이것을 정확히 측정해내기 어렵다는 점이다. 이러한 폭력은 사적인 공간에서 발생하고 피해자는 두려움과 수치심 때문에 경찰이나 조사관에게 신고하기를 꺼린다. 따라서 가정폭력사건의 발생건수가 제대로 보고되지 못하고 있다는 점을 감안한다면 현재 집계된 통계보다 훨씬 더 많은 여성에 대한 폭력이 발생하고 있다는 것을 고려하여야 한다. 그린펠드(Greenfeld)는 미국여성들이 겪는 폭력건수의 대략 절반 정도만이 경찰에 보고되는 것으로 보고 있다.

가정폭력의 실태를 파악하는 데서 드러난 이와 같은 문제점을 개선하고 보다 실증적인 조사를 하기 위해 미 법무부는 1972년 전국 범죄피해자조사(National Crime Victimization Survey: NCVS)를 실시하였다. NCVS는 미국에 거주하는 12세 이상 자 중에서 표본을 선발하여 개인적으로 경험한 범죄에 대해 상세한 내용을 조사하였다. 예를 들어, 피해자와 가해자와의 관계에 대한 조사를 하였는데, 이는 가정폭력이 범죄와 연관되어 있는지를 판단하는 데 있어서 중요한 역할을 한다. 앞에서 언급하였듯이 실제 발생하는 가정폭력의 절반 정도는 경찰에 신고되지 않기 때문에 NCVS의 이러한 여론조사는 미약하나마 가정폭력의 보고되지 않는 범죄율에 관한 단서를 제공하고 있다.

1992~1996년 NCVS에서 나타난 살인 등의 치명적 가정폭력사건의 통계에 따르면, 1976~1996년 사이에 친밀관계에 의한 살인사건이 52,000건이 있었는데, 이 중에서 여성피해자가 31,260명, 남성피해자가 20,311명이었다. 1996년에도 친밀관계에 의한 살인사건이 1,800건 발생하였는데, 이는 전체 살인사건의 8.8%를 차지하고 있다. 하지만 이것은 1976년의 3,000건(전체 살인사건의 13.6%)에 비해서는 많이 줄어든 수치이다. 치명적인 가정폭력사건의 피해자 4명 중 3명은 여성이었고, 친밀관계에 의한 살인사건은 전체 살인사건의 약 9%를 차지한다.[1)]

이외에 일반폭행이나 상해 등의 비치명적 가정폭력사건까지 포함해서 본다면, 규모면에서 가히 충격적이라 할 수 있다. 예를 들면, 베리(Berry)는 미국 내 전체 여성의 25~50%가 일생 동안 배우자 등에 의해 육체적으로 학대를 당하고 있다고 말한다. 질병통제예방센터와 국가사법기관이 합동으로 조사한 전국 여성폭력조사(National Violence Against Women Survey)에 따르면,

- 미국에서 매년 190만 명의 여성이 신체적 공격을 당한다.
- 미국에서 매년 150만 명의 여성과 83만 명의 남성이 배우자 등에 의해 강간과 폭행을 당한다.
- 18세 이후에 강간과 폭행을 당한 여성의 76%는 전・현 배우자나 동거인에 의한 것이다.

---

1) Greenfeld, Lawrence A. et al., Violence by Intimates-Analysis of Data on Crime by Current or Former Spouses, Boyfriends, and Girlfriends, U. S. Department of Justice, Bureau of Justice Statistics, March 1998, p. 1.

· 18세 이후에 강간을 당한 여성의 32%와 남성의 16%는 가장 최근의 강간사건에서 상해를 입었다.
· 여성 3명 중 1명은 병원치료까지 받았다.
· 매년 100만 명의 여성과 371,000명의 남성이 스토킹당한다.

이처럼 가정폭력은 미국여성의 사망과 상해의 중요한 요인이 되고 있는데 이는 교통사고, 강간, 강도에 의해 다친 사람을 합한 것보다 더 큰 수치이다. 한 보고서(Greenfeld, 1998)에 따르면, 친밀관계에 의한 상해로 의학적 치료를 필요로 하는 사람의 84%가 여성이라는 병원 응급실 데이터가 있다고 한다. 1994년도에만 25만 명이 친밀관계의 파트너에게 폭력을 당해 병원진료를 받았다.[2] 보통 피해자들은 가난하고 학력이 낮은 여성일 것이라고 생각하지만, 의외로 학력이 높은 전문직 여성과 소득이 많은 여성도 가정폭력의 피해자로 많이 나타나고 있다. 이것으로 보아 가정폭력이 미국사회 전 계층에 편재되어 있음을 알 수 있다.

그러나 다행히 가정폭력사건이 증가추세에 있지는 않다. 1990년대에 들어와 20여 년 전에 비해 친밀한 관계에서의 폭력발생률이 감소하였고, 최근에는 여성피해자의 숫자도 감소하는 경향을 보이고 있다. 일각에서는 1994년에 통과된 여성폭력방지법(Violence Against Women Act : VAWA)의 영향으로 이렇게 감소된 것으로 판단하고 있다. 하지만 최근 수년간 친밀한 관계에서 발생한 폭력으로 인한 여성피해자수가 감소한 것이 여러 출처를 통해 보고되고 있음에도 불구하고, 가정폭력이 놀라울 정도로 광범위하게 퍼져 있다는 것은 주목할 만한 현상이다.

2. 영국

가정폭력은 동성애자들 사이에서도 발생하지만 주요 관심의 대상은 이성애자들 사이의 폭력 및 학대이다. 영국에서 실제로 발생하는 가정폭력의 건

2) R. W. Summers and A. M. Hoffman, *Ibid.*, p. 172.

수는 놀라울 정도이다. 매주 2명의 여성이 배우자(동거인)에 의해 살해되고, 여성 중 10%가 가정폭력을 경험하고 있으며, 전체 여성의 1/3~1/4이 일생 동안 적어도 한 번 이상 이를 경험한다. 가정폭력은 여성에 대한 가장 흔한 범죄인데, 대부분의 경우 재판에 회부조차 되지 않고 있으며 여성들은 이에 대한 적절한 조치가 취해지기까지 보통 5~12개의 기관에 문의해야 한다.

영국범죄조사(British Crime Survey : BCS)의 1996년 자료에 따르면, 1995년도 가정폭력건수는 100만 건에 달한다. 1997년도 잉글랜드와 웨일즈의 범죄통계에는 살인 피해여성에 있어 가해자의 47%가 현재 또는 이전의 배우자나 동거인이었던 반면, 같은 경우의 남성피해자는 8%에 지나지 않았다. BCS 자체조사에 따르면 여성들이 배우자나 동거인에 의해 상해를 당할 확률은 남성보다 2배 이상이었고, 협박에 있어서는 3배, 폭행 및 공격에 있어서는 3배 이상으로 그 확률이 높았다. 또한 스트라우스와 겔레스(Straus & Gelles)의 1986년 연구에서는 여성에 의한 폭력은 공격적이라기보다는 방어적 측면이 강했고, 여성이 폭력을 행사하는 것은 배우자 등에 의한 반복적인 폭력에 시달린 결과인 것으로 나타났다. 도바쉬(Dobash & Dobash)가 1979년, 1987년, 1992년도에 걸쳐 행한 광범위한 조사에서는 아동학대에 대한 신고건수보다 아내학대에 대한 신고건수가 7배나 많았다. 배우자에 대한 학대는 아동학대를 수반할 가능성이 상당히 높은데, 브라운과 사기(Brown & Saagi)는 아동을 학대하는 가정 중 52%에서 다른 형태의 가정폭력이 수반된다고 하였다.[3] 이와 같이 민주주의가 가장 먼저 발달한 영국에서도 가정폭력이 심각한 상황이지만, 매맞는 여성에 대한 보호가 미흡하다는 사회각계의 비판이 거세지면서 가정폭력에 대한 영국정부의 태도도 변화하기 시작하였다.

3) S. Rawstorne, Domestic Violence: a Global View, Greenwood Press, 2002. p. 26.

3. 독일

독일에서도 가정폭력은 범죄학의 중요한 테마 중의 하나일 정도로 심각한 사회문제가 되었다. 오늘날 독일 전역의 400여 개의 여성의집은 수용인원이 넘어섰기 때문에 여성들을 자주 퇴소시켜야 하는 처지이다. 이들 여성의집에서는 매년 약 4만 명 이상의 여성피해자와 아동들을 수용해 왔는데도, 수용인원이 넘친다는 사실은 가정폭력의 실상이 어떠한지를 짐작하게 해준다. 베첼과 파이퍼(Wetzels, Pfeiffer)의 조사연구에 따르면, 1,089명의 여성응답자 중에서 16.1%가 1987~1991년의 5년 동안에 가정폭력을 경험한 것으로 나타났다. 이를 전국적으로 추산해 보면 약 백만 명에 달한다. 한편, 구동독 체제에서는 가정폭력의 존재 자체를 인정하지 않았다. 그것은 아내를 구타하거나 강간하는 남편이라는 존재는 사회주의 인간형과 배치된다고 인식되었기 때문이다. 통일 후 구동독 지역에서도 가정폭력문제가 새로운 사회적 관심사로 대두되었다. 통일 후 1년 사이에 동독지역에 설립된 90개의 여성피난처에 찾아오는 여성과 아이들이 그 수용능력을 넘어설 정도가 되면서 이 문제의 심각성이 새롭게 인식되었다.[4)]

그러나 이에 대한 정부차원의 공식적인 조사와 통계가 제대로 이루어지지 않고 있다. 독일 연방정부와 16개 주정부는 범죄데이터를 주기적이고 체계적으로 수집하여 경찰 범죄통계를 발표하고 있다. 여기에는 경찰에 의해 보고된 주와 연방의 범죄를 기록하고 있는데, 나이 · 성별 · 피해자와 가해자와의 관계 등의 범죄특징들은 살인과 같은 몇 개의 중대범죄에 대해서만 수집되어 기록된다. 따라서 공식적으로 기록되는 범죄데이터에는 숨은 범죄, 소위 암수(暗數 : dark figure)[5)]가 아주 많다. 즉 범죄가 발생했는데도

4) 김엘림 외, "성폭력 · 가정폭력 관련법의 시행실태와 과제", 한국여성개발원, 1999, 207쪽.

5) 우리나라와 일본의 거의 모든 범죄학이나 형사정책교과서는 숨은 범죄를 '暗數'라고 표현한다. 이것은 일본 학자들이 독일어의 Dunkelziffer를 Dunkel(暗) + Ziffer(數)로 합성하여 暗數라는 조어를 만든 데서 비롯된다. 그러나 '암수'의 우리말 뜻은 속임수라는 의미

범죄통계에는 나타나지 않기 때문에, 실제 발생된 범죄건수와 경찰에서 집계한 범죄건수와의 사이에 차이가 크다는 것이다. 특히 가정폭력범죄와 관련해서는 더욱 그러하다. 그러므로 실제 가정폭력이 얼마나 만연해 있는가는 짐작으로밖에 알 수 없다. 또한 독일정부의 범죄데이터 수집체계에는 피해자에 대한 설문조사가 포함되어 있지 않기 때문에 좀 더 정확한 실태를 파악하는 데 어려움이 있다. 독일경찰의 범죄통계에도 가정폭력에 대한 자료가 포함되어 있지 않다. 따라서 가정폭력이 어느 정도 발생하고 있는지를 측정해 볼 수 있는 방법은, 피해자와 가해자 간의 가족관계의 유무를 기록한 범죄데이터를 참고하여 가늠해 보는 것이 그나마 가장 근접한 방법이라고 할 것이다. 이러한 점들을 염두에 두고 독일에서 공식 집계된 폭력범죄에 대해 살펴보면 다음과 같은 결론이 내려질 수 있다.

1999년 독일의 인구는 8,200만 명이고 경찰에 보고된 범죄는 630만 건이다. 이것은 십만명당 13건의 경범죄나 중범죄가 이루어진 것을 의미한다. 이들 범죄를 분석해 보면,

- 2,851건의 살인 중, 27%(771건)에서 피해자와 가해자 간의 특수한 관계가 있었음(배우자, 전배우자 포함).
- 13,060건의 강간 및 성폭행 중, 12%(1,610건)에서 피해자와 가해자 간의 특수한 관계가 있었음.
- 114,516건의 특수폭행 중, 19%(10,561)에서 피해자와 가해자 간의 특수한 관계가 있었음.
- 251,299건의 단순폭행 중, 14%(34,130)에서 피해자와 가해자 간의 특수한 관계가 있었음.

이들 범죄에서 가해자의 대부분이 남성이었고 성범죄 피해자는 대부분이 여성(강간의 96%)이었으며, 살인의 경우 피해자의 1/3이 여성이었다. 남성은 범죄의 가해자이면서 피해자일 확률이 여성보다 더 높았다. 하지만 남성과 여성이 범죄피해자가 되는 상황에는 상당한 차이가 있었는데, 피해자와

를 가지고 있기 때문에 단어와 뜻이 전혀 맞지 않는다. 따라서 '숨은 범죄'라는 개념이 보다 적합한 것으로 보인다: 배종대, 앞의 책, 52쪽

가해자 관계의 자료에 따르면 남성과 여성의 범죄피해자율에 다음과 같은 차이가 드러난다.

- 살인피해자가 여성일 경우에는 52%가 인척에 의한 것이고 남성의 경우에는 18%이었다.
- 강간의 경우에는 피해여성의 17.5%가 가해자와 혈연관계가 있었고 전체의 75%에서 강간범과 피해자 간에 안면이 있는 사이였다.
- 특수폭행의 23%에서 여성피해자와 가해자 간에 혈연관계가 있었지만 남성이 피해자인 경우에는 그 비율이 5%밖에 되지 않았다. 75% 이상의 여성피해자가 안면이 있는 사람에게 특수폭행을 당했다(남성은 48%).
- 단순폭행의 경우에도 마찬가지이다. 여성피해자의 28%(남성은 6%)에 있어서 가해자는 친족이었고, 전체 여성피해자 중 79%가 안면이 있는 사람에게 폭행당했다(남성은 51%).

이상으로 볼 때 여성들은 대부분 자신이 알고 있는 남성에게 가정 내에서 폭행이나 상해를 당하는 반면에, 남성들은 전혀 모르는 사람에 의해 공공장소에서 공격당하는 경우가 많다는 것을 알 수 있다.[6)]

4. 일본

일본은 다른 선진국들에 비해서 범죄발생률이 매우 낮은 것으로 보고되고 있다. 각국의 공식통계 비교뿐만 아니라 국제범죄(피해)조사에서도 확인된 것으로, 특히 폭력범죄에 있어서 범죄발생률이 매우 낮은 것으로 나타난다. 이런 점에 비추어볼 때 가정폭력 또한 크게 이슈화되지 않고 생소하거나 하찮은 문제로 여겨지고 있다고 볼 수 있다. 그 증거로 1992년 한 아동상담소 여성소장이 아동학대에 대해서 “일본에서는 아동학대문제가 거론된 적은 없었다. 일본의 부모는 자식의 훈육을 위해 가볍게 체벌하는 경우는

6) A. Jolin and W. Steffen, Domestic Violence : a Global View, Greenwood Press, 2002, pp. 41~42.

있을지라도 폭력을 휘두르는 일은 거의 없다. 또 가정에서의 여성에 대한 폭력은 가족간의 사소한 일로 받아들여진다"고 말한 데서도 잘 나타난다.7)

그러나 이것은 가정에서 부부관계를 중시하는 서구사회에 비하여 친자관계를 중요시하는 일본의 전통과 관련이 있다고 본다. 부부보다는 가정을 우선시하는 일본사회의 보수적인 가족주의적 성향 때문에 가정 내에서의 폭력이 숨겨진 것이라 할 수 있다. 따라서 이것은 일본사회에 가정폭력이 없다는 것을 의미하는 것이 아니고, 실제로는 엄청난 수의 '숨은 범죄'(암수)가 존재한다고 보아야 한다.8)

먼저 경찰 범죄통계에 나타난 가해자와 피해자의 관계를 통해서 가정폭력의 발생정도를 측정해보기로 한다. 일본 경찰청의 범죄통계(1997년)에 나타난 1989~1997년간 강간 및 강제추행과 관련된 범죄신고건수와 체포건수를 분석해 보면, 강간은 감소하는 경향을 보이고 있으나 1990년 이후로 강제추행은 꾸준히 증가하고 있다. 1997년 강간으로 체포된 1,453건 중 1,194건(82.2%)이 단독범행이었고, 강제추행으로 체포된 전체건수 중 3,649건(97.6%)이 단독범행이었다. 이 기간 중 강간·강제추행으로 체포된 건수에서 가해자와 피해자가 알고 있었던 경우가 강간은 25%, 강제추행은 10%를 차지하고 있다. 위 통계에서의 가해자가 단독범이고 가해자와 피해자가 알고 있는 관계인 경우는 대부분 가정폭력과 관련된 것으로 추측할 수 있다. 또한 도쿄경찰의 조사(1997)에 따르면, 여성 100명 중 3명이 배우자나 동거인에 의해 신체상해를 수반하는 폭력이나 심각한 폭력(폭력으로 인해 제대로 서 있을 수 없는 정도)을 경험하였다. 여성 100명 중 1명이 이와 같은 폭력을 반복적으로 겪는 것으로 나타났다. 남성이 무기 등을 지니

---

7) 浜井浩一外, "世界から見た日本の家庭內暴力", 刑政, 第109卷, 第11號, 1998.11, 16面.

8) 1977년 인사원이 5,000명의 여성공무원을 대상으로 실시했던 조사에서는 6명당 1명의 여성이 어떤 형태로든 상사로부터 성적 관계를 강요당했던 경험이 있다고 보고하고 있다. 그러나 이런 경우가 실제로 법정에 설 수 있는 것은 1년에 10건 정도이다. 이것은 미국의 15,549건(1995년)과 비교하면 극히 낮은 숫자이다. 또한 가정과 학교에서의 체벌에 대한 일본 NHK의 조사(1993)에 따르면, 중학생 24.2%와 고교생 15.4%가 과거에 교사로부터 체벌을 받은 적이 있다고 응답하고 있으며, 부모로부터도 체벌을 받은 적이 있다고 응답한 사람은 중·고등학생 공통으로 20%이상이었다.

고 위협하거나 감금된 상태에서 원하지 않는 성행위를 강요받은 적이 있는지에 관한 질문에 대해, 응답자 중 3.7%에서 '한두 번 경험 있다', 1.5%에서 '여러 번 경험있다'고 답했으며, 이는 전체 응답자 중 5.2%에 해당한다. 또한 폭력행사로 남편이 아내를 살해하는 사건이 해마다 100~120건 정도 된다. 이 중 40건 정도에서 피해여성이 지속적인 학대를 받아 온 것으로 나타났으며, 약 30%가 남편이나 동거관계에 있는 남성에 의해 살해당하였다. 이혼신청을 하는 여성의 1/3이 남편의 신체적 폭력을 이유로 신청하며, 해마다 그 건수는 11,000건 이상이 된다.

최근 들어 일본에서도 가정폭력이 점진적으로 중요한 사회적 이슈로 떠오름에 따라 이에 관한 광범위한 조사활동이 이루어지고 있다. 일본 총리실에서는 남녀간의 폭력에 관한 실태를 파악하기 위하여 전국적인 조사를 실시하였다. 총리실의 남녀평등추진본부에서 1999년 9월~10월 사이에 일본 전역의 20세 이상의 성인남녀 4,500명을 무작위로 추출하여 우편에 의하여 설문조사를 실시하였는데. 응답자의 응답 중에서 유효응답이 3,405명(75.7%)이었다. 그 내용을 살펴보면 다음과 같다. 남편과 아내에게 폭행을 당한 경험이 있는지에 대해서는 총 2.7%의 응답자가 '예'라고 답했으며, 이 중 여성의 4.6%와 남성의 0.6%가 중대한 위험을 느낄 정도로 폭행당한 적이 있다고 답했다. 또한 한두 번 혹은 그 이상의 폭행당한 경험이 있는 사람 중 2.6%가 '의사의 치료가 필요할 정도로 폭행당한 적 있다'고 답했다. 성별로 보면 여성응답자의 4%, 남성응답자의 1.2%가 위와 같이 응답하였다. 이보다는 정도가 덜한 폭행을 당한 경험이 있는 응답자는 여성이 14.1%, 남성이 3.4%이었다. 이 조사에 따르면 가정폭력의 주된 피해자는 바로 여성이라는 사실이다. 여성응답자의 17.7%가 위협을 당하거나 강제로 성행위를 하도록 요구받은 적이 있다고 답하였으며, 5.3%에서는 포르노비디오를 보도록 강요당했다고 답하였다. 응답자 중 가장 많은 수(37.7%)가 답한 문항은 욕설이나 고함을 들은 것이었다.[9)]

9) Noriyoshi Watanabe, Domestic Violence : a Global View, Greenwood Press, 2002, p.86.

이와 같은 정부단위의 조사에서 나타난 것 이상으로 실제로는 일본사회에 훨씬 심각한 가정폭력이 존재하는 것으로 추정하고 있다. 그런데도 형법상의 폭력사건으로 형사사법기관에서 사법처리한 경우는 극히 일부에 지나지 않는다.

제2절 우리나라의 실태

1. 폭력의 발생비율

(1) 부부폭력 발생률

가정폭력 중에서도 아내학대는 가정 해체의 직접적인 원인이 되며, 다른 가족들에게도 장기적으로 심각한 영향을 미치는 특성을 갖고 있다. 우리나라에서 기존에 이루어진 아내학대에 대한 통계는 조사기관에 따라 상이하게 나타나고 있다. 이처럼 상이한 결과가 나타나는 것은 기본적으로 조사대상의 선정기준이나 규모의 차이 때문이다. 즉 조사표본을 하나의 특정지역에 국한시키거나 전국조사라고 하더라도 폭력을 당한 일부 피해자 사례만을 분석했기 때문에 그 결과를 일반화하는 데는 한계를 지닌다고 볼 수 있다.

우리나라에서 매맞는 여성에 대해 최초로 조사한 1983년 한국여성의전화의 연구결과에서는 결혼 후 한 번이라도 남편에게 구타당한 경험이 있는 여성은 조사대상의 42.2%를 차지했고, 1992년 형사정책연구원의 조사에서는 여성응답자(640명)의 45.8%가 남편으로부터의 폭력을 경험하였고 남성응답자(560명)의 50.5%가 아내에게 폭력을 행사한 적이 있다고 답변하였다. 보건복지부가 1993년 실시한 전국의 부녀상담소 이용자 7,500명을 대상으로 한 조사에서는 남편으로부터 신체적·정신적 폭력을 당한 경우가 61.1%로 나타났다. 또한 1999년 여성개발원에서 조사한 바로는 35.6%로 나타났으며, 그리고 최근 2004년에 여성부에서 전국 각 특·광역시와 도별 가구 수에 비례하도록 표본을 배분하여 추출했던 6,080가구 수의 5,916명을 대상으로 조사한 바에 따르면 남편에 의한 아내폭력이 45.9%로 나타났다.

〈표 2-1〉 국내 가정폭력 실태조사

조사주체	조사연도	조사대상자	폭력발생률
한국여성의전화	1983		42.2%
한국형사정책연구원	1992	서울시 1,200명	28.4%
보건복지부	1993	전국 7,500명	61.1%
김재엽	1998	전국 1,523명	31.4%
한국여성개발원	1999	전국 1,100명	35.6%
여성부	2004	전국 5,916명	45.9%

이 중 비교적 최근에 전국적인 규모로 이루어진 연구결과를 중심으로 하여 부부 간의 폭력에 대해 살펴보고자 한다. 1998년 김재엽 교수의 연구결과에 따른다면,[10] 전국민을 대표하는 기혼남녀로 구성된 표본 1,523명을 대상으로 하여 전화설문조사를 실시한 결과, 한국가정의 부부폭력 발생률은 31.4%로 나타났다. 이를 1997년 통계청 자료를 근거로 우리나라 전국인구에 적용하여 보면 1,300만 쌍의 부부 중에 약 408만 쌍의 부부가 1년에 적어도 1회 이상 폭력을 경험하는 것으로 추정할 수 있다. 이는 부부 10쌍 중 3쌍 이상이 1년에 한 번 이상은 부부 간에 폭력을 경험한다는 것을 의미한다. 그런데 이러한 추정치는 최소한의 추정치라는 것에 주의할 필요가 있다. 이것은 폭력의 가해자 대부분이 자신의 폭력행위에 대하여 실제보다 적게 대답하기 때문이다.

이러한 한국가정에서의 부부폭력 발생률은 다른 선진국가와 비교했을 경

10) 김재엽, "한국 가정폭력의 실태와 사회계층 변인과의 관계 연구", 한국사회복지학, 통권 제35호, 1998. 139~143쪽.

우에도 매우 높다는 것을 알 수 있다. <표 2-2>는 1985년에 실시된 미국의 가정폭력 조사결과와 1993년 재미한국인을 대상으로 실시된 재미한국인 가정폭력의 조사결과, 아시아 국가 중 홍콩에서 1994년에 실시된 가정폭력조사, 일본의 동경도 가정폭력조사의 결과를 한국과 비교하여 제시한 것이다.

한국가정의 부부폭력 발생률은 서구사회인 미국의 1985년 부부폭력률 16.1%와 아시아권인 홍콩의 14.2%보다 2배 이상 높은 것으로 나타났으며, 1993년 미국 내에 거주하는 재미한국인에 대한 18.8%의 부부폭력 발생률보다도 1.5배 이상 높은 것이다. 또한 인접국가인 일본의 17.0%는 다른 국가의 조사가 1년 동안의 부부폭력 발생에 대한 조사임에 비하여 평생 동안의 부부폭력 발생을 측정한 것임을 고려해 볼 때, 우리나라보다 상당히 낮은 부부폭력 발생률을 나타내고 있다. 이것은 우리나라의 부부폭력 발생률이 다른 나라에 비해서 매우 높다는 것과 함께 사회문제로서의 가정폭력의 심각성을 말해 주는 것이다.

〈표 2-2〉 국가별 부부폭력 발생률

폭력유형	부부폭력 발생률(%)				
	미국(1985) (n=3,520)	재미한국인(1993) (n=260)	홍콩(1994) (n=382)	한국(1998) (n=1,523)	일본(1999) (n=2800)
부부폭력	16.1	18.8	14.2	31.4	17.0

자료: 김재엽, 앞의 논문.

(2) 폭력주체별 부부폭력 발생률

부부폭력은 주체에 따라 크게 남편에 의한 아내구타와 아내에 의한 남편구타, 그리고 남편과 아내가 모두 폭력을 행사하는 상호폭력으로 구분된다. 우리나라 가정에서의 부부 간 폭력을 조사한 결과에 따르면 남편에 의한 아내구타가 가장 많이 발생하고 있음을 알 수 있다.

<표 2-3>은 폭력주체에 따른 부부폭력의 발생률과 우리나라 전체인구에

적용한 부부폭력 발생가구 수를 제시한 것이다. 표에서 보는 것처럼 남편에 의한 아내구타율은 27.9%로서 아내에 의한 남편구타율 15.8%보다 약 2배 정도 높게 나타난다. 그런데 여기서 주의를 기울여야 할 점은 이것이 단순히 남편에 의한 아내구타가 아내에 의한 남편구타보다 2배 높다는 것을 의미하는 것은 아니라는 것이다. 왜냐하면 남편에 의한 아내구타율과 아내에 의한 남편구타율에는 상호구타율이 포함되어 있기 때문이다. 따라서 순수한 남편에 의한 아내구타율은 27.9%에서 상호폭력률을 뺀 15.6%가 되며, 아내에 의한 남편구타율은 이것의 1/5에 불과한 3.5%에 그치고 있다. 이것으로 볼 때 남편의 아내구타율이 아내의 남편구타율에 비해 5배 이상 높다는 것을 알 수 있다.

또한 아내에 의한 남편구타율의 대부분이 상호폭력률인 점을 감안한다면, 아내에 의한 남편구타를 남편에 대한 공격적인 폭력으로 보기보다는 남편의 폭력에 대항하여 이루어지는 것으로 추측할 수 있다. 그리고 이러한 상호폭력의 결과로 나타나는 피해자의 대부분이 여성이라는 사실을 보더라도 여성들의 폭력은 자기방어적인 것이며 폭력의 정도에 있어서도 경미한 정도에 그친다. 같은 심한 폭력을 행사했을지라도 여성의 행위와 남성의 행위 사이에는 힘 또는 공포의 측면에서 월등한 차이가 난다.11)

〈표 2-3〉 폭력주체별 부부폭력 발생률

폭력주체별	부부폭력 발생률(%) (n=1.523)	추정 발생가구 수 (n=1,300만)
전체폭력	31.4	4,082,000
아내구타	27.9	3,627,000
남편구타	15.8	2,054,000
상호폭력	12.3	1,599,000

자료: 김재엽, 앞의 논문.

11) 김재엽, 앞의 논문, 141쪽.

(3) 폭력정도별 부부폭력 발생률

남편과 아내의 폭력정도에 따른 부부폭력을 살펴보면 우리나라 가정폭력의 심각성이 더욱 분명해진다. 이번에는 폭력정도에 따라 경미한 폭력과 심각한 폭력으로 구분하여 미국의 조사결과와 비교하여 보았다. 여기에서 경미한 폭력은 상대에게 물건을 던지거나 밀치고 손바닥으로 뺨을 때리는 것과 같은 비교적 가벼운 정도의 폭력을 말하고, 심각한 폭력은 발이나 주먹 또는 물건(혁대, 몽둥이, 골프채 등)으로 구타하거나 칼, 가위, 총과 같은 흉기로 위협하거나 상해를 입히는 것과 같은 심한 정도의 폭력을 말한다.

〈표 2-4〉 폭력정도별 부부폭력 발생률

폭력유형	부부폭력 발생률(%)			
	한 국(1998)		미 국(1985)	
	경미한 폭력	심각한 폭력	경미한 폭력	심각한 폭력
전체폭력	31.0	9.1	16.1	6.3
아내구타	27.5	7.9	10.2	3.4
남편구타	15.5	2.8	11.9	4.8
상호폭력	12.0	1.6		

자료: 김재엽, 앞의 논문.

우리나라의 경우에는 경미한 폭력에 있어서의 폭력발생률은 앞에서의 전반적인 부부폭력 발생률과 거의 유사하다. 그런데 심각한 폭력의 경우, 남편의 아내구타율은 7.9%로서 아내의 남편구타율 2.8%보다 약 3배 가까이 높다. 그러나 상호폭력률 1.6%를 제외하고 보면 각각 남편의 6.3%, 아내의 1.2%가 배우자에게 일방적으로 심각한 폭력을 행사한 것으로 나타난다. 따라서 심각한 폭력에 있어서도 남편의 아내구타율이 반대의 경우보다 5배 이상 높다는 것을 알 수 있다. 이처럼 남편에 의한 아내구타율이 아내에 의한 남편구타율보다 월등히 높은 것이 우리나라 가정폭력의 중요한 특징이라고 할 수 있다.

이것은 우리나라 부부폭력의 결과와 미국 부부폭력의 결과를 비교하면 쉽게 드러난다. 미국의 경우에는 경미한 폭력과 심각한 폭력 모두 남·여의 성차에 따른 폭력률에 차이가 별로 없다. 이에 반해 한국의 경우에는 심각한 폭력에 있어서 남편에 의한 아내구타율이 아내에 의한 남편구타율에 비해 5배 이상 높았다. 또한 한국의 남편에 의한 심각한 아내구타율(7.9%)은 미국에서의 남편에 의한 심각한 아내구타율(3.4%)보다 약 2.5배나 높은 반면에, 한국의 아내에 의한 심각한 남편구타율(2.8%)은 미국에서의 심각한 남편구타율(4.8%)보다 오히려 매우 낮게 나타났다.

이것으로 볼 때 우리 사회에서 많은 아내들이 일방적으로 남편으로부터 심각한 폭력을 당한다는 것을 알 수 있다. 따라서 전반적으로 볼 때 우리나라 가정폭력의 대표적인 유형은 남편에 의한 아내폭력, 즉 아내학대라고 규정할 수 있다.

2. 폭력의 발생빈도

(1) 폭력이 시작된 시기

가정폭력은 반복적 특성으로 인해서 일회성 폭력에 그치지 않고 계속해서 주기적으로 발생하게 된다. 특히 부부 간의 경우에는 한번 폭력이 발생하게 되면 그 때부터 부부관계가 끝날 때까지 계속 이어질 가능성이 매우 높다. 가정폭력은 반복성과 습관성을 지니고 있기 때문에 이것의 예방을 위해서는 처음부터 폭력이 발생하지 않도록 하는 것이 무엇보다 중요하다고 할 수 있다. 따라서 폭력이 발생한 최초의 시점이 중요한 분석기준이 되며 초기의 폭력적 성격이 향후 계속되는 폭력의 빈도나 방향을 결정하는 분석자료가 된다.

남편의 아내폭력이 어떠한 간격으로 발생하고 있는지를 알아보기 위해, 결혼 후 어느 정도의 기간이 지난 후에 첫 번째 폭력이 일어났는지와 그 이후 얼마만의 간격으로 폭력이 계속 이어졌는가를 살펴보아야 한다. 이제부터는 2003년 서울여성의전화에서 가정폭력 피해여성 204명을 대상으로 면접상담

을 통해서 얻은 조사결과를 토대로 하여, 아내학대에 대한 전반적인 학대상황을 살펴보고자 한다.[12)]

이 조사에 따르면 먼저 아내에 대한 최초의 폭력발생시기가 매우 이르다는 점이 눈에 띈다. 폭력이 시작된 시기는 결혼 후 3개월 이내가 가장 비율이 높고, 다음으로 결혼 전과 결혼 1년 후, 결혼 4개월~1년 이내 순으로 나타나고 있다. 조사대상자의 58%가 결혼 전과 결혼 후 1년 이내에 폭력을 경험하였으며, 결혼 1년 후까지를 포함시키면 74%가 여기에 해당한다. 여기에서 볼 때 대부분의 여성에 대한 폭력은 결혼 전이나 결혼 후 1년 정도에서 발생하고 있으며, 결혼 후 3년이 지나서는 발생률이 급격히 감소하는 것으로 나타난다.

〈표 2-5〉 최초의 폭력발생 시기

시작 시기	명	(%)
결혼 전	25	16.4
결혼 후~3개월 이내	43	28.3
결혼 4개월~1년 이내	21	13.8
결혼 1년 후	23	15.1
결혼 3년 후	12	7.9
결혼 5년 후	11	7.2
결혼 10년 후	8	5.3
기타	9	6.0
계	152	

자료: 서울여성의전화, 2003년 가정폭력상담소 면접설문 통계.

이것으로 부부 간의 폭력이 대부분 결혼 전과 초에 발생하고 있으며 결혼생활이 오래될수록 점차 발생할 확률이 줄어든다는 것을 알 수 있다. 또한 학대가 발생하는 가정의 여성들은 결혼 초부터 시작하여 배우자가 사망하거나 이혼하는 경우가 아니면 일생동안 학대를 계속 받게 된다는 것도

12) 서울여성의전화, 2003년 가정폭력상담소 면접설문 통계.
http://www.womanrights.org/databoard/index.php?find=&search=&type=&page=3

미루어 짐작할 수 있다. 이처럼 결혼 전 데이트 당시에 이미 상대 남성으로부터 폭력을 당하면서도 여성이 결혼을 하는 것은 상대 남성의 협박이나 순결상실, 임신 등으로 어쩔 수 없이 결혼생활을 시작하게 되는 경우가 많다고 생각된다. 이것은 여성들의 폭력에 대한 수용적 태도를 엿볼 수 있는 반면에 우리 사회가 체면을 중시하기 때문에 양가 간의 혼인 내락이 있고 주변에 알려진 경우에는 여성이 쉽게 파혼의 결단을 내리지 못하는 사회적 분위기도 이러한 행태에 영향을 미치는 것으로 볼 수 있을 것이다.[13)]

이와 관련하여 한국가정법률상담소에서 조사한 내용을 보면, 결혼 전에 폭력이 있었던 상담자 75명 중에서 교제 중에 성관계가 있었던 경우가 42.7%(32명), 동거 중이었던 경우가 41.3%(31명)로 나타났다. 상대방인 남성이 여성을 구타하는 시기가 결혼 전이라 하더라도 이미 성관계가 있었던 이후가 84%나 된다. 이것으로 볼 때 아무래도 성관계 전에는 남성들이 여성을 대할 때 자신의 폭력성을 숨긴 채 조심스럽게 대하고 성관계 후에 본성이 드러나 학대를 하기 시작한 것으로 보인다.[14)]

(2) 폭력이 주로 일어나는 시간 및 빈도

가정폭력에 있어서 폭력의 빈도를 측정하는 것은 해당 폭력행위가 상습적이고 가학적인 학대행위인지 아닌지를 판단할 수 있는 중요한 기준이 되기 때문이다. 폭력이 주로 일어나는 시간은 야간이나 시간구분 없이가 높은 비율을 차지하는 것으로 볼 때, 폭력이 주로 남편의 귀가 후나 남편이 집에 있는 시간이면 언제든지 일어나고 있음을 보여 주고 있다. 폭력의 빈도는 연 1회 이상 12회 미만이 39%로 가장 많았으나, 월 1회 이상의 폭력, 주 1회 이상 폭력 등 잦은 폭력을 당하는 경우도 35% 가량 되었다. 주 7회 이상 날마다 폭력을 당하는 경우도 1건이 있었다.

---

13) 김병주, 한국의 가정폭력: 실상과 국가개입, 백산자료원, 2002, 49쪽.

14) 양정자 / 안정희, "한국가정법률상담소 창구를 통해 본 가정폭력 실태조사", 가정폭력 그 실상과 대책, 한국가정법률상담소, 1996. 9, 58쪽.

〈표 2-6〉 폭력이 주로 일어나는 시간

시 간	명	(%)
오전	2	1.2
오후	8	5.0
야간	74	46.0
구분 없이	68	42.2
기타	9	5.6
계	161	

자료: 서울여성의전화, 2003년 가정폭력상담소 면접설문 통계.

〈표 2-7〉 폭력의 빈도

빈 도	명	(%)
첫 번째	2	1.5
연 1회 이상 12회 미만	53	39.3
월 1회 이상 4회 미만	26	19.2
주 1회 이상 6회 미만	22	16.3
주 7회 이상	1	0.8
기타	31	22.9
계	135	100.0

자료: 서울여성의전화, 2003년 가정폭력상담소 면접설문 통계.

3. 폭력의 발생상황 및 이유

(1) 폭력의 발생상황

폭력이 발생하는 상황은 “남편이 술 마셨을 때”, “아내가 말대꾸할 때”, “남편의 기분에 따라” 순으로 나타났다. 약 47%가 술 등으로 인한 남편의 기분에 따라 폭력을 당하고 있음을 보여 주고 있으며, 30% 이상이 말대꾸와 외도에 대한 문제제기 등 아내가 남편의 권위에 저항할 때에 폭력이 이루어짐을 보여주고 있다. 술 마셨을 때나 기분에 따라 이유 없이 폭력을 행사하는 경우가 거의 절반을 차지하고 있는데, 이것은 아내가 남편의 폭력에서 벗어나기 위해 아무리 노력해도 벗어날 수 없다는 것을 시사해 준다. 특히 남편의 기분에 따라 이유 없이 폭력이 발생한다는 것은 아내가 참고 남편의 비위를 잘 맞추면 남편에게 맞지 않을 것이라는 기존의 통념과는 달리, 가정 밖의 직장 등 사회적 요인으로 인해 기분이 상했을 때는 아내의 노력과 상관없이 폭력이 발생한다는 것을 의미한다고 볼 수 있다.

여기에서 경계해야 할 것은 남편이 술 취하지 않았을 때는 점잖고 착한 것처럼 보이며 자기역할을 충실히 잘 하다가도 술을 마시게 되면 아내를 구타하는 경우가 많은데, 이는 아내를 구타하기 위한 핑계를 만드는 것인 경우도 있다는 점이다.[15] 또한 어려운 경제상황으로 인한 스트레스로 인해서 아내에 대한 폭력이 발생한다고 말하는데, 이것은 아내를 자기의 소유물로 생각하고 있음을 반영하는 것이라 할 수 있다. 그리고 성적 요구에 응하지 않을 때 폭력이 일어나는 경우도 5%나 되어 아내 성학대의 가능성을 시사하고 있다.

〈표 2-8〉 폭력이 발생하는 상황

폭력상황	명	(%)
자녀와 문제가 있을 때	16	5.6
생활비를 요구할 때	13	4.5
남편외도에 문제제기할 때	24	8.4
남편이 술 마셨을 때	72	25.2
아내가 말대꾸할 때	67	23.4
성적 요구에 응하지 않을 때	14	5.0
남편의 기분에 따라	63	22.0
기타	17	5.9
계	286	

자료: 서울여성의전화, 2003년 가정폭력상담소 면접설문 통계.

15) 심재근, 앞의 논문, 85쪽.

(2) 폭력의 이유

폭력을 사용하는 이유에 대해서는 "남편에게 말대꾸한다", "남편을 무시한다", "남편의 행동을 간섭한다"가 60% 이상을 차지하고 있다. 이것은 아내가 무엇을 잘못했기 때문에 폭력을 사용할 만한 특별한 이유가 있어서가 아니라, 남편이 자신의 권위를 유지하려는 통제의 방편으로서 다분히 아내를 길들이기 위한 목적으로 폭력을 사용하는 것으로 보인다. 이 밖에 "살림을 잘하지 못한다", "시댁식구에게 잘하지 못한다", "자녀교육을 잘하지 못한다" 등의 전통적인 아내역할에 대한 불만으로 폭력을 사용하는 경우도 16% 가량 되는데, 이것은 전반적으로 가부장적인 권위의식이 폭력의 핑계가 되고 있음을 보여 주고 있다.

〈표 2-9〉 폭력의 이유

폭력의 이유	명	(%)
남편에게 말대꾸한다	75	27.2
남편을 무시한다	64	23.2
남편의 행동을 간섭한다	33	12.0
살림을 잘하지 못한다	20	7.2
시댁식구에 잘하지 못한다	15	5.4
자녀교육을 잘하지 못한다	12	4.3
아내가 외도한다	17	6.2
사랑하기 때문에	11	4.0
기타	29	10.5
계	276	

자료: 서울여성의전화, 2003년 가정폭력상담소 면접설문 통계.

4. 폭력의 방법과 피해정도

(1) 폭력의 방법

폭력의 방법은 때린다는 위협 등 경미한 폭력에서부터 칼이나 흉기로 찌르는 심한 폭력까지 거의 모든 폭력이 망라되고 있다. 때린다고 위협하거나 물건을 던지고 뺨을 때리는 등의 경미한 폭력이 40%이며, “떠밀거나 머리카락과 팔을 쥐고 흔든다”, “마구 두들겨 팬다”, “발로 차거나 물어뜯고 주먹으로 때린다”, “칼이나 흉기로 위협한다”, “옷을 벗기고 때린다”, “칼이나 흉기로 찌르거나 때린다” 등 심한 폭력이 58%로 나타나 폭력이 매우 심각함을 보여주고 있다. 특히 가두어 놓고 때리거나 칼 또는 흉기로 위협하고 찌르는 경우도 15%나 되어 피해자들이 심각한 목숨의 위협까지 겪는 경우도 있는 것으로 나타났다. 그리고 대부분의 피해자들이 보통 2~3 가지 이상의 폭력을 중복해서 당한 것으로 나타나고 있다. 이것으로 볼 때 가정에서 폭력이 발생하면 경미한 부부 간의 폭행정도가 아니라 일반 사회적 범죄에 못지않게 심각한 형태의 폭력행위가 자행되고 있다는 것을 알 수 있다.

이와 같은 물리적 폭력과 함께 동반되는 학대행위에는 언어적 학대가 가장 많아 전체 피해자의 70%가 경험한 것으로 나타났으며, 그 밖에 모욕적 행위, 아내의 행동통제, 경제적 학대 등을 경험한 것으로 나타났다. 강제적 성행위도 8%가 경험한 것으로 나타났다. 특히 폭력 당시 혹은 폭력 직후의 강제적 성행위는 아내에 대한 통제와 지배를 더욱 확고히 하는 것으로서, 아내에 대한 완전한 ‘지배’의 상징이라 할 수 있다. 폭력 후의 강제적 성행위는 폭력에 대한 화해의 제스처로 이해할 수도 있겠으나, 폭력으로 여성의 인격과 자존심이 무참히 무너진 상황에서의 강제적 성행위는 여성의 모욕과 수치심을 더욱 강하게 하기 때문에 화해가 아닌 폭력의 연장으로 이해되어야 한다. 그러므로 폭력 당시 또는 폭력 직후의 강제적 성행위는 아내에 대한 성학대로 다루어져야 한다.

〈표 2-10〉 폭력의 방법

폭력의 방법	명	(%)
물건을 던진다	73	18.2
떠밀거나 머리카락·팔을 쥐고 흔든다	66	16.5
빰을 때린다	47	11.7
발로 차고 물어뜯거나 주먹으로 때린다	43	10.7
물건으로 때리거나 때리겠다고 위협한다	41	10.2
마구 두들겨 팬다(목조름 포함)	62	15.5
옷을 벗기고 때린다(감금 포함)	9	2.2
칼이나 흉기로 위협한다	48	12.0
칼이나 흉기로 찌르거나 때린다	5	1.2
기타	7	1.8
계	401	

동반 학대행위	명	(%)
폭언·폭설	141	49.0
모욕적 행위	46	16.0
강제적 성행위	23	8.0
아내의 행동통제	35	12.1
경제적 학대	34	11.8
기타	9	3.1
계	288	

자료: 서울여성의전화, 2003년 가정폭력상담소 면접설문 통계.

또한 물리적인 폭력이 없는 경우에도 많은 피해자들이 평소에 언어적 멸시나 경제적 학대, 성학대 등을 경험하는 것으로 나타났다. 이러한 학대들의 구체적인 내용을 살펴보면, 언어적 멸시의 내용으로는 일상대화가 욕설이라는 내용이 가장 많았으며, 이혼 또는 헤어지자는 말을 자주 하거나, 친구나 가족들의 흉을 잡아서 못 만나게 하고, 집안 살림을 잘하지 못한다고 비난하며, 엄마 자격이 없다고 비난하거나 바보, 무식하다고 말하는 등 다양한 언어적 폭력을 당하는 것으로 나타났다. 이런 일상적인 언어적 학대는 피해자의 자존감을 무너뜨리고 무력화시키는 기제가 된다.

경제적 학대의 내용으로는 "경제적으로 어려운 상황에서 자기가 쓰고 싶은 것에는 돈을 낭비한다"가 가장 많았으며, "생활비를 포함한 모든 돈을 쥐고 허락받고 쓰게" 하거나, "필요한 때마다 조금씩 주고 지출에 대해 설명하게" 하며, "먹고 입는 데에 필요한 생활비를 적게 주는" 등 남편이 경제권을 쥐고 아내의 지출을 통제함으로써 경제적으로 억압하는 경우가 전체 70%로 나타났다. 돈을 낭비하는 경우는 아내의 수입일 경우가 많았으며, 남편 자신의 수입일 경우에는 경제적으로 통제하는 경우가 많아 피해여성들은 이래저래 경제적으로 어려움을 겪고 있음을 보여 주고 있다. 그리고 "직장을 그만두게 하거나 비협조적이고 직업을 갖는 것을 반대" 하는 경우도 상당수 있어, 아내를 경제적으로 얽어맨 채 애초부터 자립하는 것을 꿈도 꾸지 못하게 하기도 한다.

성학대의 내용은 "성적인 의심", "강제적인 성관계", "아프거나 피로할 때 성관계 강요", "싫어하는 성적 행위 강요", "성적으로 만족시킬 것 요구" 등으로 65%가 강제적이고 일방적인 성관계를 경험하는 것으로 나타났다.

〈표 2-11〉 언어적·경제적·성적 학대의 내용

언어적 학대의 내용	명	(%)
일상대화가 욕설이다	65	25.0
집안 살림을 잘하지 못한다고 비난한다	33	12.7
엄마 자격이 없다고 한다	28	10.7
매력이 없다고 비난한다(외모비난)	14	5.4
바보라거나 무식하다고 한다	25	9.6
이혼하자거나 헤어지자는 말을 자주 한다	42	16.2
친구나 가족들의 흉을 잡아서 못 만나게 하거나 불친절히 대한다	34	13.1
기타	19	7.3
계	260	

경제적 학대의 내용	명	(%)
생활비를 포함한 모든 돈을 쥐고서 허락받고 쓰게 한다	30	18.9
필요한 돈을 그 때마다 조금씩 주고 지출에 대해 설명하게 하다	28	17.6
먹고 입는 데에 필요한 생활비를 적게 준다	16	10.1
경제적으로 어려운 상황에서 자기가 좋아하는 것에 돈을 낭비한다	36	22.6
직장을 그만두게 하거나, 비협조적이고 직업을 갖는 것을 반대한다	27	17.0
기타	22	13.8
계	159	

성적 학대의 내용	명	(%)
싫어하는 성적 행위를 강요한다	22	15.3
성적으로 만족시킬 것을 요구하고, 아니면 다른 곳에 가서 하겠다고 한다	12	8.3
성적인 흥분만 시켜 놓고 만족을 주지 않은 채로 돌아선다	7	4.9
피임을 못하게 하거나 여자에게만 일방적인 피임을 강요한다	4	2.8
성적인 의심을 한다(의처증)	30	20.8
아프거나 피로할 때 성관계를 갖기를 기대하거나 강요한다	29	20.2
강제적으로 성관계를 한다	30	20.8
기타	10	6.9
계	144	

자료: 서울여성의전화, 2003년 가정폭력상담소 면접설문 통계.

(2) 피해정도

폭력의 피해로 인한 후유증으로는 신체적 피해의 경우, 멍과 타박상이 가장 많았으며 피해자의 60% 이상이 피해를 입은 것으로 나타났다. 이 외에 열상, 골절(치아골절), 안구손상, 고막파열 등 심각한 피해를 입은 경우도 36%이었다. 정신적 피해는 불안, 우울, 공포, 초조, 모욕감, 자신감 상실, 보복에 대한 두려움 등 다양한 증세를 보였으며, 보통 3~4가지 이상의 증세를 호소하였다. 사실상 지속적으로 폭행을 당한 여성의 경우는 정도의 차이는 있지만 대부분 정신상태면에서 노이로제 증상이나 정신적 판단력 상실, 우울증 등을 수반하고 있다.

가정폭력은 이처럼 신체적 손상뿐만 아니라 정신적인 피해를 주어, 삶에 대한 자신감을 잃고 무기력한 상태에서 우울감을 증폭시켜 피해자로 하여금 정상적인 생활을 어렵게 하고 있다. 그리고 이러한 정신적 피해 후유증이 폭력의 악순환을 이루는 고리가 되기도 한다.

〈표 2-12〉 신체적·정신적 피해정도

신체적 피해	명	(%)
멍, 타박상	125	55.3
열상(찔리거나 찢어진 상처)	34	15.1
골절, 치아골절	22	9.7
고막파열	13	5.8
안구손상	14	6.2
화상	3	1.3
유산	3	1.3
불구가 되었다	2	0.9
기타	10	4.4
계	226	

정신적 피해	명	(%)
불안	96	18.5
초조	67	12.9
우울증	80	15.4
공포	70	13.5
좌절감	31	6.0
모욕감	49	9.5
무기력	18	3.5
보복에 대한 두려움	28	5.5
대인기피증	15	2.9
자신감 상실	28	5.5
환상, 환청	4	0.8
정신병 초기증상	8	1.5
절망적 상태	21	4.1
기타	3	0.6
계	518	

자료: 서울여성의전화, 2003년 가정폭력상담소 면접설문 통계.

5. 피해자의 대응방식

(1) 대응방식

남편에 의한 아내 폭력시, 이에 대한 아내의 반응이 문제가 된다. 가정폭력은 가해자에게 가장 큰 문제가 있는 것이지만, 피해당사자가 어떻게 대응하는가에 따라 이후의 폭력을 막을 수도 있기 때문에 피해자인 아내의 대응태도가 중요하다. 남편의 폭력에 대한 아내의 태도는 처음에는 "그냥 당하고만 있었다", "자신이 잘못했다고 무조건 빌었다" 등의 소극적인 태도가 50% 가량 되었으나, 현재는 "대항했다", "그 자리를 피하거나 도망갔다", "경찰 · 이웃 · 친지에게 도움을 요청했다" 등의 적극적인 대응이 70% 정도 되어 폭력에 대한 태도가 처음보다 약간 변화되었음을 보여 주고 있다.

폭력을 당했을 때 상의하는 사람은 친구, 이웃, 친정식구, 시집식구, 자녀 순으로 나타났고, 아무하고도 상의하지 않는 경우도 상당수 있었다. 상담소에 가서 상의한 경우는 6%(13명)이었다. 상의했을 때 이혼 · 별거를 권하는 경우가 30%로 가장 많았으며, 그 외에 대항하라거나 경찰에 고소하라, 전문가와 상담하라는 등 긍정적인 피드백을 받은 경우가 전체 57.2%였고, 맞을 행동을 하지 말라거나 그냥 참고 살라는 등 부정적인 피드백을 받은 경우가 약 40%로 여전히 아내로서의 희생을 요구하는 경우도 상당수 있음을 보여 주고 있다.

〈표 2-13〉 피해자의 대응방식

대응방식	처음		현재	
	명	(%)	명	(%)
자신이 잘못했다고 했다, 무조건 빌었다	27	14.5	15	8.0
그냥 당하고만 있었다	65	35.0	36	19.2
그 자리를 피했다, 도망갔다	31	16.7	45	23.9
대항했다	41	22.0	45	23.9
이웃이나 친척에게 도움을 요청했다	8	4.3	15	8.0
경찰에 도움을 요청했다	8	4.3	26	13.8
기타	6	3.2	6	3.2
계	186		188	

자료: 서울여성의전화, 2003년 가정폭력상담소 면접설문 통계.

위에서 나타나는 바와 같이 지금도 절반이 넘는 아내들이 잘못했다고 무조건 빈다거나, 끝까지 참는다거나, 자리를 피하는 등의 소극적 대응을 하고 있는 반면에, 상당수의 아내들은 남편의 폭력에 적극적으로 맞대응한다는 것을 알 수 있다.

여기서 주목해야 할 사실은 남편의 폭력행사시에 아내가 똑같이 대항하는 식으로 맞대응하는 것이 과연 바람직한 것인가는 재고해 봐야 할 문제라는 점이다. 아내가 남편과 똑같이 때리거나 소리를 지르는 등의 방법도 폭력의 초기에는 하나의 적절한 대응방법으로 선택해 볼 여지도 있다. 하지만 남편의 폭력에 대해 똑같이 폭력으로 대항하는 경우에는 상호간의 폭력을 야기하는 순환고리로 작용할 가능성이 매우 크고, 또한 남편에게 소리를 지르거나 욕설을 퍼붓는 경우도 상대의 감정을 자극하여 계속적인 폭력을 유발할 가능성이 높다. 따라서 이러한 부정적인 맞대응은 또다른 폭력을 야기할 수 있으며 상황에 따라서는 자칫 치명적인 상처를 입을 수 있다는 점에서 적절한 대응방법이라고 볼 수 없다. 상대에 대한 이성적인 설득이나 호소가 아무 소용없다고 판단되면 일단 자리를 피하거나 심각한 경우에는 주위의 도움을 적극적으로 요청하는 것이 바람직하다.[16] 이웃이나 친척, 경찰의 도움을 받는 방법이 당시의 폭력을 제지할 수 있고, 또다른 이후의 순환적인 폭력의 고리를 차단할 수 있다는 점에서 보다 적절하고 합리적인 방법이라고 할 수 있다.

(2) 경찰에의 신고

아직까지는 우리 사회에서 피해여성이 남편의 폭력에 대해 주위에 도움을 요청하는 것이 일반화되지 않은 것처럼 보인다. 경찰이나 이웃 등 주위에 도움을 요청하는 경우(위의 표에서는 21.8%)가 드물기 때문에 폭력이 발생한 경우에 이에 대한 적절한 대응책이 문제가 아닐 수 없다.

피해여성이 가정폭력 관련 법률의 존재를 인지하고 있는지와 경찰에의

16) 김병주, 앞의 책, 80쪽.

신고경향을 알아보기 위해 조사한 내용을 보면, 가정폭력특례법에 대해서 알고 있는 경우가 응답자의 47%(전체 피해자의 33%), 경찰에 신고한 경우가 38%(전체 피해자의 30%)로 매우 낮게 나타나고 있어, 아직도 피해자 대다수가 가정폭력특례법을 인지하지 못하고 있으며 이에 따라 경찰에 신고도 하지 않는 것으로 나타나고 있다.

경찰에 신고한 경우에, 경찰의 태도는 "법으로 해결하고 싶으면 고소하라"고 한 경우가 가장 많았으나, 고소의 의미에 대해 잘 모르는 피해자의 경우에서는 오히려 겁을 먹고 고소하지 아니함으로 해서 미온적으로 대처하는 상황이 초래되고 있다. 여전히 "집안일이니 잘 해결하라"며 돌아가거나 즉시 출동하지 않는 등 부정적으로 대처한 경우도 30%를 넘고 있다. 가정폭력특례법의 내용을 말하면서 조치를 취한 경우는 18.3%에 불과해 피해자에게는 여전히 법이 멀게만 느껴지는 상황이다.

또한 경찰에 신고하지 않은 이유로는 "신고보다는 조용히 문제를 해결하고 싶어서"가 가장 많았으나, "신고 후 남편의 보복이 두려워서" 혹은 "경찰이 와 봤자 소용없다는 생각"으로 신고하지 않은 경우도 30% 가량 되어, 신고 후 남편에게 대처할 힘이나 제도적인 장치가 미약함을 간접적으로 드러내고 있다. 그리고 "남편을 신고한다는 것은 생각할 수가 없는 일이므로", "아이들 때문에" 등 가부장적인 관점에서 신고를 꺼리는 경우도 27% 이상 되어 폭력남편이어도 남편을 신고한다는 일이 쉽지 않음을 보여 준다.

〈표 2-14〉 경찰에의 신고

유무	가정폭력특례법 인지		경찰 신고	
	명	(%)	명	(%)
○	68	47.2	60	38.0
×	76	52.8	98	62.0
계	144		158	

신고시 경찰의 태도	명	(%)
집안일이니 잘 해결하라며 돌아갔다	17	28.3
가정폭력특례법의 내용을 말하면서 조치를 취하였다	11	18.3
법으로 해결하고 싶으면 고소하라고 했다	23	38.4
즉시 출동하지 않거나 아예 출동조차 안했다	2	3.3
기타	7	11.7
계	60	

신고하지 않은 이유	명	(%)
신고할 정도로 심각하다고 생각하지 않아서	10	10.2
남편을 신고한다는 것은 생각할 수가 없는 일이므로	12	12.2
아이들 때문에	15	15.3
신고해서 경찰이 와 봤자 소용없다고 생각했기 때문에	5	5.1
신고 후 남편의 보복이 두려워서	23	23.5
신고보다는 조용히 문제를 해결하고 싶어서	25	25.5
기타	8	8.2
계	98	

자료: 서울여성의전화, 2003년 가정폭력상담소 면접설문 통계.

6. 헤어지지 못하는 이유

피해여성들의 앞으로의 희망으로는 이혼을 원하는 경우(63.6%)가 가장 많았으며, 이혼 후 독립할 수 있는 자원에 대해서도 경제활동 능력 등에서 자신감을 보이고 있었다. 그러나 이러한 희망과는 다르게 실제로 이혼을 쉽게 결정하지는 못하였다. 그 이유로는 "언젠가는 나아지리라는 희망 때문에"가 가장 많았고, "보복이 두려워서", "경제적인 자립이 어려워서", "남편에게 자식을 맡길 수 없어서", "이혼한 여성에 대한 사회적 편견이 있어서", "자식을 빼앗길까 봐" 등 다양하게 나타났다. 이 중에는 중복된 응답이 많았는데, 이성적으로는 이혼을 원하지만 실제로는 결혼생활에 대한 미련을 버리지 못하거나 자신감 부족, 자녀문제 등 여러 가지 이유들로 쉽게 이혼을 결정하지 못함을 보여 주고 있다.

〈표 2-15〉 앞으로의 희망사항

앞으로의 희망	명	(%)
계속 살기를 원한다	11	7.8
별거를 원한다	21	15.0
이혼을 원한다	89	63.6
기타	19	13.6
계	140	

자료: 서울여성의전화, 2003년 가정폭력상담소 면접설문 통계.

〈표 2-16〉 헤어지지 못하는 이유

헤어지지 못하는 이유	명	(%)
그래도 남편이 좋아서	2	0.8
언젠가는 나아지리라는 희망 때문에	57	22.6
남편이 불쌍해서	16	6.3
자식을 빼앗길까 봐	22	8.7
구타하는 남편에게 자식을 맡길 수 없어서	30	12.0
가족이나 친척의 만류로	16	6.3
이혼여성에 대한 사회적인 편견 때문에	24	9.5
경제적인 자립이 어려워서	32	12.7
보복이 두려워서	39	15.5
기타	14	5.6
계	252	

자료: 서울여성의전화, 2003년 가정폭력상담소 면접설문 통계.

가정폭력 사례

① 의처증에 의한 아내 학대

〈사례 8〉 L씨(남, 56세)는 평소 폭력성이 다분한 사람으로 노동일에 종사하면서 피해자인 J씨(당시 52세)와의 사이에 딸 하나를 두고 10년 이상 동거를 하였다. L씨는 1999년 3월 초 새벽 1시경 피해자가 바람을 피웠다고 트집을 잡고서 자신의 승용차에 피해자를 태우고 시내에서 상당히 떨어진 인적 없는 저수지로 데리고 갔다. 저수지에 도착하여 L씨는 "너 죽이고 교도소에서 10년 살면 된다"고 하면서 피해자가 입고 있던 원피스를 찢어서 벗기고 머리채를 잡고 머리와 가슴, 하복부 등 어디 하나 가리지 않고 온몸을 때리고 발로 밟았다. 그리고 같은 날 4시경 다시 여관으로 강제로 끌고 가서 겁에 질려 있는 피해자에게 옷을 모두 벗도록 하였다. L씨는 피해자가 옷을 모두 벗자 1회용 면도날을 들고 "이 칼로 네 자궁을 도려 내겠다. 빨리 누워라. 눕지 않으면 네 몸을 칼로 다 그어 버리겠다"고 협박하였다. 이에 두려움을 느낀 피해자가 바닥에 눕자 피우고 있던 담뱃불로 피해자의 음부를 지져서 음부에 화상을 입히고, 안면부 골절상과 뇌진탕 등의 상해를 가하였다. 그렇게 몇 시간 정도 구타와 난폭한 행위를 하던 가해자가 술에 취해 잠이 들자 그 사이 피해자가 112로 경찰에 신고해서 파출소 경찰관이 출동하여 가해자를 현행범으로 체포하였다.

사건 후 가해자 L씨는 곧바로 구속되었으나 피해자가 헤어지는 조건으로 합의를 해 줘서 집행유예로 석방되었다. 피해자는 언니의 집에 기거하다가 딸을 친정 어머니에게 맡기고 가해자를 피해 타 지역으로 이사하였다. 이후 수년 간 가해자는 피해자에게 일체 연락을 끊고 피해자 근처에 접근하지 않고 있으나, 원래 난폭한 성격의 소유자라서 재차 보복할 가능성이 있다고 보아, 경찰에서는 피해자와의 정기적인 전화상담을 통해 이같은 일이 재발하지 않도록 면밀히 관찰하고 있다.

② 알코올로 인한 아내 학대

〈사례 9〉 피해자 L씨(여, 45세)는 남편과 정식 혼인신고를 하고 살고 있는 부부지만 둘 사이에 아이가 없어서 3살 된 아들 하나를 입양하여 살고 있었다. 남편은 초등학교만 졸업하고 공장에 다녔기 때문에 가정형편이 어려워 결혼 초에 L씨가 임신을 하였으나 낙태를 시키고 불임수술까지 받게 하였다. 그 후 가정형편이 나아졌지만 L씨가 아이를 낳을 수 없어 아이를 입양했던 것이다. 남편은 입양한 아들에 대한 사랑이 극진했던 반면 L씨는 아이에 대해 그다지 정을 느끼지 못하여 홀대하게 되자 이로 인해 둘 사이가 벌어지게 되었다.

남편은 평소에는 성실하고 자상한 사람이었지만 술만 마시면 폭력을 사용하는 버릇이 있어 이미 가정폭력사건으로 3회나 보호처분을 받은 적이 있었다. 그래서 L씨는 남편이 술에 취해 들어오는 날이면 아이를 집에 놔둔 채 밖에 나가서 잠을 자고 다음 날 아침에 들어오곤 하였다.

남편은 화가 나면 집안에 있는 물건으로 아무 데나 가리지 않고 때리기 때문에 남편이 폭력을 사용할 것처럼 보이면 미리 헬멧을 머리에 쓰고 대비하였다. 이처럼 술에 취하면 상습적으로 아내를 구타하는 버릇이 있던 중, 사건이 일어난 2002년 6월 남편이 일을 마치고 귀가하여 보니 아들은 자신이 전날 아침에 타 놓고 나온 빈 젖병을 빨면서 혼자 있었고, 이것을 본 남편은 격분한 나머지 L씨에게 욕설을 하면서 주방에 있던 과도(길이 약 20센티)로 L씨의 왼쪽 팔을 찔렀다. 이에 위협을 느낀 L씨가 급히 오토바이 헬멧을 머리에 쓰고 다른 방으로 피하자 남편은 신발장에 있던 장도리를 집어 들고 뒤쫓아 가 머리를 내려쳤다. 그리고 다시 주방에 있는 식칼(길이 약 30센티)을 들어 L씨의 목에 들이대고 위협하면서 주먹으로 목부위를 때려 말을 제대로 하지 못하고 음식을 삼키지 못할 정도의 상해를 입혔다. 이에 L씨는 잘못했다고 빌면서 아이 우유를 사오겠다는 핑계를 대고 도망 나와 112전화로 파출소에 신고하였다. 그래서 신고를 받고 즉시 출동한 경찰에 의해 남편은 현행범으로 체포되었다.

남편은 징역형이 선고되어 교도소에 수감되었으나 L씨는 자신이 잘못했기 때문에 남편이 화가 나서 때린 것이지 남편은 나쁜 사람이 아니라고 말하고 경찰에 신고한 것을 뒤늦게 후회하면서 합의서를 제출해 주었다. 또한 사회생활을 해 본 경험이 없어 혼자 독립하여 살아갈 자신이 없다며 남편과 헤어지는 것에 대해 강한 거부감을 나타내고, 남편이 출소할 때까지 아이를 키우면서 기다리겠다고 하였다. 경찰은 가해자가 출소 후 재범의 우려가 높다고 판단하여 피해자와 정기적으로 전화나 방문을 통해서 상담하고 있으며, 가해자에 대해서는 평소에는 조용하고 성실한데도 술만 마시면 이성을 잃게 되는 만큼 알코올성 정신질환이 의심되어 출소 후 알코올치료센터에 치료위탁을 받게 하도록 조치하였다.

③ 피해여성의 극단적 탈출구, 남편 살해

〈사례 10〉 K씨(여, 56세)는 30년 가까운 결혼생활 동안 남편의 폭력에 시달렸다. 남편은 아내가 심지어 임신해서 몸이 무거웠을 때에도 머리채를 잡고 도로상을 끌고 다녔고, 밥을 늦게 차린다는 이유로 아들과 딸 앞에서 옷을 벗긴 채 머리채를 잡고 온몸을 구타하였다. 또한 성격이 난폭하여 칼로 아내와 자식들을 찌르기도 하였다. 남편의 포악성은 시댁식구들까지도 다 알고 있는 사실이어서 멀리서 남편의 기침소리만 나도 모두 무서워 할 정도였다. 어느 날 중학교에 다니는 아들의 어깨를 칼로 찔렀는데 경찰에 신고할까 봐 병원에도 가지 못하게 하였다. 또 한번은 남편에게 맞아 기절한 아내를 옆집 아주머니가 병원에 데려다준 적도 있었다. 이처럼 결혼하고부터 남편의 폭력은 계속되어 일주일에 한번씩은 심하게 맞고 살았다. 맞아서 멍이 드는 일은 예사였고 어쩌다 밖에 나갔다 늦게 들어오면 방 안에 가두어 놓고 옷을 모두 벗겨 찢어버린 적도 있었다. 시댁식구를 포함해서 동네사람 누구 하나 이에 관심을 갖지 않았음은 물론, 개입을 하려고도 하지 않았다. 할 수 없이 남편의 포악성이 무서워 그동안 큰소리 한번 지르지 못하고 숨죽이며 살아왔다.

그러던 중 결혼했던 아들의 사업이 망하게 되자 그 화풀이를 모두 K씨와 며느리에게 하였다. 화풀이도 보통 정도가 아니라 며느리에게 낯 뜨거운 상스러운 욕을 하고 물컵을 얼굴에 던지기도 했으며 때리기까지 하였다. 이런 남편의 포악성으로 인해 시집간 딸하고도 의절하여 발길이 끊긴 지 오래고 아들마저도 이혼하게 되었다. 상황이 여기에 이르게 되자 K씨는 30년 가까운 결혼생활 동안 남편에게 구타를 당하여 온 몸이 골병들었고 살아온 세월이 지긋지긋하여 차라리 남편이 없었으면 좋겠다는 생각이 들 때가 한두 번이 아니었다. 그래서 결국 남편을 죽여 없애는 것이 자신과 가족들을 위해서도 낫겠다는 생각에 이르게 되었다.

남편을 살해하기로 한번 마음을 먹자 K씨는 자신도 모르게 대담해져서 지금까지의 자신이 아닐 정도로 변하게 되었다. 수면제와 농약을 구입하여 저녁밥을 먹을 때 남편이 반주로 즐겨 마시는 소주병에 넣었으나 남편은 맛이 이상하다며 먹지 않았다. 그래서 집에 있는 다른 술을 마시고서 또 시비를 걸었고 한참을 싸우고 나서야 남편은 제풀에 지쳐 거실에 쓰러져 잠이 들었다. 이 틈을 타 K씨는 넥타이로 남편의 목을 졸라 살해하였다. 남편을 살해한 후 어떻게 할지 몰라 시신을 방 안에 둔 채 사흘을 넘기고 나서야 출장에서 돌아온 아들에 의해 경찰에 신고되었다.

이 사건은 30년 가까운 남편의 술주정과 폭력 앞에서 자신의 결혼생활과 인생을 망쳐버린 한 중년여성이 그 지긋지긋한 학대관계를 청산하고 새로운 삶을 꿈꾸는 과정에서 저지른 어처구니없는 사건이었다. 경찰조사 결과 K씨는 그간의 안타까운 사정에도 불구하고 살인죄가 인정되어 구속되었으며 재판에서 중형이 선고되었다.

〈사례 11〉 H씨(여, 57세)는 남편과 결혼한 후 첫 아이를 낳을 때까지의 짧은 신혼기간을 제외하고는 결혼생활 30년 내내 남편으로부터 폭력과 의처증에 시달리면서 살았다. 결혼 전의 과거라든지 특별히 남편에게 트집잡힐 만한 잘못이 없었는데도 남편은 말도 안 되는 일들로 H씨를 의심하고 사사건건 트집을 잡아 정신적으로 괴롭혔다. 첫 아이를 낳았을 때는 "누구의 아이냐"라며 아이를 내던지고 밤에 잠을 자지 못하게 하면서 계속 캐묻고 따지고 들었다. 이 때부터 H씨의 고달픈 결혼생활이 시작되었다. 목욕탕에서 조금만 늦게 온다거나 남편이 시비할 것이 무서워 빨리 집에 가고자 지름길로 오더라도 "어떤 남자를 만나고 다니냐"라며 의심하고 추궁하였다. 그리고 이러한 의심과 함께 사소한 문제만 가지고도 트집을 잡았고 폭행과 구타를 일삼았다.

남편의 폭력을 피하기 위해 어린 자식들을 데리고 남편이 잠들 때까지 밤늦도록 동네 우물가에 숨어 있었던 적도 있었고, 남편에게 연탄집게로 얼굴을 맞아 턱이 함몰되고 이가 빠졌지만 병원에 갈 수 없었던 적도 있었다. 남편이 무서워 옆집으로 도망가 있으면 어린 자식들에게 병을 깨서 찌를 것처럼 위협하고 때리면서 엄마를 찾아오라고 했다. 또 "엄마를 그만 때리라"며 말리는 딸에게 분풀이를 한다면서 딸의 방에 불을 지르겠다는 남편을 만류했다고 해서 H씨의 머리 위에 소변을 보는 등 온 가족이 폭력에 시달리며 살았다. 이처럼 남편의 폭력은 그 끝이 없었지만 자식들 때문에 참고 살 수밖에 별다른 방법이 없었다. 그래서 H씨는 늘 불안하고 초조했으며, 가만히 있어도 가슴이 두근두근하고 숨이 막힐 것만 같은 정신적 장애가 나타났다. 하지만 다른 뾰족한 수도 없었기 때문에 참고 살았으며 남편에게 생활비도 제대로 받지 못해 파출부 등 온갖 궂은일을 다해 가면서 묵묵히 자녀교육과 가정을 지키려고 애를 썼다. 사건이 일어난 당일에도 남편은 친구와 술을 마시고 들어와 사소한 것을 가지고 시비를 걸기 시작하였고, 급기야는 밥상을 던지며 참기 힘든 상스런 욕을 하면서 모욕을 주었다. H씨는 순간적으로 지난 30여 년 간 자신을 힘들게 한 남편의 폭력이 떠올라 그 동안 억눌렸던 감정이 폭발했고, 제정신이 아닌 상태에서 우발적으로 남편의 목을 졸라 숨지게 하였다.

남편을 살해한 죄로 H씨는 1심 재판에서 징역 3년 형을 선고받았다. 이 사건에서도 여성의전화 등의 여성단체에서는 가정폭력피해자가 극도의 공포 속에서 자신과 가족들의 생명을 지키려고 했던 것으로 보고 정당방위를 주장하였다. 그러나 재판부는 피해자가 받아 온 고통은 충분히 이해하지만 꼭 그렇게 밖에 문제를 풀 수 없었는지 안타깝다고 하면서도 정당방위를 인정하지는 않았다.

제2장

Domestic Violence 가정폭력

아동학대

제1절 아동학대에 대한 인식

아동학대는 특이한 일이거나 새롭게 밝혀진 것이 아니다. 아동들은 예전부터 부모나 양부모에게서 학대를 받아왔다. 동서고금을 막론하고 아동학대는 역사와 더불어 존재해 왔으며, 아동학대 행위는 종교적 신념, 가족계획, 미신, 훈육, 경제적 이유 등으로 정당화되어 왔다. 이처럼 아동학대가 정당화된 것은 역사적으로 아동에 대한 인식이 어떠했는가와 밀접한 관계가 있다.

역사적으로 아동의 존재는 노예와 똑 같이 부의 소유물로서 자산으로 취급받았다. 아동의 생존권은 부권에 예속되어 있었으며, 가장인 부는 아동에 대해 절대적 권한을 가지고 있었다. 부모와 자녀의 관계에 관한 법적 규정으로서의 최초의 역사적 기록인 기원전 2150년의 함무라비법전(the Code of Hammurabi)에서도, 자녀는 그의 부모, 특히 아버지의 소유였으며 아버지에 의해 받아들여지지 않은 자녀는 살해되거나 살아도 가족원의 자격이 부여되지 않았다. 고대시대에는 여아나 쌍둥이, 사생아, 장애아 등이 희생의 제물이 되곤 하였는데, 특히 장애아의 목숨이 가장 위태로웠다. 고대 그리스의 경우에는 플라톤이 장애아는 유전된다고 주장하여 장애아를 양육하지 않고 살해했으며, 아리스토텔레스는 이를 법적으로 규정할 것을 주장하였다. 로마의 12동판법(the Roman Law of Twelve)에서도 장애아 양육을 금지하였고 자녀의 생사권을 부에게 귀속시켰다.

이처럼 아동은 부모의 자산이나 소유물로 취급되었는데, 그 중에서 자산 가치가 떨어지는 장애아나 사생아, 쌍둥이, 여아 또는 부모의 말을 잘 듣지 않는 아동인 경우에는 부모에게 살해되는 경우가 많았으며, 살아남는 경우에도 혹독한 매질을 당하면서 살았다. 서구에서 산업혁명이 시작되면서부터는 아동의 노동력이 주요한 생산수단으로 인정되어 19세기 말까지도 자녀는 부모의 자산이나 생산수단이었다. 20세기를 넘어 최근에 이르러서도 개발도상국에서는 아동은 구걸, 값싼 노동력 제공 등을 통해 부모의 주요수입원이 되고 있다.

또한 근세 이후에 들어와서는 아동학대가 아동훈육이라는 이름으로 행해지고 있다. 산업혁명 이후 서구사회에서는 아동교육, 학교수업, 아동에 대한 도덕적 기준 등에 많은 관심을 갖게 되면서 체벌이 아동훈육을 위한 최선의 방안으로 여겨져 왔었다. 아동에 대한 구타는 효과적인 도덕적 훈련으로 인식되었고, 구타로 인해 아동이 사망에 이르게 된 경우에만 가해자에게 법적 책임을 물었다. 아동에 대한 이와 같은 역사적 인식은 아동양육에 대한 방식의 변화로 설명될 수 있다. 마우제(Lloyd de Mause)는 아동의 양육형태를 4세기까지의 영아살해 방식(infanticide mode), 5~13세기까지의 아동유기 방식(abandonment mode), 14~17세기까지의 수용과 거부의 양가 방식(ambivalent mode), 18세기까지의 심한 체벌을 통한 과도한 개입 방식(intrusive mode), 그리고 19세기 이후부터 현재에 이르기까지의 사회화 방식(socialization mode)으로 정리하였다.[17]

오늘날에도 아동학대에 대해서는 많은 논쟁이 이어지고 있다. 대부분의 사람은 국가가 자녀를 훈육하는 부모의 권리를 지나치게 간섭한다고 생각

17) 이배근, 앞의 책, 9~10쪽.

하고 있다. 하지만 아동학대는 단 한번의 신체적 구타나 착취 또는 괴롭힘 정도에서 그치는 경우는 거의 없고 장기간 그런 관계가 계속된다는 데 문제가 큰 것이다. 특히 더 문제가 되는 것은 나이 어리고 의지할 곳 없는 아동이 방임으로 위험에 처하고 있으며, 신체적 학대를 받는 것도 정작 자신들이 의지하고 신뢰해야 할 부모에 의해서 행해진다는 데에 있다.

제2절 아동학대의 개념

아동학대의 개념은 아동학대의 범위를 어떻게 설정하느냐에 따라 정의될 수 있다. 아동학대를 협의의 의미로 정의할 경우에는 주로 신체적 학대로 제한한다. 켐페(Kempe)가 1960년대 영아구타증후군(Battered Baby Syndrome)이라는 용어를 처음으로 사용함으로써 아동학대의 대상을 영아로 한정하였고 학대의 유형도 신체적 구타만을 문제로 삼았다. 즉 그는 '부모나 보호자의 행위 또는 태만으로 인하여 초래되는 비우발적인 신체적 상처'를 학대로 정의하였다. 미국의 아동학대 및 방임센터(National Center on Child Abuse and Neglect)도 아동에 대한 학대행위를 '아동에게 관찰 가능한 상해를 입힌 행위'로 한정하고 있다.

그러나 켐페에 의해 처음 사용된 영아구타증후군이라는 용어는 점차 아동학대와 방임이라는 보다 광의의 개념으로 확대되었다. 아동학대를 광의의 의미로 정의할 때는 '아동의 복지나 아동의 잠재적 발달을 위협하는 보다 넓은 범위의 행동'으로 확대하여 신체적 학대뿐만 아니라 정서적 학대나 방임, 아동의 발달을 저해하는 행위나 환경, 더 나아가 아동의 권리보호에 이르는 매우 포괄적인 경우로 확대하고 있다.

이것은 법적으로도 보장되었는데, 1974년 미연방정부의 아동학대 방지 및 치료법에서 아동학대는 '18세 미만의 아동이 아동의 복지에 책임이 있는 성인으로부터 아동의 복지가 손상 또는 위협받을 수 있는 환경하에서, 신체적 또는 정신적 손상, 성적 학대, 방임 혹은 냉대받는 것'으로 정의하고 있다. 한편, 우리나라의 개정된 아동복지법 제2조에 의하면, 아동학대를 '보호자를 포함한 성인에 의하여 아동의 건강·복지를 해치거나 정상적 발달을 저해할 수 있는 신체적·정신적·성적 폭력 또는 가혹행위 및 아동의 보호자에 의하여 이루어지는 유기와 방임'으로 정의하고 있다. 따라서 이것은 미성년자와 관련된 모든 학대를 포괄하는 일반적인 용어이다.

제3절 나이·성별 및 가해자와의 관계

1. 나이·성별과의 관계

아동피해자는 나이와 성별에 관계없이 전반적으로 발생한다. 이는 모든 아동이 피해를 당한다는 것이 아니고, 모든 나이대의 남자아동과 여자아동이 피해자로 나타나고 있다는 것을 말한다. 여기에서 아동은 보통 18세 미만의 남자아이와 여자아이를 가리킨다(아동복지법 제2조). 신체적 학대는 아동이 나이를 먹어감에 따라서 감소하며, 6세~12세의 중간 나이대가 학대의 위험성이 가장 크다. 특히 아동 성학대는 유치원과 초등학교 나이에 해당하는 이 중간 나이대가 가장 발생할 위험성이 크다. 학대와 방임으로 인하여 아동이 혹사와 괴롭힘을 당하는 것은 불의의 사고로 사망하는 경우를 제외하고는 성장할수록 그 발생비율이 증가하는 데 반하여, 아동이 사망하는 경우는 어린 아동일수록 많이 나타난다. 그렇지만 아동은 모든 나이대에서 어떤 유형의 학대든지 받을 위험에 놓여 있다.

성별로 보면 남자아동과 여자아동이 거의 비슷하게 피해를 입고 있는 것으로 나타나 성별에 따른 차이는 거의 없다고 할 수 있다. 그러나 더 정확히는 여자아동이 약간 더 많이 학대를 당한다고 할 수 있다. 이것은 여자아동이 성적 학대와 신체적 상해를 입기가 더 쉽다는 데 기인한다. 우리나라 보건복지부의 2003년 자료에는 피해남자아동과 피해여자아동이 각각 50%인 것으로 나타났으며, 미국의 1996년 자료에는 학대피해자의 52%가 여자아동이었고 48%가 남자아동이었다.

남자아동은 심각한 신체적 상해와 정서적 방임을 받을 위험이 여자아동보다 더 큰 반면에, 여자아동은 성적 학대를 당할 위험이 더 크다. 미국에서는 여자아동은 남자아동보다 3배 이상 성적으로 학대를 당하고 있다고 한다. 이것은 미국 보건후생부(U.S. Department of Health and Human Services)의 자료에 남자아동이 성적 학대를 당한 것은 학대사건 중에서 23%를 차지하는 반면에, 여자아동은 학대사건 중 77%를 차지한 것으로 나타난 것을 보더라도 이와 비슷하다는 것을 알 수 있다.[18] 그리고 미국 아동들 중에서 5명 중 1명이 18세가 되기 이전에 성적 학대를 받은 경험이 있는 것으로 나타났다.

아동의 나이와 성별 외에도 저소득문제가 오늘날 아동학대의 주요한 위험요인으로 나타난다. 미국에서 연소득 15,000달러 미만 가정의 아동은 연소득 30,000달러 이상 가정의 아동보다 학대에 노출될 위험이 22배나 많다. 성적 학대는 18배, 교육기회의 박탈은 56배, 심각한 신체적 상해를 입을 가능성은 22배나 높은 것으로 나타났다.[19] 또한 저소득과 관련해서 4명 이상의 자녀를 둔 가정에서는 그만큼 생활이 어렵기 때문에 신체적 학대와 유기의 발생률이 더 높은 것으로 나타났다.

---

18) D. K. Gosselin, *Ibid.*, p. 262.
19) D. K. Gosselin, *Ibid.*, p. 19.

2. 가해자와 피해아동과의 관계

아동학대가 특히 문제가 되는 것은 나이가 어리고 아직 인격적으로 성숙하지 못한 아동에 대한 학대가 대부분 그들의 부모에 의해서 행해진다는 것이다. 미국의 아동학대 및 방임센터의 최근 조사에 따르면, 아동학대 사례 중에서 가해자가 아동의 부모인 경우가 약 77%라고 한다. 이것만 보더라도 아동학대에 대한 가해자의 대부분이 그들의 부모라는 것을 알 수 있다. 여기에서 부모는 친부모 외에 계부·계모와 같은 법률상의 부모 모두 포함된다. 그 외에 위탁부모나 아동보호자 등이 약 2%라고 보고하고 있다.[20]

아동학대에 있어서는 여성도 상당한 부분을 차지하고 있는데, 그것은 아동의 양육에 있어서 여성의 역할이 크기 때문일 것이다. 가정에서의 여성의 소외, 양육에 대한 책임감, 아동과 보내는 시간이 남성보다 더 많은 것들이 그 이유가 된다. 특히 교육수준이 낮고 소외된 그리고 가족이나 사회로부터 지원을 받지 못하는 젊은 미혼모일수록 아동에 대한 신체적 학대를 많이 하는 것으로 알려져 있다. 또한 남편으로부터 학대받는 여성이 아동을 학대하는 경우가 많다. 배우자학대와 아동학대 사이에는 밀접한 관계가 있는데, 아내를 학대하는 남성 중에서 대략 절반 정도가 그들의 아이도 학대한다. 아동학대가 있다고 보고된 가정에서는 구타당하는 여성이 구타당하지 않는 여성보다 6배나 많다는 사실이 이를 뒷받침해준다. 가정폭력의 피해자인 여성은 자신의 아이를 상대로 화풀이 하고 신체적으로 학대할 위험성이 더 있다. 그러나 이와 같은 이유로 여성에 의한 아동학대가 자행되고 있다는 것이 사실이지만, 그럼에도 불구하고 아동학대의 주요범인은 아버지인 남성이라는 점이다. 아동학대의 첫번째 범인으로 단연 아동의 아버지를 꼽는 것은 특히 아동 성학대에서 뚜렷하게 발견된다. 아동에 대한 성학대는 아동이 평소 믿고 있는 사람, 잘 알고 있는 사람, 흔히 가족들에 의해 일어난다.

---

20) 알란 켐프 저/ 이화여자대학교 사회사업연구회 역, 앞의 책, 77쪽.

미국에서는 여학생 5명 중 1명이 성인이 되기 이전에 가까운 친·인척이나 이웃사람과 원치 않는 성관계를 경험하는 것으로 조사되었는데, 이들 친인척의 3/4이 아버지나 계부라고 한다. 여자아이가 자신의 아버지에게 성학대를 당하는 가정에서는 그 어머니도 대부분 딸을 위해 제대로 대항하지 못하고 맞고 사는 경우가 많다. 이들은 일반적으로 가벼운 폭력 정도가 아니라 심각할 정도로 중한 상해를 입는다.

제4절 아동학대의 유형

1. 직접적 학대와 간접적 학대

아동이 학대로 인해 받는 상처는 자신이 직접 학대를 당한 경우와 부모나 가족의 학대를 목격하는 경우에 있어서 서로 차이가 있다. 아동 자신이 부모나 보호자로부터 직접 학대를 받는 경우와 자신이 직접 학대를 받지 않지만 다른 사람의 학대장면을 목격함으로써 간접적 피해를 입는 경우로 구분하여, 전자의 경우를 직접적 학대라 하고 후자의 경우를 간접적 학대라고 한다.

(1) 직접적 학대

직접적 학대는 적극적 학대와 소극적 학대로 나눌 수 있다. 실수와 같은 우발적인 상해와 달리 고의로 아동에게 상해나 그와 같은 유형의 해를 입힌 것을 아동에 대한 적극적 학대라 한다. 여기에는 정서적·심리적·육체적・성적 학대 등이 포함된다. 이러한 유형의 학대가 아동에 대한 여러 유형의 학대 중에서 가장 위험성이 크고, 또한 경찰이 가장 관심을 갖고 대응해야 할 범주에 해당한다. 소극적 학대는 자기에게 의존하고 있는 아동에 대해 법적인 부양의무를 다하지 않는 부양자의 작위나 부작위를 말한다. 여기에는 육체적 또는 정서적인 무관심, 나이에 적절한 교육기회의 미제공, 적절한 의식주 제공의 결핍, 감독이나 의료적 보호의 결핍, 미성년자에 대한 부양의무의 불이행 등이 포함된다.

(2) 간접적 학대

가정에서 부모의 폭력을 목격한다거나 부모의 어느 일방이 상대방에게 살해당하는 것을 목격하는 것 등은 아동에게 다양한 심리적 문제를 야기하고, 아동을 비행행위나 성인범죄의 위험에 빠지게 한다. 이러한 간접적 학대는 아동을 범죄 앞에 무방비 상태로 방치시켜 놓는 것과 같다.

부모 중 어느 한쪽이 다른 상대방을 때리는 것에 노출된 아동은 심리적으로 가장 가혹한 학대를 받는다. 아동은 폭력을 막을 수 없기 때문에 부모가 살해되거나 죄를 짓고 있는 현장을 속수무책으로 바라만 볼 수밖에 없는데, 이러한 것들은 아동에게 공포에 따른 심각한 심리적 충격을 야기할 수 있다. 이를 목격한 아동은 많은 형태의 공격적이거나 움츠러드는 행동을 보인다. 남자아이 중에 일부는 거친 활동성을 보이거나 싸움을 좋아하는 경향이 나타나기도 한다. 여자아이는 움츠러들고 소극적이며 불안해한다. 이런 면에서 부모의 폭력을 목격한 아동은 자신이 신체적 또는 성적으로 학대를 받는 것과 같은 영향을 받는다고 일부 학자들은 주장한다.[21]

2. 학대의 주요유형

피해아동은 어느 하나의 학대만 받는 경우도 있지만 동시에 하나 이상의

21) D. K. Gosselin, *Ibid.*, p.128.

학대를 받을 수도 있다. 구타당하는 아동이 자주 정서적인 학대와 방임에 처해질 수도 있기 때문이다.

(1) 신체적 학대

신체적 학대는 부모 또는 보호자가 아동에게 신체적 손상을 입히는 모든 행위를 포함한다. 신체적 손상이란 구타나 폭력에 의한 멍이나 화상, 찢김, 골절, 장기파열, 신체기능의 손상 등을 말한다. 또한 충격이나 관통, 열, 화학물질, 약물과 같은 다른 방법에 의해서 발생하는 손상들을 포함한다. 그리고 여하한 이유에서도 생후 12개월 미만의 영아에게 행해진 체벌은 학대로 간주된다. 이 중에서 고의적이지 않은 우발적인 사고나 행위로 인한 경우는 제외된다.

하지만 유아와 같은 나이 어린 아동의 경우에는 외부로 나타난 상처의 흔적만 가지고 볼 때는 우발적인 사고로 인한 것인지, 아니면 고의적인 학대로 인한 것인지를 구별하기가 여간 어렵지가 않다. 왜냐하면 아동들은 노는 중에 부모에게 학대를 당하지 않고도 우발적인 사고로 인해 타박상, 화상, 골절상, 열상과 같은 상처를 입을 수 있기 때문이다. 따라서 이러한 상처들이 학대로 인한 것인지를 판단하기 위해서는 이에 대한 가해자나 피해아동의 설명 외에 아동의 나이와 활동정도도 함께 고려되어야 할 사항이다. 상처의 유형과 위치를 확인하고 상처를 일으킨 사건에 관해서 보호자와 대화를 하다보면 단서를 찾을 수도 있다. 나이가 너무 어려 이동할 수 없는 영아들은 우발적인 사고로 인한 상처를 입을 가능성이 거의 없다. 따라서 영아의 몸에 던져졌거나 떨어뜨려진 흔적이 있다거나 맞은 흔적, 화상을 입은 흔적, 독극물을 먹은 흔적이 있는 것은 학대가 있었다는 가시적인 표시들이다. 영아에 대한 상처의 위치도 주목해 볼 만한 가치가 있다.

(2) 정서적 학대

정서적 학대는 아동의 정서발달과 행복감을 훼손시키는 행위의 패턴과 관련되어 있다. 이것은 다른 유형의 학대에 비해 과격하지 않고 온화한 유형으로 보호자들이 아동을 하찮은 존재로 보거나 조롱할 때 발생한다. 여기에는 칭찬이나 사랑, 관심의 표현과 같은 아동을 격려하고 지지하는 언어를 사용하지 않는 것도 포함된다. 아동에게 거부하기, 무시하기, 공포감 주기, 고립시키기, 타락시키기, 빼앗기, 신뢰성과 일관성 없는 부모의 역할, 정신적 건강과 의료와 교육욕구의 무시 등이 여기에 해당한다.[22]

정서적 학대는 사회적 서비스나 치료적 개입을 필요로 하는 비난받을 만한 행위로 간주되고 있지만 엄밀하게는 범죄에 해당되지는 않는다. 그렇지만 이것은 종종 아동에게 다른 유형의 학대를 수반하기 때문에 다른 유형의 학대가 발생할 수 있다는 적신호인 것이다. 아동에 대한 학대 여부를 철저하게 조사하기 위해서는 비록 범죄행위는 아니지만 다른 유형의 학대와 함께 정서적 학대도 같이 조사해야 정확한 진단을 할 수 있다. 그러나 정서적 학대가 지나치게 심하게 이루어지는 경우에는 범죄에 해당한다는 것이다. 예를 들어, 보호자가 아동을 속박하기 위해 극도로 행동을 제약한다거나 장시간 동안 옷장이나 트렁크 같은 아주 비좁은 공간에 가두어 놓는 경우에는 아동은 심각한 정서적 학대를 받게 되는데, 이런 것은 형사범죄에 해당한다 할 것이다.

(3) 성적 학대

아동에 대한 성적 학대는 아동의 성기나 기타의 신체적 접촉을 포함하여 강간, 성추행, 성기노출, 자위행위, 성놀이 등 성인의 성적 만족을 위해서 아동에게 가해진 신체적 접촉이나 상호작용을 말한다. 성놀이는 성에 대해 잘 알지 못하는 아동에게 마치 놀이의 한 형태인 것처럼 속여 자기가 시키는 대로 하게 만드는 것을 의미한다. 이것은 아동에 대한 성학대가 아동이 믿고 있는 사람, 잘 알고 있는 사람 또는 흔히 가족들에 의해 일어나기 때문에 가능하다 할 것이다. 구체적인 성적 학대의 예를 들면, 아동의 성기를

22) 알란켐프 저 / 이화여자대학교 사회사업연구회 역, 앞의 책, 123쪽.

만지거나 자신의 성기에 접촉을 시키도록 하는 행위, 아동 앞에서 옷을 벗으며 자기의 성기를 만지는 행위, 애무를 하거나 키스를 하는 행위, 아동의 옷을 벗기는 행위, 소아 나체를 보는 것을 즐기거나 포르노 비디오테이프를 아동에게 보여주는 행위 등이다. 그리고 아동 앞에서 부부 간의 성적 행위를 보여주는 것도 성적 학대에 해당한다.

성적 학대의 결과로 인한 상해로는 신체적 통증, 처녀막 파열, 성기 상처, 임신, 성병과 성기질환 등이 있다. 성적 학대로 인한 이와 같은 결과는 대개 아동의 신체에 직접적으로 해를 가했을 때 나타나는 것들이다. 성관계 장면이나 포르노 비디오테이프 등을 보여주는 행위, 성놀이, 가벼운 성추행 등과 같은 성적 학대행위는 외견상으로 드러나는 피해가 없는 것처럼 보인다. 그러나 정서적 학대와 마찬가지로 성적 학대 역시 장기적이고 지속적으로 아동에게 신체적·정서적 후유증을 남기게 되므로 외견상 드러나는 상처가 없더라도 정신적인 심리치료를 받을 수 있도록 해야 한다.

(4) 방임

(가) 방임의 의의

아동방임에 대해서는 의견이 일치하지 않기 때문에 명확하게 개념정의를 하기 어렵다. 일반적으로 보호자가 고의적으로 아동에 대한 양육 및 보호를 소홀히 함으로 인하여 아동의 건강이나 복지를 해치거나 또는 정상적인 발육을 저해할 수 있는 모든 행위를 의미한다고 정의하고 있다. 이것은 아동의 양육을 위해 필요한 기본적인 요구들을 제공해주어야 하는 부모의 의무에 기반을 두고 있다. 이러한 부모로서의 의무에 위반한 경우가 방임에 해당된다. 따라서 이것은 능동적이라기보다는 수동적이며, 가해적인 행위라기보다는 태만적인 행위인 것이다. 즉 가해자가 피해자를 폭행하는 신체적 아동학대나 여성폭력과는 대조적으로 아동방임은 아동을 잘 보살피지 않는 소극적인 행위들을 말한다.

아동에 대한 부모로서의 불충분한 양육에는 방임으로 생각되는 여러 행동이나 부작위들도 모두 포함된다. 즉 아동의 양육을 위해서는 아동이 성장하는 데 필요한 적절한 의식주를 제공해주는 것과 의료적인 치료, 교육기회의 제공 등이 이루어져야 한다. 또한 청결한 위생상태의 유지와 아동이 위험에 빠지지 않도록 하는 적절한 감독도 포함된다. 따라서 사회적으로 받아들일 수 있는 수준으로 이러한 필수적인 요소들을 제공하지 않는 것은 방임으로 간주될 수 있다. 이것은 부모의 의무임과 동시에 아동의 권리로서 받아들여지고 있다. 아동들에게는 부모가 삶의 필수요소를 제공해주고 안녕을 촉진하도록 하기 위하여 법적 보호를 하고 있다.

(나) 방임의 심각성

아동에 대한 방임은 학대사건에서 가장 일반적으로 발견되는 폭력의 유형으로서 다른 유형의 학대가 신고될 때 자주 나타난다. 우리는 일반적인 가정폭력에 비해 아동방임이 그다지 중요하지 않다고 생각하기 쉽다. 하지만 한창 성장기에 있는 아동의 경우, 충분한 영양을 공급받지 못했을 때 심각한 발육부진이 초래되기 쉬우며, 특히 어린 아동일수록 성장실패 증후군과 같은 치명적인 결과를 초래할 수 있다. 또한 필요한 의료적 치료를 제때에 받지 못해 장애를 겪게 되거나 심하게는 사망에까지 이르는 경우가 발생하기도 한다. 이와 같이 방임이 아동의 건강이나 안전문제와 직접적으로 관련되어지는 만큼, 방임을 단순히 아동에 대한 관심이 없고 방치한다는 행위정도로 가볍게 볼 것이 아니라 그 결과의 심각성을 깨달아야 한다.

이에 반해 뉴스미디어는 가정폭력과 관련된 매우 자극적인 사건들은 보도하면서도 아동방임에 대해서는 거의 주의를 기울이지 않는 경향이 있다. 종종 쓰레기통에 버려져 있는 갓 태어난 아기에 대한 보도와 같은 것이 있지만, 이러한 이야기는 매우 극단적인 경우에 해당하며 일반적인 아동에 대한 방임사례에 대해서는 매우 무관심하다. 이와 같은 아동방임에 대한 무관심은 대중매체의 책임과도 무관하지 않다고 할 수 있다.

아동방임에 대한 우리의 무관심에 비해서 아동방임의 실제는 상당히 심각한 편이다. 보건복지부의 2003년 자료를 보더라도 아동방임이 전체 아동학대 중에서 가장 큰 비중을 차지하고 있는 것으로 나타난다. 또한 뚜렷한 신체적 학대를 받은 증거 없이 죽은 많은 아이들이 아동방임의 희생자들이라고 할 수도 있다. 매년 자주 발생하는 집의 화재로 인한 아이들의 사망이나 익사, 약물이나 기타의 물질로 죽는 경우도 근본적으로는 아동방임과 관련이 있는 것으로 보아야 할 것이다.

(다) 방임의 유형

① 교육적 방임

아동에 대한 교육은 가장 기본적인 수준에서 아동이 나이에 맞지 않는 행동을 하지 못하도록 제약을 가하는 것도 포함된다. 우리나라의 초·중등교육법에는 15세까지의 모든 아동을 중학교육까지 의무적으로 받도록 하는 의무교육 요구조항이 있다. 이에 따라 교육적 무관심은 의무교육 연령의 아동을 학교에 보내지 않는 것과, 아동을 상습적으로 무단결석하도록 하는 것, 아동에 대한 특별한 교육적인 필요에 관심을 가지지 않는 것도 포함된다.

② 의식주의 불충분한 제공

아동이 성장하는 데 필요한 정도의 음식을 제공하지 않는 것도 아동에 대한 방임에 해당한다. 의복은 아동을 외부로부터 보호할 수 있도록 따뜻하고 깨끗해야 된다. 특히 영아들의 경우에 기저귀를 자주 갈아 주지 않아 피부에 병이 생기는 것 등이 이에 해당한다. 주거도 극심한 기후로부터 몸을 보호할 수 있고 안전하게 잠을 잘 수 있을 정도여야 한다.

③ 감독의 결여

감독은 상해를 예방하거나 상해가 발생했을 때 적절한 조치를 취하기 위해 필요하다. 어린 아동을 아무런 주의도 없이 내버려 두거나 방에 가두어 두는 것도 아동의 나이와 성숙도에 따라 위험한 일을 일으킬 수 있기 때문에 이런 것도 보호자로서의 감독을 결여한 것이 된다. 아이들은 방 안에 가두어져 있는 동안에 성냥이나 라이터를 가지고 장난하면서 노는 일이 많다.

④ 의료조치의 태만

부모는 아동에게 필요한 때에 의료적 조치를 취해야 할 의무가 있다. 의학적 치료를 적기에 하지 않고 보류하는 것은 아동에 대한 보호의무를 다하지 못한 것이 된다.

⑤ 부양의무 불이행

부모가 이혼하거나 별거하게 되었을 때는 법원에서 부양의무자를 결정하게 된다. 법적으로 자녀양육권이 있는 부모는 이혼이나 별거가 일어나기 전과 거의 대등한 수준에서 자녀의 양육을 위한 경제적 보호를 해 주어야 한다.

제5절 아동학대의 실태

1. 외국의 실태

(1) 미국

미국에서도 얼마 전까지는 아동에 대한 학대문제가 별다른 관심을 끌지 못했었으나, 1962년 켐페(C. Henry Kempe)에 의해 구타 피해아동의 실상이 보고된 이후로 세간의 주목을 끌기 시작하였다. 이후부터 아동에 대한 폭력이 중요한 사회적 문제로 인식되어 연구되기 시작하였다.

미국에서의 아동학대에 관한 가장 대표적인 연구는 스트라우스(Straus)와 겔레스(Gelles)에 의해 1975년과 1985년에 이루어진 전미 가정폭력조사라 할 수 있다. 이 중 1975년에 수행된 조사결과에 따르면, 미국 내의 63%의 부모가 아동에게 지난 한 해 동안 한 번 이상의 폭력을 행사하였으며

3.6%의 부모가 아동에게 심한 폭력을 행사한 것으로 나타났다. 또한 1985년의 전미 가정폭력조사에서는 총 응답자 1,428명의 62%에 해당하는 가정에서 부모가 아동에게 신체적 폭력을 행했던 것으로 나타났으며, 1,000명당 19명의 아동이 자신의 보호자로부터 심한 폭력을 당한 것으로 추정하였다.[23)]

1995년에 발표된 미국 아동학대방지위원회의 조사에서는 미국에서 300만 명이 넘는 아동이 학대당한다고 보고하였다. 이 수치는 미국 내의 1000명 중 14명의 아동이 학대피해자라는 것을 의미한다. 하지만 이것은 아동학대 사례가 모두 신고되는 것이 아니기 때문에 모든 아동학대를 포함하는 것은 아니다. 또한 이 해에 대략 1046명의 아동이 학대와 유기로 인해 사망하였다.[24)]

2. 우리나라의 실태

우리나라에서는 최근에 들어와서야 아동학대에 대한 관심을 가지게 되었기 때문에 이에 대한 연구가 제대로 이루어지지 않았다. 1980년대 이후 주로 정신과 의사들을 중심으로 아동학대에 대한 연구가 이루어졌으나, 일부 지역 또는 일부 집단만을 대상으로 하였고 그것도 아동학대에 대한 합의된 정의나 범위, 측정도구가 없이 이루어졌다. 이로 인해 조사자에 따라 아동학대 비율이 매우 큰 차이를 보이고 있기 때문에 우리 사회에서 발생하는 아동학대의 실체를 제대로 파악하는 데 어려움이 많다. 이처럼 아동학대에 대한 연구가 부족하고 아동학대 비율에 관한 일관된 수치가 제시되지 못하고 있는 것은 아동학대에 대한 사회적 관심의 부재를 반영한다고 볼 수 있다.

아래에서는 비교적 최근에 전국적 규모의 조사를 실시한 보건사회연구원(1998년)과 보건복지부(2003년)의 조사자료를 토대로 하여 아동학대의 실태를 살펴보기로 한다.

---

23) 김재엽 / 조학래, "한국가정의 자녀폭력실태와 문제점", 가정 내에서의 아동학대, 한국아동학대예방협회, 1998, 7쪽.

24) D. K. Gosselin, *Ibid.*, p. 191.

(1) 아동학대의 발생비율

1998년 보건사회연구원에서 전국적 규모의 남녀 1000명을 대상으로 조사를 실시한 결과에 따르면, 우리나라 전체 가구에서 아동학대가 발생하는 비율은 2.6%인 것으로 나타난다. 또한 이 중에서 부부폭력과 기타 가족원 간의 폭력 등과 동시에 발생하는 경우가 0.9%이다. 따라서 약 33만 8천 가구에서 아동학대가 자행되고 있는 것으로 추정되고 있다.[25)]

한편, 보건복지부에서는 보건사회연구원에서 발표한 아동학대 발생비율 2.6%를 우리나라 전체가구에 적용하여 살펴본 결과, 2003년 현재 약 44만 9천여 명 정도의 아동이 잠재적 학대아동인 것으로 추산하고 있다. 이 중에서 2001년에 약 0.5%, 2002년에 약 0.6%의 학대피해아동이 발견되었으며, 2003년에는 대략 0.7% 정도인 2,921명의 아동이 학대를 받았거나 학대를 받을 위험에 처해 있는 것으로 분석되었다.[26)] 아래에서는 보건복지부에서 발표한 전국 아동학대예방센터에 접수된 아동학대의 신고사례를 중심으로 분석하기로 한다.

(2) 아동학대의 신고접수 현황

(가) 신고접수

보건복지부에서 보고한 2003년 한 해 동안 전국 20개 아동학대예방센터에 설치된 아동학대 전용신고전화인 '1391'을 통해 신고접수된 건수는 총 4,983건이었다. 그 중 아동학대 신고접수 건수는 3,536건(71.0%)이고 일반상담 신고접수 건수는 1,447건(29.0%)이었다. 2002년과 비교해 보았을 때 전체 '1391' 신고접수 건수와 아동학대 신고접수 건수는 각각 21.2%, 20.0% 증가하였다. 특히 아동학대 신고접수 건수는 2001년에 비해 35.7%나 증가하였다.[27)] 여기에서 아동학대 신고접수란 아동학대로 의심되는 사례를 말

25) 김승권/조애저, 앞의 논문, 135쪽.
26) 보건복지부, 전국 아동학대 현황보고서, 2003, 36쪽.

하며, 일반상담 신고접수는 자녀양육 등 자녀문제와 관련된 상담이나 이혼소송 관련 상담을 말한다. 특히 이혼상담과 관련된 경우는 이혼시에 양육권을 유리하게 가지려는 의도에서 상담을 의뢰하는 경우가 대부분이었다.

〈표 2-17〉 '1391' 신고접수

(단위 : 건, %)

구 분 \ 연 도	2001년	2002년	2003년
아동학대 신고건수	2,606(63.1)	2,946(71.7)	3,536(71.0)
일반상담 신고건수	1,527(36.9)	1,165(28.3)	1,447(29.0)
계	4,133(100.0)	4,111(100.0)	4,983(100.0)

자료 : 보건복지부, 전국 아동학대 현황보고서, 2003.

(나) 신고자 유형

아동학대 신고자는 크게 신고의무자와 비신고의무자로 구분해서 살펴볼 수 있다. 2003년 아동학대 신고건수 총 3,536건 중 신고의무자의 신고율은 1,029건으로 전체 신고건수 중 29.1%를 차지하고 있다. 신고의무자 중에서는 사회복지전담 공무원이 575건(16.3%)으로 가장 신고율이 높았으며, 다음으로는 교사 190건(5.4%), 시설종사자 181건(5.1%), 의료인 83건(2.3%) 순으로 나타났다. 신고의무자의 신고율이 이처럼 낮은 이유는 단순히 신고자의 도덕성에만 의존할 뿐 신고하지 않았을 경우에 대한 처벌조항이 없기 때문이다. 한편, 비신고의무자에 의한 신고는 2,507건(70.9%)으로 대부분의 아동학대 신고가 비신고의무자에 의해서 이루어졌다. 세부유형별로 살펴보면, 이웃·친구에 의한 신고가 843건(23.8%)으로 가장 많았고, 부모 673건(19.0%), 친·인척 367건(10.4%), 경찰 221건(6.3%), 사회복지관련 종사자 114건(3.2%)의 순으로 신고가 이루어졌다. 이 밖에 아동본인이 신고한 경우와 종교인에 의한 경우도 있었다.

27) 보건복지부, 앞의 보고서, 6쪽.

〈표 2-18〉 신고자 유형

(단위: 건, %)

	신고자 유형	신고 수
신고의무자	시설종사자	181(5.1)
	사회복지전담공무원	575(16.3)
	교사	190(5.4)
	의료인	83(2.3)
	소계	1,029(29.1)
비신고의무자	부모	673(19.0)
	이웃 · 친구	843(23.8)
	친 · 인척	367(10.4)
	경찰	221(6.3)
	종교인	49(1.4)
	사회복지관련종사자	114(3.2)
	아동본인	52(1.5)
	기타	188(5.3)
	소계	2,507(70.9)
	총 계	3,536(100.0)

자료 : 보건복지부, 전국 아동학대 현황보고서, 2003.

이상에서 살펴본 바와 같이 아동학대에 대한 신고는 대부분이 비신고의무자에 의해 이루어지고 있는 것을 알 수 있다. 누구에 의해서든 아동학대를 조기에 발견하여 신속한 개입과 치료를 할 수 있도록 하는 것이 가장 중요한 문제이겠지만, 그래도 신고의무자가 아동과 직 · 간접적으로 접할 기회가 많고 좀더 전문적이고 객관적인 입장에서 이동학대를 파악할 수 있기 때문에 이들에 의한 신고가 더 활발하게 이루어지는 것이 바람직할 것이다.

(3) 학대유형별 현황

아동학대의 유형은 크게 신체적 학대, 정서적 학대, 성적 학대, 방임, 유기로 구분되어진다. 아동학대는 각 유형별로 단일하게 발생하기도 하지만, 여러 유형의 학대가 동시에 발생하는 중복학대의 경우도 상당히 많다. 특히 신체적 학대의 경우에는 언어적 폭력을 수반하는 경우가 많기 때문에 신체적 학대와 정서적 학대는 동시에 발생하는 비율이 매우 높다.

2003년도 아동학대 사례를 유형별로 살펴보면, 여러 학대를 동시에 경험하는 중복학대가 1,155건(39.5%)으로 가장 높은 비율을 차지하였다. 다음으로는 방임 965건(33.0%), 신체적 학대 347건(11.9%), 정서적 학대 207건(7.1%), 성적 학대 134건(4.6%), 유기 113건(3.9%)의 순으로 나타났다. 중복학대 중에서는 신체적·정서적 학대를 동시에 경험한 경우가 549건(18.8%)으로 가장 많았고, 다음으로는 신체적·정서적 학대 및 방임을 중복해서 경험한 경우가 206건(7.1%), 신체적 학대 및 방임의 중복유형이 162건(5.5%), 정서적·성적 학대가 156건(5.3%)의 순으로 나타났다.

어느 유형의 학대가 가장 빈번하게 발생하고 있는가를 알아보기 위해서, 중복학대를 별도로 분류하지 않고 한 아동이 중복해서 경험한 학대를 각각의 학대유형에 모두 표기해서 살펴보았다. 그 결과 전체 아동학대 유형별 누계는 4,330건으로 집계되었으며, 이 중 방임이 1,514건(35.0%)으로 가장 빈번하게 발생한 것으로 나타났다. 신체적 학대와 정서적 학대도 각각 1,315건(30.4%), 1,172건(27.1%)으로 매우 높은 비율을 차지하였다. 이상으로 볼 때 아동에 대한 학대에서는 방임과 신체적 학대가 가장 빈번하게 이루어진다는 것을 알 수 있으며, 반면에 성적 학대와 유기는 다른 유형의 학대에 비해 상대적으로 그 비율이 낮다는 것을 알 수 있다.

〈표 2-19〉 학대유형별 현황

(단위 : 건, %)

중복유형 있는 경우		중복유형 없는 경우	
학대유형	사례 수(건, %)	학대유형	사례 수(건,%)
신체적 학대	347(11.9)	신체적 학대	1,315(30.4)
정서적 학대	207(7.1)	정서적 학대	1,172(27.1)
성적 학대	134(4.6)	성적 학대	203(4.7)
방임	965(33.0)	방임	1,514(35.0)
유기	113(3.9)	유기	126(2.9)
중복학대	1,155(39.5)	-	-
계	2,921(100.0)	계	4,330(100.0)

자료 : 보건복지부, 전국 아동학대 현황보고서, 2003.

(가) 신체적 학대의 유형

신체적 학대시에 학대행위자가 아동에게 주로 사용하는 행위들을 중심으로 구분해 보았을 때, 벽에 부딪히는 경우가 179건(32.4%)으로 가장 많았으며, 손발로 때리는 경우도 122건(22.1%)으로 많이 나타났다. 이 밖에 도구를 사용하여 때린 경우 68건(12.3%), 꼬집거나 물어뜯은 경우 59건(10.7%), 아동의 목 또는 몸을 조르거나 비튼 경우가 38건(6.9%)이었으며, 아동을 던지거나 흉기로 찌른 경우도 각각 24건(4.3%), 18건(3.3%)이나 되었다. 나이 어린 아동을 세게 흔든 경우도 4건(0.7%)이 있었다.

주의할 것은 4세 이하 아동의 뇌는 매우 약하고 아직 완전하게 형성되지 않았기 때문에 아주 작은 충격에도 큰 손상을 입을 수 있다는 점이다. 즉 심하게 아동을 때리거나 직접적으로 머리에 큰 충격을 가하지는 않는다 하더라도 위와 같이 아동을 격렬하게 흔들거나 다그치는 행위(Shaken Baby Syndrome: 흔들린 아동 증후군)는 아동의 뇌에 크게 손상을 줄 수 있다. 그밖에 기타 행위들 중에는 돈을 훔쳤다고 아동의 새끼손가락 두 마디를 자른 끔찍한 경우도 있고, 머리채를 잡고 흔들거나 발로 차고 자주 머리를 때리는 등 명백한 신체적 학대행위이지만 외견상 드러나는 상처가 없이 신고자 또는 아동의 진술만 확인되어 기타로 표시된 경우도 있다.

〈표 2-20〉 신체적 학대 유형

(단위 : 건, %)

내용	손발로 때림	조르거나 비틈	꼬집거나 물어뜯음	도구로 때림	아동에게 물건던짐	아동 던짐	벽에 부딪힘	흉기로 찌름	기타	전체
계	122 (22.1)	38 (6.9)	59 (10.7)	68 (12.3)	11 (2.0)	24 (4.3)	179 (32.4)	18 (3.3)	28 (5.1)	552 (100.0)

자료: 보건복지부, 전국 아동학대 현황보고서, 2003.

(나) 정서적 학대의 유형

전체 정서적 학대의 유형 중에서 가장 많이 나타난 양상은 소리지름 792건(34.2%)이었다. 소리지름과 함께 많이 행해진 정서적 학대는 언어적 폭력으로 561건(24.3%)이었으며, 무관심 216건(9.4%), 무시 또는 모욕 161건(7.0%), 공포분위기 조성 152건(6.6%), 아동에 대한 비현실적인 기대 또는 강요 111건(4.8%)이었다. 이 밖에 아동을 내쫓거나 집 밖에 세워 둔 경우가 61건(2.6%)이었으며, 감금 또는 억제한 경우도 37건(1.6%)이었다. 기타 유형으로는 잦은 부부싸움을 보여주거나 술에 취한 모습을 자주 보여주는 경우도 있고, 잠을 재우지 않거나 아동의 옷을 벗겨 생활하게 한 경우 등도 있다. 앞에서 언급했던 것처럼 정서적 학대는 그 범주가 매우 광범위하고 판정기준이 모호하기 때문에 파악하기가 쉽지 않다. 또한 신체적 학대처럼 그 징후가 눈에 두드러지게 나타나는 것도 아니고, 당장 그 결과가 심각하게 보이지도 않기 때문에 그냥 지나쳐버리기 쉽다는 점에서 더욱 유의해야 한다. 정서적 학대로 인한 아동의 심리적·정서적 상처는 쉽게 지워지는 것이 아니라 성인이 될 때까지 지속적으로 영향을 미칠 수 있으므로, 오히려 다른 유형의 학대보다 아동의 정상적인 발달에 더욱 치명적이라 할 수 있다.

〈표 2-21〉 정서적 학대 유형

(단위: 건, %)

내용	소리 지름	무시 또는 모욕	무관심	언어적 폭력	공포분위기 조성	감금 또는 억제	내쫓거나 집 밖에 세워 둠	아동에 대한 비현실적인 기대 또는 강요	기타	전체
계	792 (34.2)	161 (7.0)	216 (9.4)	561 (24.3)	152 (6.6)	37 (1.6)	61 (2.6)	111 (4.8)	219 (9.5)	2,310 (100.0)

자료: 보건복지부, 전국 아동학대 현황보고서, 2003.

(다) 성적 학대의 유형

성적 학대는 성인이 아동에게 가하는 모든 성적 행위이다. 성적 학대는 신체적 학대나 정서적 학대와 방임에 비해 발생비율이 적은 편이지만, 아동에게 미치는 영향이 크기 때문에 더 큰 관심을 기울여야 하는 유형이다. 성적 학대행위 중에서는 성추행이 162건으로 전체 성적 학대유형의 63.1%를 차지하였다. 다음으로는 성기삽입이 35건(13.6%), Oral Sex 17건(6.6%), 성놀이 16건(6.2%), 성관계장면 노출 10건(3.9%), 포르노그래피 노출이 5건(1.9%)이었다. 여기에서 성놀이는 마치 놀이하는 것처럼 어린 아동을 속여서 자기가 시키는 대로 하게 함으로써 자신의 성적 만족을 취하려는 모든 행위들을 의미한다. 기타 성적 학대행위로는 전화상으로 음란한 말을 하거나 성적인 내용의 문자 메세지를 보내는 경우, 친모와 성행위를 흉내 내도록 강요하거나 아동이 보는 앞에서 누나를 속옷 차림으로 지내게 하는 경우 등이 있다.

〈표 2-22〉 성적 학대 유형

(단위: 건, %)

내용	성관계 장면 노출	성놀이	성추행	성기삽입	Oral Sex	매춘	포르노그래피	기타	전체
계	10 (3.9)	16 (6.2)	162 (63.1)	35 (13.6)	17 (6.6)	0 (0.0)	5 (1.9)	12 (4.7)	257 (100.0)

자료 : 보건복지부, 전국 아동학대 현황보고서, 2003.

(라) 방임의 유형

여러 방임유형 중에서 물리적 방임이 1,168건(56.4%)으로 가장 많았고, 교육적 방임이 486건(23.5%), 가출아동을 찾지 않는 경우가 152건(7.3%), 의료적 방임이 146건(7.1%), 호적에 올리지 않는 경우가 35건(1.7%)이었다. 여기에서 물리적 방임은 위험한 물건을 가지고 놀아도 상관하지 않는 것,

더러운 옷이나 추운 방에서 지내도록 방치하는 것, 늦은 귀가에도 신경쓰지 않는 것 등으로 신체적 방임이라고도 일컫는다. 이 밖에 기타 내용으로는 아동을 씻기지 않아서 심한 악취가 나거나 경제적 어려움 때문에 양육을 거부하는 경우, 모의 사망이나 건강악화 또는 부의 교도소 수감 등으로 인해 양육할 수 없게 되는 경우 등이 있다.

〈표 2-23〉 방임 유형

(단위: 건, %)

내용	교육적 방임	의료적 방임	물리적 방임	가출아동 찾지 않음	호적에 올리지 않음	사망	기타	전체
계	486 (23.5)	146 (7.1)	1,168 (56.4)	152 (7.3)	35 (1.7)	0 (0.0)	83 (4.0)	2,070 (100.0)

자료: 보건복지부, 전국 아동학대 현황보고서, 2003.

(4) 학대의 발생장소

아동학대가 발생한 장소를 분석해 본 결과, 가정 내에서 발생한 경우가 2,369건(81.1%)으로 가장 많았다. 이것은 아동에게 가장 안전한 곳이어야 할 가정이 도리어 아동에게 가장 위험하고 해로운 곳이 될 수 있음을 의미한다. 장소의 특성상 가정 내에서 발생한 학대는 발견하기가 쉽지 않아 장기간 학대를 당하기 쉽기 때문에 더 많은 주의가 요구된다. 이 밖에 친척집이 114건(3.9%), 집 근처 또는 길가에서 발생한 경우가 110건(3.8%), 복지시설 48건(1.6%), 이웃집 37건(1.3%)으로 나타났다. 아동학대가 아동의 가정이나 친척집, 집 근처에서 발생하는 것을 볼 때 부모나 친척 또는 이웃의 아는 사람에 의해서 이루어진다는 것을 알 수 있다. 그리고 놀이방, 어린이집, 유치원과 같은 유아교육기관에서 발생한 학대건수가 49건(1.7%), 학교나 학원에서 발생한 건수가 24건(0.8%)인 것을 볼 때 아동학대 신고의무자인 교사나 유아교육시설의 시설주 또는 종사자들에 의해서도 상당수의 아동학대가 일어나고 있음을 알 수 있다.

〈표 2-24〉 학대 발생장소

(단위 : 건, %)

장소	발생건수
가정 내	2,369(81.1)
집 근처 또는 길가	110(3.8)
친척집	114(3.9)
이웃집	37(1.3)
유아교육기관	49(1.7)
학교 및 학원	24(0.8)
병원	23(0.8)
복지시설	48(1.6)
기타	147(5.0)
계	2,921(100.0)

자료: 보건복지부, 전국 아동학대 현황보고서, 2003.

(5) 피해아동의 성별 및 연령

보건사회연구원에서 발표한 가구당 아동학대 발생률 2.6%를 전국가구수에 적용시켜 보면, 현재 약 44만 9천여 명 정도의 아동이 잠재적인 학대아동인 것으로 추정되고 있다. 이 중 2003년도에는 대략 0.7% 정도인 2,921명이 아동학대를 받은 것으로 판정되었다(이 수치는 전국 아동학대예방센터에 접수된 사례를 기준으로 하였음). 2003년 아동학대로 판정된 2,921건 중 피해아동의 성별에 따른 비율은 남아가 1,461건(50.0%), 여아가 1,460건(50.0%)으로 거의 차이가 없는 것으로 나타났다.

연령별로는 만 9~11세가 775건(26.5%)으로 가장 많았고, 다음으로는 만 6~8세가 688건(23.6%)으로 나타나 전체 피해아동 중에서 초등학생에 해당하는 연령인 만 6~11세가 50% 이상을 차지하였다. 중학생에 해당하는 만 12~14세 아동에 대한 학대가 543건(18.6%)이었으며, 만 3~5세가 431건

(14.8%), 만 15~17세가 239건(8.2%) 순으로 나타났다. 그리고 초등학생에 해당하는 연령인 만 9~11세 아동이 신체적 학대와 정서적 학대를 가장 많이 경험하고 있으며, 성적 학대의 경우는 다른 학대유형에 비해 특히 학령기 아동에 집중되어 있는 것으로 나타난다. 만 3~14세 사이에 이루어진 성적 학대는 전체 아동 성학대의 98.5%를 차지하고 있어 거의 전부가 이 시기에 이루어진다고 할 수 있다. 따라서 전반적으로 볼 때 모든 유형의 아동학대가 초등학생 및 중학생에 해당하는 만 6~14세 사이의 연령집단에서 가장 많이 발생하고 있음을 알 수 있다.

〈표 2-25〉 피해아동의 성별 및 연령

(단위 : 건,%)

구분		발생건수
성별	남	1,461(50.0)
	여	1,460(50.0)
연령(만)	2세 이하	238(8.2)
	3~5세	431(14.8)
	6~8세	688(23.6)
	9~11세	775(26.5)
	12~14세	543(18.6)
	15~17세	239(8.2)
	18세 이상	2(0.1)
	파악 안 됨	5(0.2)
전체		2,921(100.0)

자료 : 보건복지부, 전국 아동학대 현황보고서, 2003.

(6) 피해아동의 가족유형

피해아동의 가족유형을 살펴보면 아동학대가 발생하는 데 있어서 아동이 처해 있는 가정환경이 얼마나 중요한 것인지를 알 수 있다. 2003년 한 해 동안 발생한 아동학대를 중심으로 피해아동의 가족유형을 살펴본 결과, 부자가정 1,054건(36.1%), 모자가정 380건(13.0%)으로 모자・부자가정이 전체의 49.1%로 가장 많았다. 다음으로 일반가정 696건(23.8%), 재혼가정 246건(8.4%)이었으며, 친·인척 보호하에서 학대가 발생한 경우도 217건(7.4%)이나 되었다. 여기서 모자·부자가정의 발생원인을 살펴보면, 모자·부자가정 모두 이혼이 가장 큰 문제요인이 되고 있다. 따라서 최근 우리 사회에서 이혼이 지속적으로 증가추세에 있기 때문에 원만하지 못한 가정문제와 가족해체는 아동학대와 밀접한 연관성이 있음을 알 수 있다. 또한 아동보호를 목적으로 한 가족형태 내에서 학대가 발생한 경우도 심심치 않게 발견할 수 있는데, 시설에서 보호 중인 아동이 학대를 받은 경우가 57건(2.0%), 입양가정에서 발생한 경우가 13건(0.4%), 위탁가정에서 발생한 경우가 8건(0.3%)이나 되었다. 이러한 자료를 근거로 해서 볼 때 아동보호와 관련된 시설주나 종사자에 대한 보다 체계적이고 전문적인 교육과 관리 및 감독이 이루어져야 한다고 판단된다.

〈표 2-26〉 피해아동의 가족유형

(단위 : 건, %)

가족유형	일반가정	부자가정	모자가정	미혼부모가정	재혼가정	친인척보호	동거(사실혼포함)	가정위탁	입양가정	시설보호	소년소녀가정	파악안됨	기타	전체
계	696 (23.8)	1,054 (36.1)	380 (13.0)	35 (1.2)	246 (8.4)	217 (7.4)	122 (4.2)	8 (0.3)	13 (0.4)	57 (2.0)	21 (0.7)	43 (1.5)	29 (1.0)	2,921 (100.0)

자료 : 보건복지부, 전국 아동학대 현황보고서, 2003.

(7) 피해아동에 대한 조치

피해아동에 대한 초기의 조치결과를 살펴보면, 총 누계 3,057건 중에서 원가정 보호가 1,547건(50.6%)으로 가장 많이 행해졌다. 원가정 보호하에서도 상담이 92건(3.0%), 지속관찰이 82건(2.7%) 실시되었다. 다음으로는 일시보호 727건(23.8%), 친·인척보호 274건(8.9%), 장기보호 125건(4.1%), 입원치료 69건(2.3%)이었으며, 타기관 의뢰와 가정위탁이 각각 27건(0.9%),

25건(0.8%) 이루어졌다. 이 밖에 아동을 만나지 못해 아무 조치를 취하지 못한 경우도 있었으며 친부와 계모의 신체적 학대로 인해 아동이 이미 사망한 경우도 있었다.

〈표 2-27〉 피해아동에 대한 초기조치

(단위 : 건, %)

조치	원가정 보호	친인척 보호	일시 보호	장기 보호	가정 위탁	타기관 의뢰	입원 치료	만나지 못함	기타	전체
계	1,547 (50.6)	274 (8.9)	727 (23.8)	125 (4.1)	25 (0.8)	27 (0.9)	69 (2.3)	156 (5.1)	107 (3.5)	3,057 (100.0)

자료: 보건복지부, 전국 아동학대 현황보고서, 2003.

(8) 학대행위자와 피해아동과의 관계

아동학대행위자는 부모나 친척, 양부모, 시설관계자 등과 같이 아동을 보호하고 감독해야 할 책임이 있는 사람으로서 아동을 학대하거나 방임한 사람을 말한다. 학대행위자는 부모와 부모가 아닌 행위자로 구분해서 살펴볼 수 있다. 전체 아동학대 사례 2,921건 중 학대행위자가 부모인 경우는 2,434건으로 전체의 83.3%나 차지하였다. 학대행위자가 부모인 경우, 친부모에 의한 학대가 2,258건(77.3%)으로 가장 많았고, 계부모에 의한 경우가 160건(5.5%), 양부모에 의한 경우가 16건(0.5%)으로 나타났다. 이 중 특히 친부에 의한 경우가 1,607건으로 전체 아동학대 건수의 55%나 차지하여 친부에 의한 학대가 매우 심각한 것임을 알 수 있다. 부모가 아닌 학대행위자 중에서는 친・인척이 93건(3.2%)으로 가장 많았고, 이웃 64건(2.2%), 친조부모 89건(3.1%), 시설종사자 42건(1.4%) 등의 순으로 나타났다.

〈표 2-28〉 학대행위자와 피해아동과의 관계

(단위: 건, %)

		발생건수
부모	친부	1,607(55.0)
	친모	651(22.3)
	계부	22(0.8)
	계모	138(4.7)
	양부	6(0.2)
	양모	10(0.3)
	소계	2,434(83.3)
친조부모		89(3.1)
외조부모		19(0.6)
친·인척		93(3.2)
형제·자매		10(0.3)
부모의 동거인		34(1.2)
이웃		64(2.2)
시설종사자		42(1.4)
교사		25(0.9)
기타		111(3.8)
소계		487(16.7)
총계		2,921(100.0)

자료: 보건복지부, 전국 아동학대 현황보고서, 2003.

가정폭력 사례

① 부모의 아동 신체적 학대

〈사례 12〉 L모씨(여, 36세)는 친아들이 말썽을 부린다는 이유로 5살 무렵인 1997년경부터 2002년 초까지 일주일에 3~4회 가량 지속적으로 학대하였다. L씨의 아들에 대한 학대는 주로 신체적 학대였다. 거실에서 아이의 머리를 자르는 동안 움직인다고 머리를 자르던 가위로 아이의 젖가슴 위를 찌르고 아이가 불장난하여 거실 바닥을 태운 것을 청소하던 중에 갑자기 화가 나서 신발장에 있던 망치를 꺼내어 손잡이 부분으로 아이의 발가락을 세게 내리쳐 발가락에 골절상을 입혔다. 또 한 번은 명절 때 시댁에서 힘들었던 일과 아들이 말썽부렸던 일이 생각나서 옷걸이로 마구 때린 적이 있었다. 그 외에도 몽둥이, 전기줄 등 집 안에 있는 도구들을 가지고 닥치는 대로 아이의 머리와 전신을 구타하고, 입으로 물어뜯고, 욕실 벽에 머리를 세게 부딪치는 등의 폭력을 사용하여 두개골 골절, 발가락 골절, 타박상으로 인한 전신에 백여 군데 이상의 흉터가 생기게 하였다.

이 사건은 어머니 L씨의 우울증이 사건 발생의 주요원인이 된 경우이다. L씨는 첫아이를 낳은 후에 산후조리를 제대로 하지 못하고 힘든 상황에서 시부모와의 갈등으로 우울증이 심해졌다. 그래서 아이 때문에 자신이 고생했다고 생각하여 아이에 대한 원망, 보복, 화풀이로 아이를 학대한 것이다. L씨 자신도 이를 잘 알고 있었으며 화가 났을 때는 스스로 감정을 억제하지 못한다는 것을 인정하였다. L씨는 아동학대 혐의로 형사처벌을 받은 것은 물론이고 그와는 별도로 우울증세가 심각하여 정신과적인 장기치료를 받아야 된다는 진단이 나왔다.

〈사례 13〉 부인과 헤어지고 다른 여자와 동거하고 있는 K씨(남, 28세)는 전처와의 사이에서 낳은 어린 딸(3세)을 데리고 있었다. 그는 폭력전과가 여러 개 있는 포악한 성격의 소유자였다. 더욱이 일정한 직업 없이 그날그날 노동을 하면서 생활했기 때문에 살림이 쪼들리는 데다 동거녀도 자신의 친딸을 부담스러워 하는지라 짜증나고 화가 나면 어린 딸에게 화풀이를 하였다. 2002년 4월경 다른 사람과 술을 마시면서 말다툼을 하다 화가 난다는 이유로 방바닥에 놓여있던 빈소주병을 집어 들고 옆에서 놀고 있던 딸의 머리를 때렸다. 소주병이 깨질 정도로 세게 내리쳐서 전치 2주의 머리가 찢어지는 상해를 입혔다. 또 한번은 딸이 밥을 먹지 않고 과자만 사달라고 조르자 화를 내며 딸을 발로 차서 방 밖으로 튕겨져 나가 원룸 통로바닥에 떨어지게 한 적도 있었다. 그리고 방 안에 있던 과도를 들고서 찌를 것처럼 위협하고 딸의 멱살을 잡고 들어올려 사정없이 던져버렸다. 이에 겁을 먹고 울고 있던 딸을 다시 원룸 벽을 향해 집어던져 아이가 벽에 머리를 부딪쳐 비명을 지르자 전신을 발로 짓밟았다. 다행히 생명을 잃을 정도는 아니었으나 이로 인해 딸은 머리와 안면부, 눈주위에 전치 3주의 타박상을 입었다. 경찰은 딸의 안전을 위해 친어머니를 찾아서 아이를 키우도록 조치하였으며 K씨는 딸에 대한 상해죄로 징역 3년형을 선고받고 수감되었다.

② 친모의 아동방임

〈사례 14〉 가정주부 K씨(여, 27세)는 결혼하면서부터 시어머니를 모시고 살았는데 평소 시어머니와 사이가 좋지 않았다. 시어머니는 남편이 직장에 나가고 없을 때는 며느리에게 힘든 일을 많이 시켰으며 정신적으로 괴롭히고 피곤하게 하였다. 그런 반면에 시어머니는 손녀딸을 아주 예뻐하였으며 K씨가 딸을 때린다거나 조금만 잘못하면 며느리를 구박하고 나무랐다. 이와 같은 일로 인해 시어머니와 함께 사는 동안 K씨는 마음고생이 이만저만이 아니었다. 그 후 시어머니가 요양원으로 들어간 후에 K씨는 시어머니가 했던 것과 똑같은 방식으로 남편이 없을 때 딸을 학대하였다.

2003년 초부터 거의 1년 가까이 6살 된 어린 딸에게 밥을 제대로 주지 않고 하루 종일 팔을 든 채 말타기 자세를 취하게 하고 책상다리를 하게 하는 등의 벌을 주었다. 아이는 종일 벌을 받으면서도 밥을 먹지 못해 배가 고픈 나머지 밤에 엄마가 잠잘 때를 틈타 몰래 냉장고의 음식을 훔쳐 먹곤 하였다. 이것을 눈치 챈 K씨가 냉장고의 음식을 먹지 못하도록 아이의 발목을 노끈이나 전깃줄로 묶어 자기의 발목이나 방문 고리에 연결하여 놓고 잠을 자게 하였다. 그 결과 아이는 심각한 영양결핍으로 키는 4살 정도 아이의 키에 체중은 같은 또래 아이들 체중의 절반인 10킬로그램밖에 되지 않았다. 아이의 아버지는 딸이 계속 몸이 허약해지고 말라가도 아내 때문에 그렇게 된 줄은 꿈에도 생각하지 못하였다. 그것은 남편이 집에 있을 때는 K씨가 전에 시어머니가 하던 것처럼 남편과 딸아이에게 싹싹하고 친절하게 대했기 때문에 남편이 전혀 눈치를 채지 못했던 것이다. 아이의 아버지가 상황을 깨닫고 딸을 병원으로 데리고 갔을 때에는 숨도 제대로 쉬지 못하고 5분도 서 있지 못할 정도로 생명이 위태로운 상태이었다. 이것을 병원측에서 이상히 여겨 아동학대예방센터에 신고함으로써 사건의 전모가 밝혀지게 된 것이다. 이 사건은 고부 간의 갈등으로 인한 스트레스가 심해져 시어머니에 대한 보복심리가 작용하여 자기가 당했던 방식과 똑같은 식으로 딸에게 행한 경우이다.

〈사례 15〉 미혼모인 K씨(여, 33세)는 아이를 방 안에 혼자 놔두고 문을 잠근 채 직장에 다니다가 아동학대 혐의로 경찰조사를 받았다. K씨는 동거하던 남자와 헤어진 후 지난 2003년 8월 아들을 출산하였다. 혼자서 아들을 키워야만 했고 돈도 없었기 때문에 생활비를 벌기 위해 직장에 나가게 되었다. 집에는 태어난 지 얼마 안 되는 생후 4개월 된 아들이 있었으나, 가까운 친척들도 없어 누구 하나 아이를 돌보아 줄 마땅한 사람이 없었다. 하는 수 없이 K씨는 우유와 주스를 탄 젖병 3개를 방 안에 놓고 밖에서 문을 잠근 채 아침부터 저녁 늦게까지 다방에 나가 일하고 돌아왔다. K씨가 다방에 나가 있는 동안 하루 종일 집 안에는 아들 혼자만 있었다. 이와 같은 K씨의 어린 아들에 대한 방임은 아기가 생후 4개월인 때부터 시작하여 3살 때까지 약 3년 가까이 계속되었다. 이러한 사실은 이웃 주민들이 방 안에서 하루 종일 아기 울음소리가 나는데 어른 소리는 들리지 않아 이상하게 생각하고 몇 달간을 지켜보다가 경찰에 신고하면서 드러나게 되었다. 경찰은 주민들의 신고를 받고 출동하여 빌라 문을 강제로 뜯고 들어가 현장을 확인한 결과, 방바닥과 아기 머리카락에 대소변이 묻어 있고 악취가 진동하는 것을 보고 오랫동안 방치된 사실을 확인하였다.

경찰은 아이를 아동학대예방센터에 보냈으며, K씨를 아동학대혐의(아동복지법 위반)로 불구속 입건하였다. 경찰조사에서 K씨는 외관상 아무렇지 않은 것처럼 보이지만 조사과정에서 횡설수설하고 이전에 정신과 치료를 받았던 경험이 있는 것으로 나타났다. 그리고 그녀는 아들을 상당히 예뻐하였고 때리지는 않았던 점으로 미루어 보아, 약간의 정신이상이 있는 상태에서 돈을 벌기 위해 부득이 아이를 장시간 방임하게 된 것으로 결론을 내리고 정신과병원에 치료를 요청하였다.

③ 부모의 아동 살해 및 유기

〈사례 16〉 P씨(남, 24세)와 H씨(여, 23세)는 각각 결혼하여 가정과 자식이 있는 몸인데도 유흥주점에서 우연히 눈이 맞아 몇 년째 내연관계를 유지해 왔다. 이들은 애정행각이 들통이 나자 각각 생후 9개월, 5개월 된 딸 하나씩을 데리고 집을 나와 몇 달째 여관에서 동거생활을 해 오고 있었다. 일정한 직업이 없어 돈벌기가 쉽지 않은데다 가지고 있는 돈도 거의 떨어지고 여관비를 계속 지불해야 하는 등 생활비가 쪼들리게 되자 서로 공모하여 H씨가 데리고 온 딸을 버리기로 하였다. 이들은 먼저 H씨의 전남편과의 사이에서 낳은 생후 9개월 된 딸을 생존에 필요한 아무런 보호조치도 없이 시댁 앞 도로상에 버리고 돌아왔다. 그리고 P씨가 데리고 온 생후 5개월 된 딸이 잠을 자지 않고 시끄럽게 운다는 이유로 먼저 H씨가 아이를 들어올려 손바닥으로 뺨과 등짝을 때렸다. 이에 아이의 눈이 뒤집히고 평상시와 다르게 이상한 소리를 내면서 울음을 그치지 않고 더욱 시끄럽게 울자, 아버지인 P씨도 아이의 뺨과 몸통을 여러 차례 때린 후 양손으로 목을 여러 번 졸랐다. 그 결과 아이가 숨도 제대로 쉬지 못하고 헐떡이는데도 병원에 데리고 가지 않아 사망케 하였고, 시신을 포대기에 싸서 4일간이나 방구석에 방치한 채 생활하였다. P씨는 경찰에서 지난 해 아내가 가출하자 아이를 보면 화가 났고 돈이 없어 병원에도 갈 수 없었다고 진술하였다. 이 두 사람은 모두 살인죄와 유기죄의 혐의가 인정되어 구속되었다.

④ 아동위탁기관 및 위탁가정에서의 아동 학대

〈사례 17〉 ㅇㅇ어린이집 원장 P씨(여, 48세)는 어린이집을 운영하면서 수십 명의 아동들을 보호 및 관리하고 있었는데, 아동학대 혐의가 있어 경찰에 신고되었다. P씨는 2003년 6월 어린이집에 원생으로 있는 아동 A(여, 2세)가 자주 울고 투정을 부린다는 이유로 스케치북으로 가슴 등 전신을 구타하여 원생으로 하여금 소장과 십이지장이 파열되어 복막염까지 걸리게 하였다. 이뿐만 아니라 또다른 아동 B(여, 3세)가 아토피 피부병이 있기 때문에 팔을 가렵다고 긁어 피가 나자 "피가 나는 것이 그렇게 좋으냐"라고 하면서 연필 깎는 도루코 칼로 피가 맺힌 상처부위를 긁어 상처를 더 크게 번지게 하였다. 또한 같은 달에는 아동 C(남, 2세)가 심하게 울자 방바닥에 눕혀 놓고 아동의 배 위에 무릎을 꿇고 올라 앉아 아이를 눌렀다. 같은 달 또다른 아동 D(남, 2세)가 투정을 부린다는 이유로 점심을 먹이지 않고 모포를 말듯이 아이를 이불에 싸서 둘둘 말아 어린이집의 작은 방에 넣고 몇 시간 동안이나 방치하였다. 아동 E(남, 4세)가 잠을 자지 않고 칭얼댄다는 이유로 발목을 두 손으로 잡아 거꾸로 들고 흔들었으며 그 다음에는 움직이지 못 하도록 차려 상태로 이불로 돌돌 말아 작은 방에 집어넣고 방치하였다.

또한 원장과 교사가 이야기하는 것을 아동 F(여, 5세)가 쳐다보며 듣는다는 이유로 두 손가락으로 여자아동의 눈을 찔렀다. 이처럼 원장 P씨의 아동들에 대한 학대가 상습적으로 자행되어 이를 보다 못한 보육교사들이 원장과 다투고 입사 후 수일 내에 자진 사퇴하는 일도 있었다. 경찰은 원장 P씨를 나이 어린 원생들을 성실하게 보호하고 감독해야 하는 의무를 위반하여 아동에 대한 상습적인 학대를 했다는 점을 들어 아동복지법을 적용하여 구속하였다.

〈사례 18〉 아동 K(남, 8세)는 부모가 이혼하여 아버지가 키우다가 양육할 수 없어 친할머니 집에 맡겨졌다. 할머니 집에서 어느 정도 지내다가 그곳 사정도 여의치 않아서 K는 같은 도시에 있는 L씨(여, 49세) 집에 매월 70만 원의 양육비를 주기로 하고 맡겨졌다. 할머니집은 한의사업을 하였던 관계로 살림이 비교적 여유가 있었기 때문이다. 아동 K의 시련은 이때부터 시작되었다. 위탁가정의 L씨는 아이가 거짓말을 하고 물건을 훔치는 버릇이 있다고 하면서 수시로 아이를 때렸다. 때리는 부위도 눈에 잘 띄지 않는 발바닥이나 종아리, 허벅지 등을 골라서 집중적으로 때렸다. 수시로 방망이나 빗자루로 발바닥과 종아리를 때리는 것은 아무것도 아니었다. K의 옷을 모두 벗긴 후 주방의 가스레인지에 물을 끓이면서 커피잔으로 끓는 물을 떠서 K에게 끼얹은 적도 여러 번 있었다. 이로 인해 K의 배에는 뜨거운 물에 데인 흔적이 남아 있었다. 그뿐만 아니라 4시간 이상이나 비닐노끈으로 K의 손발을 묶어 놓아 움직이지 못하도록 하였고, 두 평 남짓한 좁은 방 안을 몇 시간 동안 계속해서 돌도록 하였으며, 한겨울에는 옥상에서 맨발로 몇 시간을 뛰어다니도록 하였다. 옥상에는 모래와 자갈이 있어서 이것이 언 발에 박혀 발바닥이 벗어지게 하는 상해를 입혔다. 이러한 K에 대한 학대는 1년이나 지나서야 우연히 그것도 다른 사람에 의해서 발견되었다. K가 다니던 학교 친구의 어머니가 우연히 K의 위탁가정을 찾아와서 K의 행동이 이상한데다 몸에 상처들이 있는 것을 발견하고 수상하게 여겨 경찰에 신고하면서 밝혀지게 된 것이다.

가해자인 위탁가정의 L씨는 아동학대로 인하여 형사입건되었으며, 경찰은 K를 친어머니와 함께 살도록 주선하여 주었다.

⑤ 친부의 딸 성학대

〈사례 19〉 M씨(남, 당시 41세)는 부인을 상습적으로 폭행하여 부인이 가출한 뒤 딸 둘과 함께 어렵게 살았다. 그는 일정한 직업도 없고 가진 돈도 없었기 때문에 재혼도 하지 못한 상태라 성욕을 해소할 길이 없던 차에 큰딸(초등학교 6년)에게 성욕을 느끼고 성폭행하리라 결심하였다. 마침 큰딸은 부인이 가출한 후 아이들을 키울 수 없어 잠시 동안 시골 할머니 집에 맡겨져 있을 때 이웃집 아저씨에게 성폭행 당한 경험이 있었는데 이를 알고 난 후부터 M씨는 더욱 큰딸에게 성욕을 느끼기 시작했다.

M씨는 1999년 6월 자신의 집에서 잠자고 있는 큰딸에게 다가가 반바지와 팬티를 반쯤 벗기고 딸의 성기를 만지고 혀로 핥는 등의 성추행을 하였다. 이후로도 2001년 사건이 밝혀질 때까지 2년 가까이 딸을 수십 차례에 걸쳐 강간

하였다. 물론 큰딸이 완강하게 반항했지만 아버지의 협박과 완력 앞에서는 어쩔 수 없었다. 아버지의 성폭행과 구타를 견디다 못한 딸이 가출하면 다시 붙잡아 와서 움직이지 못하도록 밧줄로 기둥에 묶어두었으며, 가위로 머리카락을 손에 잡히는 대로 자르고, 끝이 뾰족한 각목으로 얼굴과 가슴주위를 찔러 병원신세를 지게까지 하였다. 또한 큰딸이 손톱과 발톱에 매니큐어를 바른 것을 발견하고 곧바로 지우지 않으면 손가락을 잘라버린다고 부엌칼을 가져와 자를 것처럼 위협하였으며, 딸들이 말을 듣지 않는다고 각목으로 손바닥과 허벅지를 때리기도 하였다. 또 부엌에서 밥을 하던 큰딸의 엉덩이를 만지자 큰딸이 욕을 했다는 이유로 방바닥을 혀로 핥아 청소하도록 했다. 그래도 분이 풀리지 않자 밖으로 나가 밥그릇에 인분을 담아 온 후 수저로 떠서 큰딸에게 들이대고 먹으라고 위협하면서 강제로 인분을 먹였다. 다행히 둘째딸은 아버지에게 성폭력을 당하지는 않았으나 언니를 감싸다가 쇠파이프로 맞기도 하였다.

이와 같은 짐승보다도 못한 M씨의 행위가 밝혀지게 된 것은 딸들이 아동복지센터에 가서 집에 들어가기 싫다고 하여 상담하는 과정에서 드러나면서부터였다. 이전에도 딸들이 파출소에 여러 차례 신고를 하였으나 아버지가 집을 나온 불량청소년이라고 적당히 얼버무리면서 데려갔었다. M씨는 구속되었으며 딸들은 정부지원금을 받아 독립하여 살고 있다.

〈사례 20〉 C씨(남, 당시 43세)는 부인이 가출한 뒤 일정한 직업 없이 늙은 아버지 집에서 자식들과 함께 얹혀 살았다. 그는 매일 놀고 지내면서 늙은 아버지에게 매번 용돈을 요구하여 그 돈으로 술을 마시고 살았다. 아버지가 돈을 주지 않는 날이면 차마 입에 담을 수 없는 상스러운 욕을 하고 폭행하였으며, 아버지를 밖으로 나오지 못하도록 방문을 걸어 잠그고 집에 불질러버리겠다며 협박하는 등 패륜적인 행동을 서슴지 않았다. 또한 친자식인 아들과 딸을 아무런 이유 없이 몽둥이로 때리고 주먹과 발로 구타하는 등 무차별적으로 폭행하였다. 이런 광경을 보고 동네 주민들이 파출소에 신고하려 해도 어떤 행패를 부릴지 몰라 무서워서 신고를 하지 못하였다.

더욱이 그는 초등학생인 딸을 성폭행까지 하였다. 딸과 더 은밀히 만날 수 있도록 하기 위해 1997년 봄 무렵, 아버지의 집에서 나와 다른 동네에 방을 하나 얻어 놓고 혼자 지내면서 딸에게 매주 일요일마다 자신의 집에 와서 청소를 하고 밥과 빨래도 하라고 시켰다. 그는 자신의 집에 찾아 온 딸이 잠을 자고 있는 사이 옷을 모두 벗긴 뒤 몸을 만지고 딸의 몸을 보면서 자위행위를 하는 등 성추행을 하였다. C씨의 딸에 대한 성추행이 여러 차례 계속되면서 딸에게 학교도 다니지 말고 사람이 별로 없는 깊은 산 속으로 들어가 가축을 키우면서 둘이서 살자고 달래기도 하였다. 실제로 그는 동네에서 멀리 떨어지고 인적이 드문 외딴 곳에 집을 얻어 놓고 딸과 같이 들어가려고 준비까지 했었다. 그러나 외딴 집에 들어가기 직전 딸이 아버지를 피해 도망다니는 것을 수상하게 여긴 학교 선생님이 딸과 상담을 하는 과정에서 이런 사실을 알게 되어 경찰에 신고하였다. 이로 인해 C씨는 구속되었으며 딸은 쉼터에서 1년 6개월 가량 지내다가 계속 쉼터에 있을 수 없는 형편이라서 다시 할아버지 집에서 살고 있다.

⑥ 계부의 의붓딸 성학대

〈사례 21〉 회사원인 J씨(남, 48세)는 부인(후처)과 부인이 데려 온 의붓딸(17세)과 함께 셋이서 살았다. 부인은 살림에 보태고자 식당에 일하러 다니는 날이 많아 집에는 의붓딸과 단둘이 있는 때가 많았다. J씨는 의붓딸에게 성욕을 느낀 나머지 부인이 식당에 나가고 집에 없는 틈을 타 딸에게 성추행을 하였다. 처음 성추행을 하기 시작한 것은 의붓딸이 초등학교 1학년(당시 8세) 때부터였는데, 의붓딸의 바지와 팬티를 무릎까지 내리게 하고 자신의 성기를 꺼내어 딸 앞에서 자위행위를 하였다.

이렇게 해서 시작된 의붓딸에 대한 성추행과 강간은 이후 10년 이상 계속되었다. 의붓딸이 초등학교 다니던 때는 주로 잠자는 틈을 이용하여 가슴과 성기를 만지고 주물렀다. 의붓딸이 조금 더 컸을 때는 학교까지 태워다 주겠다고 하면서 자신의 승용차에 의붓딸을 태우고 운행 중에 치마 속으로 손을 집어넣어 음부를 만지는 등의 성추행을 하였다. 그리고 고등학교 다닐 때는 강간까지 서슴없이 하기에 이르렀다. 그날은 마침 부인이 식당에서 야근을 하는 날이기 때문에 집에는 의붓딸과 단 둘이 있게 되었다. 의붓딸이 잠자고 있는 방에 들어가 의붓딸의 손을 잡아당겨 자신의 성기를 만지게 하였으나 그만 의붓딸이 잠에서 깨어 마당으로 도망가자 강제로 팔을 비틀어 안방으로 끌고 들어와 옷을 벗기고 강간을 하였다. 이 와중에 의붓딸이 "아빠가 딸에게 이래도 되느냐, 짐승도 이렇게는 안한다"고 반항하자, "네가 어떻게 내 딸이냐, 나는 너같은 딸을 둔 적이 없다"라고 하면서 반항하는 의붓딸의 얼굴을 주먹으로 때려 항거불능케 하고 자신의 욕심을 채웠다. 부인 C씨는 자기 딸이 10년간에 걸쳐 성폭행을 당한 사실을 전혀 눈치채지 못하고 있다가, 딸이 그간의 사정을 이야기해서야 비로소 알게 되어 딸과 함께 계부를 고소하게 되었다. 이로써 이들 모녀는 J씨와 헤어졌고, J씨는 구속되었다.

⑦ 계모의 의붓자식 학대

〈사례 22〉 계모 H씨는 남편이 있는 40대 중반의 가정주부였으나 내연남 S씨를 만나 정을 통해 오다 발각되어 남편으로부터 이혼을 당하였다. 이혼하기 전 S씨에게 돈을 빌려주고 내연관계를 유지해 왔으나 S씨가 사업도 잘 안되고 계속 돈을 요구해오자 그만 헤어지기로 마음먹었다. 그러나 내연남 S씨는 헤어질 수 없다면서 자신도 본부인과 이혼하고 H여인의 남편을 찾아가 둘 사이의 불륜을 폭로해서 남편과 이혼하도록 만들었다. H여인은 남편과 이혼한 상태에서 굳이 내연남과 결별하기도 어려웠고 또한 그에게서 받을 돈도 있고 하여 할 수 없이 S씨와 동거하게 되었다.

그래서 S씨의 두 자녀인 딸(4세), 아들(3세)을 매월 얼마의 양육비를 받고 떠맡아 기르게 되었다. 하지만 S씨의 사업이 잘 풀리지 않아 돈도 돌려받지 못했고 S씨가 밖에서 외박을 하고 들어오는 날이 늘어나면서부터 둘의 사이가 나빠지기 시작하였다. 이 때부터 H여인은 S씨에 대한 화풀이를 S씨의 두 아이에게 하였는데, 특히 둘째 남자아이(3세)에게 더 심하였다. 2003년 봄 어느 날은 아파트 욕실에서 옷 입은 채로 똥과 오줌을 쌌다는 이유로 아이를 화장실 바닥에 눕힌 후 얼굴에 물을 뿌려 이를 먹게 하였다. 계속 물을 뿌려대자 아이가 숨을 쉴 수가 없어 손으로 얼굴을 가리면 손을 떼라고 고함치면서 계속 물을 뿌려 혼수상태에 빠지게 하였다. 또 남자가 돈을 갚아줄 기미가 보이지 않자 화가 나서 상습적으로 나무막대기, 쌍절곤, 플라스틱 자 등으로 아이의 머리, 다리, 발바닥을 때렸고 어깨와 등을 눌러 몸을 구기듯이 하여 변기통 속에 쑤셔 밀어 넣으려고 하였다. 이 외에도 머리를 때려 머리가 함몰되었는데도 병원에 데려가지 않았고, 추운 겨울에 찬물로 샤워를 시켰으며, 기저귀 값이 비싸다는 이유로 기저귀를 채워주지 않았고, 버릇을 고친다며 밥을 주지 않는 식으로 의붓아들을 학대하였다. 하지만 H여인은 화가 났을 때도 자기가 데려 온 아들은 전혀 학대하지 않았다. 유독 동거남자의 아들만 학대를 했는데 이것은 아이가 아빠를 많이 닮아서 밉기 때문이라고 했다.

이러한 상황을 S씨도 어느 정도는 알고 있었지만 모르는 채 묵인해 왔었음이 밝혀졌다. 이러한 일이 사건화 됨으로써 둘은 헤어지고 아이들은 아동보호센터에 인계되었으며 H여인은 아동학대 혐의로 구속되었다.

⑧ 형제간의 신체적·성적 학대

〈사례 23〉 C씨(남, 22세)는 고등학교를 졸업한 뒤 군입대나 취직을 하지 않은 채 집에서 동생들과 함께 지냈다. 어머니는 오래 전에 죽었고 아버지는 교통사고를 당해 척추부상으로 병원에 장기입원 중이라서 집에는 C씨를 포함하여 3남매만 남아 생활하였다. 그는 아버지의 부상으로 매달 지급되는 보상금을 유흥비로 탕진하면서 자신의 여동생을 초등학교 저학년 시절부터 성폭행하였고, 남동생에게는 성행위 장면을 옆에서 지켜보게 하는 등 가족으로서는 도저히 믿기지 않을 정도로 인면수심의 행위를 저질렀다.

C씨가 처음 여동생을 성폭행하기 시작한 것은 자신이 고등학교 시절, 여동생은 초등학교 1학년 때부터였다. 나이 어린 여동생에게 자신의 성기를 만지도록 하고 이후 5~6년 간에 걸쳐 상습적으로 성폭행을 하였다. 여동생이 반항을 하면 뺨을 때리고 발로 배를 질근질근 밟았다. 한번은 발로 가슴을 걷어차 여동생이 뒤로 넘어지면서 머리를 장롱에 부딪쳐 가슴과 머리에 혹이 생기기도 하였다. 이러한 오빠의 폭력이 무서워 여동생은 그 후로는 거의 반항을 못하고 어쩔 수 없이 오빠의 요구대로 응하게 되었다. 남동생에게는 자신이 여동생과 성행위

하는 것을 옆에서 지켜보도록 강요하였다. 남동생이 이를 거부하면 주먹으로 얼굴을 때리고 방바닥에 엎어져 있는 동생의 배를 발로 밟아 장파열과 장출혈의 상해를 입게 하였다. 한번은 라면을 끓이지 않는다고 아령(1킬로그램)을 동생의 이마에 던져 이마 윗부분이 찢어졌으며 이로 인해 남동생은 두통과 구토증세를 보여 병원치료까지 받게 되었다. 또한 C씨가 남동생과 여동생의 학비를 주지 않아 남동생이 몰래 지갑에서 돈을 꺼내가자 방바닥에 머리를 박게 한 후 막대기로 목을 수십 차례 때려 상처를 입게 한 적도 있었다.

C씨가 이러한 일을 저지르게 된 데는 무엇보다 가정환경이 크게 작용하였다. C씨가 어린 시절, 어머니가 죽고 난 뒤 알코올중독자가 된 아버지는 여자들을 집 안으로 데려와 문란한 성관계를 가졌다. 또한 매일 술로 나날을 보내면서 아이들을 화풀이 대상으로 삼았다. 이와 같은 불우한 환경에서 자란 그는 성적 욕망을 풀기 위해 아무런 죄의식 없이 이러한 일들을 동생들에게 저지른 것이다. 이같은 C씨의 범행은 여동생이 오빠에게서 도망쳐 지역에 있는 성폭력상담소에 신고하여 드러나게 되었다. 그 후 C씨는 경찰조사를 받고 구속 수감되었다.

제3장 가정폭력 Domestic Violence

노인학대

제1절 노인학대에 대한 인식

급속하게 고령화사회로 진입하고 있는 추세에 따라 노인에 대한 학대와 방임의 문제가 중요한 관심사로 부각되고 있다. 이는 고령인구가 많아질수록 노인의 편안한 노후생활과 안전에 대한 관심이 높아지면서 이러한 문제가 자연스럽게 대두되기 때문이다. 사실 노인이 학대의 피해자가 될 가능성은 여성이나 아동에 비해서 가장 적다. 대체로 이 시기는 인생에 있어서 가장 평화로운 시기이고 경제적으로도 안정되어 어느 인구집단보다도 여유로운 생활을 할 수 있는 시기이다.

하지만 다른 한편으로는 일부 노인들의 경우 나이가 들어가는 것은 공포와 희생의 대상으로 전락해 간다는 것을 의미한다. 노인계층은 구시대적인 생활방식이나 신체적인 노쇠함 때문에 가정 내의 학대에 매우 취약한 편이다. 더구나 이들은 대부분 경제적인 문제 등으로 결혼한 성인자식과 한 가정에서 함께 생활하는 관계로 사회 어느 계층보다도 학대에 대한 두려움이 크다고 할 수 있다. 노인은 신체적 · 심리적 · 사회적 기능들이 저하되어 학대에 적절하게 대처하기 어렵고 또한 심한 충격을 받기 때문에 정신적 외상이 증폭되어지며 회복 또한 어려운 것으로 나타난다. 실제로 학대나 방임을 받은 노인은 높은 정도의 우울증과 치매에 시달리고 있다. 그럼에도 노인학대의 피해자는 가족에 대한 연민과 학대자에 의한 보복, 고립에 대한 두려움 때문에 학대를 신고하기가 어렵다. 이러한 상황은 향후 노령층이 계속 증가하는 추세에 있기 때문에 더욱 문제가 아닐 수 없다. 따라서 노령인구가 증가함에 따라 가정 내 노인학대도 증가한다고 볼 수 있는 만큼 이에 대한 대비가 필요한 것이다.

하지만 노인학대의 심각성과 그 폐해가 큼에도 불구하고, 아직까지 사회적으로 아동학대나 아내학대에 대한 관심에 비해서 노인학대에 대한 관심은 크게 부족한 것이 사실이다. 역사적으로도 노인학대는 아동학대나 여성학대에 비해 일찍 대중적 관심을 끌지 못했다. 1960년대에는 아동의 신체적 학대문제에 관심을 갖기 시작했고, 1970년대에는 여성학대에, 그리고 1980년대에는 아동 성학대가 사회적 관심에 있어 우선순위를 차지하였다. 노인학대문제가 이 시기에도 어느 정도 대두되었으나, 아동학대나 여성학대와 같은 사회적 관심을 끌지 못하다가 이보다 약 20년 정도 지난 최근에 와서야 비로소 대중의 관심을 끌기 시작했다. 그 이유는 노년기가 생활주기의 마지막 단계라는 인식하에 노인학대의 영향을 중시하지 않기 때문인 것으로 판단된다. 그리고 이러한 간과는 세계 어느 나라도 마찬가지겠지만 노인에 대한 편견을 갖는 전반적인 사회문화적 태도의 영향 때문으로 볼 수 있다. 그 결과 다른 유형의 가정폭력에 비해서 노인학대의 대응책도 아직 초기단계에 머물러 있다.

그러나 노인학대에 대한 사회적 관심이 부족하다고 해서 이에 대한 대응책을 마련하지 않고 간과해도 된다는 것은 아니다. 핵가족화가 심화됨에 따라 노인층에 대한 방임과 유기가 심각한 사회문제로 되고 있어, 이에 대한 사회적 차원의 대책수립이 필요한 시점이다. 또한 노인인구의 보호는 입증된 방법이나 일관된 정책이 없었던 전혀 새로운 개념인 데 반해서, 노인인구는 계속 증가하고 있기 때문에 이들에 대한 충분한 보호활동을 해야 할 필요성이 더욱 절박해졌다.

제2절 노인학대의 개념

노인학대의 개념에 대해서는 학자에 따라 그 개념정의를 달리하고 있으나, 일반적으로 노인의 부양이나 수발을 책임지고 있는 사람이 의도적 또는 비의도적으로 노인에게 신체적·정서적·성적·재정적 손상을 가하거나 부양의무를 태만히 하는 것을 의미한다. 여기에는 노인 스스로 자신을 돌보지 않는 것도 포함된다. 미국의 노인법(Elder Americans Act)에서도 노인학대에 포함되는 주요개념인 학대(abuse), 방임(neglect), 착취(exploitation)의 세 개념을 중심으로 노인학대의 개념을 설명하고 있다.[28] 이것은 발생장소 면에서 가정에서 일어나는 학대와 시설에서 일어나는 학대로 크게 나눌 수 있다. 그리고 학대의 고의를 가지고 행하는 적극적인 학대와 학대의 고의는 없지만 보호할 수 있는 능력이 없거나 태만으로 인한 방임과 유기와 같은 소극적인 학대로 구분된다.

이를 노인학대의 행위와 관련해서 살펴보면, 노인에게 말을 함부로 하거나 자존심을 상하게 하는 말을 하는 언어적 학대와, 노인의 심기를 불편하게 하는 정서적 학대에서부터 심하게는 노인에게 구타와 폭력을 행하는 신체적 학대, 노인의 재산을 착취하는 재정적 학대까지 포함된다. 좁게는 학대의 증거가 명백한 신체적 학대에서부터 넓게는 방임과 자기방임, 자기학대까지 포함되고 있다. 이처럼 노인에 대한 학대는 비교적 가벼운 충격에 그칠 수도 있지만 때로는 노인의 생명을 위협할 수도 있다.

28) 천정태/옥장흠, 노인복지론, 학이당, 2003, 174~175쪽.

제3절 가해자와 피해노인과의 관계

노인에 대해 폭력을 사용할 가능성이 높은 사람들은 성인자녀, 배우자 또는 파트너, 친지, 친구, 간호인 등이다. 그 중에서 가장 학대의 가능성이 높은 것은 성인자녀, 특히 장남과 며느리이다. 그리고 노인배우자에 의한 학대도 상당히 많이 행해지고 있는 것으로 나타난다.

1. 노인배우자

여성과 남성은 노년기 동안 똑같이 학대의 피해자가 될 수 있다. 하지만 여성은 남성보다 오래 살 수 있는데다 통상 자신보다 연상의 남성과 결혼하는 경향이 있기 때문에 여성노인이 남성노인에 비해 그 수가 더 많다. 이것은 여성노인이 노년기에 학대를 당할 가능성이 더 높다는 것을 의미한다. 실제로도 여성노인이 남성노인보다 더 빈번하게 학대의 피해자가 되는 것으로 나타나고 있으며 학대로 인한 신체적 상해의 위험성도 더 크다.

노인학대의 가해자는 대부분 성년자녀인 경우가 많지만, 성별과 관계없이 젊었을 때부터 학대를 했던 노인의 배우자가 가해자로 되는 경우도 많다. 노인배우자에 의한 노인학대는 그 부부가 젊었을 때부터 시작된 학대관계의 연장인지 아닌지는 아직 완전히 밝혀지지 않았다.[29] 그러나 이들 중 일부의 경우에서는 상대배우자가 육체적으로나 정신적으로 어려운 상황에 처해 있을 때 이들을 보호하게 되는 데서 비로소 시작된다고 생각된다.

29) D. K. Gosselin, *Ibid.*, p. 294.

2. 성인자녀

대부분의 노인이 경제문제와 주택부족으로 인해 결혼한 자식과 같이 한 집에서 생활하는 경우가 많다. 그래서 노인에 대한 가해자의 가장 보편적인 경우가 성장한 자녀이다. 비교적 결혼한 여성, 즉 며느리나 딸이 노인과 같이 있는 시간이 많기 때문에 이들이 노인을 학대할 가능성이 더 많은 것처럼 보인다. 그렇지만 세계 여러 나라들을 보더라도 노인학대의 가해자는 남성과 여성의 비율이 거의 같으며 큰 차이는 나타나지 않고 있다. 미국의 경우에는 1994년에 가해자 중 50.6%가 남성이었으며 49.3%가 여성이었다. 우리나라의 여러 조사에서도 남성이 여성보다 약간 더 많이 학대를 하는 것으로 나타났지만 그렇게 큰 차이는 나지 않는다.

여기에서 관심을 끄는 것은 어린 시절 부모로부터 학대를 받았던 자녀가 성장한 후 자기를 학대했던 부모를 학대하는 경우가 얼마나 되는가이다. 이런 경우에는 학대자와 희생자가 완전히 상반된 역할을 하게 된다. 이에 관하여 뉴욕병원의 노인병동 책임자인 마크 락(Mark Lach)은 노인학대자는 통상 어릴 때 학대받았던 경험이 있는 성장한 자녀와 그 배우자임을 주목하고, 아동기의 학대와 노인학대가 상호 연관성이 있는 것으로 보고하였다.[30] 성장한 자녀들은 과거 어린시절 부모와의 관계가 어떠했는지와 관계없이 노인을 부양할 책임이 있다. 그러나 노인을 부양하기 위해서는 경제적인 부담이 뒤따르기 때문에 상당히 힘든 일인데다, 어린 시절 부모로부터 학대를 받았던 좋지 않은 경험이 있는 경우에는 부모를 부양하기가 훨씬 더 힘들어진다.

이와는 별도로 노인과 부양하는 자녀와의 관계가 원만한 경우는 자녀들이 노인을 부양하는 대가로 유산을 물려받았을 때 나타나게 된다. 자녀들은 노인을 마지못해 부양하거나 부양하고자해도 능력이 없어서 못하는 경우가

30) D. K. Gosselin, *Ibid.*, p. 302.

많은데, 이에 반해 부모가 집과 생활비를 제공해 주는 경우에는 경제적으로 부모에게 의존하게 되어 상호 원만한 의존관계가 형성된다고 할 수 있다. 하지만 어렸을 때 부모로부터 학대를 받았던 경우에 부모에게서 집이나 생활비 등의 아무런 도움도 받지 못할 때에는 그렇지 않은 경우에 비해서 훨씬 노인을 학대 또는 유기할 가능성이 높을 것으로 보인다.

제4절 노인학대의 유형

1. 가정학대와 시설학대

학대발생의 장소면에서 노인학대는 두 가지 범주로 나눌 수 있다. 자기 자신이나 부양자의 집에서 발생하는 가정학대와, 요양시설 · 위탁가정 · 집단가정과 같은 노인거주시설에서 발생하는 시설학대의 두 가지로 구분할 수 있다. 이들 학대의 장소는 학대의 차이점과 가해자의 유사성을 이해하기 위해서도 구별하는 것이 필요하다. 학대의 유형은 환경과 관계없이 동일하게 일어난다. 예를 들어, 신체적 학대는 가정에서나 시설 내에서도 일어난다.

(1) 가정학대(Domestic Abuse)

가정에서 일어나는 노인에 대한 학대행위는 배우자, 자식, 친지, 친구, 간병인과 같이 노인과 특별한 관계가 있는 사람에 의해 일어난다. 간병인은 가족은 아니지만 법 또는 계약에 의해 노인에 대해 보호책임이 있는 사람이다. 대부분의 노인이 노인거주시설에 입주하지 않고 자신이나 부양자의 가정에서 거주하는 형편임을 감안할 때, 노인학대와 방임은 거의 가정에서 이루어지고 있다는 것을 알 수 있다.

하지만 가정에서 학대가 있어도 노인은 가해자에 대한 의존이나 애착, 연민의 감정으로 인해 가족관계를 지키려는 성향이 강하기 때문에 신고나 고소하기가 여간 어려운 것이 아니다. 사회적으로 고립이 심화될수록 노인에게는 가족관계가 더없이 소중한 것이다. 그러므로 가정에서 노인학대가 발생했을 경우에 노인이 가해자에게 의존하는 점을 감안하여 가해자를 체포하거나 집으로부터 축출하는 것은 때로는 노인에게 이로운 경우보다 해로운 경우가 더 많다. 가해자에 대한 체포는 때로는 추가적인 폭력을 야기할 수도 있다. 따라서 학대상황을 정확하게 진단해야 되고 여기에 개입하는 경우에도 일률적인 조치보다는 노인 개개인의 형편에 따라 어느 정도의 융통성을 가지고 조치해야 한다.

(2) 시설학대(Institutional Abuse)

노인은 보호해 주는 가족이 없거나 스스로 자신을 돌볼 수 없게 될 때 요양시설이나 실버하우스 등의 노인복지시설로 들어간다. 시설학대는 이러한 노인거주시설에서 일어나는 것을 말하는데, 통상 학대는 법 또는 계약에 따라 시설에서 그들을 보살펴 주어야 하는 의무가 있는 사람들에 의해서 이루어진다.

노인거주시설에서는 부족한 직원의 수, 열악한 근무환경, 저임금, 불충분한 감독 등으로 인해 노인에 대한 학대가 빈번히 일어나고 있다. 특히 요양원은 개인의 사생활에 대한 침해와 강요된 의존성으로 인해서 그 특성상 거주자를 학대하는 압제적인 환경이다. 요양원이나 위탁가정에 거주하는 노인에게 치매증이 있다면 이것은 학대의 중요한 위험요인이 된다. 치매가 있는 노인은 시설의 종사자뿐만 아니라 같은 시설에 거주하는 노인들에 의해서도 학대를 받을 가능성이 많다. 공격, 홍분, 우울증과 같은 것들은 알츠하이머와 같은 치매 일종의 징후일 수 있다. 이러한 징후들은 근본적 원인이 치료되지 않을 경우에는 시설 내에서 학대받은 것으로 오해할 수 있다.

시설 내에서 학대가 발생한 경우에도 이를 사법기관을 통해서 해결하고

자 하는 데는 많은 제약이 뒤따른다. 그것은 노인시설들이 그 안에서 발생한 문제를 가급적 시설 내에서 조용히 해결하려고 하고 사법기관의 수사와 소송절차를 통해서 처리하는 것을 꺼려하기 때문이다. 그렇기 때문에 시설에 거주하는 노인은 학대상황이 발생했을 때 시설측의 조치 외에 추가로 사법기관에 고소를 할 것인가와 같은 결정을 내리는 데 있어 시설 내의 많은 제약으로 인해서 아무 일도 할 수 없게 되는 경우가 많다.

2. 학대의 주요유형

다른 학대의 피해자처럼 노인이 한 가지 이상의 상처나 다른 유형의 학대를 가지고 있다는 것은 이상한 일이 아니다. 신체적 학대는 재정적 착취를 위한 수단일 수 있으며 그 반대일 수도 있다. 만약 노인의 정신상태가 불완전하다면 자신이 자기학대나 자기방임을 했는지의 여부를 판단하기 위해 노인의 행동패턴을 관찰해야 된다. 학대적인 상황이 발생한 것 같은 때는 노인이 학대로부터 자신을 보호할 수 있는 능력이 있는지가 평가되어야 한다. 노인은 자신의 간호와 보호를 다른 사람에게 맡겨 의존하고 있는데, 이러한 것들이 노인을 학대에 취약하게 만드는 요인이 된다. 정신적·육체적·감각적인 손상은 노인을 재정적 착취를 포함한 다양한 유형의 학대에 쉽게 노출시킨다.

(1) 재정적 착취(Financial Exploitation)

(가) 의의

노인의 재산이나 현금, 자원을 본인의 의사와는 관계없이 불법적으로 이용하거나 재정적으로 착취하는 것을 말한다. 가해자는 노인의 재산에 손을 대기 쉬운 위치에 있는 자녀나 친척, 친구 혹은 보호자가 주를 이루고 있다. 이것은 한 사람의 미래의 생활과 보호의 수준을 변화시킬 수 있기 때문에 노인학대 중에서 가장 파괴적인 것으로 보고 있다. 하지만 학대로서의 재정적 착취는 범위를 한정하기도 어렵거니와 입증하기도 또한 어렵다. 이에 대한 결정은 종종 주관적일 수 있으며 형사범죄로서 처벌하기 위해서는 가해자의 고의성을 입증해야 되는데, 의도적인 경우와 무능력으로 인한 경우를 명확하게 구별하여 입증되는 경우는 드물다. 가해자에 대한 기소가 어려움에도 불구하고 범죄로서 입증될 경우에는 형사소추를 할 수 있고, 피해자의 의사에 따라 착취당한 재산을 회복하기 위한 민사소송도 가능하다.

(나) 재정적 착취의 내용과 지표

대개 노인의 사회보장연금이나 현금 등을 관리하고 있고 노인의 집이나 건물의 매매와 같이 재산과 관련된 등기나 변호업무를 대리할 때 재정적 학대가 일어나기 쉽다. 이러한 재정적 학대의 대표적인 주요내용들은 다음과 같다.

(ⅰ) 노인의 유언장을 허위로 작성하거나 노인이 작성한 유언장을 노인의 동의 없이 임의로 수정한다. (ⅱ) 노인의 허락 없이 부양자가 마음대로 노인의 부동산 소유권 이전 등과 같은 재산권을 행사한다. (ⅲ) 연금이나 임대료 등 노인의 소득을 가족이나 친척이 가로챈다. (ⅳ) 노인에게서 빌린 돈이나 물건을 돌려주지 않는다. (ⅴ) 보석 등 값나가는 노인의 물건을 빼앗는다. (ⅵ) 노인의 허락 없이 노인의 재산을 담보로 해서 대출받는다. (ⅶ) 생활이 어려운 노인에게 생활을 유지하는 데 필요한 용돈이나 생활비 등을 주지 않는다 등이다.[31)]

이와 관련해서 미국의 노인학대센터는 다음과 같은 사항이 재정적 학대의 지표라고 경고한다. 물론 이것이 재정적 학대의 포괄적인 리스트를 의미하는 것은 아니다.

①특징 없는 은행거래가 보인다.

②노인의 신용카드계좌에 의심스러운 행동이 나타난다.

③노인의 능력과 어울리지 않는 은행거래가 있다.

④노인의 재산 권리증서, 유언장, 또는 다른 증서에 변화가 있다.

---

31) 서윤, "노인학대 사례 연구", 노인복지연구, 통권 제9호, 한국노인복지학회, 2000, 160쪽.

⑤ 노인이 최근에 체결된 금융계약을 알지 못하거나 내용을 이해하지 못하는 것으로 보인다.
⑥ 노인을 잘 돌보지 않는다.
⑦ 노인이 다른 사람들로부터 고립된 것처럼 보인다.
⑧ 노인에게 치료되지 않은 신체적 또는 정신적 건강문제가 있다.
⑨ 노인이 정신적으로 불안정한 상태에서 대리권이 수여되었다.
⑩ 노인의 문서에 위조되거나 위조가 의심되는 서명이 있다.

(2) 속박의 오용(Misuse of Restraints)

노인에 대한 과도한 속박은 통상 요양원이나 노인복지시설과 같은 시설과 관련이 있지만 학대적인 가정에서도 종종 확인되고 있다. 그것은 노인에 대해 의사의 처방과 같은 적절한 의학적 치료의 범위를 초과하는 약물복용이나 신체적 통제와 관계가 있다. 미건강관리국(The U.S. Department of Health Service)은 1990년의 보고서에서 요양원의 24%가 의사의 처방전에 쓰여진 것보다 지나치게 많은 약을 노인들에게 복용시키고 있다고 지적한 바 있다. 노인에 대한 속박은 노인의 안전을 위해서만 사용될 수 있으며 그것도 의사의 처방이 있는 경우에 가능하다. 요양원에서 노인을 의자나 침대에 헝겊이나 천으로 묶는 것과 같은 속박은 엄격하게 제한해야 한다. 즉 정신착란 상태에 빠져서 자신이나 타인에게 위해를 가하는 것을 이해하거나 기억하지 못할 때, 신체마비와 같은 극심한 신체적 장애로 인해 자신의 자세를 유지할 수 없을 때와 같은 조건하에서만 사용되어야 한다.

또한 노인학대와 관련해서 노인들의 치매가 문제되는데 어떤 노인들은 치매 때문에 자신의 안전을 위해서도 어느 정도의 속박이 필요한 경우가 있다. 이러한 경우 노인을 속박하게 되어 멍 자국과 타박상이 생기게 되지만 속박이 치매 때문에 행해진 경우는 학대에 해당하지 않는다. 이런 경우도 노인의 안전을 위해서만 할 수 있는 것이지 노인을 부양하는 사람의 편의를 위해서 행해져서는 안 된다. 부양자가 화가 나서 노인을 속박하거나 노인을 벌주기 위해 한 경우에는 학대에 해당한다.

(3) 방임과 유기(Neglect and Abandonment)

(가) 방임의 의의

노인이 신체적·정신적으로 건강을 유지하는 데 필요한 조치를 취하여 주지 않는 것을 말한다. 노인을 통제하거나 영향을 주기 위한 수단으로서 고의적으로 행하는 것을 의도적 방임 또는 적극적 방임이라 하며, 의도적이지는 않지만 그 의무를 태만히 하여 방임상태가 되었을 때는 비의도적 방임 또는 소극적 방임이라고 한다. 가해자의 방임적 행동의 빈도나 지속기간, 강도, 가혹성과 그 결과는 노인학대 및 방임의 존재여부를 결정하는 데에 고려되는 요소들이다. 이것은 어느 일면만을 보고 쉽게 결정을 내릴 수 있는 단순한 성질의 것이 아니다.

① 유기(abandonment)

노인을 보호해야 할 지위에 있는 사람이 보호의무를 제대로 이행하지 않은 경우에는 법적으로 책임을 지게 된다. 유기는 자기에게 의존하고 있는 노인을 법적으로 보호할 책임이 있는 자가, 노인을 보호하지 않고 격리하거나 방치함으로써 생명이나 신체에 위험을 초래하게 하였거나 이를 묵인한 경우를 말한다. 이것은 노인학대에 해당되어 형사처벌을 받게 된다. 여기서의 보호해야 할 지위는 보호자와 노인과의 특별한 관계, 즉 보증인적 지위가 존재하는 경우에 성립한다. 그리고 노인을 보호할 의무는 노인과의 특별관계를 통해 부여되는 보호에 대한 법적 책임이 있어야 된다. 예를 들어, 같은 가족의 경우라도 동거가족만이 부양의무가 있기 때문에 노인과 동거하고 있는 가족은 유기가 성립되어 노인학대로서 처벌될 수 있지만 동거하지 않는 가족은 유기가 성립되지 않는다.

② 적극적 방임(active neglect)

노인에게 상처나 정신적 스트레스를 주기 위한 보호자의 의도적이고 치밀한 행동이 적극적인 방임이라고 할 수 있다. 이것은 어떤 행동을 취하거나 또는 행동을 취하지 아니함으로써 노인에게 가해지는 의도적인 상황들이다. 예를 들면, 고의적으로 노인의 안경, 의치, 보행기 또는 다른 보조기를 제거한다거나 처방전의 높은 비용으로 인해 노인에게 필요한 치료를 제대로 하지 않는 경우들을 말한다.

③ 소극적 방임(passive neglect)

소극적 유형의 방임은 보호자가 노인이 필요로 하는 보호를 제공해줄 수 없을 때 발생한다. 소극적 방임은 보호자가 너무 어리거나 특별한 조치가 필요한 노인을 보살펴 본 경험이 없는 보호자에 의해서 일어난다. 종종 노인보호의 책임 있는 사람이 정신적 또는 육체적인 장애가 있는 관계로 무능력하거나 노인을 돌보는 힘든 허드렛일을 감당할 수 없는 경우도 있다. 따라서 소극적 방임은 무능력으로 인해 보호의무를 다하지 못하는 경우이기 때문에 노인에 대해 육체적 또는 정신적 고통을 가한다는 고의성은 없는 것이다.

(나) 방임의 징후

① 의료서비스의 중단과 거부

노인에 대한 과도한 약물치료는 노인을 시끄럽지 않고 조용히 있게 하거나 잠들도록 할 목적으로 행해질 가능성이 있고, 또는 보호자의 무지나 부주의에 의해 행해질 수도 있다. 이유가 어떠하든 간에 이들 방식은 노인의 삶을 위협할 수 있는 상황이 될 수 있기 때문에 중지해야 한다. 의도적으로 하는 과도한 약물치료는 속박의 부적절한 사용의 한 유형인 것이다. 그리고 경제적인 여유가 없는 때에는 노인에 대한 의료서비스를 제공하지 않거나 중단하는 경우가 있다. 하지만 경제적인 부담 때문에 노인의 상태에 필요하고 적절한 의료서비스를 제공하지 않는 것은 방임을 의심케 하는 것이다.

② 음식물의 미제공

노인에게 생존에 필요한 충분한 음식물을 제공하지 않으면 영양실조에 걸리거나 탈수상태에 빠진다. 노인이 보호자와 같은 가정에서 살고 있는 경우에는 노인의 이와 같은 건강상태를 살펴보면 방임여부를 쉽게 판단할 수 있다. 노인이 혼자 살고 있는 경우에는 냉장고와 찬장 등을 검사해 보면 음식물을 충분히 제공하고 있는지 또는 먹을 수 없는 음식물을 주는지 알 수 있다.

③ 불결한 위생상태

보호자의 방임여부를 판단하기 위해서는 노인의 몸이나 의복 등의 청결상태를 보면 쉽게 알 수 있다. 노인에게서 오래 된 소변냄새가 나거나 대소변 찌꺼기로 칠해져 있다면 목욕을 제대로 시키지 않은 증거이다. 헝클어지고 감지 않았거나 이발하지 않은 두발, 몸에 더덕더덕 붙은 때, 길게 자란 손·발톱 등의 청결상태와 심각한 발진, 욕창, 농가진과 같은 장기간 보호받지 못해서 발생하는 질병들은 방임의 징후이다. 또한 노인의 의복이나 신체 외에 집이 지나치게 어지럽혀 있거나 더럽다든지 집에 바퀴벌레나 쥐가 많이 있는 상태도 이것을 확인시켜주는 것이다.

(4) 자기방임과 자기학대(Self-Neglect and Abuse)

노인이 자신을 스스로 보호하지 못하고 자신의 건강이나 안전을 위협할 때 이것을 노인의 행동에 따라 자기방임 또는 자기학대라고 한다. 자기방임은 노인학대의 일반적인 유형으로서의 타인에 의해 야기되는 학대와는 구분되어야 한다. 자기방임과 자기학대는 범죄적 행위로 인정되는 경우가 극히 드물기 때문에 폭력행위와는 달리 별개의 폭력유형으로 보아야 한다. 이러한 유형의 학대는 범죄행위에 해당하는 다른 유형의 학대와 함께 일어나는 경우가 많다. 그러므로 학대를 조사하는 경우에는 노인이 자신의 신체에 생긴 학대의 전체를 한 것인지, 아니면 부분적으로만 하고 타인이 관여한 것인지를 고려해야 한다.

(5) 신체적 학대(Physical Abuse)

노인의 신체적 학대의 징후들은 다른 범주의 가정폭력과 유사하다. 노인은 노쇠한 관계로 조그만 충격에도 뼈가 쉽게 부러지거나 멍이 잘 생기고 일단 상처가 생기면 쉽게 낫지 않고 오래 지속된다. 그래서 노인에게서는 학대의 흔적을 발견하기가 그만큼 용이하다. 사람이 이빨로 물은 자국, 멍, 출혈, 화상 등 모두가 학대의 지표들이다. 노인을 묶거나 테이프로 감은 자국, 재갈 물린 표시는 노인학대를 심히 의심케 하는 것들이다. 노인의 등이나 어깨를 때리는 것도 신체적 학대의 한 예이다. 이러한 상처나 흔적들은 그 생긴 원인에 대해 가족들이 명쾌하게 설명하지 못하는 때에는 한층 학대를 의심케 하는 적신호인 것이다. 가족들이 학대사실을 감추기 위해 노인이 낙상이나 사고로 인해 상처를 입었다고 주장할 수 있으나, 왜 하필이면 이와 같은 사고가 학대적인 분위기 속에서 발생했는지가 납득하기 어렵다. 이처럼 학대가 의심이 될 때에는 노인의 행동을 면밀히 관찰하는 것이 상황을 정확히 진단하는 데에 도움이 된다. 가령 노인의 공포, 흥분, 앞뒤 모순되는 진술, 공개적으로 이야기하는 것을 기피하는 태도는 경찰관이나 이를 조사하는 사람에게 잠재적인 학대상황을 암시해주는 것이다.

(6) 심리적 · 정서적 학대(Psychological and Emotional Abuse)

심리적 또는 정서적 학대는 위협, 모욕, 협박이나 다른 형태의 언어적 · 비언어적 행위로 인해서 심리적으로나 감정적인 고통을 받도록 의도적으로 가하는 행위이다. 심리적 · 정서적 학대는 다른 유형의 학대에 비해서 가장 식별하기 어려운 유형이다. 여기에는 이름 부르기, 경멸적인 언사, 모욕, 고립시키기, 괴롭힘, 위협, 아이처럼 취급하기와 같은 것 등이 있다. 위협은 노인이 가해자의 말을 듣지 않을 경우 요양원에 보내겠다고 하는 것도 포함된다. 전혀 감정을 나타내지 않거나 안정감을 주지 않는 것, 간호인이나 시설종사자가 노인이 가족이나 친구들과 접촉하는 것을 막는 것도 정서적 학대에 포함된다.

특히 노인의 인격과 가치를 무시하는 학대방법으로는 노인을 어린아이처럼 취급하는 것이다. 노인을 돌본다는 이유로 인형을 주어서 놀게 하거나, 노인의 이름을 부르거나, 아기에게 말하는 투로 이야기하는 것 등이 여기에 포함된다. 이러한 것들은 노인거주시설의 종사자가 노인에게 많이 사용하는 방법이다. 통상적으로 시설의 종사자는 노인을 어린아이처럼 대하며, 자기의 말을 잘 듣도록 하기 위해서 아이처럼 머리를 쓰다듬는다든지, 대소변을 가리지 못한다고 꾸짖고, 노인을 강제로 학습하도록 하는 일이 있다. 이와 같은 것들은 노인의 품위를 손상시킬 뿐더러 그들의 인격과 지위, 존엄성을 황폐화시키는 것을 의미한다. 노인은 이러한 사실을 의식적으로 숨기고 부정하면서도 이것을 숨긴다는 것에 대한 수치심과 감정적인 고통을 느낀다.[32)]

이와 같은 학대들은 비교적 인식가능한 상황들이다. 하지만 언제나 이러한 학대들을 지지해 줄 만한 증거는 거의 없다. 만일 노인이 다른 유형의 학대로 고통받고 있는 경우에는 동시에 정서적인 학대를 받을 가능성이 많다. 이런 경우에는 보다 식별하기 용이한 다른 유형의 학대의 징후와 함께 정서적 학대의 징후를 종합적으로 기록하여 조사한다면, 학대 여부를 판단하는 데 있어 도움이 되는 일반적인 생활여건에 관한 정확한 정보를 얻어낼 수 있을 것이다.

(7) 성적 학대(Sexual Abuse)

(가) 의의

노인의 성적 학대에 관한 연구는 거의 없다. 그렇지만 일부 연구에서 나타난 바에 따르면, 노인에 대한 성적 학대는 간접적이고 은밀하게 하는 형

32) V. R. Wiehe, Understanding Family Violence : Treating and Preventing Partner, Child, Sibling, and Elder Abuse, Sage Publications, Inc., 1998, p. 131.

태와 직접적 또는 공공연한 형태로 이루어진다. 은밀한 성적 학대는 상대의 신체에 성적인 행위를 하는 것과 같이 직접적이거나 명백하지는 않지만, 상대가 암암리에 인식할 수 있을 정도의 성적인 자극을 주는 모든 행동을 말한다. 여기에는 피해자에게 성적인 관심을 보이거나 괴롭힘, 농담, 피해자 면전에서의 성에 관한 이야기 등이 해당된다. 공공연한 성적 학대는 노인이 원치 않는 강제적인 모든 유형의 성적인 행위를 일컫는다. 예를 들면, 키스, 애무, 입과 성기의 접촉, 성기나 항문에의 삽입, 관음증, 성기노출, 자위행위 등의 모든 유형을 포함한다.33)

특히 여성노인은 자기자신을 보호하는 능력이 부족하기 때문에 종종 성적 학대의 대상이 되곤 한다. 이것은 주로 노인시설 내에서 시설종사자나 시설에 거주하는 남성노인에 의해 이루어진다. 미국의 한 연구결과에 따르면, 모든 여성노인 피해자는 자기자신을 보호하는 능력에 있어서 한계가 있다고 한다. 이 연구에 나타난 여성노인 대다수의 나이는 70세에서 80세 사이인데, 이들 중 61퍼센트가 최소한 1회 이상의 강간을 당했다. 질강간이 가장 일반화된 유형이었다. 놀라운 일은 대략 이런 사건의 1/3 가량에서 여성노인이 강간을 당하는 현장을 제3자가 목격했다는 것이다. 이것은 여성노인에 대한 성학대가 주로 노인시설 내에서 많이 이루어지고 있으며 피해를 입은 여성노인은 자신을 방어할 힘이 없기 때문이라지만, 주위의 같이 거주하고 있는 대부분의 노인도 못 본 체하고 도움을 주지 않는다는 것을 의미한다.34)

(나) 성적 학대의 지표

성폭력 피해자는 성별과 연령에 관계없이 동일하거나 유사한 증상을 보인다. 다음과 같은 증세들은 노인에 대한 성적 학대가 발생하고 있다는 것을 확증해주지는 못하지만 성적 학대를 의심케 하는 것들이다.

① 성병이 있는 경우이다. 노인의 성병은 열악한 위생상태로 인해 생

33) D. K. Gosselin. *Ibid*.. pp.307~308.

34) D. K. Gosselin, *Ibid*., p. 295.

길 수도 있지만, 시설 내에 거주하는 노인인 경우에는 같은 시설 내에 거주하는 사람으로부터 성적 학대를 받았을 가능성이 있다. 특히 이들이 공포와 불안감을 보이고 있고 방임상태에 있는 경우에는 그 가능성이 더욱 크다고 볼 수 있다.

② 얼굴이나 목, 복부, 대퇴부, 둔부에 멍이나 상처가 있고 생식기, 직장, 구강, 가슴에 출혈과 통증, 상처가 있는 경우에는 학대의 가능성이 높다.

③ 찢어지거나 얼룩진 옷, 피가 묻은 속옷 등은 학대의 의심이 가는 징표들이다.

④ 정신적으로는 극도의 공포와 불안감, 우울증, 사람에 대한 불신감을 나타낸다.

⑤ 피해자는 자신이 믿는 사람에게 암호화된(coded) 폭로를 한다. 이것은 두려움이나 수치심 때문에 숨김없이 털어 놓지 못하고 자신의 성적 학대에 대한 암시를 하는 경우가 많다. 특정한 보호자를 싫어한다거나 그가 몸을 씻겨주는 것을 싫어한다고 말하는 것도 이에 포함된다.

제5절 노인학대의 실태

1. 외국의 실태

(1) 미국

미국에서도 대부분의 피해노인이 학대사실을 감추고 신고하지 않기 때문에 공식통계상의 수치는 실제 발생하고 있는 학대사건의 극히 일부분만을 반영하고 있을 뿐이다. 미국 노인학대센터(National Center on Elder Abuse: NCEA)의 1998년 자료를 보면, 가정 내에서 행해지는 학대 및 방임의 단지 16%만이 성인보호서비스(Adult Protective Service)에 보고되어 학대와 관련한 조사의 대상이 되는 것으로 나타났다. 따라서 노인학대가 얼마나 행해지고 있는지는 정확하게 알 수 없지만 대략 전체 노인인구의 5~10%가 노인학대의 희생양이 되고 있는 것으로 추정하고 있다. 성인자녀에 의해 노인부모가 살해되는 일도 거의 매일 일어나고 있으며, 매년 300명 이상의 노인부모가 자식에 의해 살해당하는 것으로 추정하고 있다.

이들 노인학대의 유형을 살펴보면, 노인학대의 가장 일반적인 유형이 방임인 것으로 조사되었다. 노인학대센터(NCEA)의 자료에서는, 1996년 노인학대로 신고되어 확인된 건수 중, 자기학대를 제외한 70,942건의 노인학대 가운데 48.7%가 방임이었다. 35.4%가 심리적·정서적 학대이었고, 재정적 착취가 30.2%, 신체적 학대가 25.6%이었다. 특히 이 조사에서는 노인학대의 피해자 대부분이 여성노인인 것으로 밝혀졌다. 여성노인이 심리적·정서적 학대의 76.3%, 신체적 학대의 71.4%, 재정적 착취의 63%, 방임의 60%에 달한다.[35] 또한 학대피해와 연령 사이에는 높은 상관관계가 있는 것으로 나타났다. 방임피해자의 51.8%가 80세 이상, 40%가 70대이며, 8.2%만이 60대인 것으로 나타났다. 연령으로만 볼 때, 80세 이상 노인은 정서적 학대의 41.3%, 신체적 학대의 43.7%, 재정적 착취의 48.0%에 이르고 있다. 이것을 보더라도 노인 중에서 특히 여성노인과 고령노인에 대한 학대가 심각한 것을 알 수 있다.

2. 우리나라의 실태

우리나라에서는 최근까지도 아내학대나 아동학대에 비해 노인학대에 대해서는 관심이 적었던 관계로 노인학대에 관한 조사자료가 그다지 많지 않

35) 김병준, 가정폭력범죄론, 법문사, 2004, 173쪽.

은 실정이다. 그런 가운데서도 노인학대의 실태에 관한 조사가 최근에 들어 일부 연구자들에 의해 이루어졌다. 이 중 몇몇 단일 연구자들에 의한 조사와 전문상담기관인 노인학대상담센터(2003) 및 전국규모의 조사를 실시했던 한국보건사회연구원(1999), 국가인권위원회(2002)의 조사들을 중심으로 그 실태를 살펴보고자 한다.[36]

(1) 노인학대의 발생비율

보건사회연구원이 1999년 전국의 6개 대도시의 12개 노인복지회관을 이용하는 만 65세 이상의 노인, 총 865명을 대상으로 조사한 바에 따르면, 전체 응답노인의 8.2%에 해당하는 노인이 그들의 자녀 및 그 가족들로부터 학대를 받은 경험이 있다고 응답한 것으로 나타났다. 정재욱(2001)의 조사에서는 공원을 이용하는 노인은 76.2%, 노인복지회관을 이용하는 노인은 66.9%가 학대경험이 있는 것으로 나타났다. 권정득(2002)의 조사에서는 무료급식 경로식당을 이용하는 노인의 44.9%가 학대경험이 있는 것으로 나타났으며, 또한 지역별 노인학대의 발생률을 조사한 여미옥(2002)의 조사에서는 전체 발생률은 30.8%였으며, 대도시는 36.4%, 중소도시는 24.5%, 농어촌은 27.5%로 나타나 대도시의 노인학대 발생률이 더 높은 것으로 나타났다.[37]

이상의 여러 조사에서 보는 것처럼 노인학대의 발생률이 상이하게 나타나고 있는데, 이는 조사대상자의 선정, 학대의 정도, 학대의 척도 등의 문제에 기인하는 것으로 보인다. 다만, 대상자를 무작위로 선정한 조사에서는 발생률이 낮고 학대를 받을 개연성이 높은 집단에서는 발생률이 높은 것을 알 수 있다. 지역별로는 대도시의 노인이 중소도시나 농어촌의 노인에 비해 상대적으로 학대를 많이 받고 있으며, 일반노인보다는 경제적으로 어려운 국민기초생활보장 대상노인이 학대를 더 많이 받는 것을 알 수 있다.

---

36) 서윤, "한국 노인학대의 현황과 사회복지적 개입 실천과제", 보건과 복지, 제7집, 한국보건복지학회, 2004, 67~73쪽 참조.

37) 서윤, 앞의 논문, 67쪽.

(2) 학대유형별 발생비율

학대유형별로 노인학대의 발생률을 살펴보면, 조사별로 약간의 차이는 있지만 가장 높은 비율을 차지하는 것은 정서적 학대와 방임이었고, 가장 낮은 비율을 차지하는 것은 신체적 학대와 재정적 학대인 것으로 나타났다. 이러한 경향은 지역별이나 대상자 특성별에서도 거의 동일하게 나타났다.

보건사회연구원(1999)에서 조사한 결과에 따르면, <표 2-29>에서 나타나는 바와 같이 언어·심리적 학대(7.7%), 방임(2.5%), 경제적 착취(2.1%), 신체적 학대(0.3%)의 순으로 나타나 정서적 학대가 가장 많이 발생하고 있음을 알 수 있다.

〈표 2-29〉 학대유형별 발생비율

학대유형	신체적 학대	언어·심리적 학대	경제적 착취	방임	기타	계
발생비율(%)	0.3	7.7	2.1	2.5	1.0	8.2

자료: 보건사회연구원, 노인학대의 실태, 1999.
(http://www.elderabuse.or.kr/index/down/situate.htm)

국가인권위원회가 지역사회에서의 노인에 대한 전국민 의식조사를 위하여 2002년 전국 65세 이상의 노인 1,349명을 대상으로 조사한 결과에 따르면, 정서적 학대(37.3%), 방임(24.9%), 언어적 학대(19.5%), 신체적 학대(10.6%), 경제적 학대(7.7%)의 순으로 나타났다. 노인학대상담센터(2004)의 보고에서도 언어·정서적 학대(43.8%), 방임(27.8%), 신체적 학대(16.6%), 경제적 학대(11.8%)의 순으로 나타나 정서적 학대가 더 많이 발생하는 것으로 나타났다. 이에 비해서 방임이 가장 높게 나타난 조사들을 보면, 권정득(2002)의 조사에서는 방임(35.5%), 심리적·정서적 학대(28.0%), 물질적·재정적 학대(16.1%), 언어적 학대(15.0%), 신체적 학대(5.4%)의 순으로 나타났다. 여미옥(2002)의 조사에서도 대도시, 중소도시, 농어촌 모두 자기방임이 가장 높았고 그 다음이 방임이었으며 신체적 학대가 가장 낮은 것으로 나타났다.

또한 노인들이 일상적으로 경험하는 학대도, 이와 같은 단일한 형태로 학대를 받는 것이 아니고 여러 학대를 중복적으로 받고 있다는 것이 일반적인 조사의 결과이다. 국가인권위원회에서 조사한 바에 따르면, 한 가지 학대는 9.9%, 두 가지 학대는 30.8%, 세 가지 학대는 36.0%, 네 가지 학대는 17.5%, 다섯 가지 학대는 5.8%로 나타나서, 한 가지 학대만 경험한 비율은 약 10% 정도에 지나지 않았고 나머지 90%는 두 가지 이상의 학대를 중복적으로 받고 있는 것으로 나타났다.

(3) 학대의 발생빈도

노인학대의 발생빈도를 살펴보면, 한국보건사회연구원의 조사에서는 거의 매일은 42.7%, 2~3개월에 1회는 24.7%, 그리고 월 1~2회는 11.2% 발생하는 것으로 나타났다. 이연호의 조사에서는 부정기적이 40.2%, 거의 매일이 34.3%, 1주일에 1회 이하가 10.8%로 나타났으며, 권정등의 조사에서는 월 1~2회, 월 3~4회, 주 1~2회, 주 3~4회의 순으로 나타났다.

〈표 2-30〉 발생빈도

빈도	거의 매일	주1회 이하	월 1~2회	2~3개월 1회	기타	계
%	42.7	7.9	11.2	24.7	13.5	100.0

자료 : 보건사회연구원, 노인학대의 실태, 1999.
(http://www.elderabuse.or.kr/index/down/situate.htm)

(4) 학대의 이유

노인학대의 이유를 살펴보면, 대체로 경제적인 문제가 가장 큰 이유였으며 그 다음은 성격차이인 것으로 나타났다. 한국보건사회연구원의 조사에서는 경제적인 문제가 39.5%로 가장 높은 비율을 차지하였으며, 그 다음으로 성격차이 22.1%, 가해자 오해 7.0%, 상호 이해부족 5.8%, 가해자 자격지심과 피해자 재혼문제가 각각 4.7% 순으로 나타났다. 국가인권위원회의 조사에서는 방임과 경제적 학대는 경제적 어려움, 가해자의 문제 순으로 나타났고, 정서적 학대와 언어적 학대, 신체적 학대는 가해자의 문제, 경제적 어려움의 순으로 나타났다. 또한 이연호의 조사에서도 경제적 어려움(18.6%)이 가장 높게 나타났으며, 그 다음으로는 가족구조 변화(15.6%), 특별한 이유 없음(11.7%)의 순으로 나타났다. 또 다른 조사에서의 국민기초생활보장 노인과 일반노인 모두의 경우에도 경제문제가 가장 큰 원인이 되었다. 이상으로 볼 때 노인학대를 발생시키는 가장 큰 요인은 경제적인 문제임을 알 수 있다.

〈표 2-31〉 학대의 이유

이유	가해자 오해	피해자 및 다른 가족잘못	성격 차이	가해자 술버릇	경제적 문제	가해자 자격지심	사소한 말다툼	상호이해부족	피해자 재혼문제	기타
비율(%)	7.0	3.5	22.1	2.3	39.5	4.7	3.5	5.8	4.7	7.0

자료: 보건사회연구원, 노인학대의 실태, 1999.
(http://www. elderabuse.or.kr/index/down/situate.htm)

(5) 학대행위자와 피해노인과의 관계

노인을 학대하는 가해자와 피해노인과의 관계에 대해서는, 보건사회연구원의 조사에서는 아들 42.6%, 며느리 44.7%로 나타났다. 노인학대상담센터의 보고에서는 아들 41%, 며느리 29%, 딸 9%, 배우자 8% 순으로 나타났다. 또한 이연호의 조사에서는 장남 47.1%, 딸 18.6%, 맏며느리 15.7%, 차남 이하 12.7% 순으로 나타났으며, 서윤(2000)의 조사에서는 아들 43.9%, 며느리 41.0%, 딸 5.8% 순으로 나타났다. 이상의 조사들에서 나타나는 것처럼 아들과 며느리가 노인부모를 가장 많이 학대한다는 것을 알 수 있다. 또한 학대행위자의 성별에 대해서는, 서윤(2000)의 조사에서는 남자 52.4%, 여자 47.6%로 나타났고 이연호의 조사에서는 남자 62.7%, 여자 37.3%로 나타났다. 이로써 여자보다 남자에 의한 노인학대가 더 많이 이루어지고 있음을 알 수 있다.

(6) 신고자

노인학대의 신고자 현황을 보면, 노인학대상담센터의 보고에서는 피해노인 본인이 신고한 경우가 34%로 가장 많은 것으로 나타났고, 그 다음으로는 기타 21%, 딸 18%, 이웃 11%, 아들 6%, 친척 5%의 순으로 나타났다. 노인학대의 가장 많은 신고자가 바로 피해노인인 것으로 나타났는데, 이는 피해노인의 대응방식에서 경찰에 신고하지 않겠다는 응답이 절대적으로 많았던 것과 비교하면 아주 흥미로운 사실이라 할 수 있다. 이것은 아마도 피해노인이 일반적으로 신고를 하지 않고 참으려는 경향이 있는 점에 비추어 볼 때 노인학대의 발생이 그만큼 많다는 것을 의미한다고 할 수 있다. 또한 노인학대가 외부와 차단된 상태에서 이루어지거나 남의 가정문제이기 때문에 가족이나 외부사람은 신고하기를 꺼려하기 때문에 나타나는 결과라고 생각된다.

(7) 피해노인의 대응방식

피해노인의 대응방식을 살펴보면, 한국보건사회연구원의 조사에서는 피해노인 중에서 과반수 이상인 62.8%가 끝까지 참고 일방적으로 당한 것으로 나타나, 피해노인의 경우 상당수가 학대에 대해 매우 수동적으로 대처하고 있는 것을 알 수 있다. 그리고 무조건 피하는 경우(7.4%)와 주위의 도움을 요청(4.3%)하는 등의 능동적인 대응을 하는 경우도 있었고, 이 외에도 가해자에게 함께 맞대응하는 경우(24.5%)도 상당수 조사되었다. 그러나 이와 같은 적극적인 대응에 비해 피해노인이 경찰에 직접 신고하는 비율은 1.1%로 매우 낮게 나타났다. 피해노인이 피하는 장소로는 특정한 장소에 갈 곳이 없어 배회하는 경우가 가장 많았으며, 다음으로는 따로 사는 자녀의 집이나 노인회관으로 피신한 경우가 많았다.

국가인권위원회의 조사에서는 피해노인이 가장 보편적으로 나타내는 대응태도는 '그냥 참았다'인 것으로 나타났고, 그 다음이 '자리를 피했다'로 나타났다. 학대시에 '그냥 참았다'라고 응답한 경우에 그 이유를 물어 본 결과 '가족이기 때문에'라는 응답이 가장 많았다. 그리고 학대상황이 재발한다면 신고하겠느냐는 질문에는 77.9%의 노인들이 '신고하지 않겠다'라고 응답하였으며 22.1%만이 '신고하겠다'라고 응답하였다. 신고하지 않는 이유로는 '가족이기 때문에'가 58.3%로 가장 높게 나타났고, 그 다음은 '창피해서' 15.8%, '자식과 인연을 끊을 수 없어서' 14.8%의 순으로 나타났다. 실제 노인학대 중에서 잘 드러나지 않은 것으로 자식에게 신체적·성적으로 폭행당한 부모들이 있으나 창피하기도 하고 자식의 장래를 생각한 나머지 신고하지 않는 경우가 상당히 많았다.

〈표 2-32〉 피학대 노인의 대응방식

대응방식	끝까지 참았다	무조건 피했다	주위에 도움을 요청했다	함께 싸웠다	경찰에 신고했다
비율(%)	62.8	7.4	4.3	24.5	1.1

자료: 보건사회연구원, 노인학대의 실태, 1999.
(http://www. elderabuse.or.kr/index/down/situate.htm)

가정폭력 사례

① 아들의 노모 심리적·정서적 학대

〈사례 24〉 노총각 H씨(남, 42세)는 살림이 가난하여 결혼도 하지 못하고 중풍에 걸린 어머니(70세)를 혼자서 보살피며 어렵게 살아왔다. 4남2녀 가운데 셋째 아들인 H씨는 10년 전부터 어머니를 홀로 모시고 살면서 3년 전 어머니가 중풍으로 쓰러져 하반신이 마비된 뒤로는 대소변까지 받아 내는 등 힘든 생활을 해왔다. H씨의 큰형은 10년 전 교통사고로 숨졌고 둘째형은 형편이 어려워 전혀 도움을 줄 수 없는데다 막내 동생은 H씨 명의로 1천만원을 대출받고 갚지 않았다. 할 수 없이 H씨가 집 근처의 농공단지에 있는 공장에서 주는 월급으로 은행이자를 갚게 되었고 집은 경매에 넘어가게 되었다. 다른 형이나 누나는 어머니를 모시려 하지 않았고 그렇다고 경제적인 도움도 주지 않았다. 이러한 까닭에 자신의 수입만으로는 생활하는 데 한계가 있고 끼니마다 어머니 식사를 챙겨드려야 하는 것에 조금씩 싫증을 느끼게 되었다.

그래서 H씨는 어머니가 빨리 죽기만을 바라게 되었고 술만 마시면 취해서 어서 죽으라고 하면서 화풀이를 하였다. 언젠가는 농약을 주면서 제발 마시고 죽으라고 윽박지르기도 하는 등 여러 차례 자살하기를 권유하였다. 2003년 5월 어느 날, 저녁 늦게 술에 취해 들어온 H씨는 어머니에게 칼을 건네주면서 죽으라고 강요하였으나 어머니가 죽지 않겠다고 하자 어머니를 발로 차고 때리면서 행패를 부렸다. 이에 이웃 주민들의 신고로 경찰이 출동하게 되자 H씨는 칼로 자신의 팔에 있는 동맥을 찌르고 자해하는 난동을 부리다 결국 경찰에 검거되었다.

이웃 주민들은 "본래 효심이 깊고 착한 사람이었는데 어머니 병시중을 오래 들다보니 술만 마시면 돌변하는 것 같다. 나이 40이 되도록 장가도 못가고 살림도 어려우니 가슴에 쌓인 게 많았을 것이다"라고 말했다. 경찰에서는 H씨가 효행상을 받은 경력이 있는데다, 살림이 너무 어렵고 세상살기가 싫어서 어머니가 먼저 죽으면 짐이 덜어질 것 같아 잘못을 저질렀다며 크게 뉘우치고 있는 점 등을 참작하여 이례적으로 불구속 처리하였다. H씨의 어머니는 면사무소 사회복지사를 통해 영세민으로 등록하여 요양원에서 무료로 거주하게 되었다.

② 아들의 노모 정서적 학대 및 방임

〈사례 25〉 P씨는 도시에 나가 사업을 하다 망하여 몇 년 전 평야지대인 고향으로 내려와 어머니(69세)와 단 둘이서 살게 되었다. 그는 41세 노총각이라 딸린 가족이 없었고 가진 재산도 없었다. 사업에 대한 미련 때문에 어머니 명의의 얼마 안 되는 논을 팔아서 사업자금으로 대달라고 요청하였으나, 마지막 남은 땅이니 팔 수 없다며 어머니가 완강히 거절하자 어머니에 대한 불만이 커지게 되었다. 농사를 지어야 먹고 살 수 있는 농촌에서 농사일은 어머니에게 맡기고 자신은 농사도 짓지 않고 거의 술만 먹고서 어머니에게 의지해 생활하였다. P씨는 술만 먹으면 이성을 잃고 어머니에게 함부로 대하고 상스러운 욕을 하였다. 어머니가 밥을 먹으면 P씨가 욕을 하면서 못 먹게 했기 때문에 어머니는 아들이 없을 때 몰래 부엌에 숨어서 밥을 먹었다. 한 번은 P씨가 술을 사러 나가는 것을 보고 부엌에서 밥을 가지고 나와 비닐하우스에서 먹고 있었는데, 아들이 이것을 보고 밥그릇을 빼앗으며 욕설을 하면서 밥을 먹지 못하게 하였다. 또 한 번은 재차 땅을 팔자고 하였으나 어머니가 거절하자 "이거 법만 없으면 때려죽이는데"라며 주먹으로 얼굴을 때릴 듯이 위협하고 쫓아냈다. 어머니는 하는 수 없이 집 옆의 비닐하우스에서 3일 간을 지낸 후 한겨울 추위를 도저히 견딜 수 없어 이웃집으로 찾아가 20여 일 간 숨어 지낸 적도 있었다. 또 어느 날은 P씨가 술을 마신 것을 보고 그가 잠들 때까지 비닐하우스에서 기다리다가 잠든 사이에 뒷문을 통하여 방으로 들어가 잠을 자고 있었는데, 아들이 깨어나 어머니의 멱살을 잡아끌고 다녀 집에서 잠을 못자고 쫓겨난 적도 있었다. 그리고 아들 P씨는 한겨울을 지내는 동안 자신의 방에는 불을 넣으면서 어머니의 방에는 불을 넣지 못하게 하여 냉방에서 지내도록 하였다. 이와 같은 P씨의 행패가 수년 간 지속되자 주위에서 신고할 것을 여러 차례 권하였지만 어머니는 한사코 이를 거절하였다. 그것은 P씨가 술 먹었을 때만 행패를 부리지 술을 먹지 않았을 때는 조용하고 상당히 점잖은 편이었기 때문에 계속 그대로 참고 살려고 하였던 것이다. 그래서 P씨가 술을 먹으면 행패부릴까 봐 미리 피했다가 술이 깨거나 잠들면 들어오는 일이 수년 간 계속되었다. 결국 이를 보다 못한 이웃 주민들이 경찰에 신고함으로써 P씨는 존속상해죄로 구속되었다.

③ 아들의 노모 신체적·정서적 학대

〈사례 26〉 H씨(남, 45세)는 수년 전 아내와 이혼하고 다리와 도로 등 토목공사장에서 노동을 하면서 어머니(72세)와 두 딸과 함께 살고 있었다. 그는 젊은 시절부터 노동일에 종사하면서 술을 자주 마시게 되었고, 성격도 난폭하여 평소 뚜렷한 이유 없이 가족이나 주변 사람들에게 욕설과 폭행을 일삼다가 이를 견디지 못한 아내와도 이혼하게 된 것이다.

어머니는 남은 손녀 둘을 양육하며 지병인 혈압으로 고생하고 있었는데 아들의 난폭한 성정이 무서워 아픈 내색도 못하고 감추고 지냈다. 어느날 몸이 아파서 누워 있는 어머니를 본 아들 H씨가 어디 아프냐고 묻자 누운 채로 "그냥 아프다"라고 대답하였다는 이유로 어머니의 멱살을 잡아 흔들고 욕을 하면서 얼굴에 침을 뱉었다. 또한 중학생 딸이 책값과 보충수업료에 보태기 위해 그동안 받은 세뱃돈을 모아 감추어 두었는데 H씨가 몰래 가지고 나가 술값으로 다 써버린 일이 있었다. 이를 알게 된 딸이 집을 나가 이모 집에서 지내며 들어오지 않자 딸을 집으로 끌고 와 구타하였다. 이 때 어머니가 밖에서 손녀딸에게 손짓을 하며 아버지를 피해 도망가라고 하자 어머니에게 욕을 하며 양손으로 밀어 넘어뜨리고 어머니의 입을 비틀었으며 주먹으로 얼굴과 가슴을 때리고 머리채를 잡아 거실에서 끌고 다녔다. 이를 말리는 자신의 딸도 머리를 잡아 끌고 다녔다. 나중에 어머니가 참다 못해 112신고로 경찰에 구원을 요청하여 아들 H씨는 존속폭행죄로 구속 수감되었다.

〈사례 27〉 L씨(남, 43세)는 거의 매일 술에 취해 주정과 폭행을 일삼아 이를 참다 못한 부인이 가출한 후 일정한 직업 없이 혼자 떠돌이 생활을 하였다. L씨는 홀로 살고 있는 어머니(76세)를 찾아가 곧잘 돈을 내놓으라고 요구하며 행패를 부렸다. 아버지가 죽은 후 집 한 채가 남아 있었는데 어머니가 보증을 잘못 서는 바람에 집이 남에게 넘어간 일이 있었다. 자신은 부모에게 아무런 혜택도 받지 못했고 생활도 어려운데 돈을 주지 않는다는 이유로 예전의 집 보증문제를 트집잡아 괴롭히면서 돈을 요구하였다.

하지만 어머니도 셋방살이하며 어렵게 혼자 살고 있었기 때문에 L씨를 도와줄 형편이 되지 못했다. 2001년 구정 무렵 매일 술을 마시고 어머니 집을 찾아간 L씨는 돈을 주지 않는다고 어머니에게 아들로서는 차마 입에 담을 수 없는 상스러운 욕설을 하고, 부엌칼로 죽이겠다고 위협하면서, 손과 발로 어머니를 구타하였다. 또 한 번은 누워 있는 어머니의 얼굴과 어깨를 발로 차고 욕설을 하기도 하고, 부엌칼을 밥상에 내리꽂고 어머니를 때렸다. 그 후에도 어머니에 대한 L씨의 폭력은 몇 년간 계속되었다. L씨가 어머니에게 하는 상스러운 욕설과 행패는 이루 말할 수 없을 정도였다. 이에 노모는 허구한 날 아들에게 맞고 살며 상스러운 욕과 고함소리가 집 밖으로까지 새어 나가 이웃 사람들 보기가 여간 부끄러운 게 아니었다. 결국 더 이상 참고 살기 힘들어 집에 있던 제초제 농약 1병을 마시고 자살을 기도하였다. 그러나 마셨던 농약을 토해버리는 바람에 재차 농약을 삼키려고 했지만 너무 고통스러워 실패했고 마지못해 서울에 있는 큰딸에게 전화를 하였다. 전화를 받은 큰딸이 이웃에 사는 친척집에 구호요청을 해서 어머니는 병원에 후송되었고 다행히 목숨을 건질 수 있었다. 큰딸은 남동생이 평소에 어머니에게 함부로 대한다는 것을 조금은 알고 있었지만 그 정도였는지는 몰랐다고 하였다. 어머니도 집안일로 남부끄러워 쉬쉬하고 있다가 급기야는 자살로써 해결하려고 했던 것이다. 이로 인해 아들 L씨는 경찰조사를 받고 구속되었다.

④ 아들의 노모 살해

〈사례 28〉 K씨(남, 43세)는 처가 병으로 죽고 난 후 아무런 직업도 없이 아들을 데리고 살고 있었다. 그는 하는 일 없이 술만 마시면서 이웃 면에 살고 있는 늙은 어머니가 남의 밭일을 해주고 번 돈으로 용돈과 생활비를 충당하였다. 하지만 어머니가 돈을 주지 않을 때는 손으로 어머니 몸을 툭툭 치면서 때리는 일이 다반사였다.

사건이 일어난 2003년 가을 어느 날 오후, 어머니가 자주 가는 마을회관에 칼을 들고 찾아 갔다. 마침 회관에는 어머니 외에 다른 사람들이 없었기 때문에 칼을 들고 중학교 다니는 아들의 학비를 달라고 위협하였으나 거절당하였다.

그 때 K씨의 어머니가 "그동안 가져간 돈이 얼마냐, 일은 하지 않고 매일 술만 마시면서 무슨 돈을 달라고 하느냐"라고 핀잔을 주자 이에 격분한 K씨는 칼로 어머니의 가슴과 머리를 찔러 살해하였다. 그리고 태연히 경찰에 어머니가 죽었다고 신고하였다. 경찰은 아들이 어머니가 살해당했는데도 슬퍼하지 않고 태연하다는 점에 의심을 두고 조사하던 중, K씨의 집 안에 남아 있는 혈흔을 발견하여 피살자의 혈액과 대조시켜 본 결과 양쪽 혈흔이 일치하였다. 이를 근거로 집중 추궁하여 K씨로부터 범행일체를 자백받았다.

이 사건은 단순히 생활비가 없는 K씨에게 노모가 생활비를 주지 않아 발생한 것이지만 K씨는 이 전에도 수차례 존속폭행을 한 경험이 있었다. K씨는 딸도 하나 없는 집안의 삼대독자로 태어나 어릴 적부터 버릇없이 자랐고, 성장해서는 아버지와 어머니, 할머니를 상습적으로 폭행하였다. 20여 년 전에는 밥상을 발로 차 엎어버리고, 삽을 어머니에게 던지면서 욕을 하고, 발로 차고, 머리채를 잡아 끌고 다녔다. 또한 아버지에게는 밥을 주지 않는다는 이유로 욕설을 하고, 밥그릇과 시멘트 벽돌을 던져 머리를 다치게 하였으며, 발로 차고, 머리를 잡고 흔드는 등의 폭력을 행사하였다. 이를 말리는 조모에게도 욕을 하고, 앞가슴을 밀어 넘어뜨려 머리가 찢어지는 상처를 입히는 등 상습적인 존속폭행을 하였다. 이 사건은 경제적인 문제 때문에 발생한 노인학대라기보다는 근본적으로 자식이 귀한 집안에서 외동아들로 태어나 어릴 때부터 버릇없이 자랐기 때문에 일어난 것으로 가정환경의 영향이 얼마나 중요한지를 일깨워주는 사건이었다. K씨는 존속살인죄로 구속되어 중형이 선고되었다.

⑤ 딸의 노모 신체적 학대

〈사례 29〉 L할머니(여, 81세)는 수년 간에 걸쳐 친딸인 Y씨(여, 57세)로부터 상습적으로 폭행을 당해 왔다. L할머니는 젊었을 때는 누구보다도 건강하여 남편 없이 혼자서 온갖 힘든 행상을 하며 4남매를 모두 가르치고 남부럽지 않게 키워냈다. 그러나 아들들은 사업이 잘 안 되어 생활이 어려워졌기 때문에 큰딸인 Y씨 집에서 얹혀 살고 있었다. 나이가 들면서 가벼운 치매증상이 일어났고 중풍 증세까지 있어 거동이 불편한 상태였다.

그러다 보니 오줌을 옷에 저리는 일이 많았는데 이럴 때면 딸 Y씨는 청소도구나 나무막대기 등 무엇이든 닥치는 대로 들고 할머니를 때리고 구박하였다. 한번은 옷에 대변을 보고 말았는데 딸 Y씨가 "왜 대소변도 제대로 못 가리느냐"라며 손톱으로 얼굴을 할퀴고 주먹으로 때렸다. 또 딸 Y씨는 할머니가 화장실에서 팬티를 제대로 내리지 못한다며 손으로 얼굴과 몸을 마구 때렸다. 딸 Y씨의 폭력은 비단 주먹으로 몸을 때리는 정도에 그치지 않고 얼굴과 눈, 머리 등을 사정없이 때렸고, 몸과 다리를 질근질근 밟는 등 노인으로서 감당하기 힘든 고통을 주었다. 그래서 L할머니의 얼굴에는 멍과 손톱자국이 지워질 날이 없었으며 온 몸은 멍투성이였다. 딸에게 폭행을 당해 다리가 부러져서 병원에 갔을 때 의사에게는 침대에서 떨어져 다쳤다고 거짓말로 둘러댔다. 이렇게 딸에게 맞고 지내는 것을 사위나 손자들도 어렴풋이 알고는 있었지만 애써 못 본 체하고 이를 말리려고 하지 않았다. 또한 나머지 자식들도 L할머니를 서로 모시려고 하지 않았기 때문에 큰딸 집에 왕래하는 일이 드물어 다른 자식들은 이러한 속사정을 잘 몰랐다. 따라서 L할머니에 대한 딸 Y씨의 폭력은 수년 간 계속될 수밖에 없었다. 이 같은 딸에 의한 노모 학대사건이 드러나게 된 것은 L할머니가 딸에게 맞고 폭행을 피하기 위해서 5층 아파트에서 1층까지 기어 내려오자 이것을 본 이웃 주민들이 딸의 만행을 관할 경찰서에 신고했기 때문이었다. 관할 경찰서에서는 딸 Y씨를 존속상해 혐의로 구속하고 L할머니에 대해서는 계속 딸집에 있을 경우 생명에 위협을 받게 될 것을 우려하여 관할 시청과 협의, 노인요양원에 들어가도록 주선하여 주었다.

⑥ 할아버지의 할머니 살해

〈사례 30〉 J 할머니(여, 74세)는 할아버지(남, 77세)가 평소 의처증이 심하여 폭언과 폭력을 일삼기 때문에 몇 번이나 집을 나와 자식들 집으로 도망쳤다. 그때마다 할아버지가 쫓아가 행패를 부려 다시 집으로 끌려오곤 하였다. 2004년 7월, 사건당일 할아버지의 구타에 동네 파출소로 달려가 신고를 하였다. 파출소에서는 여성의전화로 연결을 해주어 J 할머니는 동생과 함께 여성의전화를 찾아가 상담을 하게 되었다.

J 할머니는 할아버지와는 도저히 살 수 없다고 말하고 자식들과 연락하여 보았으나 자식들의 도움을 받기는 어려운 상황이어서 쉼터에 그대로 머물기로 하였다. 그 후 할아버지는 계속 여성의전화 사무실에 찾아와 다시는 할머니를 괴롭히지 않겠다는 각서까지 쓰며 사정을 하였다. J 할머니도 할아버지가 주위 사람들을 너무 힘들게 하고 잘못을 뉘우치는 것 같아 한번 믿어보겠다며 다시 집으로 돌아갔다. 그로부터 얼마 지나지 않아 J 할머니는 다시 동생과 함께 여성의전화 사무실에 찾아와 이제는 도저히 견딜 수 없어 이혼을 하겠다며 쉼터에 재입소하였다. J 할머니는 할아버지가 이전보다 술을 많이 자제하고 폭력도 많이 줄었으나 갖은 억지소리를 하면서 말끝마다 더러운 소리를 하는 등 언어폭력이 여전하여 가슴이 벌떡벌떡 뛰고 숨이 막힌다고 말하면서 이혼하기를 강력히 희망하였다. 그래서 여성의전화에서는 이혼서류를 준비해서 할아버지와 연락하여 상담을 한 결과 할아버지가 순순히 이혼에 응해주었기 때문에 안심하고 전세방을 얻어 쉼터에서 나오게 되었다. 그러나 이사한 지 며칠 후 추석 전 날, J 할머니는 전세방으로 찾아온 할아버지의 칼에 찔려 사망하였다. 피의자인 할아버지는 고령인 나이에도 불구하고 살인죄로 구속 수감되었다.

피해자는 결혼 40여 년 동안 계속된 남편의 폭언과 폭력 속에서도 오로지 자식들을 위해 참고 살아오다가 일흔이 넘어 이혼을 하고 새로운 삶을 시작하려다 결국 남편의 손에 죽임을 당한 것이다. 이 사건은, 가정폭력은 나이가 들어 힘이 없어지면 고쳐질 것이라거나 또는 이혼하게 되면 더 이상 괴롭히지 않을 것이라는 사회적 통념이 잘못된 것임을 보여준다.

제3편

가정폭력에 대한 통제 및 한계

제7장

Domestic Violence 가정폭력

국가개입에 의한 통제

제1절 국가개입의 필요성

가정폭력은 대부분 가정이라는 사적인 공간에서 가장 가까운 사람들 간에 이루어지기 때문에 곧잘 개인의 사생활문제로 치부되곤 하였다. 그래서 가급적 가정 내에서 자체적으로 해결하기를 바라고 공권력이 관여하는 것은 바람직하지 않은 것으로 인식되어 왔다. 그러나 가정폭력은 한번 시작되면 피해자와 가해자의 관계가 완전히 청산되지 않는 한, 가정이라는 공간에서 함께 생활하는 관계로 지속적으로 이루어질 수밖에 없는 형편이지만, 당사자 스스로의 힘으로는 폭력관계를 해소하기가 매우 어렵다. 이처럼 자체적인 해결을 기대할 수 없는 상황인데도 문제해결을 당사자에게만 맡겨둔다는 것은 피해자의 일방적인 희생만을 강요할 뿐 근본적인 문제해결이 되는 것은 아니다. 따라서 이를 위해서는 공권력과 같은 외부의 개입이 필요한 것이다.

그 이유는, 개인적 차원에서 보면 피해여성은 매 맞는 여성들에게서 공통적으로 나타나는 무력감과 공포감으로 인해 폭력관계에서 빠져 나올 수 없다. 여기에서 벗어나도록 하기 위해서는 자존감을 강화시키고 적극적인 마음의 자세를 갖도록 교육시킬 필요가 있는데 이는 외부의 개입에 의해서만이 가능해질 수 있기 때문이다.[1] 또한 사회적 차원에서 보더라도 가부장적 사회체계에서 여성이 폭력관계에서 탈피할 수 있는 것은 가족체계의 경계가 열릴 때이며, 이는 가족체계 외부로부터의 대안적인 피드백(feed back) 자원을 모색하고 얻을 수 있을 때 가능해진다고 한다.[2] 이처럼 개인적으로나 사회적으로 볼 때도 피해자 개인의 능력으로는 폭력관계에서 벗어날 수 없기 때문에 외부의 개입이 이루어져야 한다는 것이다.

아내구타 등 가정폭력에 대한 외부의 개입은 국가기관 등에 의한 공적인 개입과 사적인 개입이 있다. 즉 외부의 개입은 사적·비공식적인 형태와 사회적·공식적인 형태로 행해진다. 사적 개입의 대표적인 것으로는 가까운 이웃이나 친지, 친구 등의 개입을 들 수 있다. 그러나 이들은 때로 피해자의 입장을 옹호하고 지원해주는 경우도 있지만 단지 사정을 들어주는 정도에 그치고 보다 근본적이고 확실한 대처방법을 제시해주지 못하고 있다. 그래서 이들의 개입은 피해자의 문제를 제대로 성찰하는 데 별다른 도움이 되지 못하고 개인적인 문제로 치부하도록 하는 경향도 있다.[3]

이에 가정폭력에 대한 보다 지속적이고 체계적인 대응과 통제를 위해서는 사적 개입 외에 공식적 개입, 그 중에서도 국가의 개입이 필요하다. 이러한 공식적 개입으로는 여러 전문기관이나 의료체계의 지원과, 경찰과 법원·검찰과 같은 국가기관에 의한 조치들을 들 수 있다. 경찰과 법원·검찰과 같은 사법기관에 의한 공권력의 개입은 가정폭력도 일반폭력과 같이 범죄행위로 보고 형사사법적인 조치를 취하는 것이다. 이러한 조치를 통해서 피해자를 보호하고 가해자를 치료하거나 격리조치시킴으로써 가정폭력을 예방하고 감소시킬 수 있다.

따라서 이제는 가정폭력이 사회의 어느 폭력범죄보다 더 큰 해악이 있고

1) L. E. Walker, *Ibid.*, pp.95~104.
2) J. Giles-Sims, Wife Battering: A Systems Theory Approach, New York: Guilford Press, 1983, pp. 132~137.
3) 김혜선, "아내구타에 대한 경찰의 개입", 입법조사연구, 제237호, 1996, 59쪽.

또 개인의 노력만으로 문제를 해결할 수 없다는 것이 확인된 만큼, 이에 대한 강력한 제재와 통제를 위해서는 국가적 차원의 적극적인 개입이 요구된다 할 것이다. 이에 대부분의 선진 국가들도 가정폭력에 관한 법을 제정하여 국가적 차원에서 적극 대응하고 있다. 우리나라도 늦었지만 다행스럽게도 1998년 가정폭력범죄의처벌등에관한특례법과 가정폭력방지및피해자보호등에관한법률을 제정하여 시행함으로써, 가정폭력에 대한 종래의 미온적이고 애매모호한 태도를 명확히 하여, 이제는 가정폭력을 국가가 직접 개입해야 할 범죄행위로 규정하고 국가의 공권력이 이에 적극 개입한다는 것을 명시하고 있다.

제2절 경찰의 역할

가정폭력에 대한 국가의 개입으로는 전통적인 방법으로서의 그에 관한 법률의 제정과 법의 집행을 통한 형사사법적인 대응이 있다. 그러나 법집행과 같은 고전적인 수단은 오늘날의 복잡 미묘한 사회문제에 적용시키기에는 그 한계가 있다고 할 수 있다. 이에 이미 심각한 사회문제로 된 가정폭력에 효과적으로 대응하기 위해서는 여러 국가기관 중에서도, 특히 경찰에 의한 적극적인 활동이 요구된다 할 것이다. 그것은 경찰이 폭력현장에 가장 먼저 접근할 뿐더러 평상시 근무활동을 통해서도 가정폭력을 유발시키는 위험요인들과 가장 많이 접하기 때문이다.

그러나 가정폭력과 같은 문제에 어느 범주까지 경찰이 개입할 수 있고 또 개입해야 하는지가 애매한 것처럼 보인다. 이는 과거 경찰의 본질에 관한 협의의 입장에서 경찰활동을 분류함으로써, 현 시대에 기대되는 경찰활동의 범위를 지나치게 축소시켜버린 결과 때문이라고 보인다.

종래에는 경찰의 본질을 질서유지(order maintenance)로만 한정시키고 법집행을 통한 단속을 경찰활동의 전부로 생각하였다. 이에 따라 경찰활동은 사회질서를 유지하기 위해 국민의 자유와 권리를 침해하는 작용으로 인식된 결과, 국민의 기본권 보장에 충실하기 위해서 모든 경찰활동에 있어 법적 규제를 가하고 경찰활동을 최소화하도록 하였다. 이런 결과로 질서유지 목적 외의 기타 주민의 복지를 위한 적극적 활동은 경찰의 영역 밖인 것으로 여겨지게 된 것이다. 이처럼 경찰의 본질을 질서유지에만 고착시키는 것은 잘못된 것으로 보인다. 왜냐하면 경찰의 목적은 국민의 생명과 재산을 보호하는 것인데 이를 위해서는 단순히 법규에 위반한 행위, 즉 범죄만을 단속해서는 경찰의 목적을 달성하는 데 충분하지 못하고, 그 외에 국민에게 복지와 이익이 되는 활동을 함으로써 이를 달성할 수 있기 때문이다. 따라서 경찰의 본질은 법집행(enforcement)과 봉사(service) 양쪽을 모두 포함하는 것으로 보아야 할 것이다.

경찰관들도 경찰의 본질을 종래와 같은 질서유지 차원의 협의적 입장에서 이해하는 결과, 업무에 대해서도 이와 같은 선입견을 갖게 되어 특별히 법에 중하게 위반되지 않는 행위에 대해서는 신고가 있더라도 굳이 개입을 하려 하지 않는 경향이 있다. 그러나 이제는 시대가 발전하고 경찰에 대한 사회적 요구가 증대해짐에 따라 새삼 경찰역할의 중요성을 깨닫게 되어, 경찰이 사회의 모든 어렵고 힘든 일을 해결해 주기를 바라는 형편이 되었다. 그래서 경찰이 사회에서 일어나는 모든 갈등과 문제를 최종적으로 처리해야 하는 입장에 있기 때문에 이른바 하수종말처리장과 같은 역할을 한다고 할 수 있다.

이것은 가정폭력의 경우에서도 마찬가지일 것이다. 가정폭력과 관련된 여러 정부기관과 사회단체들이 있지만, 경찰은 위기상황에 처해 있는 가정에 대해 가장 먼저 효과적으로 대응할 수 있는 기관이다. 경찰은 폭력을 당하는 피해자가 스스로 극복하기 어려운 극한적 상황에 처하게 되었을 때 가장 손쉽게 도움을 요청할 수 있는 조직이다. 그것은 경찰조직이 24시간 비상상태로 운영되는 체제이고 언제나 연락이 가능한 통신망과 출동인력이 확보되어 있기 때문이다. 또한 경찰은 가해자에 대해서 강제력을 행사할 수도 있다. 따라서 경찰은 가정폭력의 현장에 즉시 출동하여 신속하게 적절한 조치를 취함으로써 폭력행위를 제지할 수 있을 뿐만 아니라, 사건이 종결된 후에도 지속적인 관찰을 통해 재발방지를 위한 노력을 할 수 있기 때문에 가장 중요한 역할을 담당한다고 할 수 있다.

이처럼 가정폭력뿐만 아니라 다른 여러 사회문제에 있어서도 경찰의 역할과 개입이 중요하지만 여기에 문제가 없는 것은 아니다. 특히 가정폭력에 대한 경찰의 개입은 개인의 사생활 보호와 밀접한 관련이 있어 더욱 문제가 된다.[4] 먼저 경찰이 개인의 사적인 분야에 개입한다고 하더라도 어느 범위까지 개입할 수 있는지는 명확하지 않다. 긴급성(exigency) 또는 긴박한 상황(exigent situation)은 경찰관이 타인의 가택에 무단출입하고 사람을 체포하는 데에 대한 법적인 정당성을 부여한다. 그렇지만 개인이 중대한 위험이 따를지도 모르는 문제를 스스로 해결할 것인지 아니면 경찰에 신고하여 도움을 받아야 할 것인지를 개인이 선택하여 결정할 수 있는 영역에 대해, 우리 사회가 얼마나 경찰의 개입을 용인할 수 있느냐 하는 의문은 여전히 남아 있다.[5]

따라서 가정폭력문제에 경찰이 어느 범위까지 개입할 수 있는지를 좀 더 명확히 하기 위해서 우리나라의 실정법적 측면에서 살펴보기로 한다. 경찰권 발동의 대표적 근거법인 경찰관직무집행법에서는 '국민의 자유와 권리의 보호'와 '사회공공의 질서유지'를 그 목적으로 명백히 규정하고 있고(제1조 제1항), 또한 인명 또는 신체에 대한 위험발생을 방지한다든지 범죄행위로 인하여 인명 · 신체에 위해를 미칠 정도로 그 위해가 절박할 때에는 합리적으로 판단하여 '필요한 한도' 내에서 타인의 토지 · 건물 등에 출입할 수 있다고 규정하고 있다(제5조, 6조, 7조 참조). 한편 경찰관직무집행법은

4) 김병주, 앞의 책, 184~185쪽.
5) D. K. Gosselin, *Ibid.*, p. 208.

경찰관의 직권은 직무집행에 '필요한 최소한도' 내에서 행사되어야 하며 남용되어서는 안 된다고 규정하고 있다(제1조 제2항). 이들 규정을 통합적으로 해석할 때, 가정폭력에 있어서 경찰개입의 문제는 '가정과 사회' 또는 '공적인 문제와 사적인 문제' 등 2분법적으로 판단해서 결정할 것이 아니라, 궁극적으로 어떤 사태가 범죄행위로서 타인의 자유와 권리를 침해하는지 여부와 그것이 경찰관의 직무범위에 포함되는지 여부를 기준으로 판단해야 한다고 생각된다.

다만 경찰개입의 한계문제로서 과연 어느 때에 개입을 할 것인가에 관해서는 앞에서 언급된 법규정(경찰관 직무집행법 제7조, 제1조 제2항)상의 '합리적 판단', '필요한 한도 내', 또 '직무집행에 필요한 최소한도 내'라고 하는 표현에서 알 수 있듯이 기본권 제한의 한계법리에 따라야 할 것이라고 본다. 즉 가정폭력을 이유로 가정에 개입하는 것은 곧 또다른 기본권인 '프라이버시권'과의 충돌을 야기하므로 경찰권 개입 또한 기본권 제한의 한계에 관한 법리인 '과잉금지의 원칙' 또는 그 내용의 하나인 '최소침해의 원칙'에 따라 이루어져야 할 것이다.

또한 우리 사회가 가정폭력과 같은 사적 문제에 보다 폭넓은 경찰의 개입을 용인할지라도, 경찰의 한정된 재원만으로는 이러한 사회적 요구를 모두 충족시켜줄 수 없는 한계가 있다. 이에 대해서는 여러 관련기관과 사회단체와의 연계를 강화하여 동원가능한 모든 재원을 활용할 수 있도록 해야 하고, 경찰 자체적으로는 가정폭력과 같은 특수한 범죄에 대한 범죄수사의 전문화를 기해야 한다. 이를 위해서 경찰관에 대한 교육을 강화하고 훈련을 시켜 다양한 종류의 범죄에 대응할 수 있는 전문가를 양성해야 할 것이다.

제3절 경찰의 개입태도

우리나라에서는 최근까지만해도 가정폭력에 대한 경찰의 반응이 매우 소극적이라는 비판을 받아왔다. 경찰은 가정폭력을 개인의 사생활문제로 간주하여 상해와 같은 중대한 신체적 침해행위가 발생하여 신고되지 않는 한 가급적 개입하지 않으려는 경향을 띠고 있었다.

이와 같은 경찰의 소극적이고 방관자적인 대응태도는 일명 무개입주의(non-involvement)로서 미국경찰에서도 일찍이 먼저 나타난 바 있다. 미국의 많은 경찰관들은 아내에 대한 남편의 폭력을 용납될 수 있는 행위로 간주하는 경향이 있었는데, 이러한 편견이 경찰의 반응에 영향을 미친다고 하였다. 미국에서의 경찰관의 태도에 관한 한 연구는 경찰관들이 가정폭력을 수용될 수 있는 것으로 생각할수록 그들은 가정폭력사건에 부정적으로 반응한다는 연구결과를 제시하고 있다.

마틴(D, Martin)은 남편으로부터 구타를 당했을 때 여성들이 취한 행동 중에서, 가장 적극적인 방법인 경찰에 신고하거나 같이 싸운 경우가 극히 낮은 비율을 차지하는 이유로 경찰이 부부의 폭력문제에 별다른 도움을 주지 못하기 때문이라고 주장하였다. 즉 "경찰은 자주 아내구타를 이유로 한 고소를 정식으로 접수하기를 거부한다. 이에 대한 경찰이 제시하는 일반적인 이유는 경찰은 가정 내의 문제에 끼어들고 싶지 않다는 것이다. 이것은 부부 사이의 문제이기 때문에 경찰로서도 어찌할 수 없으며 화해하기만을 기대한다"라고 언급하였다.[6]

6) D. Martin, Battered Wives, New York, Pocket Book, 1976: 김병준, 앞의 책, 212쪽.

그러나 이러한 미국경찰의 태도는 가정폭력에 대해 소극적이고 무대응으로 일관했던 1970년대의 모습이지 최근의 모습을 말하는 것이 아니다. 최근에는 과거와 달리 가정폭력에 대한 경찰의 인식이 확연히 바뀌었으며, 이와 관련된 법규들이 속속 제정되어 의무적으로 가해자를 체포해야 하는 등 적극적으로 개입하고 있다.

이에 비해 우리 경찰의 경우에는 아직도 미국경찰의 과거의 행태에서 크게 벗어나지 못하고 있다. 일부 학자들은 1990년대 후반 우리 경찰의 가정폭력에 대한 반응을 미국경찰과 비교해 볼 때, 미국의 1970년대에 해당하는 제1단계인 전통적 반응단계에 해당한다고 지적한 바 있다.[7] 물론 그 후 가정폭력특례법이 시행되고부터는 경찰관의 가정폭력에 대한 인식이 상당히 전환된 것도 사실이지만, 아직도 많은 경찰관은 가정폭력사건에 대해 일반폭력사건과 달리 되도록이면 개입하지 않으려는 경향이 여전하다. 예를 들어, 가정폭력사건 신고를 받고 현장에 출동한 경우에는 상황을 진정시키고 가급적 빨리 현장을 떠나려고 한다. 가해자에 대해서도 피해자의 고소가 있는 경우에만 법적으로 처리하려 하고 가능하면 화해나 대화로 해결하도록 권유하고 있다. 경찰이 이같은 태도를 취하는 데는 가정에서 발생한 문제는 가정 내에서 가장 잘 해결될 수 있을 것이라는 믿음의 철학이 자리잡고 있기 때문이다. 현실적으로도 한국이나 미국에서 경찰이 가해 남편을 체포하지 않는 주된 이유는, 대부분의 경우에 법률적으로 가해자에 대한 고소가 필요한 경우가 많고 또한 고소를 한 경우에도 고소인이 고소를 취하할 가능성이 높다고 보기 때문이다.

그러나 경찰의 이러한 태도에 대해서는 피해자들의 불만이 상당히 높은 것으로 나타나고 있다. 또한 우리 사회가 급속히 변화함에 따라 앞으로도 계속 가정폭력이 많이 발생할 것이고, 이에 따른 비행청소년 범죄나 피해자에 의한 가해자 살해, 자살하는 노인의 증가와 같은 심각한 문제들이 크게

7) 미국 사회의 가정문제에 대한 경찰의 반응은 3단계를 거쳐 변해 왔는데, 제1단계는 1970년대 중반까지로 전통적 반응단계이고, 제2단계는 1970년대에서 1980년대까지로 봉사단계, 제3단계는 1980년대로 체포단계라고 한다 : 최원규, "경찰사회사업가제도 도입·활용방안", 치안보고서, 치안연구소, 1995, 10쪽.

대두될 것이다. 따라서 이같은 사회문제에 대처하기 위해서는 사회와 국가의 적극적인 개입이 요구되는 만큼, 경찰도 지금까지의 소극적이고 방관적인 자세에서 탈피하여 능동적이고 적극적인 자세로의 전환이 요구된다고 할 것이다.

제2장 각국의 통제 실태

가정폭력 Domestic Violence

제1절 외국

1. 미국

(1) 가정폭력에 대한 인식

근래에 들어와 가정폭력이 사회 전반에 편재된 상당히 심각한 사회적 문제로 인식되고 있지만, 가정폭력은 서구의 역사와 문화에 뿌리 깊은 기반을 두고 있다. 전세계 어느 나라를 막론하고 역사를 통해서 법과 사회가 통상적으로 남성에 대한 여성의 복종을 절대적으로 지지하고 영속화시키는 데 쓰였다는 것을 알 수 있다. 사회·문화적 관점에서 보면, 여성은 남성의 소유물로 간주되어 왔고 남성의 임무는 여성과 아동에 대한 구타를 통해서 가정의 질서를 유지하는 것이었다. 19세기부터 20세기에 들어서기까지 모든 권리는 남성에게만 배타적으로 적용되었고, 남성의 소유물로 여겨졌던 여성과 아동에게는 인정되지 않았다. 역사는 상당히 최근까지도 가족의 기강을 유지하기 위해서 남성이 그 아내와 자녀에게 신체적 폭력을 사용하는 것이 법적으로 인정되었음을 보여준다. 18세기 영국 보통법(Common Law)

에는 남편이 아내를 때리는 데 사용하는 나무막대기가 어느 정도 두께이어야 하는 것이 규정되어 있었다.

이와 같은 문화적 분위기에 따라 미국에서 1970년대까지 대부분의 판사는 가정폭력을 가정문제로 보고서 이에 관한 판단은 법원의 관할 밖에 있다고 생각하였다. 그들은 법의 위력이 가정에 들어서는 순간 사라진다고 생각했고 일부는 지금도 여전히 그렇게 생각하고 있다. 이런 경향은 경찰도 마찬가지여서 가정문제에 대해서는 방관하거나 개입을 자제하여 왔다. 초기에 배우자학대에 대한 비강제법이 있었지만, 미국 사법부가 비로소 문제에 대한 심각성을 깨닫고 가정폭력을 범죄로 규정한 것은 1970년대에 와서이다. 그 이전까지는 가정폭력의 피해자를 위한 사회적 서비스가 거의 존재하지 않았다. 1970년대 이후 가정폭력이 비극적이고 고비용의 사회현상으로 인식되어 이에 관한 새로운 법률들이 제정되었으며, 과도할 정도로 많은 기관이 가정폭력의 예방 및 피해자 지원을 위해 설립되었다.

(2) 가정폭력에 대한 대응

1) 법적 대응

가. 가정폭력법의 연혁

미국에서는 1960년대부터 가정 내의 폭력이 사회적인 문제로 대두되었지만 중요한 사회적 이슈가 되지 못하였으며, 여성에 대한 폭력을 범죄로 인정하고 이에 관한 법규를 제정한 것은 1970년대 중반 이후부터였다. 1980년대 초반까지도 아내학대에 대한 관심은 아동학대의 뒷전에 밀려 있어 언론의 조명을 받지 못하였다. 중반에 접어들면서부터 이에 대한 여론의 관심이 집중되기 시작하면서 지난 20여 년 동안 크게 변화하여 1980년대에는 거의 모든 주들이 가정폭력에 관한 법령을 제정하였다.

1984년에는 가정폭력 예방 및 서비스 법(Family Violence Prevention and Service Act)이 제정되었다. 이 법은 자치단체와 주정부가 다양한 서비스에 관한 공동연구를 하고 가정폭력을 중단시키기 위한 훈련프로그램을 개발하는 데 연방기금을 제공할 수 있도록 하였다. 범죄피해자법(Victims of Crime Act)도 제정되었는데, 이 법은 범죄피해자에 대한 보상을 위해 주정부 기관에 기금을 제공하고 가정폭력피해자에 대한 필요한 지원을 하도록 하였다.

그러나 이보다 근본적인 최근의 개혁입법은 1990년대에 집중적으로 이루어졌다. 그 중에서 획기적인 변화는 1994년 '폭력범죄의 통제와 법집행(Violence Crime Control And Law Enforcement)'이라는 법안을 완성시켜, 이 법안의 4장에 조셉 바이든 상원의원이 제출한 여성폭력법(Violence Against Women Act : VAWA)을 포함시킨 것이다. 이 법은 성폭력과 가정폭력을 통괄하여 여성을 위한 안전한 거리, 안전한 직장, 안전한 가정을 만들어 주는 것을 목적으로 하고 가해자에 대한 처벌을 강화하고 있다. 이 법에 의해 금지되는 행위는 폭행, 미행, 강제추행, 신체에 대한 상해, 성폭행, 강간, 살해나 중상해의 공포상황을 조성하거나 가족에 대한 살해나 상해의 협박, 보호명령의 위반 등이다.[8)]

VAWA는 여성폭력에 대한 법적이고 실질적인 대응책으로 이와 관련된 프로그램과 서비스에 기금을 제공할 수 있도록 하였다. 뿐만 아니라 남녀간 성문제와 관련된 범죄를 여성에 대한 시민권의 침해로 보고 피해여성에게 가해자를 고발할 수 있는 법적 권한을 부여하였다. 또한 이 법은 가정폭력범죄를 행하고 주 경계를 넘나드는 행위를 연방범죄로 규정하여 주 경계를 뛰어넘는 보호명령을 만들었으며, 여러 주에 걸쳐 자행되는 스토킹행위에 대해서도 형사처벌을 할 수 있도록 규정하였다.

> 1994년 11월 웨스트버지니아(West Virginia) 주에 살고 있던 베일리(Bailey)는 부인 쏘냐(Sonya)를 폭행하고 차 트렁크에 넣은 채로 5일간 웨스트버지니아주와 켄터키(Kentucky) 주를 돌아다녀서, 부인에게 심각한 뇌손상을 입히고 식물인간이 되게 하였다.

8) 심영희, "아내구타의 사회적 의미와 대책", 아내구타 · 아동학대, 깨어진 가족공동체(가정폭력방지법 추진을 위한 공개토론회 자료집), 한국여성의전화, 1994. 34쪽.

이 사건에서 남편은 켄터키주에서 체포되었지만, 지방경찰은 그들의 관할 내에서 일어난 일에 대한 증거가 없다는 이유로 기소할 수 없다며 공소를 제기하지 아니 하였다. 하지만 만약, 그가 웨스트버지니아주에서 체포되었다면 그는 2년 이하의 징역을 선고받았을 것이다. 이 사건에서 1995년 5월 연방검사는 주 간의 가정폭력에 관한 VAWA 규정에 의해 연방 최초의 결정을 내려서 베일리를 아내를 학대하고 납치한 혐의로 전격 구속하였다.

이에 따라 가정폭력을 피해서 다른 주로 이주한 여성은 이주한 후에도 법의 보호를 지속적으로 받을 수 있게 되었으며, 주정부와 자치단체도 피난처의 설립, 상담프로그램 운영, 그리고 다양한 예방프로그램(위기의 전화, 가정폭력피해자를 조사하는 경찰이나 사법기관직원의 교육 및 훈련) 등을 위한 자금을 지원받을 수 있게 되었다. VAWA는 각 주정부가 가해자를 체포하는 데 주력하고 가정폭력을 피해서 이주한 여성과 아동에 대한 특별서비스의 필요성을 인식하도록 독려하는 내용을 포함하고 있다.

1996년에는 클린턴 대통령이 법무부 산하에 여성폭력사무소를 개설하였는데, 그 임무는 여성폭력법의 지원을 위한 각종 연방프로그램 간의 협력을 도모하기 위한 것이었다. 클린턴은 또한 가정폭력범죄로 유죄를 받은 자가 권총을 구입할 수 없도록 하는 브래디법안(Brady Bill)을 개정하였다. 이와 같은 연방법의 변화 외에도 거의 모든 주에서 법률을 제정하여 폭행이나 구타, 그리고 고의적 정서불안 유발행위를 한 배우자에 대해 상대 배우자의 고소권을 인정하였다.

(나) 민사보호명령

가정폭력과 관련된 여러 법 중에서 무엇보다도 민사적인 보호명령(protection order)을 채택한 것은 큰 의미가 있다. 이 명령은 그 목적이 가해자로 하여금 추가적인 학대행위를 억제하고 피해자를 구제하기 위한 것이기 때문에 일반적으로 금지명령(restraining order)이라고도 불린다. 미국에서도 법정까지 가는 부부 간의 폭력은 극히 일부분에 지나지 않으며, 가장 일반적으로 이용하는 것이 보호명령이다. 이것은 피해자들이 이혼이나 가해자를 감옥에 보내지 않고, 다만 거주지에서 내보내거나 폭력을 중단시키고 싶을 때에 가장 유용하게 이용할 수 있는 수단인 것이다. 보호명령은 형사법원이 아닌 민사법원에서 사용되며, 결혼문제나 가정문제를 해결하기 위해 특수화된 법원에서 시작되었다는 점에서 형사소추와는 성격이 다르다.[9] 그러나 보호명령이 관습적으로 민사법원에 의해서 시행되지만 형사사법체계와 직접적으로 관련되어 있다. 그것은 보호명령의 위반은 법정을 모욕하는 행위로서 체포하여 처벌하기 때문이다.

민사보호명령은 이제 미국 내 모든 주와 콜롬비아 지구의 성인들에게 유효한 것이 되었다. 이 명령의 위반은 형사범죄에 해당되며 경범죄로 처벌받게 된다. 이 명령은 가해자에게 송달되어야 하지만 가해자의 위치를 찾을 수 없어 송달이 안 되었어도 무효화되지는 않는다.

또한 보호명령 외에 이것과 같은 효력이 있는 일시보호명령이 있다. 이것은 요청이 들어오면 몇 시간 또는 며칠 이내에 효력을 발하는 긴급보호명령으로서, 일시적으로 보호명령과 똑같은 효력이 발생하고 긴급한 경우에 적용되며 집행과정은 보호명령과 동일하다.[10] 긴급을 요하기 때문에 재판을 통해서 할 시간적 여유가 없을 때에는 판사가 전화로써 직접 명령을 내린다. 이 때 판사는 전화로 일시보호명령을 발하거나 경찰관에게 보호조치를 취하도록 지시할 수 있다. 그러면 피해자는 다음 날에 법원에 가서 명령장을 받으면 된다.

① 보호명령의 취득요건

피해자가 민사보호명령을 취득하기 위해서는 몇 가지 조건을 충족시켜야 된다. 피해자와 가해자가 가족관계나 파트너관계에 있어야 하고, 형법이나 가정폭력보호법에 의해 금지되는 학대 또는 위협행위가 피해자나 그 자녀에게

9) Buzawa, Domestic Violence, Sage Publication, 1996, p. 188.
10) 변화순외, 앞의 논문, 159쪽.

가해졌고, 피해자가 보호명령을 취득하기 위한 서면신청서를 작성해서, 재판관할권이 있는 주법원이나 연방법원에 제출해야 한다. 대부분의 주는 보호명령을 취득하기 위해 법원에 24시간 출입할 수 있다. 때때로 경찰관은 법원이 휴정 중이거나 야간이나 주말과 같은 경우에 피해자를 위해 당직판사에게 전화로 청원을 할 수 있다. 그러면 판사는 구두로 보호명령을 내린다.

② 구제의 유형

모든 보호명령은 가정폭력의 피해자에게 여러 유형의 구제를 받을 수 있도록 규정하고 있다. 가해자가 이 보호명령을 위반한 경우에는 경범죄(misdemeanor), 중범죄(felony), 법정모독(contempt of court)에 해당되어 처벌받는다. 보호명령은 가해자에게 폭력행위를 금지시키고, 피해자에게 거주지에 대한 배타적 소유권을 부여하거나 가해자를 퇴거시키고, 공동의 자녀에 대한 일시적 양육권을 피해자에게 부여하며, 가해자에 대한 격리나 접근금지 명령을 할 수 있고, 이 기간 중에 자녀와 배우자에 대한 부양을 하도록 한다. 일부 재판관할구역에서는 피고인의 무기, 공동거주지의 열쇠, 수표장, 자동차와 같은 소유물에 대해 몰수를 명령한다.

보호명령의 일반적 구제유형으로는 다음과 같은 것들이 있다.[11)]

ⓐ 접근금지명령(restraining order) : 아칸소와 위스콘신을 제외한 모든 주에서는 구제의 일반적 유형으로 금지명령 규정을 두고 있다. 1996년에 위스콘신은 가해자로 하여금 체포 후 72시간 동안 피해자의 거주지로부터 멀리 떨어져 있을 것을 요구하였다.

ⓑ 거주지의 배타적 사용 또는 가해자의 퇴거(exclusive use of a residence or eviction of a perpetrator from the victim's household) : 모든 주는 약간씩은 다르지만 이러한 규정의 어떤 유형을 가지고 있다. 일부 주는 피고인으로 하여금 보호명령으로 퇴거당한 경우라 할지라도 피고인과 피해자가 공유했던 집이나 아파트에 대한 집세를 계속 지불하도록 요구한다.

11) D. K. Gosselin, *Ibid.*, pp.173~176.

ⓒ 양육권과 접견권(custody or visitation): 금지명령에서 양육권과 접견권을 규정하고 있는 대부분의 주는 양육권을 갖게 되는 부모를 지정한다. 그러나 보호명령이 양육권을 위한 유언검인법원과 가정법원의 명령을 대신하지는 않으며 아이들의 이익을 최대한 고려하기 위해 독립된 심리를 일시적으로 미결인 채로 둔다.

ⓓ 자녀와 배우자 부양의 지원(payment of child or spousal support) : 많은 주에서 보호명령에서 결정된 자녀 또는 배우자의 부양을 위해 가해자로 하여금 생활비를 지원해주도록 하였다.

③ 보호명령의 한계

전문가들은 보호명령이나 접근금지명령을 취득하는 것도 피해자를 보호하는 데 있어 한계가 있기 때문에 이것으로 안전예방조치를 대체해서는 안된다고 경고한다. 보호명령이 가정폭력의 피해자에게 즉각적인 구제를 해준다고 해도 그 명령은 임시방편에 불과하다는 것이다. 그것은 명령이 발효된 후 2년 이내에 빈번히 피해가 재발하는 것을 근거로 제시하면서 보호명령이 안전에 대한 그릇된 인식을 심어주고 있다고 지적한다. 대부분의 가해자는 폭력전과가 있는데, 이들은 남성에게 뿐만 아니라 여성에 대해서도 폭력을 행한 전과가 있기 때문에 더욱 그렇다고 할 수 있다.

이처럼 보호명령이 일시적인 효력밖에 없는 관계로 임시금지명령을 획득한 피해자가 그 명령을 영구적인 명령으로 바꿀 수 있어야 되는데, 그렇지 못하다는 데에 문제가 있다. 한 연구결과에 따르면 피해자 중 40%가량이 영구보호명령으로 바꾸는 데 실패하는 것으로 나타났다. 이것은 보호명령을 받으려 하는 여성들의 대다수가 학대에 대한 심각한 불만을 가지고 있으면서도 영구명령으로의 전환을 선택하지 않고 있기 때문이다. 그 이유로는, 가해자가 이제는 그들을 괴롭히지 않겠다거나, 소송을 취하하도록 그들에게 압력을 가하거나, 소송을 고집할 경우에 보복을 하겠다고 위협을 하기도 하며, 또한 영구명령을 위한 심리의 전제조건으로 가해자에게 임시명령을 내리는 절차를 거쳐야 하는 등의 복잡한 문제가 있어서이다.[12)]

(다) 아동학대 보호

모든 주에서 경찰관들은 보호를 필요로 하는 아동에 대한 임시긴급보호권을 가지고 있다. 대략 절반 정도의 주에서는 사회서비스전문가와 외과의사들도 아동이 절박한 위험에 처해 있을 때에는 보호권을 가지고 있다. 하지만 아동의 안전을 위해 긴급히 피신하는 것도 임시방편에 불과한 것이고 보통 48시간을 못 넘긴다고 한다. 그래서 아동을 가해자로부터 격리시키기 위해서도 가해자에 대한 사법적인 제재의 필요성이 더욱 커지게 되었다.

이에 따라 미국의 주형법과 법령들은 아동을 대상으로 한 범죄는 성인에 대한 범죄와 다르게 취급하고 있다. 아동에 대한 범죄에는 방임과 성학대와 같은 특정한 범죄들이 해당되는데, 대다수의 주는 아동에 대한 이들 범죄에 대해 공소시효법의 기한을 연장하였다. 몇몇 주에서는 아동에 대한 대부분의 성범죄의 기소를 위해서 공소시효를 두고 있지 않다. 또한 아동이 수사나 재판절차에 참여하는 데 있어서 충격을 덜 받도록 하기 위해 많은 법규정이 채택되었다. 여러 주에서 아동피해자의 비디오테이프로 녹화된 인터뷰나 진술과 특정상황에서의 아동의 CCTV증언을 증거로 사용하도록 허용되었다. 녹화진술을 법정증언 대신에 사용하는 것도 허용되었다. 그리고 일부 주들은 아동의 증언을 돕기 위하여 인체인형(anatomical doll)의 사용을 특별히 허용하였다.

또한 대다수의 주는 가정폭력을 아동의 양육권 결정시 고려해야 할 요소로서 생각한다. 이는 미성년 자녀에 대한 공동양육권을 선호하였던 지금까지의 추세와는 크게 다른 것이다. 연구결과에 따르면 싸움이 많은 가정에서 공동양육권 하에 자라는 아동이 단독양육권 하의 아동보다 성격장애와 행동장애를 더 많이 겪게 된다고 한다. 이에 부모의 권리보다도 자녀의 권리를 옹호하는 여론이 증가하고 있으며, 배우자와 자녀를 구타하는 남성의 양육권과 접견권을 부정하는 운동이 현 추세가 되었다. 아동에 대한 학대의 주장이 양육권 심리 중에 제기되었을 때는 법원은 이에 대한 조사를 명령한다.

12) D. K. Gosselin, *Ibid.*, p. 176.

(라) 노인학대 법안

노인에 대한 법적인 보호를 위해 여러 방안들을 강구해 오고 있다. 각 주들은 노인학대법(Elder Abuse Law)의 적용을 받는 인구집단을 각각 상이하게 규정하고 있다. 60세 이상 또는 65세 이상의 노인, 장애가 있는 성인, 무능력자 또는 의존적인 성인을 그 대상에 포함시키고 있다. 이처럼 기준이 다른 것은 연령이 노인의 범위를 정하는 데 있어 중요한 기준이 되지만, 사람에 따라 육체적·정신적 장애를 가지고 있는 경우에는 연령이 문제가 되지는 않기 때문이다. 이들 노인인구의 안전을 보장해주기 위해 많은 자원들이 이용되고 있다. 노인에 대한 대표적인 보호수단으로는 보호서비스, 의료서비스, 후견인제, 긴급보호서비스가 있다. 또한 이들에게 음식, 의류, 쉼터와 정신적 지원과 같은 서비스도 제공해준다.

가해자를 처벌하고 피해노인에 대한 보상을 위해서 가해자에게 형사적·민사적 책임을 물을 수도 있다. 형사법적 구제는 가해자의 처벌을 뜻하는데, 어떤 주는 노인학대를 경범죄(misdemeanor : 벌금이나 단기구금이 선고될 수 있는 가벼운 범죄)로 처벌하고 있고, 다른 주들은 중범죄(felony : 자유형이 선고될 수 있는 중한 범죄)로 처벌하기도 한다. 민사상의 구제로서 민사소송은 학대의 결과로 고통받고 있는 노인피해자를 보상해주기 위해서 가해자에 대해 제기된다. 특히 재정적 착취사건의 경우에는 노인이 높은 변호사 수임료를 지급할 정도로 재정능력이 있는 것도 아니기 때문에 변호인이 수임하기를 꺼려하는 것도 문제가 되고 있다. 이런 문제에 대해 캘리포니아주에서는 노인학대에 관한 민사소송법령을 개정하였다. 이 법령에 의해서는 재정적 학대가 의도적이거나 무모하게 이루어진 것이 입증되는 경우에는 가해자에게 250,000달러에 상당하는 금액을 손해배상하도록 하였다.[13] 이렇게 함으로써 변호사는 고액의 배상액이 보장됨에 따라 이런 부류의 소송을 맡는 것을 주저하지 않게 되었다.

13) D. K. Gosselin, *Ibid.*, p183.

2) 경찰의 대응

(가) 체포정책의 변화

미국은 1970년대 중반을 기점으로 가정폭력에 대한 대응방식에 있어 일대 변화를 가져오기 시작했다. 1970년대 이전까지 가정폭력은 미국에서 중요한 사회적 이슈가 되지 못하였다. 그 당시도 부부간의 폭력은 사적 문제라는 인식이 지배적이었기 때문에 가정폭력이 법에 의해 허용되지 않더라도 여전히 닫힌 문 뒤에서 계속 일어나고 있었다. 이에 대한 국가의 개입은 피해자가 죽거나 평생 불구가 된 경우를 제외하고는 거의 이루어지지 않았다. 그리고 형법에 의해서 금지되는 아내구타의 유형들은 언제나 경범죄(misdemeanor)에 해당될 뿐이었다.

그러나 가정폭력에 대한 이같은 국가의 방관적 자세에 대해 관대하게 보아주던 시기에 갑작스럽고 근본적인 변화가 전국에 걸쳐 일어나게 되었다. 1977년 펜실베이니아를 시작으로 해서 비슷한 시기에 모든 주가 차례로 가정폭력에 관련된 새로운 법안을 통과시킴에 따라 경찰은 이제는 가정폭력에 능동적이고 적극적으로 대처할 수밖에 없게 되었다.

이같은 변화의 시작은 1970년~1980년대에 마약과 청소년범죄 등에 대해 경찰이 이전보다 강경하게 대응해 주기를 바라는 사회적 분위기가 형성되면서부터이다. 이러한 범죄자에 대해서는 기존의 교화프로그램보다는 처벌을 통한 해결책을 찾아야 한다는 주장이 우세하였다. 이와 같은 맥락에서 1970년대 후반에 들어와서 가정폭력에 대해서도 여권신장론자를 포함한 다수의 정치엘리트와 피해여성, 심지어 많은 경찰간부까지도 가정폭력에 대한 전통적인 대응방식이 무기력한 실패였음을 목격하였다. 따라서 중재를 통한 해결을 강조하던 초기의 경찰관행에서 벗어나 가장 효율적인 조치를 모색해야 하는 입장으로 변하게 되었다. 가정폭력에 대한 경찰의 무개입주의에 대한 대책으로 개혁론자들은 경찰청에 대한 민사소송과 가해자에 대한 강제체포제도를 고안해 냈다.

이러한 상황에서 1980년에는 경찰행정에 관한 연구단체인 전국경찰서장회의(National Organization of Police Chiefs)에서 가정폭력문제를 연구한 결과, 경찰이 가정폭력에 대해 중재를 시도하기보다는 가해자를 체포해야 한다는 권고안을 채택하였다. 이에 대한 효과를 검증하기 위해 1984년에 미니애폴리스(Minneapolis) 경찰국에서 최초의 통제된 무작위 검사가 이루어졌다. 이 미니애폴리스 실험에서는 경미한 가정폭력사건에 대해 다음과 같은 세 가지 조치가 취해졌다. 즉 가해자를 체포한 후 유치장에 최소한 하루 밤 이상 유치, 가해자를 사건현장에서 8시간 동안 격리시키고 이를 거부하는 경우에는 체포, 경찰관의 재량에 의한 중재 등이다. 이 실험의 결과, 가해자를 체포(arrest)한 경우에는 10%, 격리(separation)시킨 경우는 24%, 경찰의 중재(mediation)를 받은 경우는 19%가 재범을 한 것으로 나타났다. 따라서 체포가 가정폭력의 재발을 막는 데 가장 효과적인 것으로 밝혀졌다.[14)]

이 결과는 미 법무장관 특별조사단의 연구에 영향을 미쳤다. 1984년에 발간된 가정폭력에 관한 미 법무장관 특별조사단의 보고서는 미니애폴리스 경찰실험을 인용하여 경찰당국과 재판기관에 대해서 가정폭력을 범죄행위로 인식하고 그에 맞는 적절한 대응을 할 것을 촉구하였다. 이 보고서는 가정폭력에 대한 경찰의 대응으로 체포를 권장하였다. 이 미니애폴리스 경찰실험은 향후 경찰의 체포정책의 급격한 변화를 위한 기폭제가 되었다.

여기에다 피해여성의 인권을 보호하는 데 실패한 경찰서와 검사를 상대로 제기된 민사상의 책임소송이 이어진 것도 경찰의 체포정책에 변화를 가져오게 한 계기가 되었다. 그 대표적인 것이 더만(Thurman v. City of Torrington)사건이다. 이 사건에서 토링턴시에 거주하는 더만은 별거 중인 남편으로부터 구타를 당하여 8개월에 걸쳐 경찰의 보호를 계속 요청했으나 경찰은 그녀를 보호해주는 데 태만하였다. 1983년 6월 더만은 집에서 남편에게 가장 심하게 구타를 당했는데, 경찰은 신고를 받은 뒤 현장에 25분이

14) R. J. Gelles, "Constraints Against Family Violence", American Behavioral Scientist, Vol.36, No.5, 1993, p. 576.

나 늦게 도착하였으며 도착한 후에도 피 묻은 칼을 들고 서 있는 남편을 체포하는 것을 주저하였다. 그 동안 그녀는 바닥에 누워 있는 상태로 남편으로부터 구타를 당하여 영원히 치료 불가능한 부상을 입게 되었다. 이에 더만은 토링턴 시 당국과 24명의 경찰관에 대해 민사소송을 제기하였다. 그 결과 더만은 230만 달러의 손해배상판결을 받았고 합의금으로 190만 달러를 받았다. 더만의 이야기는 그 후 TV와 영화로 방영되었다. 비록 이 영화가 가정폭력에 대한 개입전략의 통제를 확신시키는 역할을 하지는 못했지만, 경찰이 부녀자 폭행에 무관심하고 구타남성을 다루는 데 가장 적합한 수단이 체포라는 주장을 지지하는 역할을 하였다. 이와 유사한 소송사건에 대한 두려움 때문에 수많은 미 동부 자치구에서는 가정폭력에 대한 체포우선 방침을 세우게 되었다.[15)]

이에 따라 모든 주들은 가정폭력사건에 대한 경찰의 체포권한을 확대하는 법률을 통과시켰다. 가장 중요한 변화 중 하나는 아무리 경범죄라 해도 체포하기 위해서는 경찰이 범죄행위가 일어난 것을 직접 목격해야 한다는 통상적인 요건에서, 가정폭력은 예외가 된다고 대부분의 주가 입법화했다는 점이다. 즉 경찰이 가정폭력사건의 신고를 받고 출동하였을 경우에 형사상의 기소를 뒷받침할 만한 '개연성 있는 사유(probable cause)'가 있을 때에는 가해자를 체포할 수 있도록 법으로 규정하였다. 여기서 '개연성 있는 사유'란 현장에서 범죄행위가 있었다는 합리적인 인과관계를 지지해줄 정도의 증거를 의미한다. 가정폭력신고를 받고 출동한 경찰은 범죄가 행해졌다는 증거를 확인하는 것만으로도 범죄행위를 입증할 수 있으며 피해여성이 입은 상처는 보통 이러한 요건을 충족시킨다고 할 수 있다.[16)]

이 밖에도 가정폭력에 대한 경찰체포와 관련하여 주법들 사이에는 커다란 변화가 나타났다. 경찰체포와 관련하여 주법들은 경찰의 재량권이 인정되거나 또는 제한되는 한계를 정하였다. 주의 방침들은 일반적으로 체포를 해야 하는 상황이나 우선적으로 체포를 해야 하는 상황에 관해서 일정한

---

15) R. J. Gelles, *Ibid.*, p. 577.

16) D. B. Berry, *Ibid.*, p. 162 참조.

조건들을 제시하였다. 체포를 우선적으로 해야 하는지 또는 반드시 의무적으로 해야 하는지의 여부를 판단하는 기준에는 범죄 발생시간과 신고시간과의 간격, 현저한 상해의 흔적, 그리고 쌍방의 체포가 적절하거나 또는 적절하지 않은 상황 등의 조건들이 포함되었다.

현재 적어도 21개의 주와 콜롬비아 지구에서 의무적(강제적)인 체포법령이 존재하고 있다. 이 중 두 지역은 중범죄가 일어났을 경우로 의무적인 체포를 제한하고 있으며 8개의 주는 체포우선방침을 지지하고 있다. 이외에 35개의 주와 콜롬비아 지구는 경찰관에게 가정폭력사건의 보고서를 작성할 것과 체포를 하지 않았을 경우에는 그 이유를 담은 증거서류를 제출할 것을 요구하고 있다.[17]

(나) 폭력예방수단의 개선

과학기술의 발달도 가정폭력을 예방하는 데 크게 도움이 되고 있다. 과학적인 장치를 이용함으로써 피해자의 안전을 보장해 주고 가해자에게 경고하고 책임을 부과할 수 있다. 가해자에게는 접근금지명령의 조건으로서 전자팔찌(electronic bracelet)를 찰 것을 요구할 수 있다. 피해자는 가해자가 100야드 이내로 접근할 경우 피할 수 있도록 소리를 내는 수신장치를 목걸이와 같은 형태로 신체 외부에 착용하도록 한다. 이러한 기능들이 비록 아직은 일반적으로 사용되고 있지 않지만 점점 확대되고 있는 추세이다.

또한 향상된 과학기술은 과거에는 다음날 근무시간까지 기다려야만 했던 처리절차들이 이제는 야간이나 주말에, 때로는 현장에서 사건을 곧바로 처리할 수 있도록 함으로써 피해자에 대한 서비스의 확대를 가져왔다. 경찰은 휴대용 컴퓨터를 이용하여 현장에서 그들의 판단을 대략적으로 입력한 후 차에 있는 팩스를 통해 판사의 사무실로 보고서를 보내고 휴대전화로 판사에게 사실관계를 보고한다. 그러면 판사는 결재하여 경찰차에 팩스로 보내

17) Roberts, Kurst-Swanger, "Police Responses to Battered Women : Past, Present, and Future", Handbook of Domestic Violence Intervention Strategies: Policies, Programs, and Legal Remedies, Oxford University Press, 2002, p. 111.

게 되는데 이 때 걸리는 시간은 1시간도 채 되지 않는다.[18]

매사추세츠주의 케임브리지를 비롯한 30개의 도시에서는 특히 가정폭력의 위험에 처한 여성을 도울 수 있도록 고안된 공포버튼(panic button)이라는 장치가 사용되고 있다. 파트너와의 관계를 청산한 후 과거의 파트너에게 스토킹을 당하거나, 가해자로부터 협박을 받거나, 가해자에 대한 보호명령을 받았거나, 파트너가 감옥에서 출소하려고 하는 상황 등에 처한 여성이 바로 공포버튼이 필요한 여성이라고 할 수 있다.[19] 이 버튼은 집 주변이나 마당 안팎에서 휴대할 수 있도록 만들어진 작은 전자장치로서 피해여성이 위험에 처할 경우 버튼을 누르면 경찰에게 긴급메시지가 전송된다. 이것은 전화보다 빠르게 경찰에게 메시지를 전달할 수 있고 경찰에게 접수된 이 신고메시지는 다른 신고사건들에 비해 우선적으로 처리하게 된다. 케임브리지 경찰은 버튼을 눌러 신호가 간 후 2~3분 안에 응답하고 있다고 한다.

(다) 경찰관 교육

가정폭력에 대한 경찰관 개개인의 인식과 자세확립을 위해서 1985년에서 2000년 사이에 많은 경찰서는 해당 경찰학교의 교과과정에 가정폭력에 관한 교육기간을 의무적으로 포함시키도록 규정하였다. 이러한 교육은 작은 도시보다는 대도시 지역의 경찰학교에서 보다 충실하게 이행되고 있다. 또한 많은 경찰서는 가정폭력사건처리에 관한 처리지침을 평상시 업무와 관련하여 교육하고 있다. 즉 피해자가 신체적 상해를 입은 흔적이 남아 있거나 폭력을 행사하는 과정에서 무기가 사용되었을 때, 또는 접근금지명령의 기간이나 접촉금지를 위반했을 때에는 가해자를 적극 체포하도록 경찰관에게 요구하고 있다.

주 경찰학교에서는 일반적으로 모든 경찰관에게 주 형법의 변화나 자동차 관련법규의 위반, 수사기법, 피해자의 권리에 관한 법률, 그리고 가정폭력에 관한 법률뿐만 아니라 지침이나 구체적인 사건처리절차에 관해서도

18) Roberts, Kurst-Swanger, *Ibid.*, p. 102.
19) D. B. Berry, *Ibid.*, p. 163.

포괄적인 교육을 시킨다. 경찰에 대한 가정폭력문제의 교육은 폭력적인 가정의 남편과 아내의 역학관계와 피해자에게 미치는 영향, 피해자를 통제하기 위한 수단으로 폭력을 사용하는 행위자의 특성에 대한 이해, 통신지령원의 규약, 범죄현장의 보존, 피해자의 안전, 피해자와 목격자와의 인터뷰, 법정증거의 수집 등 광범위한 부분을 포함하고 있다.

1991년 초에 미 법무성 산하의 범죄피해자지원국(The Office for Victims of Crime: OVC)은 주에 설치된 경찰학교에 자금지원과 함께 기술적인 지원을 제공하기 시작하였다. 이러한 연방차원의 보조가 행해진 목적은 가정폭력사건의 대응을 위한 최근의 정책들과 절차를 각 주와 지방의 법집행 공무원과 경찰관에게 교육시키기 위한 교육프로그램을 개발하고 시행하기 위한 것이다. 또한 2000년에는 여성폭력방지법(VAWA)이 일선지역의 경찰관을 비롯한 법집행 공무원을 위해 새로이 개발된 가정폭력 훈련 프로그램을 시행하기 위해서 연방 법집행 훈련센터(The Federal Law Enforcement Training Center)에 기금을 제공할 수 있도록 하였다.[20] 이 훈련은 일선지역에서 발생하는 가정폭력문제에 중점을 두고서, 그 지역에 맞는 교육과정에 따라 공무원을 교육시키고 이들에게 교육자료와 비디오 영상물 등을 제공한다.

(라) 가정폭력 전담반 운영

많은 경찰서는 가정폭력문제에 보다 적극적이고 효과적으로 대처하기 위해 전문적인 가정폭력 전담반을 편성하여 운용하고 있다. 이 중에서 특히 뉴멕시코주의 알부커크(Albuquerque)와 콜로라도주의 스프링스(Springs) 경찰서의 모델을 소개하기로 한다.

① DART

뉴멕시코주의 알부커크는 미국 전지역에서 가정폭력 신고를 전담하는 특별팀을 구성한 최초의 도시 중의 하나이다. 가정학대 대응팀(Domestic

20) Roberts, Kurst-Swanger, *Ibid.*, pp. 105~107.

Abuse Response Team: DART)이라고 하는 이 특별팀은 폭력관계의 특성, 가해자의 심리, 피해자와의 효과적인 의사소통, 그리고 가해자를 법정에 세워 재판받게 하는 데 필요한 지식 등에 관한 전문적인 교육을 받은 경찰관들로 구성되어 있다. 이들 요원은 가정폭력신고 전화를 받고 가해자를 체포할 뿐만 아니라, 병원이나 피난처로 이송할 필요가 있는 피해자를 위하여 교통편을 제공하기도 하고, 보호명령을 받을 수 있도록 지원하며, 심지어 폭력현장에서 상담도 해준다. DART요원들은 언제나 전화통화를 녹음할 수 있는 테이프 레코더를 휴대한다고 한다. 이것은 알부커크가 의무적 기소정책을 취하고 있는 데 반해 너무 많은 피해자가 고소를 취소하기 때문이다. 한 경찰관은 취소비율이 95퍼센트에 달한다고 추정한다. 그래서 가해자가 일단 체포되면 피해여성이 생각을 바꾸는 것에 관계없이 기소된다. 담당 지방검사는 기록된 테이프와 경찰관의 진술서를 증거로 사용할 수 있다. 의무적 기소정책을 처음 만들었던 전직 지방검사인 밥 쉬발트(Bob Schwarts)에 따르면, 이 정책은 폭력이 심화하기 전에 저지할 수 있도록 고안되었으며 심지어 가해자가 법망 밖에 있어서 처벌받지 않는다는 생각을 가질 때조차도 종종 그런 기능을 한다고 말한다.[21)]

② DVERT

가정폭력 전담반의 또다른 사례로는 콜로라도주의 스프링스 경찰서의 DVERT(Domestic Violence Enhanced Response Team)를 살펴볼 필요가 있다. 스프링스 경찰서는 기존의 어느 한 기관이나 단체에 의한 일면적이고 일회적인 개입으로는 가정폭력문제에 적절하게 대응할 수 없다는 판단에 따라 자치단체가 가지고 있는 모든 자원을 총동원하는 종합적이고 입체적인 개입방안을 착안하게 되었는데, 이 프로그램이 바로 DVERT이다. 이 전담팀은 가정폭력에 효과적으로 대응하기 위하여 지역사회 경찰활동 중에서 특히 문제지향적 경찰활동을 중점적으로 실행하고 있다. 16명의 다양한 분야의 전문가들로 구성된 전담팀은 지역사회에 심각한 위험성이 있는 사건

21) D. B. Berry, *Ibid.*, pp. 164~165.

에 대처하는 역할을 한다. 이 팀은 변호사나 판사, 검사, 사회복지직원, 그리고 피해자후원자들로부터 자문을 받아 사건을 해결하도록 노력한다.[22)]

이 팀의 경찰관들은 평소에 가정폭력에 대한 신고전화를 받을 경우에 대비하여 구체적인 행동지침을 숙지하고 있으며 이러한 경찰의 표준화된 대응지침에 상응하여 지방검찰청도 검사의 처리지침을 마련하였다. 이 협조체제에는 지역의 상담기관과 보호시설들도 동참한다. 가정폭력에 대한 새로운 대응방안은 폭력이 행하여졌다고 볼 수 있는 개연성 있는 사유가 있으면 가해자를 의무적으로 체포하고, 피해자를 보호하기 위하여 긴급보호명령을 발부하며, 지방검사의 증거정보의 수집을 강화하기 위하여 특별한 형식을 이용한다. 그리고 피해자에게 법적인 권리와 공공기관이나 단체의 서비스 이용방법을 조언하는 등 지역사회의 다양한 대응방식을 발전시켰다. 나아가 지방검사는 피해자의 처벌의사와 관계없이 가해자를 의무적으로 기소하도록 하였다.[23)]

또한 이들은 수사와 기소를 위하여 다양한 도구와 기술을 이용한다. 폴라로이드와 비디오카메라를 이용하여 피해자의 상해정도와 금지명령의 위반사실을 입증할 수 있는 증거자료를 수집하며 테이프 레코더를 이용하여 피해자의 통화기록에서 학대를 당한 증거를 확보한다.

2. 영국

(1) 가정폭력에 대한 인식

영국의 가정폭력도 다른 서구국가와 마찬가지로 오랜 역사를 가지고 있다. 가정은 남성의 성(castle)이라는 전통적 관념이 팽배하여[24)] 남성들은 자

22) Roberts, Kurst-Swanger, *Ibid.*, p. 122.

23) 김병주, "가정폭력범죄에 대한 경찰의 대응방안", 치안연구소, 1999. 82~83쪽.

24) T. Thomas, The Police and Social Workers, Hants, 1994, p. 81 : 표창원, "영국 사례의 검토를 통한 한국경찰의 가정폭력 대응능력 제고방안", 형사정책, 제12권 제1호, 2000, 134쪽.

신의 아내를 지배하고 처벌할 수 있으며 조종할 수 있다는 힘을 보여주기 위해서 반복적으로 폭력을 사용하여 왔다.[25] 하지만 이러한 여성에 대한 남성의 폭력은 무시되거나 대수롭지 않은 것으로 여겨졌다. 이것은 타인 간에 행해지는 폭력이 범죄로 인식되는 것과는 크게 비교가 된다. 아내에 대한 남성의 폭력이 있더라도 사적인 공간인 가정 내에서 일어난 것인 만큼 범죄로 다루는 문제는 일단 보류하고 그 폭력이 아주 심각한 경우에만 사회적 제재가 가능했다. 하지만 이런 경우에도 하층민의 남성들만이 사회적 비난과 제재를 받았을 뿐이다. 이와 같은 사회적 분위기 때문에 가정폭력 피해여성이 경찰의 개입을 요청하였어도 한번도 심각하게 받아들여진 적이 없었다. 1915년 영국 런던의 한 치안판사는 "남편은 엄지손가락 굵기보다 가는 막대기를 사용하는 한 부인을 얼마든지 때려도 된다"라고 판시하였다.

19세기 이후 영국의 여성들은 매 맞는 여성에 대한 적극적인 대책을 요구해 왔으나, 그로부터 100년이 지난 1980년대 후반까지도 영국경찰은 항상 가정폭력사건에 개입하기를 꺼려왔다. 그래서 피해자들이 쉼터(women's aid refuge)를 찾기 전까지 도움을 요청한 모든 관계기관 중에서 경찰이 가장 비협조적인 기관이었고, 여성비하적인 성차별문화가 가득한 남성우월주의에 빠진 집단이었다고 한다.[26] 역사적으로 경찰간부들은 항상 부부 간의 싸움에 개입하는 것을 극도로 주의해 왔으며, 개입하더라도 불가피하게 꼭 필요한 경우에만 하도록 제한하였다.

1880년 브리스톨 시의 경찰지침서는 "경찰은 부부 사이의 싸움이나 어느 한쪽의 소란에 대해서는 심각한 폭력을 예방하기 위한 불가피한 경우 외에는 필요 없이 간섭하지 않아야 된다"라고 충고하고 있으며, 1900년의 이스트 서섹스의 경찰법령에는 "경찰은 폭력적 행동이 절박한 공포상황에서 이루어지지 않는 한 가정싸움에 간섭하지 않아야 되며, 만약 부부싸움이 공적인 장소에서 군중의 주의를 끌거나 치안방해가 될 때만 행동해야 된다"라

25) R. E. Dobash, Women Violence and Social Change, New York : Free Press, 1981, p. 89.

26) 표창원, 앞의 논문, 141~142쪽.

고 규정하고 있다.[27] 또한 1983년에 실시된 런던 경찰관들을 상대로 한 조사에서도 대부분의 응답한 경찰관이 가정폭력사건에 개입해서는 안 된다고 말한 것으로 나타났다.[28]

이처럼 가정폭력이 사회적 이슈로 떠오르기 시작한 1970년대 이전에는 가정문제는 사생활이라 해서 이에 대한 국가나 사회의 개입이 이루어지지 않았다. 그러나 지난 세기 후반의 수십 년을 거쳐 오면서 가정폭력에 대한 새로운 인식과 자각이 싹트기 시작하였다. 1960년대에 들어와 가정 내에서 성적 학대가 존재한다는 것이 의사들에 의해 공식적으로 밝혀졌으며, 뒤이어 아동에 대한 신체적 학대와 여성에 대한 학대가 속속 드러나게 되었다. 이에 따라 가정폭력문제가 결코 새로운 문제는 아니었으나, 1970년대에 들어와서야 정치적 개입이 필요한 사회적 문제로 여겨지게 되었다. 여기에는 영미의 여권운동의 영향이 컸다.

(2) 가정폭력에 대한 대응

1) 법적 대응

가정폭력의 존재가 인식된 것은 1800년대 들어서이지만 배우자에 대한 폭행을 범죄로 규정한 입법은 없었다. 이 당시에는 판사들이 가부장의 특권인 남편의 아내에 대한 징벌권을 고치려고 하지 않았다. 1878년에 최초로 제정된 혼인소송법(Matrimonial Causes Act)은 여성에 대한 민사적인 구제제도이었다. 이 법에 의해 여성은 남편이 중대한 폭행으로 유죄판결을 받거나 여성이 위험에 처해 있다고 판단되는 경우에 한하여 별거명령을 얻어낼 수 있었다. 이 시대에는 가정폭력사건 자체가 양면적으로 다루어져서 여성이 가정폭력에 대해 어떤 조치를 취하려고 하면 자신이 폭력사태를 유발했다거나 남편을 곤경에 빠뜨리기 위해서 새로운 법률을 악용하는 것으로

27) A. Bourlet, Police Intervention in Marital Violence, Open University Press, 1990, p. 15.

28) Policy Studies Institute, Police and People in London, Iver, 1983, pp. 314~315.

여겨졌다. 또한 법에 호소를 하더라도 남편에 대한 형사처벌로 이어지지 않았기 때문에 가정폭력은 형사법보다는 민사적인 방법으로 규제하게 되었다. 그래서 영국에서는 가정폭력을 가족법의 영역에서 다루고 있는 것이 특징이다.

1975년 영국 하원은 부부 간의 폭력문제를 조사하기 위해 부부 간의 폭력에 대한 특별조사위원회를 발족시켜서 구타당하는 여성들의 요구를 충족시켜 주기 위한 특별법 제정을 제안하였다. 그렇게 해서 1970년대 후반에 3가지 중요한 법률이 제정되었는데, 1976년의 가정폭력 및 혼인소송법(Domestic Violence and Matrimonial Proceedings Act), 1978년의 가사소송과 치안판사재판소법(Domestic Proceedings and Magistrate's Courts Act), 1977년의 주거법(Housing Act)이 그것이다.

1976년의 가정폭력 및 혼인소송법에서는 법원이 배우자의 청구에 따라 상대배우자의 학대로부터 보호하기 위한 별거판결, 배우자나 자녀에게 접근하지 못하도록 하는 접근금지명령, 주택의 전부 또는 일부나 주택이 포함된 공간으로부터 배우자의 축출을 명령하는 제도 등을 규정하고 있다.[29) 이러한 금지명령에 위반한 경우 경찰은 즉시 위반자를 체포할 수 있으며, 1985년 이 법에 의한 별거판결 청구 수는 3,479건으로 대개 청구인의 88%~96%가 여성이었다.[30)]

1978년의 가사소송과 치안판사재판소법은 치안판사는 일방배우자의 청구가 있으면 상대배우자에게 배우자나 그 자녀를 폭력으로부터 보호하기 위하여 폭력사용이나 위협의 금지를 명한다. 절박한 폭력위협이 있는 경우에는 치안판사는 청구 없이 피청구인에게 폭력의 사용을 금하는 긴급명령도 할 수 있다. 또한 이 법은 별거명령을 폐지하고 가정 내에서 폭력적이거나 위협하는 남편으로부터 부인과 자녀를 보호할 수 있도록 특별히 추방명령을 신설하였다. 단순히 남편에게 부인과 자녀에 대해 위험을 가하는 행동

29) 이화숙, "가정폭력에 대한 영국 가족관련법의 보호조치", 법학논총, 제3호, 경원대학교, 1996, 66쪽.

30) 박수철, "가정폭력의 실상과 대응방안", 98 주요현안별 정책연구 자료집, 국회법제사법위원회, 1998, 32~34쪽.

을 금지하는 보호명령은, 부인과 자녀가 한집에서 살기 때문에 위험하므로 남편이 자신의 집에서 사는 것을 막도록 하기 위한 것이다.

1977년의 주거법과 1983년의 혼인주거법(Matrimonial Homes Act)은 가정폭력으로 인하여 집이 없게 된 사람을 위해 법원은 배우자 중 어느 한쪽이 가정을 점유하는 권리를 금지하거나 제한한다든지, 또는 어느 배우자에게나 그 권리를 행사할 수 있도록 하는 권한을 주었다. 이 법에 의하면 부부 중 한사람이 법적으로 가정을 소유하고 있으면 상대배우자는 법적 점유권을 선언, 강화, 제한 혹은 종료하는 명령을 내릴 권한이 있다.[31]

이와 같이 영국에서 가정폭력에 대한 여러 입법들이 이루어졌지만 민사적인 구제수준에 그쳤으며, 피해자 보호와 가해자 처벌을 위한 형사법의 개정은 이루어지지 아니 하였다. 형법이 민법보다 가정폭력에 대해 더 효과적인 사회적 대응방안인지에 대한 논쟁이 계속되고 있다.

2) 경찰의 대응

가정폭력에 대한 초창기 경찰의 대응방식은 많은 비난을 받았다. 1970년대 여권운동가들의 주요목표 중의 하나가 경찰이 가정폭력문제에 대해 적극적인 개입을 취하라는 요구였다. 그 이전까지는 경찰이 가해남성을 체포하는 일이 거의 없었으며 피해여성 또한 도움을 받지 못했다. 1980년대 후반에 들어 영국경찰에 대한 정치적 책임과 상당한 통제력을 행사하고 있는 내무부(Home Office)가 가정폭력범죄에 대한 명확한 정책변화를 보이기 시작하면서부터 가정폭력에 대한 영국경찰의 대응태도도 크게 달라지기 시작하였다.

내무부회람(Home Office Circula 60, 1990)에는 "가정폭력은 타인에 의한 폭력과 같이 중대한 범죄이고, 경찰의 임무는 피해자를 보호하고 가해자에게 적절한 조치를 취하는 것이다"라고 명확하게 규정하였다. 내무부에서는 모든 경찰부서에 현실적이고 효율적이라고 판단될 경우에는 가정폭력 전담

31) 변화순, 앞의 논문, 161~162쪽.

반을 편성하여 운영할 것을 권장하였다. 또한 가정폭력사건을 여성경찰관이 담당하도록 요구하였는데, 이는 여성피해자가 여성경찰관에게 진술하는 것을 편하게 여기기 때문이었다. 그리고 여기에 필요한 여성경찰관의 채용을 대폭 증대시킬 것과 순찰과 같은 일상적인 경찰활동에 있어서도 가정폭력에 더욱 많은 관심을 가지고 적극 대응하도록 하였다.

이에 따라 런던에서만 1990년까지 35개 경찰서에, 1993년까지 62개 경찰서에 가정폭력 전담반이 편성되었다. 가정폭력 전담반은 대부분 여성경찰관으로 구성되어 있으며, 이들의 주된 임무는 가정폭력피해자에 대한 상담과 서비스, 지원, 정보의 제공 등이다. 런던경찰에서는 가정폭력사건의 신고에 24시간 상담을 하고 있고 지역사회 서비스기관과의 효과적인 연계를 통하여 피해자에 대한 지원을 강화하였다. 1990년대에 들어와서 경찰은 가정폭력에 대해 수사와 조사를 통한 가해자 체포 등 좀더 적극적인 개입정책을 개발하였다.

3. 독일

(1) 가정폭력에 대한 인식

독일에서도 가정폭력이 공공의 논쟁의 주제로 떠오른 것은 1970년대부터이다. 영국·미국 등과 마찬가지로 가정폭력이 그 이전에는 공적인 관심의 대상이 되지 못하였다. 그 후 사회 각 분야에서 가정폭력이 하위계층이나 특정 사회계층에 국한된 문제가 아니라는 것을 인식하기 시작하였다. 많은 여성이 가정폭력을 일상의 한 부분으로 겪고 있으며, 너무 광범위하게 퍼져 있기 때문에 폭력 당사자들만의 문제가 아닌 사회문제가 되었다. 통계적으로도 여성은 거리에서보다 가정 내에서 강간과 학대의 위험에 더 노출되어 있는 것으로 나타났다.

그러나 가정폭력에 대한 이해와 인식이 높아졌는데도 불구하고 아직도 가정폭력의 정도나 폐해에 관한 믿을 만한 데이터가 없는 형편이다. 이것은 가정폭력의 존재를 부인해 온 긴 역사를 고려해 볼 때 놀라운 일도 아니지만 가정폭력의 개념이 불명확하다는 점 외에도 문화적 차이 등이 실증적인 조사에 장애가 되고 있기 때문이다.

또한 같은 시기에 가정폭력에 대해 관심을 갖기 시작한 미국에 비해서도 독일은 확실히 상당한 정도로 뒤떨어져 있다. 미국에서 피해여성을 위한 피난처가 처음 문을 연 2년 뒤에 독일 내에서도 피해여성을 위한 최초의 피난처가 1976년 베를린에 문을 열었고 그 후 피해자 구조제도, 가해자 상담 프로그램 등의 수가 두 국가 모두에서 증가하였다. 하지만 미국과 달리 독일정부는 1990년대 중반까지도 가정폭력문제에 대한 경찰과 법원의 개입에 주목할 만한 성과를 보여주지 못했다. 결과적으로 수년 간 경찰 및 법원의 대응은 제자리걸음을 한 것이다. 이에 비해 미국은 초기부터 독일보다 적극적이었는데, 오리건주에서는 1997년에 단순폭행 및 협박만으로도 가해자를 체포할 수 있는 권한을 경찰에게 부여하였다. 가정폭력을 범죄로 다루어야 할지에 관한 문제는 미국에서는 더 이상 논쟁의 여지가 없지만 독일에서는 여전히 이에 대해 의견이 분분하다.[32)]

그렇지만 독일에서도 상황은 변하고 있다. 1999년도 독일 연방정부의 사법개혁안은 가정폭력에 대한 경찰과 법원의 권한을 강화하였고, '여성에 대한 폭력을 중단하라'는 포스터가 인쇄된 우표가 널리 판매됨에 따라 대중의 인식도 높아지고 있다. 이러한 캠페인은 가정폭력에 대한 공개적인 토론의 장을 넓히고 이와 함께 더 효과적인 대응방안을 위한 연구들이 행해지고 있음을 나타내준다.

(2) 가정폭력에 대한 대응

1) 법적 대응

독일은 가정폭력에 관한 특별법을 별도로 제정하지 않았기 때문에 일반형법에 의해 문제를 해결하고 있다. 많은 형태의 가정폭력이 독일 형법전에

32) A. Jolin and W. Steffen, *Ibid.*, p. 50.

규정된 법에 의해 처벌이 가능하다. 처벌행위에는 명예훼손 · 협박 · 강요 · 납치 · 폭행 · 각종 성범죄 · 살인미수 및 기수 등이 있다. 이 중 일부의 행위는 법적으로 처벌가능하기는 하지만 형사범보다는 민사의 범주에 속한다. 명예훼손이나 단순폭행의 경우에는 피해자의 고소가 있어야만 처벌이 가능하다. 또한 국가에서는 특정한 공공의 이익이 위험에 처해 있다고 판단될 때나 미국의 중범죄(felony)와 같은 중대한 범죄가 연루된 경우에만 기소한다. 이런 경우에는 피해자가 별도로 고소할 필요가 없고 민사법정에서 사건을 취급하지도 않는다.

일반 형법에 의해 가정폭력에 대한 구제를 받는 것 외에도 헌법 제2조 2항의 "모든 사람은 생명과 신체의 불가침에 대한 권리를 갖는다"라는 규정에 의해 직접적으로 보호를 요구할 수 있는 것으로 이해된다. 1990년에는 정부의 주도하에 반폭력위원회(Anti-Gewalt Kommission)의 보고서가 공표되었는데, 이 보고서는 가정폭력에 대한 대책으로 민법 제1631조 제2항에 훈육금지규정을 두고, 부부간의 강간과 강제추행죄를 인정하는 등의 법규범의 정비, 비폭력과 사회친화적인 교육, 사회적 스트레스 유인의 제거, 피해자 보호장치의 구축, 처벌 이전의 원호원칙 등을 제안하였다.

그리하여 1996년에는 피해자의 취소가능성을 인정하는 조건을 붙여 부부간의 강간죄를 인정할 수 있는 형법 개정이 이루어졌다. 이에 따라 유럽의회가 결혼관계의 유무에 관계없이 모든 강간에 대한 처벌을 촉구한 것을 계기로 이탈리아와 영국에 이어 독일은 부부 간의 강간에 대해 형법을 적용하는 세 번째 유럽국가가 되었다.

2) 경찰의 대응

독일에서도 경찰이 가정폭력문제를 '가정사'라는 입장에서 접근한다는 비판을 받았다. 전통적으로 경찰은 상담이나 흥분을 진정시키는 기법을 활용하여 가정의 평화를 회복시키기 위해 노력했지만 가정폭력을 범죄로 보고 가해자를 형사처벌하기 위한 증거수집 등에는 소홀하였다. 피해자에 대한 처우에 관해서도 경찰이 피해자가 필요로 하는 것이 무엇인지에 대해

충분히 공감을 하지 못한다는 비판이 있었다. 일부 경찰관 중에는 피해자의 진실성에 의문을 가지고 피해자가 폭력사건을 자초한 것이라고 비난하는 사람도 있었다. 이로 인해 피해자들은 다시 한번 상처를 입게 되었으며, 폭력이 재발했는데도 경찰에 신고하지 않는 이유는 경찰조사 중에 받게 되는 이와 같은 마음의 상처 때문인 것으로 드러났다.

경찰에서는 이와 같은 비판에 대응하여 특수훈련프로그램을 제도화하고 가정폭력을 다루는 기술을 향상시키는 전략을 개발하였다. 초창기에 수립된 경찰개입 프로젝트 중 하나가 1987년 바바리아(Bavaria)의 7개 경찰구역에 특별전담부서를 창설한 것이다. 이 특별전담부서에는 여성경찰관이 배치되었는데, 이는 가정폭력과 성폭력 희생자에게 서비스와 정보를 제공하고 동료경찰관에 대한 교육과 대중 일반에 대한 정보제공을 위한 것이다. 1995년 정부에서 '여성에 대한 남성폭력 : 경찰훈련 개요'라는 보고서를 독일 전역에 있는 경찰기관과 훈련기관에 배부하였다. 이 영향으로 노르트라인(Nordrhein)과 베스트팔렌(Westfalen)주와 같은 많은 주에서 교육프로그램을 만들도록 고취시켰다.[33] 또한 가장 최근인 1999년에 슈바인푸르트(Schweinfurt) 경찰은 가해자에 대한 기소율과 유죄율을 높이기 위한 새로운 모델을 개발하였다. 이 모델에 따르면 가정폭력사건의 증거가치를 향상시키기 위해 특수 임무를 수행하는 여성경찰관에게 가정폭력 전담검사와 직접 같이 업무를 수행하도록 하였다. 그리고 2000년 5월 이후 슈바인푸르트의 각 경찰서에서 이 프로그램을 도입하여 실행하고 있다.

지난 몇 년간 가정폭력에 대한 경찰의 대응은 눈에 띄게 향상되었다. 가정폭력사건은 심각하게 다루어지고 있고 다른 범죄피해자와 동등하게 가정폭력사건의 피해자도 보호를 받는다. 하지만 여전히 형사사법시스템에는 더 많은 변화가 필요한 상태이다.

33) A. Jolin and W. Steffen, *Ibid.*, pp. 45~46.

4. 일본

(1) 가정폭력에 대한 인식

일본은 2차대전의 종전과 더불어 천황제도가 붕괴 내지는 상징적인 존재로 변하고 민주화가 이루어지기 시작하였으나 여전히 남성지배사회 및 봉건제도의 흔적이 남아 있었다. 시간이 흐름에 따라 남성지배사상이 퇴색되어 가고 있지만 오늘날에도 봉건사회의 윤리로서 일본사회에 그 잔재가 남아 있다. 예를 들어, 남편의 아내에 대한 구타는 훈계의 일환으로 암암리에 허용되고 있으며, 아내는 남편의 소유물이기 때문에 당연히 남편에게 복종해야 하는 것으로 받아들여지고 있다. 남편의 폭력적이고 비합리적인 지시에 대해 누구도 나쁘다고 비평할 수도 없다. 또한 가정폭력은 범죄라기보다 부부 간의 다툼 정도로 인식되고 있으며, 부부 간의 문제에 관여하여 이를 중재하려는 것은 무의미할 뿐이다. 따라서 가정폭력으로 인하여 끔찍한 결과를 초래하지 않는 한 여성은 참고 살아야 하고 사회적 문제로 취급되지도 않는다.[34] 정부기관에서도 가정싸움으로 인해 사망과 같은 중대한 결과가 발생하지 않는 한 이를 파악조차 하기 어렵다.

이러한 경향은 가정 내의 문제에 있어서 특히 현저하게 나타나고 있지만 학교 내의 문제에 있어서도 이같이 나타난다. 이것은 집단으로서의 조화가 개인의 이익에 우선하고, 문제를 될 수 있는 한 공공연하게 알리지 않고 비공식적으로 처리하려는 국민성과도 관련이 있다. 따라서 일본에서는 가정폭력에 한하지 않고 어떤 조직 내에서 행해진 폭력도 공적 기관에 인지되는 경우는 거의 없기 때문에 실제 이로 인한 병폐는 같은 선진국인 유럽이나 미국에 비해 훨씬 더 심각할 것으로 추측된다.

그나마 2차대전 이후 50년이 흐르면서 남성지배사상도 많이 퇴색하고 남녀평등사상이 일본사회에 뿌리내리고 있으며, 가정문제로 치부하던 가정폭

34) Noriyoshi Watanabe, *Ibid.*, p.83.

력이 점차 사회문제로 인식되고 있다. 여성폭력에 대한 UN활동과 같은 국제적인 운동의 영향으로 지금까지의 공공기관 불개입 원칙에도 불구하고 민사적인 문제에 공적 기관이 개입하기 시작하였다. 남성이 여성을 사회적·경제적·물리적으로 지배하는 사회에서 약자의 위치에 있는 여성에 대한 폭력이 더 이상 개인의 문제가 아니라 범죄로 취급되고 있다. 종전 후 인권의식이 높아짐에 따라 가정폭력에 대한 인식도 점차 바뀌고 있다.

(2) 가정폭력에 대한 대응

일본은 우리나라와는 달리 가정폭력을 처벌하기 위한 별도의 특별법이 없이 형법상의 살인죄나 상해죄, 폭행죄 등으로 의율하여 처리하고 있다. 이처럼 가정폭력에 관한 법적인 면에서 미비한 바와 같이 일본이 가정폭력에 대해서는 다른 나라들에 비해서 크게 뒤떨어져 있다고 할 수 있다. 이것은 그만큼 일본사회에서 가정폭력에 대한 관심이 적고 사회이슈화가 덜 된 것임을 나타내 준다.

그러나 일본에서도 1995년 북경에서 열렸던 제4회 세계여성회의 이후부터는 여성에 대한 폭력에 관심을 갖기 시작하였다. 일본정부도 이 회의의 의결사항을 통보받고부터는 여성폭력에 대해서 어떠한 대책을 강구할 필요성을 인식하게 되어 총리부에 설치한 남녀공동참의실을 중심으로 계몽활동을 하였다.[35] 또한 도쿄 여성상담센터를 비롯한 여성단체와 경찰의 피해자대책연구회 등의 사회단체가 중심이 되어 가정폭력에 대한 전반적인 대책마련에 착수하였다. 법적으로는 피해자보호를 위해 보호명령과 이를 위반한 경우에 대한 제재의 도입 등 가정폭력의 특수성을 고려한 입법의 필요성이 제기되어, 일본변호사연합은 피해자의 권리를 보호하기 위한 범죄피해자기본법의 시안을 마련하였다. 그 뿐만 아니라 법무성도 여성피해자 보호를 위해 형사소송법을 개정하려는 방침을 세웠다. 개정될 법률의 내용에는 성범죄의 고소기간 폐지, 비디오증언의 도입, 피해자의 공판기록열람과

35) 浜井浩一外, 앞의 논문, 24쪽.

복사허용 등이 포함되어 있다.[36)]

이러한 노력의 결과로 일본정부는 2001년 배우자 폭력 예방 및 피해자 보호법(Prevention of Spousal Violence and Protection of Victim Law)을 통과시킴으로써 관련법률 제정에 일정 부분 성과가 나타나기 시작하였다. 경찰에서도 여성피해자 보호를 위한 시스템을 만들기 시작하여, 1999년 일본 경찰청은 '여성과 아동보호 프로젝트 이행요강(The Outline of the Implementation of Measures to Project to Protect Women and Children)'을 만들어 시행하고 있다. 이 지침에 따라 경찰은 폭력행위가 형법에 위반될 경우에는 가해자를 체포하고 피해자를 위한 적절한 조치를 취해야 하고, 비록 폭력행위가 형법에 위반되지는 않더라도 피해자에게 범죄에 대응하는 지침을 제공하며 적절한 지원단체와 법률구조협회를 소개하도록 되어 있다. 경찰은 필요한 경우 피해자의 가정을 직접 방문하여 상담과 조언을 해주고 가급적 피해여성에 관련된 업무를 여성경찰관이 맡아 처리하도록 하고 있다.[37)]

또한 피해자 지원을 위한 자원봉사자 단체나 쉼터 등의 수가 점차 꾸준히 증가하고 있다. 하지만 미국에 비해서는 아직도 크게 부족한 편이다. 1996년의 추정이지만 일본의 쉼터가 7개인 것에 비해 미국에서는 1200개이었다. 보건복지부에서 매춘여성 보호를 위한 여성안내센터와 학대아동을 위한 아동상담센터를 만들었지만, 아직까지 피해여성만을 위한 보호시설 등은 마련하지 못하고 있는 상태이다.

36) 김병준, 앞의 책, 246쪽.

37) Noriyoshi Watanabe, *Ibid.*, p.92.

제2절 우리나라

1. 법적 근거

(1) 법제정의 의의

우리나라에서 가정폭력의 문제는 사적인 가정의 문제로만 여겨졌기 때문에 법과 사회가 관여하기에는 부적절한 것으로 치부되어 왔다. 그러다가 1983년 한국여성의전화가 설치되면서부터 이들을 중심으로 한 여성단체의 활동에 의해 가정폭력에 대한 입법을 위한 여건을 조성하는 계기가 되었다. 이후 1990년대 들어 일련의 가정폭력사건들이 대대적인 언론과 대중의 조명을 받기 시작하고 아내에 의한 폭력남편 살해사건이 정당방위문제로 쟁점화되면서 사회적 이슈가 되었다.

이에 가정폭력에 대한 예방과 통제를 위해 국가의 개입이 필요하다는 사회적 공감대가 광범위하게 형성되어 가정폭력에 대한 입법론이 제기되었다. 입법론의 방향은 크게 기존의 형법을 보강하여 형사처벌을 강화하자는 입장, 가사소송법을 개정하자는 입장, 특별법안을 마련하자는 입장 등이 있었으나, 가정폭력행위를 교정 및 치료하여 궁극적으로 건강한 가정을 보호하고 육성하자는 취지에서 특별법으로 제정하게 되었다.[38] 그리하여 1997년 12월 13일 가정폭력범죄의처벌등에관한특례법(이하 가정폭력특례법이라 한다)과 1997년 12월 31일 가정폭력방지및피해자보호등에관한법률(이하 가정폭력방지법이라 한다)이 국회에서 통과되어 이듬해인 1998년 7월 1일

38) 김재엽, "가정폭력 관련법의 개정방안에 관한 연구", 71쪽.

부터 동법들이 시행되기에 이른 것이다.

가정폭력방지법은 예방적 차원에서 가정폭력의 예방과 피해자 보호를 위하여 제정된 것으로서 복지적·공법적 내용을 포함하고 있다. 구체적으로는 국가와 지방자치단체의 책무, 상담소와 보호시설의 설치·운영 및 업무에 관한 규정을 두고 있다. 이 법률의 세부적 시행을 위해서 가정폭력방지및피해자보호등에관한법률시행령[39] 및 가정폭력방지및피해자보호등에관한법률시행규칙[40]을 제정하여 시행하고 있다. 반면에 가정폭력특례법은 가정폭력범죄자를 처벌하기 위한 것으로서, 가정폭력범죄를 입법적으로 정의하고 이러한 범죄의 특수성을 고려하여 형사처벌절차에 관한 특례로서 가정보호사건 절차에 관한 규정을 두고 있다. 주된 내용으로는 응급조치, 조사와 심리, 임시조치, 보호처분, 항고절차, 배상명령 등을 둠으로써 일반 형사절차와는 판이하고, 또한 소년보호절차에 유사한 심판절차 및 그 법적 효과로서 보호처분제도를 도입하였다. 동법의 가정보호사건 절차의 시행을 위하여 대법원은 구체적 규정을 담은 가정보호심판규칙[41]을 제정하였다. 또한 법무부는 사법경찰관리집무규칙[42] 중 가정폭력범죄에 관한 특칙을 신설하여 사법경찰관리의 수사 유의사항, 환경조사서 작성, 응급조치, 임시조치, 동행영장, 보호처분 결정 등의 집행을 위한 세칙을 두고 있다.[43]

이와 같은 두 개의 특별법을 제정함으로써 우리나라도 이제 가정폭력이 더 이상 개인의 문제가 아니라 사회적인 문제임을 분명히 하고 그 범죄성을 명문화한 것이다. 이는 종래의 우리나라의 법이 공·사 영역 분리 논리로 가정의 문제를 사적인 문제로 치부하여 개입을 극도로 자제하고 법집행기관 역시 이를 지지하던 그간의 관행에 획기적인 변화를 가져온 것이다. 따라서 이 특별법의 제정은 가정폭력의 처벌가능성을 확장시킴

39) 일부개정 2001. 1. 29. 대통령령 제17116호.
40) 일부개정 2001. 1. 31. 여성부령 제1호.
41) 제정 1998. 6. 20. 대법원규칙 제1548호.
42) 일부개정 2001. 7. 27. 법무부령 제507호.
43) 김병주, 한국의 가정폭력: 실상과 국가개입, 22쪽.

으로써 이러한 행위가 더 이상 묵인되지 않으며 가정이라는 사주소까지도 국가의 공권력이 개입하여 법의 통제를 받게 된다는 것을 의미하는 것이다.

(2) 가정폭력특례법의 특징

우리나라에서도 가정폭력특례법이 제정되기 전까지는 가정폭력사건을 특별히 규정하는 법률이 없었기 때문에 기존의 형벌법규, 즉 일반 형법이나 폭력행위등처벌에관한법과 같은 특별법에 의거하여 일반 형사사건으로 처리할 수밖에 없었다. 하지만 가정폭력사건에 일반 형벌법규를 적용하는 데는 한계가 있었다. 특히 피해자가 여성일 경우는 남편을 처벌하기 위해서 고소를 원하는 경우에도 고소하게 되면 남편이 형사처벌을 받게 되어 혼인관계를 계속 유지할 수 없기 때문에 고소하기가 쉽지 않았으며, 또한 어렵게 고소한 경우에도 경제적으로 남편에게 의존하고 있는 관계로 곧바로 고소를 취하할 수밖에 없는 형편이었다. 이것은 형법에 의한 전통적 의미의 형사처벌은 가정의 유지가 무의미해진 최후의 경우에 사용될 수 있는 것이지만, 가정을 유지한 채로 남편에 대한 적절한 조치를 취할 수 없다는 것을 나타내준다. 그리고 처벌하고자 하더라도 가정폭력행위자의 죄질이 경미한 경우에는 형사처벌하기가 부적절하여 고작 불기소처분에 그칠 수밖에 없는 맹점이 있었다. 따라서 이와 같은 점을 보완하기 위하여 국가가 형사처벌 이전에 신속하게 가정문제에 개입하여 피해자를 보호하면서 가해자를 개선·교화하여 가정의 유지에 기여하기 위한 새로운 법률의 제정이 필요하였다.

그 후 가정폭력특례법이 제정됨으로써 이와 같은 문제점들의 상당한 부분이 해소되었다. 지금까지는 가정폭력행위자를 처벌하기 부적절하다고 판단되면 불기소할 수밖에 없었지만, 동법의 제정으로 경미한 가정폭력사건이라도 불기소처분 대신 가정보호사건으로 처리할 수 있게 되었다. 따라서 사법기관은 가정폭력사건에 대해 다양한 법적 대응수단을 가지게 된 것이다. 즉 검사는 가정폭력사건의 성질·동기 및 결과, 행위자의 성행 등을 고려하여 가정폭력범죄를 일반 형사사건으로 처리하거나 가정보호사건으로 송치할 수 있으며, 법원도 가정폭력행위자에 대해 다양한 보호처분을 행할 수 있게 되었다.[44] 동법은 가정폭력범죄를 범한 자에 대해 보호처분을 행함으로써 가정의 평화와 안정을 회복하는 데 주안점을 두고 있다. 보호처분은 환경의 조성과 성행의 교정을 목적으로 하는 처분으로서 그 내용은 동법에 한정적으로 열거되어 있다.

2. 경찰의 조치

(1) 가정폭력특례법상의 경찰조치

가정폭력특례법은 가정폭력에 대한 경찰의 역할과 임무에 관해서 규정함으로써 가정폭력에 대해 경찰이 적극적으로 개입하도록 요구하고 있다. 경찰은 진행 중인 가정폭력범죄에 대해 신고를 받으면 사안의 경중에 관계없이 필요한 경찰장구를 휴대하고 신속히 현장에 출동하여 필요한 응급조치를 취하도록 규정하고 있다(동법 제5조). 이러한 응급조치에도 불구하고 가정폭력범죄가 다시 재발할 우려가 있다고 인정되는 때에는 검사에게 임시조치를 신청할 수 있다(동법 제8조). 그리고 가정폭력범죄를 신속히 수사한 후 당해 사건이 가정보호사건으로 처리함이 상당한지 여부에 관한 조사자의 의견을 적극적으로 제시해 검찰로 송치하고(동법 제7조), 가정폭력범죄의 수사와 관련하여 알게 된 비밀을 엄수하여 피해자와 신고인을 보호해야 한다(동법 제18조).

동법상의 이와 같은 규정들은 경찰이 반드시 준수해야 할 의무조항이지 재량사항이 아니다. 따라서 이와 같은 규정을 제대로 이행하지 않은 경찰관은 직무유기에 해당될 수도 있으며 경우에 따라서는 피해자에 대한 민사상 손해배상책임 등을 질 수도 있다.

44) 임동규, "가정폭력처벌법에 관한 고찰", 법조, 2001.8(Vol. 539), 33쪽.

1) 응급조치

동법 제5조는 진행 중인 가정폭력범죄에 대하여 신고를 받은 사법경찰관리는 즉시 현장에 출동하여 폭력행위를 제지하고, 가해자와 피해자의 분리 및 범죄를 수사하며, 피해자가 동의하는 경우에는 피해자를 가정폭력관련 상담소 또는 보호시설에 인도하고, 긴급한 치료가 필요한 경우에는 피해자를 의료기관에 인도하며, 폭력행위의 재발시는 임시조치를 신청할 수 있음을 피해자에게 통보하는 등의 응급조치를 취할 것을 규정하고 있다.[45]

경찰이 취해야 할 응급조치는 크게 보아 가해자의 폭력행위를 제지하고 피해자를 보호하는 것이다. 경찰조치의 시간적 진행과정에서 보면 범죄수사는 이와 같은 긴급한 조치들을 어느 정도 마무리한 다음에 착수하는 것이 순서일 것이다.

(가) 신고에 의한 출동

가정폭력사건은 가정이란 울타리 안에서 발생하기 때문에 경찰순찰을 통해서 발견하기는 어렵고 대부분 피해자나 가족 또는 이웃 등의 신고에 의해서 인지하게 된다. 신고가 있는 경우 경찰은 신속히 사건현장에 출동해야 한다. 일부 연구가들은 경찰의 출동시간을 3분 혹은 5분 이내로 제한해야 한다고 주장하고 있으나 경찰실무상 이것은 현실성이 없으며, 다만 가정폭력사건도 여타 일반 범죄신고의 경우처럼 가능한 최단시간 내에 현장에 출동하면 될 것이다.

가정폭력사건을 포함한 모든 범죄나 사건에 대한 경찰신고는 주로 112

45) 제5조(가정폭력범죄에 대한 응급조치) 진행 중인 가정폭력범죄에 대하여 신고를 받은 사법경찰관리는 즉시 현장에 임하여 다음 각호의 조치를 취하여야 한다.
1. 폭력행위의 제지, 행위자 · 피해자의 분리 및 범죄수사
2. 피해자의 가정폭력관련 상담소 또는 보호시설 인도(피해자의 동의가 있는 경우에 한한다)
3. 긴급치료가 필요한 피해자의 의료기관 인도
4. 폭력행위의 재발시 제8조의 규정에 의하여 임시조치를 신청할 수 있음을 통보

신고체제를 이용하여 접수된다. 112신고체제는 전 기능을 자동화된 시스템으로 통합하여 운영하는 경찰비상즉응체제로서, 다른 선진국가들도 국민의 범죄신고를 용이하게 하기 위하여 이와 같은 시스템을 가지고 있다.46) 이 시스템은 경찰이 사건현장에 신속히 출동할 수 있기 때문에 초동조치 시간을 최소화할 수 있다는 것이 무엇보다 큰 장점이다. 2005년 현재 전국을 단일지휘체제로 하여 전국 2,944개 지구대와 파출소, 치안센터 중 도서지역으로서 순찰차의 운행이 불가능한 지역 52개소를 제외한 2,892개소에 112순찰차 총 3,626대가 배치되어 운용되고 있다.47)

(나) 폭력행위의 제지

가정폭력사건의 신고를 받고 출동한 경찰관은 제일 먼저 가해자의 폭력행위를 제지한 다음에 피해자 보호와 범죄수사 등을 진행해야 한다. 동법 제5조는 경찰관은 현장에 임하여 가해자에게 경고하고 폭력행위를 제지하며 현장을 장악하여 범죄수사를 하여야 한다고 규정하고 있다. 경찰관의 목전에서 폭력행위가 진행 중인 경우에는 어떠한 제한도 없이 우선적으로 가해자를 제압하여 폭력행위를 제지시키는 것이 급선무이다.

가해자는 아무 일도 없으니 돌아가라고 한다든지 집안문제로 사소한 말다툼을 한 것뿐이라는 변명을 하는 경우가 많다. 이런 경우에는 가해자의 이야기만 듣지 말고 피해자나 목격자의 이야기도 들어보고 주위상황을 면밀하게 살펴본 후에 단순한 말다툼 이상의 폭력행위가 있었는지를 판단해야 한다. 이 때 가해자는 폭력을 행한 직후이거나 폭력행위가 진행 중인 경우라서 극도로 흥분한 상태로 경찰 등 외부의 개입을 불쾌하게 생각하고 출동한 경찰관에게 위해를 가하는 등 격렬하게 저항하는 수도 있다. 이것은 아직 가정폭력이 범죄행위라는 인식이 안 된 탓이기 때문이므로 이런 경우에는 부부 간의 싸움도 일반적인 여타 폭력행위와 마찬가지로 범죄에 해당

46) 각국의 범죄신고 전화번호 : 미국 911, 일본 110, 영국 900, 프랑스 17, 필리핀 117, 한국 112.

47) 경찰청, 경찰백서, 2005, 61쪽.

되어 처벌된다는 것을 주지시키고 즉각 폭력행위를 중단하도록 경고하여야 한다. 그래도 불응하면 모든 물리력을 동원하여 즉각 가해자를 제압해야 하고 폭력을 제지하는 과정에서 피습당하지 않도록 경찰관의 안전에도 유의하여야 한다.

여기에서 동법은 단순히 폭력행위를 제지하고 가해자와 피해자를 분리할 것을 명하는 데 그치고 구체적인 제지의 범위와 방법에 대해서는 규정해두지 않았다. 그렇지만 폭력을 제지하는 데 있어서는 소극적 조치뿐만 아니라 가해자와 피해자를 분리시키고 필요한 경우에는 가해자를 집 밖으로 나가게 하는 등의 적극적 조치를 취할 수 있는 것으로 해석해야 할 것이다. 더 이상의 폭력행위를 방지하기 위해 필요한 조치는 경찰재량에 속하는 것이고 그 재량권은 과잉금지에 해당하지 않는 범위 내에서 행사될 수 있는 것이다.[48]

(다) 범죄의 수사

가정폭력범죄를 수사할 경우에는 동법의 근본취지를 살려 가정의 평화와 안정을 회복하고 건강한 가정의 육성을 도모한다는 자세로 임해야 한다. 사법경찰관이 자의적 판단으로 수사에 착수하지 않는 것은 사법경찰관의 권한을 벗어난 것이 된다. 이것은 동법의 실효를 거두기 어렵게 하기 때문에 가정폭력의 피해자나 가족들이 형사처벌을 원하지 않는다고 하더라도 피해자 의사의 진정성, 폭력의 중대성, 피해의 정도 등을 종합적으로 고려하여 판단해야 한다. 또한 경찰에서 조사한 결과는 검사가 보호처분과 형사처분 중에서 어떤 사건으로 처리할 것인지를 결정하는 데 기준이 되는 자료로 쓰이고, 판사가 사건을 심리하는 데 있어서 특별한 자료로 이용된다는 점을 염두에 두고 수사하여야 한다.

① 당사자의 진술확보

48) 한인섭, "가정폭력법의 법적 구조와 정책지향에 대한 검토", 법학, 제39권, 제2호, 서울대학교 법학연구소, 1998, 309쪽.

가정폭력사건은 일반사건과 달리 사실관계가 단순하고 가해자의 신병확보가 비교적 용이하다고 할 수 있다. 사건의 배경과 동기는 가정사와 관련되어 복잡하고 미묘하지만 구체적인 사건의 전모는 간단한 경우가 대부분이다. 사안의 경중에 따라 이후에 검사가 가정보호사건이나 형사사건으로 처리하는 데 있어 판단하기 쉽도록 관계자의 진술을 확보해야 한다. 이것은 일반 형사사건과 동일한 방식으로 가해자와 피해자를 대상으로 진술을 받으면 된다. 또한 피해자가 가해자의 임시퇴거 및 접근금지명령을 원하고 있는지를 확인하고 원하는 경우에는 그 사유를 소정의 양식에 따라 첨부하여야 한다.

② 증인 및 증거확보

이웃이나 현장목격자 기타 관계인으로 하여금 진술서를 작성하도록 한다. 현장의 광경을 사진 찍고 깨진 물건이나 옷가지 등을 수거하는 등 물적 증거도 확보해야 한다. 주의할 점은 가정폭력사건은 피해자나 증인이 가해자와 가족관계에 있기 때문에 진술을 번복할 가능성이 너무 많다는 것이다. 미국의 경우를 보면 신고를 하고서도 신고사실 자체를 부인하는 경우가 많기 때문에 신고된 음성을 녹음한 테이프를 가지고 출동해야 할 정도로 피해자의 감정변화가 심하다고 한다.[49] 따라서 당사자 및 증인의 진술을 녹음해 두는 것도 효과적인 방법이다.

③ 가해자의 체포

경찰관은 가정폭력사건의 현장에서 여러 응급조치를 취하는 외에도 가해자를 체포하여 수사할 수 있다. 경찰관직무집행법상 경찰은 가해자에게 필요한 경우 임의동행을 요구하여 파출소나 경찰서에 동행할 수는 있지만(경찰관직무집행법 제3조 제2항), 가정폭력특례법에서는 경찰이 현장에서 폭력의 제지나 수사목적으로 가해자를 영장 없이도 당연히 체포할 수 있다는 규정이 없기 때문에 원칙적으로는 가해자의 동의 없이 강제동행이나 체포

49) D. B. Berry, *Ibid.*, p. 165.

를 할 수 없다.

그러나 가정폭력특례법에 별도의 규정이 없더라도 가정폭력사건도 일반 형사사건과 마찬가지로 형사소송법에 근거해서 요건이 충족되는 경우에는 현행범체포와 긴급체포를 할 수 있다. 현행범인은 범죄의 실행 중이거나 실행 직후인 자를 가리키는데 경찰관뿐 아니라 누구라도 영장 없이 체포할 수 있다(형소법 제212조).[50] 체포할 수 있는 대상에는 준현행범인도 포함된다. 준현행범인은 현행범인은 아니지만 형사소송법에 따라 현행범인으로 간주되어 체포할 수 있다(형소법 제211조 제2항). 또한 긴급체포는 수사기관이 현행범에 해당하지 않는 피의자에 대하여 사전영장을 발부받기 위하여 시간을 지체할 수 없는 긴급한 경우에 영장 없이도 일시적으로 구속할 수 있는 것을 말한다(형소법 제200조의 3).

가정폭력범죄의 구체적인 내용을 보면, 경찰이 신고를 받고 현장에 출동해서 체포 여부가 문제될 때는 폭력상황이 진행 중인 경우일 것이기 때문에 대부분의 가해자는 현행범인에 해당할 것이고, 또한 가정폭력특례법 제2조 제3호 각목에 정한 가정폭력범죄의 법정형은 그 정도에 있어서 가해자를 긴급체포할 수 있는 경우가 많다. 따라서 대부분의 가정폭력가해자는 현행범인이나 준현행범인에 해당하고 보충적으로 긴급체포의 요건을 충족시킬 수 있는 경우가 많기 때문에 경찰관이 가해자를 체포하는 데 있어 법적으로 큰 어려움이 없는 것으로 보인다.[51]

경찰관은 가해자가 현행범이나 긴급체포의 요건에 해당하면 영장 없이 즉시 체포하여 조사할 수 있으며 체포한 경찰관은 즉시 검사의 승인을 받아야 한다. 긴급체포한 피의자를 구속하고자 할 때는 사법경찰관은 48시간 이내에 검사에게 신청하여 검사의 청구를 통해 법원에서 구속영장을 발부

50) 형소법 제212조 : 현행범인은 누구든지 영장 없이 체포할 수 있다.
형소법 제213조 : ① 검사 또는 사법경찰관리가 아닌 자가 현행범인을 체포한 때에는 즉시 검사 또는 사법경찰관리에게 인도하여야 한다. ② 사법경찰관리가 현행범인의 인도를 받은 때에는 체포자의 성명, 주거, 체포의 사유를 물어야 하고 필요한 때에는 체포자에 대하여 경찰관서에 동행함을 요구할 수 있다.

51) 김병주, 앞의 책, 234~237쪽 참조.

받아야 한다. 따라서 체포한 피의자를 영장발부 전 48시간 이내에는 경찰서에 유치할 수 있으므로 이 기간 동안 가해자에게 형사처벌 또는 보호처분을 받을 수 있다는 경고를 함으로써, 가해자에 대한 폭력의 재발을 방지할 수 있는 효과도 기할 수 있을 것이다.

(라) 피해자 보호

폭력을 당한 피해자는 불안감과 수치심으로 위축되어 있을 것이기 때문에 우선 정신적 안정을 되찾도록 해주는 것이 중요하다. 피해자가 아내인 경우에는 폭력으로 인한 고통이나 수치심보다도 이런 사실이 국가기관에 신고되어 외부에 알려지게 되고 남편이 처벌받을지도 모른다는 생각으로 걱정하는 경우가 있다. 그리고 가정이 앞으로 어떻게 될 것인지, 이로 인해서 남편이 자신에게 보복하지 않을는지, 자녀들의 운명에는 어떤 영향을 미칠 것인지 등의 문제로 더욱 불안감을 느낄 수 있다. 그러므로 출동한 경찰관은 피해자의 이러한 심리적 불안감을 해소시켜 주기 위한 노력을 기울여야 한다.

또한 피해자가 가벼운 상처를 입었을 경우에는 현장에서 응급치료를 해주고 긴급한 치료가 필요하다고 판단되면 피해자를 의료기관에 인도해주어야 한다(가정폭력특례법 제5조 제3호). 피해자가 동의하는 경우에는 피해자를 가정폭력상담소 또는 쉼터 등의 보호시설에 데려다 주어야 한다(가정폭력특례법 제5조 제2호). 우리나라의 경우에는 연간 약 100만 건 이상(심각한 가정폭력의 경우)으로 추산되는 가정폭력사건이 발생하고 있는데도 피해자를 위한 상담소나 보호시설 등의 피난처는 충분하지 않은 편이다.[52) 따라서 인근에 마땅한 보호시설이 없다든지 피해자가 보호시설에 대한 좋지 않은 인상을 가지고 있을 때에는 친구나 친척, 이웃 등 임시로 피해자를 쉬게 할 수 있는 곳으로 인도해 주는 것도 고려해 볼 수 있다.

피해자를 보호시설이나 상담소에 인도할 때도 경찰이 현장에 출동해서부터 현장에서의 광범위한 조치를 할 때와 마찬가지로 사회복지분야 전문가

---

52) 2002년 12월 현재 전국적으로 가정폭력 상담소 159개소, 가정폭력피해자 보호시설 31개소가 개설되어 있다: 여성부, 2003년 권익증진 사업안내 참조.

의 조언이 있어야 하겠지만, 이에 관한 명문의 법규정이 없기 때문에 경찰의 합리적인 판단에 의해서 임의적으로 조치하면 될 것이다. 이 외에 피해자가 원하지 않더라도 특히 필요하다고 판단되는 경우에는 경찰이 피해자의 의사에 반하여 이들 시설에 인도할 수 있는가가 문제로 남아 있다.

2) 임시조치의 신청

경찰은 폭력이 재발할 위험이 있다고 인정되는 경우에는 동법 제8조에 의거하여 검사로 하여금 법원에 임시조치를 청구하도록 신청할 수 있다.[53] 물론 검사가 직권으로 임시조치를 신청하는 경우도 있겠지만 실무상으로 볼 때 대부분은 경찰이 조사한 내용을 토대로 경찰의 조사의견을 참작하여 자신의 판단을 거쳐 신청한다고 볼 수 있다.[54] 이처럼 임시조치의 신청이나 청구가 수사기관인 사법경찰관이나 검사에게 맡겨져 있기 때문에 사법경찰관은 피해자 등이 희망하거나 폭력이 재발할 염려가 있다고 판단될 경우에는 적극적으로 임시조치를 신청하여 검사의 판단을 받아야 한다. 그렇지 못한 경우에는 임시조치가 적합하지 아니한 사유를 뒷받침할 만한 자료를 수집하여 기록에 남겨두는 것이 필요하다.

또한 검사가 청구할 수 있는 임시조치는 동법 제29조 제1항 제1호, 제2호 또는 제3호에 규정된 조치들로서 불구속을 전제로 한 비교적 가벼운 제재조치라 할 수 있다. 그러나 가해자에 대한 구속은 유보하더라도 체포의 요건이 충족되는 경우에는 가해자를 체포함으로써 '가정폭력은 결코 용납되지 아니 한다'라는 경고메시지를 분명하게 보여주는 것도 필요할 것이다.

3) 가정보호사건의 의견송치

가정보호사건의 처리는 가정폭력사건을 일반 형사사건으로 처리할 것인

---

53) "검사는 가정폭력범죄가 재발될 우려가 있다고 인정하는 때에는 직권 또는 사법경찰관의 신청에 의하여 법원에 제29조 제1항 제1호, 제2호 또는 제3호의 임시조치를 청구할 수 있다"(제8조 제1항).

54) 안영길, "가정폭력행위자에 대한 법원의 조치", 가정폭력방지법 시행상의 문제점과 개선방안 세미나 자료집, 법무부, 1999, 3쪽.

지 아니면 보호처분을 과하는 가정보호사건으로 처리할 것인지를 구분하는 것이다. 검사가 사건을 가정보호사건으로 처리할 것인지는 전적으로 검사의 판단과 의사에 달려 있다. 경찰은 단지 당해 사건이 가정보호사건으로 처리하기에 상당한지 여부에 관한 의견을 제시할 수 있을 뿐이다. 하지만 가정폭력사건에 관한 경찰의 송치서류는 검사가 가정보호사건으로 결정하는 데 있어 적정하고 올바른 판단을 내리는 데 상당한 도움이 될 것이기 때문에 여기에도 세심한 관심을 갖는 것이 필요하다.

(2) 경찰의 처리현황

1) 발생 및 검거현황

우리나라에서 가정폭력특례법이 시행된 1998. 7. 1 이후에 동법에 의한 그 동안의 경찰의 처리실적을 경찰청 통계자료에 의해 살펴보면 다음과 같다.

1998년에는 동법이 시행되기 시작한 하반기부터 실적에 포함시켰기 때문에 다른 해에 비해서 발생건수가 특히 적었던 것으로 볼 수 있다. 이후 매년 가정폭력사건의 발생건수는 1만 건 이상으로 그것도 해마다 증가하는 추세를 유지하고 있음을 알 수 있다. 그러나 이와 같은 공식적인 경찰통계만으로는 우리 사회의 가정폭력 실태를 제대로 파악할 수 없다. 왜냐하면, 경찰통계상의 수치는 경찰에 접수된 사건만을 말하는 것이지 실제 우리 사회에 발생하는 가정폭력사건을 모두 반영한 것이 아니기 때문이다. 1999년도 가정폭력의 발생실태에 관한 한 조사결과에 따르면, 경미한 폭력까지 합하여 배우자로부터 폭력을 경험한 경우가 34.1%(1997년 통계청 인구조사 기준으로 443만 쌍)이고, 마구 두들겨 맞거나 상해를 가져올 수 있는 심각한 폭력을 경험한 경우가 약 6~7%(78~91만 쌍)이다.[55] 이러한 수치와 비교해 보면 경찰에 접수된 사건들은 1999년을 기준으로 해서 볼 때, 우리 사회 전체의 가정폭력 중 약 0.3%, 그리고 심각한 폭력의 경우는 약 1.2~

55) 김재엽, "한국 가정폭력 실태와 행위자교정 프로그램 개발연구", 36~41쪽.

1.5% 정도만이 노출된 결과라고 볼 수 있다.[56]

이와 같은 가정폭력사건의 암수(暗數 : dark figure)화는 우리나라뿐 아니라 어느 나라나 마찬가지라고 할 수 있다. 영국의 경우에는 국가여성위원회의 보고서(The National Woman's Commission Report, 1985)에 따르면, 가정폭력사건의 약 2%만이 경찰에 보고되고 있으며, 아내에 대한 남편의 폭력이 경찰에게 보고된 폭력 중에서 두 번째로 많은 일반적 유형임을 보여준다.[57] 일본의 경우에서는 1999년도의 남편의 아내에 대한 범죄(살인, 상해 및 폭행)의 검거건수를 볼 때, 전년도에 비해 18.6%가 증가하였지만 그 수치가 고작 516건에 불과한 것으로 나타났다.[58] 이것은 일본에서도 특히 가정폭력사건에 있어 엄청난 수의 암수, 즉 숨은 범죄가 존재한다는 것을 보여주는 것이다.

가정폭력사건의 발생건수를 유형별로 살펴보면, 2004년도를 기준으로 볼 때 경찰에 접수된 전체 가정폭력사건 중에서 아내학대가 차지하는 비중은 거의 대부분인 83.4%를 차지하고 있다. 아내에 의한 남편학대가 그 다음으로 2.1%였으며 노인학대와 아동학대가 각각 1.7%와 0.45%로 나타나 있다. 이와 같은 현상은 각종 선행연구자료의 결과에서 나타난 바와 마찬가지로 우리 사회에서 여성학대가 여전히 남편학대나 아동학대, 노인학대와는 비교할 수 없을 정도로 가장 심각하다는 것을 말해주는 것이다.

가정폭력사건의 발생과 검거현황에서, 사건의 발생건수와 검거건수가 일치하는 것은 사건관계가 비교적 단순하여 가해자가 도주하는 경우가 적고 또한 가정 내에서 발생한 관계로 증거확보 등이 쉬워서 다른 일반 형사사건에 비해 검거하기가 용이하기 때문으로 판단된다. 검거건수에 비해 검거인원이 많은 것은 가해자 외에 폭력에 가담한 다른 공범자가 있었던 것으로 추정된다.

그리고 검거자에 대한 조치에 대해서는 일반 형사사건과 마찬가지로 구

56) 김은경, "가정폭력범죄의 형사절차상 위기개입 방안 연구", 한국형사정책연구원, 2001, 163쪽.

57) A. Bourlet, *Ibid.*, p. 3.

58) 日本 警察廳, 警察白書, 2000, 94面.

속, 불구속으로 입건하거나 계도(훈계방면)조치를 하게 된다. 다만, 가정폭력사건은 그 심각성에도 불구하고 범행의 성질이나 동기 등 가족관계의 특수성을 감안하여 일반 형사사건에 비해서 구속비율이 낮은 것으로 추정된다. 2004년 기준으로 검거자에 대한 구속비율은 2.16%에 불과한 반면에 불구속이 91.9%, 계도는 5.98%이었다.

〈표 3-1〉 가정폭력사건 발생유형

구분 / 연도	발생건수	아내학대	남편학대	아동학대	노인학대	기 타
1998년	3,687					
1999년	11,850	10,517	167	153	318	695
2000년	12,983	10,578	218	209	389	1,589
2001년	14,585	12,323	347	154	306	1,455
2002년	15,151	13,144	239	89	230	1,449
2003년	16,408	14,306	297	86	258	1,461
2004년	13,770 (100%)	11,487 (83.4%)	290 (2.1%)	63 (0.45%)	235 (1.7%)	1,695 (12.3%)

자료: 경찰청 생활안전국 내부자료, 2005.

〈표 3-2〉 가정폭력사건 발생 및 검거, 조치현황

구분 / 연도	발생건수	검거건수	검거인원	조 치		
				구 속	불구속	기타(계도)
1998년	3,687	3,687	4,002	498	3,491	13
1999년	11,850	11,850	12,719	868	11,804	47
2000년	12,983	12,983	14,105	678	13,380	47
2001년	14,585	14,585	15,557	691	14,760	106
2002년	15,151	15,151	16,324	586	15,127	611
2003년	16,408	16,408	17,770	496	16,787	487
2004년	13,770	13,770	15,208 (100%)	329 (2.16%)	13,969 (91.9%)	910 (5.98%)

자료: 경찰청 생활안전국 내부자료, 2005.

2) 검거경위

검거경위를 보면, 경찰에서 가정폭력사건을 인지하여 검거할 수 있게 되는 계기는 대부분이 피해자의 신고에 의한 것임을 알 수 있다. 신고와 달리 고소는 사건발생 당시의 소란행위가 가라앉은 후에 피해자가 냉정히 판단하고서 취한 조치로 볼 수 있을 텐데도 그 비중이 적지 않은 것으로 보아 가정폭력이 장기간 상습적으로 발생하고 있음을 추정할 수 있다. 2004년도를 기준으로 할 때, 가정폭력사건에 대한 신고비율은 98.6%이고 이 중에서 피해자의 신고가 84.5%를 차지하고 있다. 이에 비해서 경찰의 자체인지는 단지 1.4%에 불과하다.

이처럼 검거경위가 대부분 피해자 등의 신고에 의존하는 것은 가정폭력사건의 대부분이 가정 내에서 은밀히 이루어지는 관계로 피해자나 이웃이 신고하지 않는 경우에는 경찰의 순찰활동을 통해서 이를 인지하기가 현실적으로 어렵기 때문이다.

〈표 3-3〉 가정폭력범죄 검거경위

구분 / 연도	계	신 고 (율)				고소(율)	자체 인지(율)
		소계	피해자	신 고 의무자	기타		
1998년	3,687	3,170	2,871	44	255	452	65
1999년	11,850	11,042	10,163	110	769	708	100
2000년	12,983	12,260	11,090	147	1,023	569	154
2001년	14,585	13,544	11,981	259	1,304	750	291
2002년	15,151	13,917	12,347	307	1,263	793	441
2003년	16,408	15,248	13,623	251	1,374	697	463
2004년	13,770 (100%)	13,062 (98.6%)	11,639 (84.5%)	211 (1.5%)	1,212 (8.8%)	521 (3.8%)	187 (1.4%)

자료: 경찰청 생활안전국 내부자료, 2005.

3) 응급조치와 임시조치

다음은 경찰이 현장에 출동하여 응급조치의 일환으로 피해자나 가해자를 상담소나 보호시설, 의료기관 등에 인도하거나 임시조치를 신청한 상황을 보여 준다. 응급조치의 경우에서는 동법의 시행 초기에 비해서 상담소나 보호시설로의 인도건수가 매년 크게 증가하고 있는 것으로 나타난다. 이것은 경찰이 동법의 시행 초기에는 가정폭력사건을 일반 형사사건과 같이 가해자에 대한 형사처벌 위주의 관점에서 사건을 처리하고 상대적으로 피해자 보호나 지원에 대해서는 소극적인 태도를 보였다가, 이 제도가 정착되면서 점차 피해자 지원과 같은 사후복지적 기능에 관심을 갖고 적극 대응하기 때문인 것으로 보인다.

임시조치의 신청도 시행 초기에 비해서 상당히 많이 증가하였으나 최근 들어 다시 감소추세로 돌아서고 있다. 이에 대한 정확한 원인은 향후 몇 년간의 동향을 더 분석해 보아야 되겠지만, 이와 관련하여 임시조치의 신청에 대해 일선 경찰들이 기피하는 경향이 있는 것도 사실이다. 그것은 경찰이 임시조치를 신청했을 경우 담당검사나 판사의 처리가 지연되어 상당한 시일이 경과해야만 임시조치의 결정이 내려지는데다 절차 또한 번거롭기 때문이라고 한다.

〈표 3-4〉 응급조치와 임시조치 신청

구분 / 연도	응급조치(현장출동시)				임시조치			
	상담소·보호시설 인도(율)		의료기관 인도(율)		신청(율)		집행(율)	
	건수	인원	건수	인원	건수	인원	건수	인원
1998년	31	31	69	69	93	93	58	58
1999년	9	10	207	209	549	550	421	419
2000년	56	56	534	545	961	963	715	717
2001년	533	541	989	997	1,259	1,261	942	945
2002년	714	718	887	899	993	1,021	832	852
2003년	819	802	901	915	1,141	1,145	830	838
2004년	894	925	688	702	656	658	359	360

자료: 경찰청 생활안전국 내부자료, 2005.

4) 가정보호사건의 의견송치

임시조치와 마찬가지로 동법의 시행 초기에는 가정보호사건으로의 의견송치 비율이 낮았으나 그 후 수년 간 크게 증가하였다. 이것은 시행 초기에는 담당경찰관들이 동법의 특징인 보호・복지적 기능으로서의 보호처분에 대해 상대적으로 소홀하였음을 보여주고 있다. 그 뒤 담당경찰관에 대한 지속적인 교양과 함께 경찰청이 동법의 취지를 반영한 가정보호사건으로의 의견송치를 적극 권장함에 따라 가정보호와 피해자의 의사를 존중하여 가정보호사건으로 의견송치하는 데에 보다 적극성을 보여 왔다.

그러나 최근 들어 다시 감소하는 추세를 보이고 있는데, 이는 가정보호사건의 처리가 전적으로 검사의 권한인 만큼 경찰에서 가정보호사건으로의 의견송치하는 것은 큰 의미가 없다고 인식하여 이에 대해 적극성을 보이지 않기 때문이라고 생각된다.

〈표 3-5〉 가정보호사건 의견송치

구분 / 연도	검거건수	검거인원	가정보호사건의견송치	
			건수(율)	인원
1998년	3,685	4,002	89(2.4%)	97
1999년	11,850	12,719	990(16.2%)	1,031
2000년	12,983	14,105	3,813(29.4%)	4,040
2001년	14,585	15,557	4,559(31.3%)	4,813
2002년	15,674	16,489	4,329(27.6%)	4,602
2003년	16,408	17,770	4,186(25.5%)	4,459
2004년	13,770	15,208	2,587(18.8%)	2,616

자료: 경찰청 생활안전국 내부자료, 2005.

3. 검찰의 조치

(1) 가정폭력사건에서의 검사의 역할

가정폭력사건의 처리에 있어서 검사의 역할은 가정폭력특례법 제8조에 따른 임시조치의 청구나 동법 제9조에 따른 가정보호사건 또는 일반 형사사건으로 분류하여 법원에 송치하는 정도이기 때문에 경찰이나 법원의 역할에 비해 상대적으로 비중이 약한 편이다. 이것은 검찰의 고유의 사법제도상의 기능을 축소하는 의미는 아니지만 임시조치를 청구하는 것이나 가정보호사건으로 분류하여 가정법원으로 송치하는 것은 모두가 경찰이 수사한 것을 이차적으로 접수하여 법원의 처분을 요구하는 수준에 그치기 때문이다. 따라서 가정폭력사건에 대한 핵심적 처리과정인 가정보호사건 절차에 검찰이 관여할 여지는 극히 미미한 것으로 보인다. 가정폭력의 불법성이 중하여 이를 일반 형사사건으로 기소하는 경우에 한하여 검찰의 본래적 기능인 소송수행을 담당할 뿐이다.

이와 같이 가정폭력사건의 처리에 있어서 실제로는 경찰과 가정법원이 중심적인 역할을 수행함에도 불구하고 경찰이 처리한 사건을 굳이 검찰을 경유하여 가정보호사건으로 법원이 심판하도록 하는 현행 제도가 합리적인지 의문이다. 이것은 동법이 가정폭력사건에 대한 본래적인 사법심사 과정으로 설정한 가정보호사건을 담당하는 관할가정법원에 경찰이 직접 사건을 송치하도록 하고, 법원은 사건이 중한 경우에 한하여 검찰에 송치하여 일반 형사사건으로 처리하도록 하는 것이 보다 합리적일 것이다.[59]

(2) 임시조치의 청구

검사는 폭력이 재발될 우려가 있다고 인정하는 때에는 직권 또는 사법

59) 김병주, 앞의 책, 247~248쪽.

경찰관의 신청에 의하여 동법 제29조 제1항 제1호, 제2호 또는 제3호의 임시조치를 법원에 청구할 수 있다(동법 제8조). 제29조 제1항 제4호 및 제5호가 사건의 조사나 심리, 활용하기에 따라서는 가해자의 교정이라는 목적에 기여할 수도 있는 것에 비하여, 제8조의 검사가 신청할 수 있는 제29조 제1항 제1호, 제2호, 제3호의 임시조치는 오로지 가해자로부터 피해자를 보호하기 위한 중요한 피해자보호장치이다.[60]

현재까지의 실무상으로 볼 때 검사가 직권으로 임시조치를 청구한 경우는 없었으며 앞으로도 검사가 직권으로 임시조치를 청구하는 경우는 거의 없을 것으로 보인다.[61] 임시조치가 행하여진 사건에 관하여 검사가 사건을 가정보호사건으로 송치하는 때에는 이미 행하여진 임시조치는 그 효력을 잃지 않으나, 검사가 사건을 기소, 불기소, 또는 소년부에 송치하는 때에는 이미 행하여진 임시조치는 그 효력을 상실한다.

(3) 가정보호사건 송치여부 결정

검사는 가정폭력사건을 가정보호사건으로 처리할 것인지 형사사건으로 처리할 것인지를 결정한다. 검사는 사법경찰관으로부터 송치받은 사건에 대하여 가정폭력범죄로서 사건의 성질·동기 및 결과, 행위자의 성행 등을 고려하여 가정폭력특례법에 의한 보호처분에 처함이 상당하다고 인정할 때에는 가정보호사건으로 처리할 수 있다. 이 경우 검사는 피해자의 의사를 존중하여야 한다(동법 제9조). 피해자의 의사를 판단함에 있어서

---

60) 제29조(임시조치)

① 판사는 가정보호사건의 원활한 조사·심리 또는 피해자의 보호를 위하여 필요하다고 인정한 때에는 결정으로 행위자에게 다음 각호의 1에 해당하는 임시조치를 할 수 있다.

1. 피해자 또는 가정구성원의 주거 또는 점유하는 방실로부터의 퇴거 등 격리
2. 피해자 또는 가정구성원의 주거, 직장 등에서 100미터 이내의 접근금지
3. 피해자 또는 가정구성원에 대한 「전기통신기본법」 제2조 제1호의 전기통신을 이용한 접근금지
4. 의료기관 기타 요양소에의 위탁
5. 국가경찰관서의 유치장 또는 구치소에의 유치

61) 임동규, 앞의 논문, 39쪽.

는 피해자의 진정한 의사를 확인해야 한다. 가정폭력사건의 피해자는 그 심리상태가 억압되어 있어 자신의 진정한 의사를 나타내기 어려운 경우가 많고 가해자가 다른 가족을 통하여 피해자를 회유하고 협박하여 피해자의 권리행사를 저지하는 경우가 많기 때문이다. 검사는 피해자의 의사를 존중하여 이를 토대로 판단하면 되는 것이지 반드시 이에 기속되는 것은 아니다.

피해자의 의사 외에 검사가 가정보호사건으로 분류하는 기준은 사건의 성질·동기 및 결과, 행위자의 성행 등이다. 하지만 이러한 기준은 행위책임의 중대성에 관한 구체적 기준이 없고 추상적이며 재량의 범위가 지나치게 넓은 막연한 잣대를 두고 있다는 지적을 받을 수 있다. 물론 실제에 있어서는 상식적인 선에서 행위책임이 중하면 형사사건으로, 경하면 보호사건으로 분류하여 처리하겠지만, 그 경중에 관한 판단을 전적으로 검사의 재량에 맡길 것이 아니라 일정한 기준을 법으로 정하는 것이 보다 합리적일 것으로 생각된다.[62]

이에 대해 한인섭 교수는 검사의 권한남용을 통제하기 위해서 재량권행사의 합리적인 기준을 설정해야 한다고 주장하고, 그 분류기준으로 다음과 같이 제안하고 있다.[63]

① 상습적·누적적 피해자인 경우는 예외이나 일차적으로 피해자의 의사를 존중한다.

② 피해자의 생명과 신체에 위험을 초래하는 중대한 폭력을 상습적으로 행하는 경우에는 형사처분으로 기소한다.

③ 가정폭력으로 경찰의 경고를 받고도 범죄를 재발한 경우는 형사기소한다.

④ 치명적인 흉기를 사용하거나 다른 가족구성원과 공범으로 지속적으로 폭력을 행사한 경우는 형사기소한다.

---

62) 김병주, 앞의 책, 253쪽.

63) 한인섭, "가정폭력법의 법적 구조와 정책지향에 대한 검토", 312쪽.

〈표 3-6〉 검찰의 가정폭력범죄 처리현황

구분 연도	총접수 인원	기소			가정보호 사건송치	불기소			소년부 송치	타관 이송	미제
		계	구공판	구약식		계	불기소	기타			
1998년	1,455 (100%)	462 (31.8%)	205 (14.1%)	257 (17.7%)	495 (34.0%)	426 (29.3%)	366 (25.2%)	60 (4.1%)	11 (0.8%)	6 (0.4%)	55 (3.8%)
1999년	9,210 (100%)	2,037 (22.1%)	524 (5.7%)	1,513 (16.4%)	3,384 (36.7%)	3,620 (39.3%)	3,546 (38.5%)	74 (0.8%)	69 (0.7%)	39 (0.4%)	61 (0.7%)
2000년	13,325 (100%)	2,506 (18.8%)	623 (4.7%)	1,888 (14.1%)	4,894 (36.7%)	5,783 (43.4%)	5,672 (42.6%)	111 (0.8%)	90 (0.7%)	23 (0.2%)	29 (0.2%)
2001년	17,281 (100%)	3,506 (20.3%)	623 (3.6%)	2,883 (16.7%)	6,425 (37.2%)	7,173 (41.5%)	7,039 (40.7%)	134 (0.8%)	64 (0.4%)	41 (0.2%)	72 (0.4%)
2002년	15,347 (100%)	2,682 (17.5%)	561 (3.7%)	2,121 (13.8%)	4,998 (32.6%)	7,468 (48.6%)	7,339 (47.8%)	129 (0.8%)	104 (0.7%)	33 (0.2%)	62 (0.4%)

자료: 법무연수원, 범죄백서, 2003.

4. 법원의 조치

(1) 임시조치의 결정

(가) 수사단계의 임시조치

가정폭력의 재발방지와 피해자 보호를 주된 목적으로 하여 규정된 수사단계의 임시조치로는 피해자 또는 가정구성원의 주거 또는 점유하는 방실로부터의 퇴거 등 격리(1호), 피해자 또는 가정구성원의 주거, 직장 등에서 100미터 이내의 접근 금지(2호), 피해자 또는 가정구성원에 대한 전기통신기본법 제2조 제1호의 전기통신을 이용한 접근금지(3호) 등 세가지가 있다(법 제8조, 제29조 제1항).

가정폭력특례법 제8조와 가정보호심판규칙 제10조 제1항에 따라 검사가 임시조치를 신청하면 판사는 신속히 임시조치의 여부를 결정하여야 하고, 임시조치의 사유를 판단하기 위하여 필요하다고 인정하는 때에는 가해자·피해자·가정구성원 기타 참고인을 소환하거나 동행영장을 발부하여 필요한 사항을 조사·심리할 수 있다(규칙 제10조 제2항). 1호와 2호의 임시조치는 병과할 수 있다(규칙 제26조). 판사가 임시조치 결정 또는 임시조치 청구를 기각하는 결정을 한 때에는 결정서 등본을 검사에게 송달하고, 검사 또는 사법경찰관은 이를 수사기록에 편철하여야 한다(규칙 제10조 제3항). 법원은 임시조치를 결정한 때에는 가해자 및 피해자에게 결정을 통지하여야 한다(법 제29조 제3항, 규칙 제10조 제4항).

(나) 송치 후의 임시조치

가정보호사건의 원활한 조사와 심리 또는 피해자 보호를 위하여 판사는 결정으로 가해자에게 수사단계에서 내리는 1호, 2호, 3호 조치와 함께 의료기관 기타 요양소에의 위탁(4호), 국가경찰관서의 유치장 또는 구치소에의 유치(5호) 등 다섯 가지의 임시조치를 할 수 있다(법 제29조 제1항).

1호부터 3호까지의 임시조치기간은 2개월, 4호 및 5호의 임시조치기간은 1개월을 초과할 수 없다. 다만, 피해자의 보호를 위하여 그 기간의 연장이 필요하다고 인정하는 경우에는 결정으로 1호부터 3호까지의 임시조치는 2회에 한하여, 4호 및 5호의 임시조치는 1회에 한하여 각 기간의 범위 내에서 연장할 수 있다. 또한 판사는 직권 또는 가해자, 그 법정대리인이나 보조인의 신청에 의하여 임시조치를 취소하거나 그 종류를 변경할 수 있다.

(2) 심리의 비공개

가정보호사건에 대한 심리도 공개재판이 원칙이지만, 판사는 가정보호사건을 심리함에 있어서 사생활보호나 가정의 평화와 안전을 위하여 필요하거나 선량한 풍속을 해할 우려가 있다고 인정할 때에는 결정으로 심리를 비공개로 할 수 있다. 증인으로 소환된 피해자 또는 가정구성원은 사생활보호나 가정의 평화와 안정의 회복을 이유로 하여 판사에게 증인신문의 비공개를 신청할 수 있다(법 제32조). 또한 피해자의 진술권을 구체적으로 보장하고 피해자 또는 조사관의 의견진술 시에 필요하다고 인정하는 때에는 가해자의 퇴장을 명할 수 있다(법 제33조 제3항). 이것은 가정폭력특례법의 입법취지가 건전한 가정의 육성과 보호에 있는 만큼 가정보호사건의 심리절차에 있어서 가정문제가 세세하게 외부에 노출되어 가정의 회복에 오히려 장애가 되는 것을 방지하고 심리절차에서의 피해자의 진술권을 보호하기 위함이다.

(3) 보호처분

보호처분은 법원이 가해자에게 명하는 형사처분 이외의 명령이다. 가정폭력에 대한 법적 조치로서의 법원명령은 다른 형태의 제재방법보다도 저비용·고효율적인 것으로 알려졌으며, 특히 특수한 형태의 폭력행위에 맞게 그때그때 사정에 따라 달리 적용될 수 있다는 점에서 더욱 효과적인 것으로 여겨지고 있다. 더욱이 전통적인 형벌법령으로 시정할 수 없었던 행위에 대해서는 법원명령이 더 효과적일 수 있다.

판사는 가정보호사건을 심리한 결과 가해자에 대해 보호처분이 필요하다고 인정한 때에는 결정으로 보호처분을 할 수 있는데, 동법은 제40조 제1항 제1호부터 제8호까지 8가지의 보호처분을 규정하고 있다. 가정폭력의 행태와 정도 및 가해자와 피해자와의 관계 그리고 가해자의 성행에 따라 그때그때마다 적절한 보호처분을 선택하여 결정한다.

(가) 보호처분의 유형

① 접근행위의 금지(제1호)

가해자의 폭력재발 위험성으로부터 피해자와 가정구성원의 안전을 위하여 가해자가 피해자와 가정구성원에게 접근하는 행위를 차단하는 조치이다. 이는 부부간의 가정폭력사건에서 가장 많이 명하고 있는 보호처분으로, 가해자가 피해자나 사실상 피해자의 보호 하에 있는 가정구성원의 주거나 직장 등에 접근하는 것을 금지하는 처분이다.

② 전기통신 이용 접근행위의 금지(제2호)

제1호의 처분이 가해자의 피해자나 가정구성원에 대한 장소적 접근만을 금지한 것인데 비해, 이 처분은 장소적으로 접근하지는 않더라도 전화통화와 같은 전기통신을 이용하여 피해자나 가정구성원을 괴롭히는 것을 방지하기 위해 새로 추가된 처분이다(개정 2007. 8. 3).

③ 친권행사의 제한(제3호)

가해자가 친권자이고 피해자가 직계비속인 경우에 가해자에게 계속하여 친권을 행사하게 하는 것이 적절하지 않다고 판단되는 경우에 친권행사를 제한하는 처분이다. 이 경우 피해자를 다른 친권자나 친족 또는 적당한 시설로 인도할 수 있다. 친권행사의 제한은 친권, 법률행위대리권 또는 재산관리권의 전부 또는 일부의 행사를 정지할 수 있으며, 이 보호처분을 한 경우에 판사는 지체 없이 호적사무를 관장하는 자에게 호적의 기재를 촉탁하여야 한다.

④ 사회봉사・수강명령(제4호)

보호관찰등에관한법률에 의한 사회봉사와 수강명령을 말한다. 사회봉사와 수강명령은 이를 병과할 수 있으며 그 시간은 200시간을 초과할 수 없다. 사회봉사와 수강명령을 성공적으로 이행하기 어려운 대상자들이 있기 때문에 이의 적용에는 가해자의 성행 등을 세심하게 고려하여 결정하여야 한다. 가해자가 상습적으로 가정에서 폭력을 행사하거나 심한 정신장애의 상태에 있는 경우에는 사회봉사나 수강명령에 적합하지 않지만 가해자의 심리적・정서적인 문제로 폭력을 행사한 경우에는 사회봉사나 수강명령이 적절하다고 생각된다. 또한 사회봉사명령의 경우에는 소년법, 형법, 성폭력특별법, 가정폭력특례법 등에서 폭넓게 이용할 수 있도록 근거규정을 마련한 것에 비해, 실제 이들을 소화해 낼 수 있는 보호관찰소의 인적·물적 자원이 현저하게 부족하여 제도가 왜곡될 소지가 있고 대상자를 교정하기보다는 오히려 사회적응 내지 가정의 재건을 방해할 수도 있다.[64] 판사가 가해자에게 사회봉사·수강명령을 명하는 경우에는 그 시간만을 정하고 구체적인 집행시기와 대상시설의 지정, 집행의 구체적인 내용은 교정 특유의 전문성을 고려하여 보호관찰소가 자율적으로 집행한다.

⑤ 보호관찰(제5호)

보호관찰관이 주기적으로 가해자를 면담하고 다시 범행을 하지 않도록 감독하는 것을 명하는 처분이다. 보호관찰은 시설내 처우인 형벌의 대안으로 고안된 대표적인 사회내 처우의 하나로서 가해자를 사회내에서 활동하도록 하면서 보호관찰관에 의한 감독과 사회재적응의 지원을 받는 교정프로그램이다.

이 처분은 독립적 처분으로 결정할 수 있지만 다른 처분과 병과할 수도 있다. 보호관찰은 가해자를 비수용상태에 두면서 보호관찰관의 지도와 감독을 통하여 교정하는 보호처분이므로 사회봉사 또는 수강명령과 병과하여 부과함이 적절하다.

⑥ 감호위탁(제6호)

가정폭력방지법이 정하는 보호시설에 가해자의 감호를 위탁하는 결정이다. 현실적으로 제7호에서 정하는 치료위탁과 함께 가해자의 신병을 구금할 수 있기 때문에 가정폭력특례법의 보호처분 중에서 가장 강력한 처분이라 할 수 있다.

그러나 가정폭력방지법이 정하는 보호시설이란 동법 제7조 제1항에서 규정하는 가정폭력피해자에 대한 보호시설밖에 없는데, 가해자인 폭력행위자와 피해자를 동일한 시설에서 보호 및 감호한다는 것은 실효성이 없다. 또한 가정폭력방지법에 의한 보호시설이 아직 설치되어 있지 않아 법원으로

64) 김병주, 앞의 책, 302쪽.

서는 감호위탁처분을 할 수 없는 상황이다.[65] 따라서 현재로서는 법무부가 관할하는 보호시설에 가해자를 감호위탁할 수 있도록 법을 개정하는 것이 적절하다고 생각된다.

⑦ 치료위탁(제7호)

가해자가 폭력을 행사하는 것이 정신질환이나 약물남용에 기인한 것으로 그 치료와 요양이 필요하다고 판단되는 경우에 의료기관에 치료를 위탁하는 처분이다.

이 처분을 받은 가해자는 위탁 또는 보호처분에 필요한 비용을 본인이 부담한다. 다만 가해자가 지급할 능력이 없는 때에는 국가가 이를 부담할 수 있다.

⑧ 상담위탁(제8호)

가해자에게 폭력행위의 습벽이나 성향이 있어 이의 교정을 위해 상담이 필요하다고 인정되는 경우에 상담기관에 그 상담을 위탁하는 처분이다. 상담위탁은 상담소의 상담활동을 통하여 가해자의 성행을 개선하여 가정의 평화와 안정을 회복하려는 데 목적이 있다. 치료위탁이나 상담위탁이 그 처분의 실효를 거두기 위해서는 의료기관과 상담기관이 가해자를 교정・치료하고 감독할 수 있는 전문성과 책임성을 갖추어야 할 것이다. 현재 서울가정법원에는 법률구조법인 한국가정법률상담소와 사단법인 서울여성의전화 등 두 기관이 상담기관으로 지정되어 있다.[66]

---

65) 임동규, 앞의 논문, 52쪽.

66) 여성부에 따르면, 가정폭력특례법의 시행과 관련하여 2003. 4월 현재 서울에는 24개 상담소가 있고 전국적으로는 163개의 상담소가 있으며 46개소는 국고지원을 받는다. 그러나 이들 중 몇 개 기관이 7호처분 집행을 위한 상담기관으로 지정되었는지는 확인되지 않는다.

(나) 보호처분의 불이행

가해자가 확정된 보호처분을 이행하지 않을 때의 조치는 보호처분의 종류에 따라 다르다. 제1호, 제2호 또는 제3호의 처분(접근금지, 전기통신 이용 접근금지, 친권행사제한)이 확정된 후에 이를 이행하지 않을 경우에는 추가적인 위반행위 없이 바로 보호처분불이행죄가 성립되어 2년 이하의 징역이나 2천만원 이하의 벌금 또는 구류에 처한다(법 제63조). 반면에 제4호부터 제8호의 처분(사회봉사·수강명령, 보호관찰, 감호위탁, 치료위탁, 상담위탁)을 불이행한 경우에는 보호처분을 취소하도록 하고 있다(법 제46조).

(다) 보호처분의 변경, 취소, 종료

법원은 보호처분이 진행되는 동안 필요하다고 인정하는 때에는 직권, 검사, 보호관찰관 또는 수탁기관의 장의 청구에 따라 결정으로 1회에 한하여 보호처분의 종류와 기간을 변경할 수 있다(법 제45조). 한편, 법원은 제4호부터 제8호까지의 보호처분을 받은 가해자가 결정사항을 이행하지 아니하거나 그 집행에 응하지 아니하는 때에는 직권, 검사·피해자·보호관찰관 또는 수탁기관의 장의 청구에 의하여 결정으로 그 보호처분을 취소하고, 검사가 송치한 사건인 경우에는 관할법원에 대응하는 검찰청의 검사에게 송치하고, 법원이 송치한 사건인 경우에는 송치한 법원에 이송하여야 한다(법 제46조). 또한 가해자의 성행이 교정되어 정상적인 가정생활이 유지될 수 있다고 판단되거나 기타 보호처분을 계속할 필요가 없다고 인정한 때에는 직권, 검사·피해자·보호관찰관 또는 수탁기관의 장의 청구에 의하여 결정으로 보호처분의 전부 또는 일부를 종료할 수 있다(법 제47조).

(4) 불처분결정

판사는 가정보호사건을 심리한 결과 보호처분을 할 수 없거나 할 필요가 없다고 인정한 때(제37조 제1항 제2호), 사건의 성질 · 동기 및 결과, 가해자의 성행 · 습벽 등에 비추어 가정보호사건으로 처리함이 적당하지 아니하다고 인정한 때(제37조 제1항 제3호)에는 처분을 하지 아니한다는 결정을 하여야 한다(법 제37조).

판사가 불처분결정을 한 때에는 이를 가해자, 피해자 및 검사에게 통지하여야 하며 특히 위 제3호의 사유에 의하여 불처분결정을 한 때에는 사건을 관할법원에 대응하는 검찰청 검사에게 송치하여야 한다. 그리고 이미 행하여진 임시조치를 취소하여야 한다.

〈표 3-7〉 법원의 가정보호사건 처리현황

기간	접수건수	처리건수	보호처분											불처분	기타
			계	단순처분							병과처분				
				접근행위제한(1호)	친권행사제한(2호)	사회봉사·수강명령(3호)	보호관찰(4호)	감호위탁(5호)	치료위탁(6호)	상담위탁(7호)	1·4호	3·4호	기타		
1998년	643	235	178 (75.7)	54 (23.0)	1(0.4)	45 (19.1)	56 (23.8)	-	1(0.4)	21 (8.9)				55 (23.4)	2 (0.8)
1999년	3,877	2,552	1,448 (56.7)	324 (12.6)	17 (0.6)	404 (15.8)	593 (23.2)	6 (0.2)	3 (0.1)	101 (3.9)	-	-	-	1,071 (41.9)	33 (1.2)
2000년	5,230	4,619	2,695 (58.3)	548 (11.8)	3 (0.06)	1,017 (22.0)	839 (18.1)	2 (0.04)	1 (0.02)	285 (6.1)	-	-	-	1,794 (38.8)	130 (2.8)
2001년	6,618	5,602	2,725 (48.6)	334 (5.9)	-	278 (4.9)	754 (13.4)	-	1 (0.01)	348 (6.2)	117 (2.0)	748 (13.3)	145 (2.5)	2,371 (42.3)	506 (9.0)
2002년	5,051	6,203	2,647 (42.6)	161 (2.5)	-	479 (7.7)	432 (6.9)	-	1 (0.01)	448 (7.2)	59 (0.9)	893 (14.3)	174 (2.8)	3,257 (52.5)	299 (4.8)
2003년	5,944	5,551	2,576 (46.4)	241 (4.3)	5 (0.09)	657 (11.8)	450 (8.1)	-	1 (0.01)	332 (5.9)	80 (1.4)	647 (11.6)	163 (2.9)	2,371 (42.7)	604 (10.8)

자료: 법원행정처, 사법연감, 2004.
( ) 내의 수는 처리건수 대비(%)임.

제3장 통제의 한계

Domestic Violence 가정폭력

제1절 가정폭력에 대한 범죄인식 문제

가정은 전통적으로 외부세계에 대해 폐쇄적인 조직으로 개인의 사생활을 보호한다는 긍정적인 측면이 있지만 가정 내에서 발생하는 문제들을 외부에서 발견하는 것을 어렵게 한다. 경찰이나 관련단체도 가정이라는 사적인 영역 안에서 일어나고 있는 가족 간의 폭력을 쉽게 발견할 수 없기 때문에 그에 대한 적절한 대처를 하기가 매우 어려운 형편이다. 하지만 이보다 더 근본적인 문제는 우리 사회에서 가정폭력을 범죄로 인식하지 않고 일상적인 부부싸움이나 가정사적인 문제로 치부한다는 데에 있다. 친구나 친척, 이웃과 같은 주변 사람들이 자기 주위에서 가정폭력을 목격하고 발견한 경우라 하더라도 이를 범죄행위로 여기지 않기 때문에 경찰에 대한 신고나 어떠한 관여도 하지 않으려 하는 것이 현실이다. 이러한 점은 우리 사회에서 가정폭력에 대해 가지고 있는 막연하고 그릇된 통념들을 보면 그 정도를 짐작할 수 있다.

1. 가정폭력에 관한 그릇된 통념

(1) 가정폭력을 부부싸움으로 보는 견해

가정폭력은 결코 일반적인 부부싸움이 아니다. 부부싸움은 남편과 아내가 서로 대등한 입장에서 하는 것이지만 가정폭력은 일방적인 폭행으로 치명적인 신체적 손상과 함께 정신적인 황폐화를 가져온다. '부부싸움은 칼로 물베기'라는 속담도 있는 것처럼, 흔히 아내에 대한 구타도 칼로 물베기라는 식으로 대수롭지 않게 여긴다든지 가정 내의 문제이기 때문에 남이 관여할 성질이 아니라고 생각하기 쉽지만, 이것은 엄연한 범죄행위인 것이다.

하나의 인격적 주체가 다른 인격적 주체를 상대로 하여 폭력을 행사한다는 것은 어떠한 이유로도 정당화되지 않는다. 최근 부부 간의 강간죄 인정에 관한 입법이 논의되고 있는 시대적 조류에 비추어 보더라도, 남성이 여성을 구타하는 상황을 단순한 부부 간의 사랑싸움 정도로 보는 사회적인 견해는 지극히 잘못된 것이다. 정작 피해를 당하고 있는 여성의 입장에서 본다면 남편으로부터 구타를 당하는 상황 자체를 하나의 일반적인 사랑싸움 정도로 보기는 어렵다. 거의 강간을 당하는 식으로 남편으로부터 성적인 학대를 당해야 하고 일상적인 생활에서 구타와 폭언, 인격적인 모멸감 등을 전부 참아야 한다는 점에서 이것은 결코 쉬운 일이 아닌 것이다.[67)]

더욱이 아내를 구타하는 남편은 다른 사람 앞에서는 아내에게 친절하게 대하는 이중적인 모습을 보이거나 아내에게 모든 잘못이 있는 것처럼 말한다. 그래서 아내가 어떠한 말로 남편의 잘못을 주변사람에게 이야기한다 하더라도 이를 쉽게 믿어주지 않는다. 결국 피해여성은 답답함을 참을 길이 없고 그 상황에서 빠져나오기 위해 남편을 살해하는 극단적인 상황까지 발생하게 되는 것이다.

67) 최영인 · 염건령, 앞의 책, 75쪽.

(2) 맞을 짓을 했으니까 맞는다는 생각

우리 사회는 오랜 남성위주의 가부장적 사고에 의해 가정 내의 문제가 생기면 일단 아내 쪽에 잘못이 있는 것으로 보고 남편이 아내를 징벌하는 것을 당연한 것으로 생각하였다. '아이가 무슨 일을 잘못했으니까', '아내가 남편을 화나게 했으니까' 등의 생각이 여기에 해당한다. 그래서 남성의 우월성만을 내세우는 일부 남성은 '잘못했으니까 맞아야 한다'라고 생각한다. 더 심한 표현으로 '아내와 북어는 때려야 맛이 난다'라는 이야기까지 있을 정도이다. 그만큼 여성의 인격과 가치는 가부장적 사회구조 안에서 철저하게 무시되었다.

그러나 가정 내에 문제가 있다고 해서 남편이 자녀에게 대하는 것처럼 아내를 혼내는 것은 양성평등의 원칙에도 어긋난다. 양성평등과 합리적 입장에서 본다면 가정 내의 문제발생은 남편과 아내 모두에게 똑같은 책임이 있다고 보아야 한다. 그런데도 여성이 자신의 인격과 역할에 대해 주장을 하면 남성은 무슨 일이든지 트집을 잡거나 이유 없이 폭력을 일삼는다. 가정 내의 폭력은 집안문제의 해결을 위한 것이든 어떤 이유에서든지 간에 폭력 그 자체만으로도 정당화될 수 없다. 실제 여성에게 어떠한 결정적인 단점과 문제가 있는 경우라도 그것이 매 맞을 이유가 될 수는 없는 것이다. 이같은 여성이 맞을 짓을 했기 때문이라는 사회적 편견이 매 맞는 여성으로 하여금 학대관계에서 벗어날 수 없도록 만든다.

(3) 아내와 자녀를 소유물로 보는 사고

남편이 아내와 자녀를 자신의 소유물로 생각하는 행태는 수천 년간 지속되어 왔던 가부장제사회의 산물이다. 가부장적 사회에서는 아내와 자녀를 자신의 종속물로 생각하고서 가정 내의 질서를 바로잡기 위해서는 가장인 남편이 아내와 자녀를 때릴 수 있다는 관념이 지배적이었다. 오늘날에도 이러한 그릇된 관념이 그대로 남아 있어 다른 사람을 정신적으로나 육체적으로 소유하는 것이 일정한 권력의 표현이나 되는 것처럼 많은 남성이 여성을 소유하고자 하는 모습을 보이고 있다. 여성에 대한 소유의 표현으로 폭력을 사용함으로써, 여성이 저항하지 못하고 복종하는 모습을 바라볼 때 스스로 여성을 소유하고 지배한다는 일종의 남성적인 우월감을 느끼게 되는 것이다.

이러한 사회적 분위기 속에서 아내구타가 용납되고 정당화되고 있다. 아내구타와 자녀학대는 한 가정을 폭력의 도가니로 몰아넣어 피해자들은 평생을 그 속에서 벗어나지 못하고 불안과 공포에 떨며 폭력의 노예로 살아간다. 하지만 시대가 변함에 따라 인간이 인간을 소유하는 시대는 이미 지나갔다. 이미 많은 남성이 여성을 어떠한 이유로도 때려서는 안 된다는 생각을 하고 있으며 앞으로도 이러한 생각을 가진 사람들의 숫자가 더욱더 늘어날 것이 분명하다. 여기에 보다 더 요구되는 것은 민주적이고 인간적인 사고의 전환이다. 아내나 자녀를 일종의 소유물로 보지 않고 평등한 인격적 주체라는 생각을 가지도록 하는 자세가 무엇보다 필요하다.

(4) 자녀교육을 위해 폭력을 사용하는 태도

오랜 기간 우리 사회는 자녀에 대한 체벌을 교육이라는 명분으로 정당화해왔다. 심지어 교육의 매, 사랑의 매라는 그럴듯한 이름 아래 자녀에 대한 폭력이 공공연히 행해졌다. 자녀의 교육을 위해서라면 자녀가 거의 실신상태에 이르기까지 구타해도 된다고 부모들은 생각하였으며, 가정에서뿐만 아니라 학교에서도 자녀의 교육을 위한 가혹하면서도 무차별적인 폭력이 자행되었다. 이러한 폭력 아래에서 아이들은 스스로 설 자리를 찾지 못하고 가출하거나 다른 아이들에게 또다른 폭력을 사용하는 극단적인 폭력의 재생산 양상까지 보여주고 있다. 설령 아이에게 어떤 문제가 있더라도 폭력을 사용하여 훈계하려고 하는 것은 올바른 교육방법이 아니다. 단순히 동생을 잘 돌보지 않았다는 이유만으로 야구방망이를 가지고 마구잡이로 때리는 것이 교육일 수 없으며, 교육시키기에 적절하지도 않는 아주 나이 어린 아동에 대해 구타하는 행위를 교육의 목적으로 정당화시킬 수는 없다. 하지만 이같은 올바른 생각을 하고 있는 사람들의 숫자가 그리 많지 않기 때문에 이러한 교육이라는 이름의 폭력이 계속 이어져 내려오게 된 것이다.

20세기 후반에 들어오면서 인간의 권익과 인권이라는 개념이 사회 전반에 널리 퍼지게 되었고, 이것은 결과적으로 아이들이나 학생들의 인권과 권익까지도 생각하게 되는 사회적 환경을 조성해 주었다. 학교에서 선생님이 학생을 때릴 경우에도 경찰관이 출동하는 상황에 이르렀다. 그런데 문제는 이렇게 아이들의 인권과 권익이 강조되는 사회적 환경이 조성되었음에도 불구하고 여전히 무차별적으로 자녀를 폭행하거나 구타하는 사람들이 존재한다는 사실이다. 아직도 아이가 말을 듣지 않기 때문에 말을 듣도록 하기 위해서 극단적 수단인 폭력을 사용하고 이러한 방법을 통해 아이를 제대로 훈계한 것처럼 생각하는 일부 부모가 있다. 하지만 이러한 방법은 결과적으로 자녀가 정상적인 사회구성원으로 자라지 못하도록 만드는 커다란 장벽이 된다.

특히 여자아이의 경우에 부모로부터 상습적으로 당하는 학대는 그의 앞으로의 인생에서 엄청난 파장을 불러올 수 있다. 남자아이와 여자아이를 비교해 볼 때, 남자아이는 폭력에 대한 수용성이 상대적으로 높아 폭력으로 인한 후유증의 발생정도가 적은 것으로 나타나고 있다. 반면에 여자아이는 폭력에 대해서 느끼는 감정이나 충격이 아주 클 수밖에 없으며 장차 성인이 되어 사회생활을 하는 과정에서도 이러한 후유증이 보이지 않는 악영향을 미칠 가능성이 크다.[68)]

(5) 남녀 간의 성차별적인 관념

'남자는 남자답게, 여자는 여자답게 길러야 한다'라는 사회관습은 남자아이의 폭력성을 씩씩하고 용감한 것으로 보고 여자아이의 무조건적인 순종을 미덕으로 보게 하였다. 특히 영화나 TV에서 천편일률적으로 여성이 남성보다 나약하고 어리석으며 남성에게 폭행을 당하는 약자의 모습으로 비쳐지고 있는 것도 문제이다. 이것을 보고 자연스럽게 여성은 나약하고 무

---

68) N. Chamblin, The Children and Domestic Violence(Snata Monica, CA : Good-day, 1996) : 최영인 · 염건령, 앞의 책, 78쪽.

능하기 때문에 남성의 보호가 필요한 것으로 생각하게 되고 이에 따라 남성에게 복종을 해야 하는 것으로 생각하기 쉽다. 이에 따른 귀결로서 경우에 따라서 여성이 잘못했을 때는 남성이 여성을 때리는 것도 당연한 것으로 받아들이게 된다.

이러한 사회적 관습과 사회분위기 속에서 어릴 때부터 성차별에 관한 잘못된 인식을 갖도록 함으로써 남자아이의 이유 없는 폭력이 조장되거나 용인되어 왔다. 이것은 이후에 성장하여서도 마찬가지인데 자신의 의사와 주장을 관철시키는 한 방법으로 폭력을 사용하게 만든다. 실제로 부모에게 아무런 이유 없이 폭력을 당한 자녀는 같은 또래의 아이나 형제 사이에 이와 비슷한 폭력을 다시 사용하게 된다. 그리고 이러한 잘못된 행동이 가정 내에서와 마찬가지로 사회에서도 관용적으로 수용될 거라는 잘못된 신념을 가지게 한다.

(6) 폭력행위자는 정신이상자나 알코올중독자라는 편견

보통 폭력행위자를 정신이상자로 생각하기 쉬우나 결코 그렇지 않다. 여성을 폭행하는 남성의 대부분은 지극히 정상적이면서 평범한 사회활동을 하는 평균인인 것으로 알려져 있다. 대부분의 영화나 드라마에서는 정신이상을 가진 남성이 여성을 폭행하는 것으로 묘사되고 있는데 이는 실제와는 크게 다른 내용이다. 대부분의 가해남성은 아주 평범하면서 법을 잘 지키고 다른 사람이 믿기 어려울 정도로 차분함을 보인다. 일을 성실하게 잘하고 직장에서 인정받는 사람도 집에서는 폭군인 경우가 있다. 밖에서는 아주 예의바르고 점잖은 것처럼 행세하면서도 집에서는 엄청난 폭력을 휘두르는 이중적인 인격의 소유자가 많이 있다.

물론 여성에 대한 폭력행위자 중에는 정신이상자나 알코올중독자가 있기도 하지만 극히 적은 숫자에 불과하다. 가정폭력의 약 50% 정도가 술에 취한 상태에서 발생하기는 하지만 술 때문에 아내나 자녀를 때리는 것이 아니라 이들을 때리기 위해서 술을 마신다고 해야 옳다. 따라서 술에 취해서 폭력을 행사했다고 주장하는 것은 폭행사실을 부인하거나 술 때문에 폭행했다는 변명거리에 불과하다. 그 이유는 모든 알코올중독자가 아내와 자녀를 폭행하는 것은 아니기 때문이다. 또한 상습적으로 여성을 구타하는 정신병환자는 이러한 정신질환이 치료가 되면 점차적으로 폭력을 사용하지 않으면서 정상인으로 회복이 된다. 특히 의처증이나 의부증이 폭력의 원인이 되는 경우도 있으나 대개는 때릴 구실을 잡기 위해 상대방의 품행을 들먹이는 데 불과하다고 보아야 한다.

(7) 가정폭력은 저학력자나 빈곤층에서만 일어난다는 편견

일반적으로 볼 때 가정폭력사건은 저소득층에서 많이 나타난다. 이것은 여러 가지 사회요인 중에서 빈곤이 인간생활에 가장 큰 영향을 미치기 때문이다. 빈곤한 가정에서 가장으로서의 역할을 제대로 하지 못하는 남편이 알코올에 의존하거나 자신의 처지에 대한 비관으로 인해 스트레스를 받게 되고 이를 해소하기 위해서 아내와 자녀를 대상으로 화풀이를 하는 경우가 많다.

하지만 가정폭력은 빈부, 학력의 고하를 막론하고 어느 사회계층에서나 발생한다. 대부분의 사람이 가난한 사람이나 못 배운 사람 사이에서만 가정폭력이 일어나고 고학력자나 고소득층에서는 일어나지 않는 것으로 생각하고 있지만 이러한 편견은 잘못된 것이다. 학력이 높고 부유한 계층에서도 가정에서 폭력을 사용하는 사람이 많이 있으며 남편이나 아버지로부터 심하게 구타를 당하는 여성도 많다. 또한 의사, 변호사, 교수 등과 같이 소득이 높은 전문직 종사자와 성직자에 이르기까지 소득, 직종, 교육정도에 관계없이 가정폭력이 발생하고 있다. 오히려 사회적 수준과 교육수준이 높은 부부일수록 폭력은 더 지속적이고 지능적으로 행해진다. 폭력을 가하더라도 상처가 밖으로 드러나지 않도록 하기 위해 외부로 나타나지 않는 신체부위를 때리거나 정신적 고통을 가함으로써 못 견디게 하는 경우가 많다. 자신의 아들에게 엄청난 정신적·신체적 폭력을 행사하여 결국 죽음에 이르게까지 한 치과의사의 경우가 그 한 예라고 할 수 있다.

이처럼 인간이 보여주는 폭력성을 통제하고 차단함에 있어서 사회적인 지위나 여건, 조건 등이 어느 정도의 통제적 요인으로 작용하기는 하겠지만 그렇다고 해서 이러한 요소들이 절대적인 작용을 한다고 보기는 어렵다. 폭력적인 행동은 인간의 감정으로 인해 나타나는 경우가 대부분이기 때문에 이성적인 측면보다 감정적인 면에서 훨씬 쉽게 표출될 수 있는 가능성을 가지고 있다.

남편은 성직자였고 부인은 직장에 다니면서 남편의 뒷바라지를 하였는데, 남편은 급한 성격으로 주위 사람들과 화합을 하지 못해 결국 성직생활을 포기하였다. 자신이 그렇게 된 것을 부인이 직장생활을 하느라 내조를 잘 못했기 때문으로 몰아붙이며 부인을 구타하기 시작했다. 처음에는 주위 사람을 의식하지 않았으나 나중에는 이를 숨기기 위해 계속해서 머리만을 골라서 때렸으며, 소리를 지르면 입을 틀어막고 점점 더 난폭해져서 잠을 자고 있는 사람의 머리를 갑자기 때리곤 하였다. 그래서 부인은 잠을 자는 것도 불안하여 남편이 잠든 것을 확인하고서야 몰래 잠을 잤다. 이 여성은 심한 두통과 목이 아픈 증세가 있어 병원에 입원할 것을 권유하였으나 남편에게 의심받을까 봐 두려워 약물치료와 물리치료만 받고 집으로 돌아갔다(여성의전화 상담자 중에서).

(8) 남의 집안일에 간섭 안 한다는 방관적 사고

가정폭력을 사생활문제나 집안싸움 정도로 생각하여 '남의 집안일에 끼어들면 안 된다'는 통념은 가정폭력을 방치하고 은폐시키는 결과가 된다. 현대사회에서 가정의 평화는 사회 전체의 평온으로 이어진다. 한 가정의 건강은 사회의 건강으로 확대되며 크게 볼 때는 그 사회의 경쟁력을 강화시켜주는 힘으로 작용한다. 가정 내에서 폭행을 당하는 여성은 정상적인 사회활동을 하지 못하기 때문에 그 자체만으로도 사회적으로 큰 손실이다. 그래서 가정폭력은 더 이상 개인 혹은 한 가정만의 문제가 아니라 심각한 사회문제로 인식해야 한다. 앞으로도 남성에 의한 구타와 학대를 당하는 여성이 계속적으로 나타나고 이를 보호하기 위한 법과 제도가 만들어지겠지만, 법과 제도에 앞서 사회구성원들이 앞장서서 피해자를 보살펴주는 적극적인 노력이 필요한 상황이다. 이러한 노력은 우리 모두의 힘과 의지가 하나로 뭉쳐진 경우라야만 현실적으로 빛을 볼 수 있을 것이다.

2. 가정폭력에 대한 범죄인식 부족

아직도 우리 사회에서는 가정폭력이 사회적으로 개입해야 할 사회문제이고 사법적으로 처벌해야 하는 범죄행위임에도 가정 내의 개인적인 문제로 인식하는 경향이 많이 남아 있다. 많은 가정폭력의 피해자와 가해자는 가정폭력을 범죄행위로 여기지 않고 있으며 이에 대한 공권력의 개입을 선호하지 않고 있다. 심지어 가정폭력사건을 담당하고 있는 경찰관이나 형사사법 관계자까지도 가정폭력을 가정 내의 일상적인 문제로 생각하는 경향이 있다.

1995년에 한국여성의전화에서 487명의 상담자를 대상으로 설문조사한 결과를 보면, 경찰관의 가정폭력에 대한 인식이 어떠한지를 잘 알 수 있다. 가정폭력사건의 신고를 받고 출동한 경찰의 태도를 볼 때, 가정 내에서 해결하라고 한 경우는 69%, 남편과 격리시킨 경우는 13.8%, 고소하라고 권유한 경우는 13.8%, 기타 3.4%로 나타났다. 여기에서 가정폭력사건에 대한 경찰의 대응방식이 얼마나 소극적이고 방관적인지를 알 수 있다. 또한 이 같은 경찰의 태도에서 가정폭력을 가정사 쯤으로 간주하는 듯한 경찰의 인식도 엿볼 수 있다.

이러한 우리 경찰의 인식과 행태는 과거 선진국의 예에서도 나타난다. 영국의 경우에도 1961년 가정폭력법(Domestic Violence Act)을 제정하여 가정폭력을 범죄로 규정하였으나 경찰은 그 후에도 오랫동안 가정폭력을 범죄로 간주하지 않는 경향이 있었다.[69] 경찰훈련 책자에도 '경찰의 역할은 평화를 유지하는 것이고··· 가정분쟁에 있어서 체포권은 최후의 수단으로 행사되어야 하며··· 가정문제만이 존재할 때는 경찰은 이를 경찰문제로 만

69) D. Rudi, Police Policy on Domestic Violence, London : Sage Publication, 1993, p.28.

들어서는 아니 된다'라고 기술하고 있다. 이러한 결과로 1961년 가정폭력법이 제정된 후에도 경찰에 의한 가해자 체포는 거의 이루어지지 않았으며, 가해자인 남성에게 단순히 경고만 했을 뿐 피해여성은 아무런 보호조치도 없이 방임되는 경우가 일반적이었다는 것이다.

가정폭력에 대한 인식은 경찰 외에도 가정폭력사건을 처리하는 다른 여러 국가기관이나 사회단체도 어느 정도의 차이는 있겠지만 거의 마찬가지라 할 수 있다. 그 한 예로 의료기관의 경우를 본다면, 피해자가 가정폭력으로 외상을 입고 병원에 왔더라도 담당의사는 단순한 사고로 생긴 것으로 생각하고 그냥 지나쳐버려 실질적인 도움을 주지 못하는 경우가 상당히 많다고 한다. 일반적으로 피해자는 맞아서 상처를 입은 것으로 의심되는데도 넘어져서 다쳤다고 변명하는 사례가 많은데, 의사들은 이를 별다른 의심 없이 받아들이고 있으며, 비록 가정폭력의 의심을 한다고 해도 어떻게 처리해야 할지 모르는 경우가 많다. 피해여성이 우울증, 약물복용, 정서적 불안정, 수면장애, 가정문제 등을 호소하며 정신과병원을 찾지만 전문의들은 여성이 스스로 학대사실을 이야기하기 전까지는 먼저 가정폭력문제를 거론조차 하지 않는 경우가 많다. 이 밖에도 아내학대에 대한 구체적인 프로그램이 없는 의료기관이 대부분이다.70)

3. 가정폭력의 신고율 저조

가정폭력특례법이 시행되기 이전에도 기존의 법체계에 의해서 가정폭력사건이 발생하면 경찰에 신고할 수 있었다. 하지만 형사정책연구원(1992)의 조사에 따르면 피해여성이 경찰에 신고한 비율은 전체 폭력 피해여성 중 1.7%, 심한 폭력 피해여성 중 6.0%에 불과하여 매우 저조한 형편이었다. 이러한 현상은 과거 미국의 경우에도 큰 차이가 없는 것으로 나타났었다. 미국에서 폭행을 신고한 매 맞는 여성은 일반적으로 전체 피해자 중에서 아

70) J, Geller, Breaking Destructive Patterns, N.Y : Free Press, 1992, pp. 8~11 ; 박미은, 앞의 논문, 14쪽.

주 낮은 비율을 차지하였다. 109명의 피해여성을 조사한 1970년대의 한 연구는 32,000건의 여성폭행사건 중에서 단지 517건만이, 또는 전체 중에서 2% 이하만이 사실상 신고된다는 것을 밝혀냈다.[71]

이와 같이 학대받는 여성이 경찰에 신고하지 않는 이유는 우리나라와 미국 모두 공통적으로 남편의 학대를 신고하는 일이 무의미하다고 생각하기 때문이다. 우선 경찰에 신고해도 경찰이 출동하지 않는 경우가 많고 출동한 경우에도 그들에게 실질적으로 도움을 주지 못하는 것으로 믿고 있다. 즉 경찰이 개입한다고 해도 도움을 줄 수 있는 가장 많은 방법이 중재인데, 이것은 부부 간의 이야기를 청취하고 그들을 진정시키거나 형사처벌한다고 경고하는 방법으로서 가해자에 대한 체포와 같은 적극적인 개입에 비해 상당히 미온적이다. 그래서 용기를 내어 어렵게 신고를 해도 경찰은 신고단계에서조차 서로 화해하도록 권고하고 가해자에 대해서는 부부싸움이라고 해서 훈방조치하는 선에서 사건을 마무리하는 경우가 많다. 실제로 여성의전화의 1996년 상반기 통계를 보면, 경찰에 신고한 아내들의 경우 80.6%가 스스로 해결할 것을 권고받는 데 그쳤다고 한다. 피해여성들은 신고를 함으로써 도리어 가해자로부터 자신의 신체나 생명에 위협을 느끼기 때문에 보복과 후환이 두려워 신고를 더욱 꺼려한다고 말한다.

피해자들은 가해자로부터의 보복에 대한 두려움 외에 사회적인 이목, 아이들에게 아버지가 구속되는 것을 보여주는 것에 대한 우려 때문에 신고하기를 주저한다. 또한 법적인 대응을 하려고 해도 비싼 변호사 수임료를 지불할 형편이 못되고 이혼을 결심한다고 하더라도 독립된 생활을 보장할 수 있을 정도의 경제적인 준비가 되어 있지 않은 점도 여기에 포함된다.[72]

이러한 이유 때문에 제3자인 이웃이나 친척들도 가정폭력을 경찰에 신고하기를 꺼려한다. 1992년 한국형사정책연구원의 가정폭력 목격시의 신고여부에 관한 조사결과에 따르면, 신고하겠다고 응답한 사람은 전체조사자

71) J. Zorza, "The Criminal Law of Misdemeanor Domestic Violence, 1970~1990", The Journal of Criminal Law & Criminology, Vol. 83, No.1, 1992. p. 50.

72) 박미은, 앞의 논문, 14쪽.

의 47.8%로서 절반에도 미치지 못하는 것으로 나타났다.[73]

〈표 3-8〉 가정폭력 목격시 신고여부

신고여부	신고하겠다	신고하지 않겠다	합계
빈도	574(47.8%)	626(52.2%)	1,200(100.0%)

자료: 한국형사정책연구원, 1992.

그러나 다행히도 가정폭력특례법의 시행과 전후해서 정부기관 및 언론의 광범위한 홍보의 영향으로 인하여 근래 몇 년 사이에 가정폭력에 대한 신고의식이 이전에 비해서 상당히 높아진 것으로 나타나고 있다.

한국형사정책연구원의 이와 같은 조사결과와는 달리 동법의 시행 초기인 1998년 한국보건사회연구원이 조사한 결과에서는, 응답자의 54.8%가 본인 가정에서 가정폭력이 발생하였을 경우라는 가상적 상황을 주고 신고하겠느냐는 질문에 무조건 신고하겠다라고 답했다. 그리고 폭력의 정도가 심하고 상습적이거나 피해자가 원하고 비밀보장이 될 경우에만 신고하겠다고 한 경우는 8.5%로 나타나, 63.3%가 본인가정에서 가정폭력이 발생할 경우에 신고하겠다는 의사를 밝혔다(표 3-9 참조). 또한 이웃가정에서 폭력이 발생하였을 경우에는 무조건 신고하겠다가 53.3%이고, 심한 폭력이나 상습적 폭력이면서 피해자가 원하고 비밀보장이 되는 경우에만 신고하겠다가 12.3%로 나타났다. 이것은 본인가정에서 폭력이 발생한 경우나 이웃가정에서 폭력이 발생했을 때에 있어서의 신고율에는 차이가 거의 없다는 것을 말하여 주고 있다(표 3-10 참조).[74]

이처럼 동법의 시행과 더불어 가정폭력에 대한 피해자의 신고의식이 많이 향상되었음을 보여 주고 있지만, 아직도 피해자가 신고를 기피하는 경향이 여전히 높다는 것을 알 수 있다.

73) 김익기 외, 앞의 논문, 168쪽.

74) 김승권/조애저, 앞의 논문, 164~169쪽 참조.

〈표 3-9〉 본인가정의 폭력발생시 신고여부

무조건 신고	조건부 신고			신고 안함	모르겠음	계
	심한 폭력만	상습적 폭력만	기타 조건			
54.8%	7.1%	0.2%	1.2%	32.3%	4.4%	100.0%(992)

자료: 한국보건사회연구원, 1998.

〈표 3-10〉 이웃가정의 폭력발생시 신고여부

무조건 신고	조건부 신고			신고 안함	모르겠음	계
	심한 폭력만	상습적 폭력만	기타 조건			
53.3%	10.1%	0.3%	1.9%	30.4%	4.0%	100.0%

자료: 한국보건사회연구원, 1998.

제2절 경찰대응의 문제

1. 현장대응상의 문제

가정폭력에 대해서는 경찰의 개입이 가장 효과적이라고 할 수 있다. 그 중 현장에서의 경찰의 초기대응은 가정폭력사건에 대한 위기개입에 있어서 가장 핵심적인 단계이다. 현장에서의 경찰의 초기대응이 중요한 것은 이 단계가 이후의 형사절차에 중요한 영향을 미칠 뿐만 아니라, 피해자나 가해자 모두에게 형사법적 개입에 대한 긍정적 또는 부정적인 첫인상을 심어줌으로써 향후 법적 개입의 실효성을 좌우할 수 있기 때문이다. 초기에 경찰이 상황에 맞게 효과적으로 대응하면 가해자에게 강한 심리적 억제효과를 줄 수도 있지만, 그 반대로 지나치게 과잉대응을 하거나 어설프게 개입하면 오히려 가해자의 감정을 자극하여 경찰이 떠난 후 피해자에게 신고에 따른 보복으로 더 큰 폭력을 행사하게 할 수도 있다.[75] 따라서 경찰관이 신고를 받고 현장에 출동했을 때는 신속하고 강력하게 폭력행위를 제지하되, 가해자를 포함한 가족들과 불필요한 마찰이나 오해가 생기지 않도록 유의해야 하고, 현장에서 즉시 수사착수 및 증거확보 등을 철저히 하는 노력이 요구된다.

그러면 가정폭력 현장에서의 경찰의 구체적인 대응실태 및 이에 따른 문제점을 살펴보기로 한다. 가정폭력특례법의 시행 직후인 1998년 7~9월 한국여성의전화연합에서 조사한 가정폭력사건처리에 대한 불만신고사항을 들여다보면 경찰의 가정폭력사건처리에 대한 국민의 불만사항이 잘 나타나 있다. 이 조사결과에 따르면, 총 123건의 불만신고 사례 중에서 102건이 경찰의 가정폭력사건처리에 대한 불만사항이었고 검찰에 대한 것은 3건으로 나타났다. 이를 불만내용별로 보면, 사건현장에 출동하지 않음(8.8%), 출동하였으나 사건처리 미흡함(52%), 가해자를 즉시 훈방함(20%), 집에서 잘 해결하라고 함(7.8%), 피해자에게 모욕을 주거나 협박함(10.8%)으로 나타났다. 검찰에 대한 불만사항은 3건 모두 가정보호사건으로 처리하지 않고 일반 형사사건으로 처리해 벌금을 부과한 것에 대한 불만으로 나타났다.[76] 이 밖에도 동법의 시행실태에 관한 다른 여러 평가에서도 경찰의 초기대응 태도가 법의 실효성을 저하시키는 가장 큰 요인으로 지적된 바 있는데, 그 주된 초점은 주민의 신고에 대한 경찰의 대응태도가 문제라는 것

75) 김은경, 앞의 논문, 161쪽.

76) 정춘숙, "가정폭력사건처리불만신고센타에 나타난 가정폭력방지법의 현황", 가정폭력방지법 조기정착을 위한 토론회 자료집, 한국여성의전화연합, 1998, 19쪽.

이다.[77]

동법 시행 5년 후인 2003년 서울여성의전화에서 실시한 조사결과를 보면, 경찰에 신고한 경우에 즉시 출동한 경우가 65.9%이고, 한참 후에 출동한 경우는 28.4%, 아예 출동하지 않은 경우도 5.7%가 된 것으로 나타났다. 또한 출동 후 폭력사건 현장에서 모두 기록하고 접수시킨 경우는 44.7%에 불과하고 나머지는 단순히 약속만 하거나 다른 조치 없이 그냥 듣기만 하고 갔다고 하였다.[78] 실제로 가정폭력사건처리불만신고센타를 운영하는 관계자들의 말을 들어보면, 피해자 불만사례를 접수하여 당해 사건을 경찰서에 재확인하려고 해도 아예 신고대장에 기록이 없거나 출동기록도 미진하여 사건관계를 확인할 수 없는 경우도 상당하다고 말한다.

위에서 나타난 경찰조치에 대한 불만사항 중 경찰의 현장대응 태도에 대하여 제시되는 주요 문제점들을 정리하면 대략 다음과 같다. (ⅰ) 현장에 늦게 출동하거나 출동조차 하지 않는 경우, (ⅱ) 현장수사의 태만 등 미진한 사건처리, (ⅲ) 경찰의 가정폭력 특성 및 관련법률에 대한 이해부족 등이다.

이와 같이 현장에 출동한 경찰관의 구태의연하고 소극적인 태도가 동법의 실효성을 저하시키고 오히려 피해자를 더욱 심한 폭력상황으로 내몰리게 하는 부작용까지 발생시키는 것으로 평가되고 있다. 경찰에 남편의 폭력을 신고한 여성은 처음 기대했던 것보다 훨씬 부정적인 영향을 받았으며 경찰에 신고하는 일이 무의미하다고 생각하게 되었다.

77) 권정희, "가정폭력의 실태와 법적 고찰", 법학논집, 제6권 제1호, 이화여자대학교 법학연구소, 2001. 6, 124쪽.

78) 정춘숙, "가정폭력관련법 시행실태 및 집행에 대한 조사", 가정폭력방지법 시행5주년 현주소와 개선방향, 서울여성의전화, 2003, 14~15쪽.

○ "도저히 어떻게 할 수가 없어서 작은딸에게 경찰을 불러달라고 하자 작은딸이 공중전화로 경찰을 불렀다. 얼마 후 경찰관 두 사람이 와서 (기물을) 부순 것과 본인이 맞고 울고 있는 것을 보았다. 당시 본인은 순경들에게 남편을 고발할테니까 제발 데려가 달라고 하였는데 순경은 부부싸움 가지고 왜 그러느냐, 서로 참고 화해하라고 하고 청소만 좀 해주고는 그냥 돌아갔다.

그런데 순경이 왔을 때는 아주 얌전하였는데 순경이 돌아가자마자 또 시작을 하였다. 두 년들 다 나가라고 하면서 술 마시고 욕하고 때려부수고 발로 또 걷어차고 하여서 나중에 아이를 데리고 밖으로 나갔다."[79]

○ "이웃사람이 파출소에 신고를 하여 경찰차가 왔습니다. 그러나 그 사람은 다시 마음을 돌려서 그 경찰차를 되돌려 보냈습니다. 경찰차가 왔다가 그냥 돌아가자 오○○는 다시 날뛰면서 집어넣으려면 집어넣어라 또 한 번 들어가서 살면 된다고 하면서 더욱 난동을 부렸고, 위 이웃사람은 다시 신고를 해서 경찰차가 또 오게 되었습니다. 경찰관은 칼과 함께 오○○를 파출소로 데리고 갔지만 아무런 조사도 하지 않은 채 10분 만에 오○○를 다시 풀어주었습니다. 10분 만에 돌아온 오○○는 가게 서랍 안에서 과도를 꺼내더니 찔러 죽인다고 하면서 더욱 심하게 난동을 부렸습니다. 피의자(부인)는 다시 위 칼을 빼앗아 어머니에게 주었고 어머니는 그 칼을 들고 파출소로 달려가서 다시 신고를 하였습니다. 이번에는 신고를 받은 경찰관이 출동하여 칼과 함께 오○○를 데리고 갔으나 오○○는 1시간 만에 아무런 조사도 받지 않고 다시 풀려났습니다. 오○○는 피의자의 집으로 찾아와 문을 발로 차고 들어와서 형사가 '장모라는 사람이 어디 사위를 신고하느냐'라고 했다면서 어머니의 팔을 붙잡아 비트는 등 행패를 부렸습니다. ……이웃사람이 듣다 못해서 제발 조용히 하라고 하면 오○○는 오히려 신고를 하려면 해라, 내가 제주에서 올라온 깡패인데 후배를 시켜서 불 질러 버리겠다고 협박하였기 때문에 누구도 신고를 못 하였습니다."[80]

79) 1995. 3 김○○ 피고사건의 변호인 접견기록 중에서.
80) 1996. 4 이○○ 피고사건의 변호인 의견서 중에서.

2. 수사과정상의 문제

현장에서의 폭력의 제지 후에 범죄의 혐의가 있을 때는 피해자의 고소나 처벌의사와는 관계없이 가해자를 비롯한 관계인들에 대해 조사를 하게 된다. 경찰의 조사과정에 대하여도 한국여성의전화연합에서 조사한 가정폭력 사건처리불만신고센터에 접수된 자료들을 보면 다음과 같은 문제점이 나타나고 있다. 이러한 문제점으로는 (ⅰ) 가부장적 태도로 피해자를 모욕, (ⅱ) 훈방조치, (ⅲ) 고소장 제출 후 수사권 발동, (ⅳ) 사건접수 후 지연처리, (ⅴ) 소극적인 임시조치의 신청 등이 있다.[81]

가정폭력사건에 대한 조사과정에서 가장 많이 문제가 되는 것은 조사자가 가부장적 관점에서 가해자인 남성을 편들고 피해여성을 모욕하는 경우이다.[82] 이는 경찰관이 가정폭력의 범죄성을 올바르게 인식하지 못한 결과로 피해여성을 나무라고 가해자를 편드는 듯한 태도를 취하는 것인데, 이럴 경우 피해자를 부끄럽게 만들고 위축시켜 공정하고 정확한 조사가 불가능해진다. 또한 피해자로 하여금 향후 똑같은 폭력사건이 발생했을 때 신고자체를 기피하게 만든다. 다음으로는 피해자의 대부분이 경찰의 가해자 훈방조치에 대해서도 부정적인 태도를 보이고 있다. 그 이유는 가해자가 진실로 반성의 빛을 보이고 폭력이 다시 발생할 가능성이 적은 경우에는 훈방조치를 해도 되지만, 단지 가해자와 피해자가 화해했다거나 피해자가 처벌을 원

81) 김은경, 앞의 논문, 172쪽 참조.

82) 가령, (1) 가정폭력을 사소한 사적인 문제로 취급하는 예 : "집안일이니 알아서 해라", "술취했네, 아저씨 주무시니까 이제 들어가세요", "웬만하면 둘이서 해결해라", "우린 아무 지시받은 게 없다, 이혼을 할거면 하든지 집안일인데 바쁜데 왜 부르나" 등, (2) 주관적 의견을 강요하는 예: "아이들 봐서, 참고 사셔야죠", "합의를 봐라" 등, (3) 남성 편향적인 수사자세: "아줌마가 맞을 짓을 했네요", "여자가 어떻게 남자를 고소할 수 있나, 당신 맘대로 안 될거다, 상해로 가볍게 벌금물면 끝난다", "남자가 술마시면 그럴수 있지, 뭘 그걸 가지고 그러냐" 등, (4) 일반형사범으로 취급하여 고소취소를 유도하는 사례 : "벌금이 30만 원 정도인데 전과가 남는다, 그래도 고소할거냐" 등이 대표적 사례이다(한국여성의전화연합, 가정폭력사건처리불만 신고센터에 접수된 사례들 중에서).

치 않는다고 해서 쉽게 훈방조치를 하는 데에 문제가 있다고 말한다. 현장에서의 구태의연한 대응태도와 함께 사후 조사과정에서의 이와 같은 편향적이고 소극적인 자세는 사건의 실체적 진실을 정확하게 파악할 수 없게 되어 가정폭력특례법의 실효성을 떨어뜨리게 하고 결국 신고한 피해자에게도 별다른 도움을 주지 못하게 된다.

그러면 경찰에 가정폭력을 신고한 여성이 신고 후 어느 정도의 도움을 받았는지에 관한 경찰신고의 효과성을 살펴보겠다. 경찰신고 이후 남편행동의 변화에 관한 조사결과에 따르면, 신고로 인해 폭력사용이 오히려 증대한 경우가 33.7%이었고 폭력을 자제하면서 위협하는 경우가 30.1%이었으며 이전보다 조심스러워진 경우는 13.3%에 불과하였다. 그 결과 경찰에 신고한 피해자의 과반수 이상이 경찰신고가 별다른 도움이 되지 않는다거나 신고를 후회하는 것으로 나타났다.[83] 이 조사내용대로라면 경찰에 신고함으로 인해 오히려 폭력이 증대한 경우가 상당히 많았고 자제하는 경우는 미미하여 경찰신고의 효과성에 중대한 의문을 가지게 한다.

이와 같은 경찰신고의 비실효성의 이유는 경찰의 가정폭력사건에 대한 대응태도와 사건처리방식이 적절하지 못하기 때문이다. 왜냐하면 경찰은 국가규범을 집행하는 대표적 기관이기 때문에 경찰이 가해자의 행동에 대한 제재를 명확하게 하지 않으면 가해자의 행동을 국가에서 암묵적으로 지지나 용인해 주는 것처럼 비쳐질 수 있다. 따라서 경찰이 사건현장에서 사건과 관련된 모든 것을 상세히 기록하고 접수하는 태도를 보이며 사건을 정확하고 공정하게 조사하여 가해자에 대해 적절한 법적 책임을 부과할 경우에는 가해자는 폭력사용을 자제하고 조심하는 경향을 보이겠지만, 그렇지 않게 처리하는 경우에는 경찰신고 자체가 아무런 효과가 없게 된다. 이것은 오히려 가해자에게 신고에 대한 보복위협과 폭력의 구실을 만들어 주는 계기가 된다는 것을 알 수 있다.

따라서 이와 같은 문제점에 대해서는 가정폭력에 대한 경찰의 적극적인 개입의지와 엄정한 법집행 자세가 요구된다고 할 수 있다. 이를 뒷받침하기

83) 정춘숙, "가정폭력관련법 시행실태 및 집행에 대한 조사" 19~21쪽.

위해서는 가정폭력사건 처리에 관한 명확한 수사실무지침의 개발 및 수사관계자에 대한 교육의 강화가 필요하다고 생각된다. 현재 경찰에서도 가정폭력범죄에 효과적으로 대처하기 위해 실무지침을 마련하여 활용하고 있다. 먼저 1999년에 배포된 '가정폭력범죄 수사요령'에는 이러한 실무적인 노력이 어느 정도 반영되어 있다. 그러나 여기에는 일반적인 수사지침만 제시하고 있을 뿐 현장대응의 구체적인 조치요령이나 수사과정에서의 실무요령에 관하여는 보다 구체적인 지침을 제시하지 못하고 있다.[84] 그 결과 경찰관이 가정폭력사건을 처리하는 데 있어서 그다지 도움이 되지 못한 것으로 평가되었는데, 새로이 2002년에 배포한 지침서에는 이보다 한결 구체적인 대응지침이 포함된 것으로 보인다.

제3절 가정폭력특례법의 비실효성 문제

동법의 제정은 가정폭력에 대한 국가의 태도를 명확히 하여 가정폭력을 국가가 직접 개입해야 할 범죄행위로 선언한 것이다. 동법에서는 가정폭력 가운데 일정한 유형의 행위를 가정폭력범죄로 규정하고, 이 범죄에 대하여는 일반 형사사건으로 처리하거나 또는 가정보호사건으로 처리할 수 있도록 한 점이 가장 큰 특징이다. 이는 가해자에 대한 형사처벌이 가정의 해체와 같은 여러 부작용을 가져올 수 있기 때문에 가정보호사건으로 처리함으로써 가정의 해체를 막고 가정의 평화와 안정을 회복하고자 하는 것으로,

84) 유숙영, "가정폭력처벌법상의 개선방안", 한일형사법의 과제와 전망(수운 이한빈 교수 정년기념논문집), 화성사, 2000, 224쪽.

동법이 형사사법적 성격 외에 보호 · 복지적 성격을 띠고 있음을 나타내준다. 하지만 동법의 진일보적인 입법상의 취지에도 불구하고 시행상의 여러 비효율적인 요소들이 곳곳에 나타나고 있다.

1. 응급조치의 문제

동법에서 가장 주목되는 부분은 경찰의 즉각적인 개입이라고 할 수 있다. 동법 제5조에 의하면 폭력현장에 출동한 경찰관은 폭력행위를 제지하는 등의 응급조치를 취하도록 되어 있다. 이와 같이 경찰개입을 의무화한 것은 이제까지의 소극적이고 방관자적 입장에서 적극개입 쪽으로 경찰의 태도를 전면적으로 전환하는 것을 의미한다. 즉 경찰은 현장에 즉각 출동한 후 폭력사태의 진행을 장악하여 폭력을 제지하고 범죄를 수사하는 등의 응급조치를 취하여야 한다.

그러나 동법 제5조에서 경찰의 응급조치와 관련하여 가장 핵심적인 것이 폭력행위의 제지인데, 어떻게 폭력행위를 제지할 것인지 가해자에게 어떤 조치를 취할 것인지가 명확하게 나타나 있지 않다. 또한 현행 법규정은 경찰의 초기개입의 실효성을 의심케 하는 식으로 구성되어 있다. 즉 경찰이 가해자에게 취할 수 있는 조치가 지극히 제한되어 있다는 것이다.[85] 피해자의 보호시설 · 의료시설로의 인도조항은 있어도 가해자에 대한 경찰서로의 동행요구나 격리조치를 즉각적으로 할 수 없게 되어 있다. 이 규정대로라면 경찰이 가해자와 피해자를 분리하여 집 밖으로 내보내는 것 이외에 가해자에 대해서는 특별히 할 수 있는 것이 없게 되어 있다.

경찰이 가정폭력사건에 개입하는 방식은 대체로 세 가지로 요약될 수 있는데, 첫째로는 폭력관계의 당사자들이 화해하도록 중재하는 역할이고, 둘째로는 가해자와 피해자를 격리시키는 것이며, 셋째로는 가해자를 체포하는 것이다. 하지만 현행 법규정에 의하면 경찰이 폭력행위의 제지를 위해

85) 한인섭, "가정폭력법에 대한 법정책적 검토", 피해자학 연구, 제7호, 한국피해자학회, 1999, 125쪽.

경찰개입의 전형적인 방식인 중재, 격리, 체포 중 어느 한 가지도 자유롭게 할 수 없도록 제한되어 있기 때문에 경찰개입의 실효성을 얼마나 거둘 수 있을지 의문이다.

2. 임시조치와 보호처분의 문제

현재의 임시조치에 관한 규정은 매우 불확실한 내용으로 이루어져 있고 그 절차가 복잡하여 실효를 기대하기 어렵다. 수사단계에서의 임시조치를 보면 검사가 직권 또는 사법경찰관의 신청을 받아 법원에 임시조치를 청구할 수 있게 되어 있으나, 실무상으로 볼 때는 검사가 직권으로 임시조치를 청구하는 예는 거의 없고 사법경찰관의 신청이 있는 경우에 검사가 판단하여 그 중 일부에 대하여 법원에 임시조치를 청구하고 있다.[86] 그럼에도 동법 제29조 제1항 제1호, 제2호, 제3호의 퇴거 등 격리, 접근금지, 전기통신을 이용한 접근금지와 같이 불구속을 전제로 한 가벼운 제재조치라 할 수 있는 것까지도 경찰이 법원에 직접 청구하지 못하고 검사의 청구를 거쳐야만 할 수 있도록 규정되어 있다(동법 제8조). 앞서 응급조치에서 간단히 언급한 바와 같이 동법 제29조의 임시조치 중에서 격리, 접근금지 등과 같은 현장에서 즉각적으로 필요한 조치도 검찰을 거쳐 법원의 결정을 기다려야 하기 때문에 실행에 옮기려면 최소한 며칠이 걸리는 관계로 실효성을 기할 수 없는 형편이다.

보호처분에 대해서는 그 모델이었던 소년법과 비교해 볼 때, 가정폭력행위자에게 소년범과 똑같은 보호처분을 과하는 것은 형평성에 어긋난다는 견해가 있다. 소년의 경우는 아직 범죄성이 고착화되지 않아 보호처분을 하여 건전한 인격형성과 사회성을 학습하도록 하는 데 반해서, 가정폭력사범은 범죄성이 이미 고착화되어 있는 경우가 많은데도 소년범과 똑같이 보호

86) 안영길, "가정폭력행위자에 대한 법원의 조치", 가정폭력방지법 시행상의 문제점과 개선방안 세미나 자료집, 법무부, 1999, 3쪽.

처분을 하는 것은 타당하지 않다는 것이다.[87] 일반 형법과 비교해 볼 때도, 형법상 존속범죄는 일반 범죄와 달리 신분상 비난가능성이 높기 때문에 가중처벌하고 있는 데 반하여, 동법에서는 오히려 동일한 이유로 형벌을 부과하지 않고 최장기간이 6개월밖에 되지 않는 보호처분을 부과함으로써 서로 모순되는 태도를 보여주고 있다고 지적한다.[88]

동법 제40조 제1항에 규정된 보호처분의 내용들도 현실성이 부족한 것으로 보인다. 성인인 가정폭력행위자의 경우에도 사회봉사명령이 과연 효과가 있을지 의문이다.[89] 사회봉사명령은 본래 소년법에 의해서 소년을 대상으로 실시되어 오다가 형법개정을 통하여 성인에 대해서도 이를 확대해서 실시하고 있다. 이 제도가 지금까지 소년범의 재범율 감소에 상당히 기여하고 있는 것이 사실이지만, 가정폭력행위자는 폭력의 상습성이나 알코올중독 등의 문제로 사회봉사명령을 이행하기 어려운 대상자 유형에 해당되기 때문에 부적합하다고 생각된다.[90] 또한 가정폭력행위자에 대한 보호시설에의 감호위탁이나 의료기관에의 치료위탁 등도 시설이 턱없이 부족하여 제대로 수행되지 못하고 있는 형편이기 때문에 이들 위탁처분이 전혀 실효성을 거두지 못하고 있는 것도 문제이다.

---

87) 한인섭, "가정폭력법의 법적 구조와 정책지향에 대한 검토", 306쪽.

88) 배종대, 앞의 책, 237쪽.

89) 김병주, "가정폭력 관련법률에 대한 평가와 전망", 343쪽.

90) 사회봉사명령에 적합하지 아니한 대상자 유형에는, (1) 마약이나 알코올중독으로 범죄를 범한 경우, (2) 상습적이거나 심한 폭력 또는 성적 도착에 의한 범죄를 범한 경우, (3) 정신질환이나 심한 정신장애의 상태에 있는 경우, (4) 육체적 장애로 인하여 주어진 작업을 수행할 수 없는 경우, (5) 보안관찰의 대상이 되는 공안범죄를 범한 경우를 들고 있다(보호관찰및사회봉사명령, 수강명령등과관련한사무처리지침 5호 라항).

가정폭력 사례

① 집에서는 폭력가장, 밖에서는 예의바른 사람

〈사례 31〉 통상 폭력행위자는 성격이상자나 알코올중독자로 인식하고 있는 것에 반해, 가정에서는 '폭력남편', '폭력가장' 이면서도 밖에서는 예의바르고 점잖은 사람인 것처럼 행세하던 사람이 아들과 아내에 의해 살해된 사건이다. 살해된 K씨(남, 57세)는 성격이 난폭하여 젊은 시절부터 수십 년간 사소한 일을 가지고도 가족들을 못살게 하였다. 가족들에 대한 학대는 보통 일반적인 수준의 학대가 아니라 생명을 위태롭게 할 정도의 심각한 것들이었다. 초등학교 다니는 아들을 방앗간 기계에 머리를 밀어넣기도 하였고, 장롱 앞에 서게 한 후에 칼을 던지기도 하였으며 한동안 숨을 못쉴 정도로 목을 졸라 병원까지 가게 한 일도 있었다. 또 의처증이 있어 아내 C씨(55세)에게도 심각한 폭력을 휘둘렀다. 심지어 아내 C씨의 다리를 밟아 부러뜨려 평생 다리를 절룩거리고 살게 만들었다. 그는 잠자리에서 아내의 목을 졸라 기절시킨 적도 있으며 잠을 잘 못 든다는 이유로 누워 있는 아내의 배에 발길질도 하였다. 남편의 포악한 성격을 참다 못해 수차례 이혼해 줄 것을 요구했지만 가족을 몰살시키겠다고 위협하여 매번 포기하고 말았다.

가해자 K씨가 집에서는 이렇듯 자기중심적으로 생활하고 가족들을 폭력으로 억압하면서도 밖에서는 남들에게 항상 예의바르고 마음이 따뜻한 사람인 것처럼 처신하는 이중적인 모습을 보였다. 직장에서도 나름대로 성실하게 일하여 인정을 받고 있었다. C씨는 폭력에 시달리다 못해 남편이 다니던 직장 상사와 동료들에게 여러 차례 하소연을 해 봤지만 전혀 믿어주지 않았고 그런 사람이 아니니까 조금만 참고 살라고만 하였다.

사건이 발생하기 약 1년 전부터 다시 이혼해 줄 것을 간곡히 요청하였으나 거절당하자, C씨는 자신이 살 길은 남편을 죽이는 길밖에 없다고 생각하고 아들(21세)에게 아버지를 죽이자고 제의하였다. 2003년 10월 초 C씨는 아들과 함께 남편을 살해장소로 유인한 후에 C씨가 남편을 꼼짝 못하도록 붙잡고 아들이 망치로 아버지의 머리를 마구 때려 숨지게 하였다. 살해한 후에 범행이 발각될 것이 두려워 사체를 마대자루에 싸서 차에 싣고 몇 시간을 달린 끝에, 외딴 지역의 농수로 다리 밑에 버리고 짚단으로 덮어 유기하였다. 이렇게 용의주도하게 범행을 한 이들 모자도 결국 경찰에 적발되어 아들과 어머니 모두 구속되었다.

서울고법 항소심에서는 아들과 어머니가 공모해 살해한 사건에 대해 '외상 후 스트레스성 장애'를 인정하여 원심에서 각각 징역 15년과 10년의 중형을 선고받았던 아들과 어머니에게 각각 징역 12년과 6년으로 형량을 감경해 주었다. 재판부는 "피고인들은 사전 공모한 후 피해자를 살해하고 사체를 유기하여 죄질이 매우 중해 엄중한 처벌이 요구되지만, 수십 년에 걸친 상습적 폭력과 폭언을 당해 정상적 판단을 할 수 없는 상태에서 피해자를 죽이는 길만이 자신들이 살 길이라고 생각했던 점이 인정된다"라고 밝혔다.

이 사건에서 가해자들은 자신들이 살기 위해서는 남편과 아버지를 살해하는 길 외에 다른 방법이 없었다고 주장했지만, 살해하기에 앞서 직장동료뿐만 아니라 경찰에 신고했더라면 이전의 여러 심각하고 중대한 폭력행위만으로도 K씨를 형사처벌받게 할 수 있었고, 이를 근거로 이혼소송을 제기하여 합법적으로 이혼할 수도 있었다는 점에서 아쉬움을 남겼다.

② 교육목적에 의한 아동 체벌

〈사례 32〉 A군(남, 13세)은 아이큐가 높아 어릴 적부터 영재아이로 주위에서 불리었고 초등학교에서 중1때까지 전체 1등만 한 똑똑한 아이였다. 이런 아들에 대해 아버지는 각별한 애정을 가지고 아들이 앞으로 훌륭한 사람이 되었으면 하는 기대감이 남달랐다. 하지만 아들에 대한 아버지의 집착이 보통을 넘어 지나칠 정도인 점이 문제였다. 더군다나 A군의 아버지는 사업에 실패한 후 뚜렷한 직업도 없이 처갓집에서 용돈을 얻어 쓰며 살고 있던 터라 술에 취하면 가족에 대해 행패를 부리기도 하였는데, 특히 믿었던 장남 A군이 비뚤어지는 것을 참을 수 없어 장남에게 폭력을 많이 사용하였다.

사소한 거짓말이라도 하면 아들의 버릇을 고친다는 생각으로 혼을 냈으며 집에 늦게 들어오기라도 하는 날이면 어김없이 매를 들었다. 청테이프로 온몸을 결박하고 대나무로 마구 때렸다. 어느 때는 집에 있는 개줄로 묶거나 심지어는 인터넷에서 구입한 수갑까지 사용해 결박한 뒤 분이 풀릴 때까지 폭력을 휘둘렀다. 2005년 5월에는 A군이 하교시간이 오후 3시 반인데도 5시 반이라고 속이고 곧잘 친구들과 놀고 늦게 들어오는 일이 있었는데, 이런 사정을 알게 된 아버지는 A군을 아파트 욕실에 가둔 후 몸에 뜨거운 물을 뿌려 2도 화상을 입히게 하였다. 또 그해 8월에는 한참을 때린 뒤 문방구용 도루코 칼을 주면서 손가락을 베어 혈서를 쓰도록 강요하자 A군은 겁에 질린 나머지 칼로 자신의 배를 그어 그 피로 '앞으로 잘 하겠다'는 내용의 혈서를 썼던 적도 있었다. 아버지의 이같은 잔인한 학대행위는 A군이 부산의 외가로 도망가면서 드러나게 되었다. A군은 아버지의 폭력이 수년째 계속되자 이를 견디자 못해 저금통을 털어 부산의 외할아버지를 찾아갔고 손자의 상태를 보고 경악한 외가 식구들이 경찰과 아동학대예방센터에 도움을 요청했던 것이다. 경찰조사 결과 A군은 2005년 5월부터 다음해 가을까지 아버지로부터 폭행을 당해 모두 8번이나 전치 2주 이상의 상해진단을 받은 것으로 나타났다. 경찰은 A군의 아버지에 대해 폭력행위등처벌에관한법률을 적용하여 상습상해죄로 구속하였다. 이 사건은 우리 사회의 교육열풍 분위기 속에서 자녀에 대한 지나친 기대와 집착과 함께 폭력도 자녀교육의 한 방편으로 사용해도 된다는 잘못된 인식의 결과로서 발생한 것이다. A군의 아버지는 경찰조사에서 "아들이 미래에 훌륭한 일꾼이 되길 바라는 마음에서 사랑의 매를 든 것뿐이지 학대를 한 것은 아니다"라고 말한 것으로 나타났다. 한편 A군의 어머니도 대학교 영문학과를 나온 재원으로 아들에 대한 아버지의 폭력을 만류하지 않고 방관하였던 것으로 조사되었다.

〈사례 33〉 Y씨(남, 39)는 몇 년 전 부인과 이혼한 후 재혼하여 새 부인과의 사이에 딸을 하나 낳아 단란하게 살고 있었다. 원래 성격이 차분하고 성실한 사람이라 규모는 작지만 자기사업을 열심히 하여 살림도 제법 여유가 있어 아무런 걱정이 없었으나, 전처와의 사이에 난 초등학교 다니는 아들(10세) 하나가 자주 가출하는 것이 유일한 걱정거리였다. 아들은 부모가 이혼한 후 새엄마가 새로 낳은 자식만 예뻐하고 자기에게는 관심도 없고 소홀히 한다고 여겨 밖으로 도는 날이 많았다. 이 때문에 Y씨는 동네 파출소에서 가출한 아들을 데려오는 일이 종종 있어 화가 났던 차에, 2005년 2월 아들이 재차 가출하였다가 다음날 새벽 4시에 돌아오자 마음먹고 혼내주기 위해 아들의 옷을 모두 벗긴 채로 아파트 출입문 밖으로 내보내 벌을 서게 하였다.

아들은 문 밖에서 알몸으로 무릎 꿇고 두 손을 든 채로 벌을 받았는데, 2월 중순 새벽이라 날씨가 여간 춥지 않았다. 아들은 너무 추웠던 나머지 추위를 피하기 위해 알몸으로 복도식 아파트의 엘리베이터를 타고 오르내리면서 통로에 있는 신문들을 주워 모아 온몸을 감싸고 있었다. Y씨는 아들이 추우면 잘못했다고 빌면서 집에 들어올 줄 알았는데 알몸인 상태로 복도를 다니면서 신문을 주워 온 것을 보고 격분하였다. 그래서 아들을 집 안으로 데려와 알몸인 상태로 무릎을 꿇게 한 뒤 스테인레스 재질의 걸레자루를 집어들고 허벅지와 등, 머리를 가리지 않고 온몸을 마구 때렸다. 한참을 맞은 아들이 의식을 잃고 쓰러지자 Y씨는 급히 아들을 인근에 있는 병원으로 옮겼으나 이미 숨이 끊어진 상태였다. 결국 Y씨는 학교에 잘 안 다니고 가출을 일삼는 아들의 버릇을 고치기 위해 추위에 떨면서 고생을 하면 집이 얼마나 소중한가를 알게 되리라는 생각으로 벌을 세웠던 것이지만, 너무 과도한 방식의 벌을 세웠던 관계로 아들을 잃고 자신은 상해치사죄로 기소되어 형사처벌까지 받게 되었다.

③ 경찰의 안이한 대응으로 살해사건 발생

〈사례 34〉 1996년 4월, L할머니는 자신의 딸을 수년 간에 걸쳐 지속적으로 괴롭혀 온 사위 O씨(동거남)를 우발적으로 살해하였다. L할머니의 딸은 O씨에게 성폭행당하여 강제로 동거하게 되었고 동거해서 살아온 5년 동안 온갖 폭력과 폭언에 시달렸다. 살해당한 O씨는 폭력전과가 많은 사람으로서 심한 의처증과 알코올중독 외에 변태적 · 가학적 성행위를 강요하였다. 또한 칼이나 도끼, 가위 등으로 폭행하고 일본도를 휘두르면서 죽이겠다고 위협하기도 하였다. 이 같은 계속되는 행패에 딸이 도망친 적이 많았으나 붙잡혀 허벅지에 칼을 맞기도 하고 목을 졸리는 등 인간으로서는 견딜 수 없는 고통을 겪었다. 이것을 본 동네 주민들이 파출소에 여러 차례 신고했으나 출동한 경찰관은 단순한 부부싸움으로 생각하고 그냥 돌아갔다. 어떤 때는 O씨를 체포해 갔어도 금방 석방하고 사후대책을 전혀 세워주지 않아 오히려 앙심을 품고 더 심하게 폭력을 휘두르는 결과를 가져오게 하였다.

O씨는 사건이 발생하기 전 15일간 매일 하루도 빠짐없이 폭력을 휘두르며 딸과 L할머니를 괴롭혔다. 사건 당일에는 술을 마시면서 딸의 외삼촌에게 칼로 위협했고 장모인 L할머니에게 "딸을 어디 돈 받고 팔아먹었느냐"라며 욕설과 모욕을 했으며 손녀딸까지도 죽여버리겠다고 협박하였다. 이에 L 할머니는 칼을 들고 딸의 가슴을 찌르려고 하는 사위를 말렸다. 그래도 계속 행패를 부리자 L할머니는 사위가 행패를 부리지 못하도록 붙들어 뉘어놓고는 사위에게서 칼을 빼앗아 가슴을 찔러 살해하였다.

사건이 발생한 후 처음에는 딸이 자기가 죽인 것으로 허위 신고를 하여 구속되었다. 이를 괴로워하던 L할머니가 여성의전화에 전화를 걸어 자신이 사위를 죽였는데도 아무도 이를 믿어주지 않는다면서 경찰에 신고를 해달라고 애원함으로써 사실관계가 밝혀졌다. 이에 따라 딸이 석방되고 L할머니는 상해치사 혐의로 대신 구속 수감되었다. 이 사건에서 변호인은 정당방위를 주장하였으나 인정되지 아니하여 L 할머니는 상해치사죄로 1심에서 징역 2년 6월에 집행유예 4년형을 선고받고 풀려났다. 이 사건은 1990년대 우리 사회에서 가정폭력방지법 제정의 필요성에 대한 사회적 합의를 이끌어내는 기폭제가 되었다.

〈사례 35〉 K씨(여, 35세)는 가난한 살림으로 인해 시골에서 중학교를 졸업한 후에 무작정 상경하여 처음에는 공장에 다니다가 찻집에서 종업원으로 일하였다. 찻집에서 일할 때 자주 들르고 친절한 손님이었던 현재의 남편을 만났다. 18세의 어린 나이였지만 '사랑한다'라는 말에 이끌려 자신보다 열두 살 위인 남편과 함께 동거에 들어갔다. 하지만 남편에 대한 믿음도 잠시, 남편은 알코올중독자로 결혼 초부터 하루도 거르지 않고 술을 마셨으며 술을 마시는 날에는 어김없이 욕설과 손찌검이 날아왔다.

처음에는 남편의 술버릇과 폭행을 고치려고 경찰에 여러 차례 신고를 하였으나 아무 소용이 없었다. 어떤 때는 경찰이 출동조차도 안 했으며 출동했을 때도 남편이 아무 일 아니라고 말하자 그냥 돌아갔다. 또 어떤 때는 남편을 체포해서 경찰서로 데려갔지만 혐의 없는 것으로 되어 금방 풀려나오거나 약간의 벌금이 나왔을 뿐이었다. 이로 인해 오히려 남편에게 더 심한 보복을 당한 것이 한 두 번이 아니어서 경찰에 신고한 것을 후회하기도 하였다. 이렇게 된 데는 K씨에게도 상당 부분 책임이 있었던 것으로 나타났다. K씨는 결혼 후에 남편과의 성격과 나이 차이로 인해 불화가 심하였고 결혼 전에는 복잡한 남자관계가 있었기 때문에 이로 인하여 더욱 남편에게 폭행을 당하는 구실을 만들어 주었던 것이다. 이와 같은 정상이 참작되고 또한 K씨도 남편이 폭력을 사용한 것에 대해 "잘못했다, 다시는 안 그러겠다"며 용서를 빌어서 합의를 해 주었기 때문에 관대한 조치가 내려졌던 것이다.

남편의 알코올중독성에 K씨의 과거까지 더해져 결혼한 이후 17년 동안 폭력과 고성이 그치는 날이 없었다. K씨는 남편이 술에 취해 폭력을 휘두를 때마다 자식 하나만 보고 살자고 마음을 다잡곤 하였지만 자궁암 수술을 받고 퇴원하는 날에도 술에 취해 가족들에게 행패를 부리는 남편을 더는 참을 수 없었다. 게다가 그 당시 일도 나가지 않고 술만 찾는 남편이 너무 원망스러웠는데, 사건이 일어나던 날 밤, 자식 반찬을 위해 사다 놓은 돼지고기를 남편이 인근 수퍼마켓에서 돈으로 바꿔 술을 마시고 들어오자 화가 머리끝까지 치밀어올라 그만 이성을 잃고 말았다. 제정신이 아닌 상태에서 남편을 부엌바닥에 넘어뜨리고 줄넘기 줄로 목을 졸라 살해하였다. 우발적으로 남편을 살해한 뒤 넋을 잃고 인근 주택가를 배회하던 K씨는 신고를 받고 출동한 경찰에게 체포되어 구속 수감되었다.

제4편

가정폭력에 대한 대응방안

제1장 가정폭력에 대한 인식 전환

제2장 경찰의 대응능력 제고

제3장 가정폭력특례법의 실효성 확보

제4장 가정폭력 예방활동의 강화

제5장 사회복지적 서비스 강화

제1장

Domestic Violence 가정폭력

가정폭력에 대한 인식 전환

제1절 사회인식의 전환

우리 사회는 그간 여성단체를 중심으로 가정폭력의 심각성을 꾸준히 제기해 왔고 방송이나 신문 등 대중매체에서도 주요한 사회문제로 다루어 일반인들의 관심을 촉구하였다. 특히 가정폭력 관련 법률의 제정으로 그동안 우리 사회에 만연한 가정폭력에 대한 경각심을 새롭게 일깨웠으며 그 결과 이에 대한 사회 전반의 인식도 크게 변화하였다. 하지만 아직도 우리 주변에서는 가정폭력을 개인의 사적인 문제로 치부하여 대수롭지 않게 여기고 있으며 이를 경찰에 신고조차도 하지 않는 사람들이 많은 게 현실이다. 이와 같은 사회적 분위기로 인해 경찰을 비롯한 국가기관에서 가정폭력에 대해 효과적으로 통제하는 데 커다란 어려움을 겪고 있다.

가정폭력에 대한 국가의 통제력, 특히 최일선의 법집행기관인 경찰력이 효율적으로 행사되기 위해서는 국민의 가정폭력에 대한 인식의 전환 및 신고의식의 강화 등 경찰개입을 가능하게 하는 제반조건들이 선행되어야 한다. 경찰이 가정폭력에 효율적으로 대처하기 위해서는 가정폭력의 발생을 얼마나 빨리 인지하느냐가 중요하다. 그러나 가정폭력은 가정이라는 은밀한 공간에서 이루어지고 있고 또한 주민들이 이것을 가정 내의 사생활문제로 잘못 인식하여 신고를 꺼리는 경향이 있기 때문에 경찰이 가정폭력을 인지한다는 것이 여간 어려운 일이 아니다. 이와 같은 입장에서 경찰의 가정폭력 인지율을 높이는 문제는 시민의 자발적인 협조자세에 달려 있고, 또한 경찰이 이 문제에 관심을 갖고 자체적으로 얼마만큼 많은 시간과 인력을 여기에 투입할 수 있느냐 하는 문제와 직결된다고 할 수 있다.

어느 특정업무에 대한 경찰인력의 투입은 상당 부분이 일반국민의 요구와 지지정도에 비례한다고 말할 수 있다. 이것은 대부분의 경찰업무가 국민의 요구와 지지도에 따라 민감하게 반응하게 되며, 그에 따라 시간과 인력의 투입정도를 결정하게 되기 때문이다. 따라서 경찰의 가정폭력에 대한 반응 또한 사회 전체의 가치 우선순위에 따라 강하게 영향을 받게 되므로, 국민의 가정폭력에 대한 관심과 인지도가 낮을 경우에는 경찰의 가정폭력에 대한 반응과 개입은 그만큼 다른 현안업무에 밀려 낮은 순위를 차지하게 될 것이다. 반면에 국민의 가정폭력에 대한 경찰개입의 요구와 지지도가 높아진다면 당연히 가정폭력을 경찰업무에서 비중이 높은 업무로 우선순위를 책정할 수 있을 것이다.[1] 그러므로 경찰이 가정폭력을 보다 쉽게 인지하고 많은 경찰력을 투입하여 이에 효율적으로 대처하기 위해서는 무엇보다도 일반 시민이 가정폭력에 대해 특별한 관심을 갖고 기존의 인식을 전환함으로써 가정폭력을 예방하는 데 앞장서는 적극적인 자세가 요구된다.

이를 위해서는 국가와 지방자치단체는 물론이고 여성단체를 비롯한 각종 사회단체에서 언론과 대중매체 등을 활용하여 지속적인 계몽활동을 펼치는 것이 필요하다. 그동안 국가와 여성단체를 중심으로 가정폭력에 대한 계몽활동을 전개하여 어느 정도 성과를 거두고 있지만, 앞으로는 국가와 지방자치단체가 나서서 가정폭력의 심각성과 관련 법률에 대한 홍보를 적극적으로 실시하고 아울러 각종 사회단체와의 유기적인 협조체제를 구축하여 이에 대한 공동의 노력을 기울여야 한다.

1) 김혜선, "아내구타에 대한 경찰의 개입", 67쪽.

제2절 신고의식의 강화

우리 사회의 경우에는 가정폭력을 당하거나 목격하더라도 경찰에 신고하지 않겠다는 반응을 보이는 사람이 앞에서 살펴본 것처럼 적지 아니하다. 이와 같은 태도는 가정폭력에 대한 경찰의 범죄인지와 개입을 곤란하게 하고 문제상황을 더욱 악화시키게 한다. 따라서 경찰을 포함한 국가기관이나 사회 전반의 가정폭력에 대한 효율적인 통제가 가능하기 위해서는 이러한 폭력을 직접 당하거나 목격한 사람들 모두가 우선적으로 신고하는 자세가 필요하다.

그러나 우리 사회가 보수적이고 유교적인 문화의 영향으로 인하여 여전히 피해자나 가족들에 의한 신고를 기대하기는 어려울 것으로 보인다. 이들보다는 오히려 친척, 이웃, 상담소 등에 의한 신고를 유도하는 것이 더 효과적이라고 보여진다. 특히 가정폭력특례법 제4조에는 아동, 노인, 장애인과 가정폭력피해자를 위한 병원, 학교, 보호시설, 상담소 등의 종사자에게 가정폭력범죄에 대한 신고의무가 부과되어 있는 만큼 이들 기관의 종사자의 적극적인 신고자세가 더욱 요구되는 것이다.[2]

---

2) 제4조(신고의무 등)

① 누구든지 가정폭력범죄를 알게 된 때에는 이를 수사기관에 신고할 수 있다.

② 다음 각 호의 1에 해당하는 자가 직무를 수행하면서 가정폭력범죄를 알게 된 경우에는 정당한 사유가 없는 한 이를 즉시 수사기관에 신고하여야 한다.

1. 아동의 교육과 보호를 담당하는 기관의 종사자와 그 장
2. 아동, 60세 이상의 노인 기타 정상적인 판단능력이 결여된 자의 치료 등을 담당하는 의료인 및 의료기관의 장
3. 노인복지법에 따른 노인복지시설, 아동복지법에 따른 아동복지시설, 장애인복지법에 따른 장애인복지시설의 종사자와 그 장

이를 위해서는 가정폭력이 특수한 상황에서 가해자의 인격적·정신적 결함에 의하여 발생하는 경우가 많은 관계로 신고자가 뜻하지 않게 피해를 입는 경우도 있는 점을 감안하여 신고자에 대한 비밀보장과 신변보호가 철저히 이루어져야 할 것이다.[3] 또한 동법 제4조는 이들 기관의 종사자에게 신고의무만을 부과했을 뿐이고 이를 위반한 경우에 처벌한다는 규정을 두고 있지는 않다. 앞으로의 가정폭력에 대한 신고를 활성화하기 위해서도 이들 기관의 종사자에게 신고의무를 위반했을 때는 벌금 등을 과할 수 있는 처벌규정을 신설할 필요가 있다.

한편, 미국에서는 모든 주와 연방에서 아동학대와 노인학대를 보고하도록 하는 법률을 가지고 있다. 아동학대에 대해서는 아동학대 예방 및 치료에 관한 법(1974)에 따라 의심되는 아동학대에 대해 전문가들로 하여금 의무적으로 신고하도록 하는 법을 제정하였다. 심리학자, 사회복지사, 내과의사, 간호사, 상담가, 교사, 위탁부모 등의 전문가들이 신고자로 지정되었으며, 몇몇 주에서는 모든 시민이 신고의 의무를 갖는다. 많은 주에서는 신고전화가 무료이고 24시간 신고를 받는 체제를 운영하고 있다. 신고자가 원할 경우 익명으로 신고할 수도 있는데, 전문가들은 대부분 실명으로 신고하는 경향이 있는 반면에 이웃이나 친척은 익명으로 신고하는 경향이 있다고 한다.

노인학대에 대해서도 모든 주가 각종 방식으로 노인학대를 보고하도록 하는 법률을 가지고 있다. 이에 관한 법률로는 의무보고법, 성인보호서비스법, 가정폭력법, 특별 노인학대 및 방임법 등이 있다. 대표적으로 의무보고법에서는 의사(내과의, 치과의), 간호사, 사회복지사, 그 외의 다른 전문가들을 보고자로 지정하고 있는데, 이들에게는 노인에 대한 학대가 의심되는

---

③ 아동복지법에 따른 아동상담소, 가정폭력방지및피해자보호등에관한법률에 따른 가정폭력 관련 상담소 및 보호시설, 성폭력범죄의처벌및피해자보호등에관한법률에 따른 성폭력피해상담소 및 보호시설(이하 "상담소등"이라 한다)에 근무하는 상담원과 그 장은 피해자 또는 피해자의 법정대리인 등과의 상담을 통하여 가정폭력범죄를 알게 된 경우에는 이를 즉시 신고하여야 한다.

④ 누구든지 제1항 내지 제3항의 규정에 의하여 가정폭력범죄를 신고한 자(이하 "신고자"라 한다)에 대하여 그 신고행위를 이유로 불이익을 주어서는 아니 된다.

3) 박수철, 앞의 논문, 51쪽.

경우에는 반드시 보고해야 하는 의무가 주어져 있다.

하지만 어떤 사례에서는 학대를 식별하기가 어려운 경우가 많다. 이는 노인들이 학대를 당했다고 말하기를 꺼려하고 또한 노인들이 겪고 있는 많은 육체적·정신적 고통이 학대로 오인될 수 있기 때문이다. 그래서 미국에서는 노인학대가 실제로 일어났는가를 판단하기가 매우 어렵기 때문에, 대부분의 주에서는 실제로 학대가 없었는데도 학대가 발생한 것으로 보고를 한 경우에 그 보고가 학대가 있었다는 굳은 신념과 믿음에 근거하였다면 보고에 따른 법적 책임으로부터 면책해주는 경향이 있다. 반면에 의무보고자가 학대의 가능성을 믿었으면서 이를 보고하지 않은 경우에는 법적 제재를 받게 된다. 이 경우 의무보고자는 경범죄를 범한 것으로 된다. 그러나 대부분의 주에서는 이러한 의무위반에 대해 실제로는 법적 조치를 취하지 않고 있다. 사실 미국에서 의무보고법이 시행된 1994년과 1997년 사이에 이에 관해서는 단 한건의 기소 밖에는 없었다.[4]

4) D. K. Gosselin, *Ibid.*, p.310.

제3절 경찰의 인식전환

가정폭력의 억제를 위해서는 가장 먼저 폭력현장에 도착하여 사건을 처리하게 되는 일선 경찰관의 가정폭력에 대한 인식이 매우 중요하다. 우리 사회는 가정폭력을 사회문제로 여기지 않는 문화에 익숙해져 있고 또한 가정폭력사건을 가능하면 가정 내에서 해결하고자 하는 경향이 강하다. 경찰도 여성을 구타하는 폭력이 엄연한 범죄행위임에도 가정 내의 사적인 문제로 잘못 인식하여 가급적 관대하게 처리하는 경우가 많다. 그래서 부부 간의 폭력의 경우에 신고단계에서부터 사건을 부부 간의 사적인 일로 무시해 버리는 경우가 허다하다며 피해자가 경찰의 조치에 불만을 토로하는 사례가 많다. 따라서 가정폭력에 대한 일반국민의 인식전환과 함께 이제 경찰의 인식도 크게 달라져야만 할 것이다.

여기에서 중요한 문제는 경찰이 가정폭력사건에 개입하여 사건을 처리할 것인지 안 할 것인지에 대해 경찰에게 자유재량이 허용되느냐의 여부에 따라 당해 사건의 처리방향과 앞으로의 가정폭력 발생의 양상이 달라질 수 있다는 점이다. 실제로 경찰관의 태도는 가정폭력사건에 있어서 가해자와 피해자 모두에게 향후 폭력을 행하는 것에 대해 상당한 영향을 미치게 된다. 그런데 정작 경찰은 가정적 사건에는 관여해서는 아니 되며, 가정폭력은 범죄가 아니고 개인적인 문제이기 때문에 이를 처리하는 것은 경찰의 본래의 임무가 아니라고 믿고 있다. 이것이 바로 문제가 되는 대목이다.

경찰의 이같은 태도는 전통적인 남성위주의 가부장적 가족제도에 기인하는 것으로 남성에 의한 여성의 인권침해에 대해서 관대하게 보는 경향 때문이기도 하다. 또한 법리적으로는 가정폭력문제가 개인의 사생활문제와 관련되어 있어 이에 대한 관여를 기피하는 것도 사실이다. 사생활문제와 관련하여 경찰의 가정폭력에 대한 소극적인 대응의 근거로서는 헌법상의 기본권인 주거의 자유(헌법 제16조), 사생활의 비밀과 자유(헌법 제17조)에서 연원되는 경찰공공의 원칙을 들 수 있다. 경찰공공의 원칙은 경찰권이 사회공공의 안녕과 질서에 영향을 미치는 경우에만 그 범위 내에서 발동된다는 것으로 개인의 일신 또는 일가족에 그치는 경우에는 경찰권이 관여해서는 안 된다는 것이다. 여기에서 파생되는 것으로 사생활 불가침의 원칙, 사주소 불가침의 원칙, 민사관계 불간섭의 원칙이 있다.[5] 그러나 이 원칙들은 경찰권 행사의 원칙이라기보다는 그 행사과정에서 빚어질 수 있는 경찰권의 남용방지의 원칙이라고 할 수 있다.

사생활 불가침의 원칙에서 경찰수사권의 한계영역은 법규에 위반되지 않는 순 사적인 행위를 말한다. 그런데 경찰관직무집행법 제4조 제1항은 정신착란 또는 주취로 인하여 자기 또는 타인의 생명·신체 등에 위해를 미칠 우려가 있는 자에 대한 보호조치도 가능하다고 규정하고 있다. 이처럼 정신착란이나 주취와 같이 당사자의 고의성이 없더라도 자기나 타인에게 위해를 가할 위험성이 있는 경우에는 경찰이 당사자의 행동을 제약하는 보호조치를 취할 수 있다고 하는 것과 비교해 볼 때, 하물며 아내나 자녀에 대해 폭력을 행사하여 형법상 범죄행위를 구성하는 행위에 대해 가정 내에서 일어난 사생활로 간주하여 경찰권행사를 거부하는 것은 법 논리적인 면에서도 타당하지 못하다. 다만, 여기에서는 경찰권 행사의 방법과 정도만이 문제가 된다고 보아야 한다.

사주소 불가침의 원칙에서의 사주소에는 불특정 다수인이 출입하는 공개된 장소는 포함되지 않는 만큼, 이웃이 목격할 수 있는 바깥 장소에서의 가정폭력의 경우는 여기에 해당하지 않는다. 또한 비공개적인 장소에서 발생

5) 박윤흔, 최신 행정법강의(하), 박영사, 2002, 328~329쪽 ; 홍정선, 행정법원론(하), 박영사, 2002, 316~317쪽.

한 경우라도 동행영장 등 기타 영장을 제시하고 출입을 하거나 임시조치를 위한 필요한 출입을 할 수 있다. 이 외에 상황이 인명, 신체, 재산에 대한 위해가 절박한 때에는 그 위해를 방지하거나 피해자를 구조하기 위하여 부득이한 경우에는 영장 없이도 필요한 최소한의 범위 내에서 출입이 가능하다고 하여야 할 것이다.[6] 그러므로 범죄수사와 같은 정당한 경찰권의 행사에 의한 경우에 가해자가 입게 되는 사생활의 침해는 불가피한 것으로서 위 원칙과는 무관하다고 할 수 있다. 따라서 가정폭력행위는 그 발생동기에 관계없이 엄연한 범죄행위이지 경찰권이 개입할 수 없는 개인의 사생활문제가 아니기 때문에 경찰은 가정폭력을 가정 내의 문제로 간과해서는 안 되는 것이다.

---

6) 이종걸, "가정폭력범죄의 처벌 등에 관한 특례법 제정경위와 목적", 가정폭력특별법 토론회, 한국가정법률상담소, 1998, 4쪽 참조.

제2장 경찰의 대응능력 제고

가정폭력 Domestic Violence

경찰의 가정폭력 신고에 대응하는 태도는 미래의 가정폭력 발생에 상당한 영향을 미친다. 경찰이 적법하고 공정하게 사건을 처리한다는 인식은 시민으로 하여금 자발적으로 법을 지키게 하는 데에 크게 기여한다. 셔먼(Lawrence Sherman)은 범죄에 대한 경찰의 영향력은 복합적이고도 때로는 놀라운 효과가 있다고 말한다. 그는 경찰관이 자신의 인격을 존중해주었다고 생각하는 폭력행위자의 경우에는 향후 폭력의 재발이 감소하게 되고, 상습적인 범죄행위에 대해서도 경찰관이 단순히 폭력행위자의 주장을 성의있게 들어주는 것만으로도 큰 효과가 있다고 말하였다. 이것은 반대로 경찰관이 사건을 처리하는 과정에서 시민을 인격적으로 대하지 않을 때에 범죄의 위험요인이 강화된다는 것을 의미한다.

따라서 경찰관은 가정폭력에 대한 현장에서의 초기대응이나 사후의 조사단계에서도 적법절차(due process of law)를 준수하여 피해자뿐만 아니라 가해자의 인권도 침해되지 않도록 세심한 배려를 하면서도 사건의 실체적 진실을 정확하게 파악할 수 있는 능력을 구비해야 한다.

제1절 현장대응 능력의 제고

1. 신고접수 및 출동

신고를 접수하는 경찰관은 피해자가 급박한 상황에 처해 있을 수 있다는 점을 감안하여 피해자의 안전 확보에 유념해야 한다. 이를 위해서는 먼저 피해자를 안심시키고 친절한 자세로 신속하고 정확하게 신고를 접수하여야 한다.

처음 신고전화를 받았을 때, 신고받은 경찰관은 다음과 같은 사항을 확인하여야 한다. (i) 신고자의 이름과 사건이 발생한 장소(아파트 동·호수, 출입문, 전화번호 등)를 파악한다. (ii) 피해자가 급박한 상황에 처해 있는지를 파악한다. 현재 폭력이 진행되고 있는지와 가해자가 흉기를 소지하고 있는지를 파악하여 급박한 상황인 경우에는 사건발생 장소에서 가장 가까운 지역을 순찰 중인 경찰관에게 현 단계에서 1차 출동지령한다. (iii) 경찰이 가능한 한 빨리 도착할 것이라고 안심시키고 피해자가 안전한 상태인지를 확인한다. 피해사실과 응급차나 기타 지원이 필요한지, 가해자가 현장에 있는지, 다시 폭력이 재발할 우려가 있는지 등을 파악한다. (iv) 가해자가 약물복용이나 음주를 하였는지와 정신적 상태를 확인한다. 상황이 진행 중이 아니고 신고자가 상담을 원할 경우에는 여성폭력 전문상담전화인 '1366'이나 경찰서 여성상담실을 안내하여 준다.

또한 사건현장에 출동할 때는 정확한 위치를 확인하고 경찰장구를 휴대하여 즉각 출동하여야 한다. 피해사실, 현재상황, 피해자와 가해자의 현재

위치 등 필요한 사항을 신고접수자로부터 파악하고 특히 출동한 경찰관이 돌발적인 상황에 처할 수 있으므로 자기보호를 위한 사전대비에도 신경을 써야 한다.

2. 현장대응

(1) 가택출입

현장에 도착한 경찰관은 소속·성명과 가정폭력에 대한 신고를 받고 출동하였음을 고지하고 집 안으로 들어가야 한다. 그러나 가해자가 문을 열어주지 않는 경우가 많기 때문에 집 안에 들어가는 데 어려움이 있는 것이 보통이다. 이런 경우 출동경찰관이 가해자인 집주인의 반대의사에도 불구하고 강제로 집 안에 들어갈 수 있는지가 문제된다. 원칙적으로는 경찰관도 타인의 가택출입을 하려면 주인이나 거주자의 허락을 받아야 한다. 피해자나 거주자의 허락이 있든지 아니면 가택출입영장을 발부받아야 가능하다. 하지만 현실적으로 이러한 조건을 충족시키기는 어렵기 때문에 예외적인 경우에 한해서 경찰의 강제출입이 허용된다. 안에서 폭력이 발생한 경우에는 긴급상황으로 치닫게 되고 가해자가 경찰의 가택출입을 허용하지 않는 경우가 많으므로 경찰은 강제로 출입할 수밖에 없다. 경찰관은 폭력이 진행 중이거나 그 직후라고 판단되는 경우에는 안에서 문을 열어주지 않더라도 경찰강제의 원리에 의해 물리력을 사용해서라도 가택에 진입하여 사태를 진정시켜야 한다. 가해자가 가정 내의 문제이니 상관하지 말라고 항의하더라도 가정폭력은 범죄행위임을 고지하고 엄정하게 처리해야 한다.

〈유형력 행사에 의한 가택진입의 법적 근거〉

- 형사소송법 제216조(영장에 의하지 아니한 강제처분) 제3항
- 경찰관직무집행법 제6조(범죄의 예방과 제지) 제1항
- 경찰관직무집행법 제7조(위험방지를 위한 출입) 제1항

(2) 응급조치

경찰관은 현장에 도착하는 즉시 양쪽 당사자를 분리하여 진정시키고 질서를 회복하도록 해야 한다. 폭력이 진행 중인 때는 가해자뿐 아니라 서로가 흥분한 상태이기 때문에 계속 싸우려는 경향이 있으며, 피해자가 신고를 했던 경우라도 출동한 경찰관에게 적대감을 품고 저항하는 경우가 많다. 이런 점을 감안하여 가족과의 불필요한 마찰이나 오해의 소지가 없도록 유의하면서 신속하고 강력하게 폭력행위를 제지하여야 한다. 특히 피해자가 잘못한 것으로 오해받을 수 있는 언행을 삼가해야 하며, 사법처리하기 위해서는 고소가 있어야 한다든지, 형사처벌해봐야 별것 아니라는 등의 피해자를 실망시키는 소극적인 자세는 지양해야 마땅하다. 또한 피해자나 가족이 부상을 당했는지 확인하여 필요한 경우에는 구급차를 부르고 병원에서 치료를 받도록 해야 한다. 어린 아이가 현장에 있을 때는 이들이 폭력현장에 노출되지 않도록 세심한 관심과 배려가 필요하다.

(3) 현장조사

부부 간의 폭력에 개입할 당시에는 서로가 흥분한 상태이기 때문에 계속 싸우려 하고 수사하고 있는 경찰관에게도 적대감을 표시한다. 이 때는 어느 쪽이 진정한 피해자인지 불분명하기 때문에 서로를 진정시키고 편견 없이 양쪽을 조사하여야 한다. 피해자가 상황에 따라서는 좌절감과 분노, 공포, 부끄러움 등의 복잡한 감정으로 조사하는 경찰관에게 소리를 지르고 항의할 수도 있다. 반면에 통상적으로 가족에 대해 폭력을 사용하는 사람은 비열하고 험악한 사람으로 생각하기 쉽지만 어떤 가해자는 매우 교양있고 인간적인 사람이 있다. 이런 사람은 통제와 조종의 능력이 있기 때문에 자신의 감정을 통제하고 때로는 사건을 조사하는 경찰관을 조종하려고도 한다. 따라서 이들 당사자를 조사할 때는 가해자와 피해자의 어느 쪽에 대해서도 연민이나 동정에 좌우되어 객관성을 잃어서는 안 된다.

가해자와 피해자를 조사할 때는 양쪽을 분리하여 조사하고 피해자가 안심하고 진술할 수 있도록 편안한 분위기를 조성하여야 한다. 피해자가 수사를 원하지 않더라도 설득하여 진상을 명확히 파악할 수 있도록 노력해야 한다. 목격자의 진술은 가장 중요한 증거이지만 때로는 가장 믿을 수 없는 증거가 되는 경우도 있다. 그래서 이것은 가능하면 다른 증거에 의해 보강되어야 한다. 목격자 진술의 신빙성을 판단하기 위해서는 정보를 제공하게 된 동기, 목격자와 당사자 간의 관계, 정보를 입수하게 된 경위 등을 면밀히 파악하는 것이 중요하다. 그리고 피해자가 진술을 거부하여 더 이상 수사를 진행할 수 없는 경우에는 차후에라도 가해자에 대한 고소가 가능하다는 것을 알려주고 가해자에게는 가정폭력이 엄연한 범죄행위로서 처벌받는다는 것을 엄중하게 경고하여야 한다.

(4) 가해자 체포 및 증거의 확보

경찰이 가해자를 체포할 경우에는 적법절차를 준수해야 한다. 따라서 미란다원칙(miranda rule)에 의해 범죄사실, 체포이유, 변호인 선임권을 고지하고 변명의 기회를 준 후에 체포해야 한다. 가해자가 현장을 벗어나 없는 경우에도 범죄행위가 다시 자행될 것이 확실한 경우에는 주변지역을 수색해서라도 가해자를 체포하여 범행의 재발을 방지해야 한다. 또한 물적 증거의 확보를 위하여 폭행에 사용되었던 흉기나 범행도구, 뒤집혀진 책상이나 뽑혀진 머리카락, 깨어진 그릇, 가구, 찢어진 옷 등을 증거로 확보하거나 현장을 사진 촬영하여 기록으로 남겨 두는 것이 필요하다. 당사자나 목격자의 진술과 같은 것은 현장의 상황이 차분하게 서면으로 조사할 분위기가 아닌 경우에는 비디오테이프에 녹화하는 것도 한 방법이다.

제2절 사후 면접조사 능력의 제고

모든 경찰수사의 목적은 피해자를 보호하고 가해자를 특정하여 소추를 위한 근거자료를 확보하는 것이다. 가정폭력사건을 담당하는 수사경찰관은 사건의 신빙성과 객관성을 판단하기 위한 세부적인 자료를 수집하여 이것을 근거로 가해자의 범죄의 정도를 결정하여야 한다. 가정폭력사건도 일반 형사사건과 마찬가지로 사건과 관련된 증거물의 수집이 중요하지만 가정폭력사건이 가정이라는 폐쇄된 공간에서 이루어지는 것인 만큼 가해자와 피해자, 가족을 포함한 목격자의 진술이 어느 범죄보다도 더 중요하다. 이에 가해자와 피해자 등을 대상으로 한 면접조사 능력의 제고가 필요하다.

1. 성인학대에 대한 조사

(1) 상호폭력의 경우

일반적인 폭력에 비해 가정폭력의 경우에는 피해자와 가해자의 구별이 용이하지만 그렇지 않은 경우도 있다. 우리는 보통 가정 내의 폭력을 성과 연관시켜 남성이 가해자라는 고정관념을 가지고 있다. 그러나 실제 가정폭력에 있어서는 어느 한쪽에 의한 일방적인 폭력행사 외에 어떤 경우에는 부부 간에 서로 폭력을 행한 상호폭력도 자주 이루어진다. 이런 경우에는 일반 형사사건에서와 마찬가지로 가정폭력사건에서도 상호폭력은 누가 피해자이고 누가 가해자인가를 판명하는 것을 어렵게 한다. 그래서 경찰관들은 조사에 따른 시간적인 촉박과 정확한 진상규명에 대한 어려움으로 인해 피해자와 가해자 모두를 상호폭력(쌍방폭력)으로 입건하여 검찰에 송치하는 경향이 종종 있다. 이것은 더 정확한 진상규명과 죄질이 약한 피해자에 대한 무혐의 처리를 검찰의 판단에 맡기겠다는 소극적인 자세에도 기인한다.

그러나 이와 같은 경찰의 수사자세는 바람직하지 못한 것이다. 피해자와 가해자 모두를 쌍방피의자로 입건하여 경찰조사뿐만 아니라 검찰조사까지 받게 한다면 피해자를 보호하기는커녕 오히려 고통을 안겨주는 것이 되기 때문이다. 따라서 경찰수사 단계에서 피해자의 자기방어적인 차원에서 행한 폭력행위에 대해서는 그 정도와 시점 등을 참작하여 폭력의 정도가 경미하면 과감하게 무혐의 처리하여 가해자와 피해자를 명확하게 구분해야 할 필요가 있다. 하지만 우리나라 경찰에게는 수사종결권이 없기 때문에 쌍방피의사건에서 폭력의 정도가 경미한 피의자에 대하여 무혐의 처리를 경찰에게 기대하기는 현실적으로 어려운 면도 있다.

주된 가해자를 특정하고 피해자의 방어적인 공격의 정도가 미약한 경우에 무혐의 처리하기 위한 기준으로는 다음과 같은 것을 들 수 있다. 예를 들어, 방어를 위해 상대를 할퀴거나 자신을 잡아 누르는 상대방의 팔을 깨무는 것과 같은 행위들이다. 할퀴거나 물린 자국은 곧 사라지는 것에 반해 구타로 인한 멍자국은 없어지기까지 많은 시간이 걸린다. 양쪽을 따로 분리하여 신문해서 상처 등의 자국이 어떻게 생겨났는지 또 왜 발생했는지를 판단해야 한다. 양쪽 모두에게 상처의 흔적이 있는 경우에는 누가 최초로 공격하였는가를 판단해야 한다. 육체적으로 덩치가 큰 사람이 항상 주된 공격자라고 추측해서는 안 된다. 그리고 구타행위는 반복되는 특성이 있으므로 과거에 폭력을 휘둘렀던 사람이 다시 폭력을 행했을 가능성이 높다는 점을 감안하여, 가급적이면 양쪽 당사자 모두를 입건하거나 체포하려고 해서는 안 된다.

(2) 성인면접조사

성인을 대상으로 면접조사를 할 때는 가해자와 피해자를 분리시키고 잠시 진정시킨 뒤에 그들에게 개별적으로 질문을 해야 한다. 질문할 때는 상대방이 들을 수 없을 정도로 떨어져서 해야 한다. 가정문제에 대한 조사는 서로가 입을 열지 않으려고 하기 때문에 충분한 시간을 갖고 차분하게 양쪽 모두에게 같은 정도로 인격을 존중해주면서 해야 한다.

면접조사과정은 준비, 심리적 교감의 확립, 실제적인 질문의 세 단계로 구분할 수 있다. 신고자에 관한 정보와 현장에 있던 경찰관으로부터 현장에 관한 제반 설명을 듣는 것이 준비단계에 속한다. 만약 면접조사가 객관적으로 이루어지지 못하고 조사자의 주관과 편의에 의해 이루어졌다고 의심되는 경우에는 이전에 동일사건에 관련되었던 단체나 조사자의 의견을 참고하는 것이 필요하다. 이들에 관한 기록분석과 목격자 면접조사도 준비단계에서 해야 할 사항이다. 두 번째 단계는 조사자와 피조사자 사이에 교감이 형성되어야 한다는 것이다. 이것은 서로 신뢰할 수 있는 관계가 형성되었음을 뜻하는 것으로서 이러한 신뢰감이 없으면 피조사자는 허위의 진술을 하거나 일체 말을 하지 않으려 할 것이기 때문에 조사경찰관은 더 이상 수사를 진행할 수 없다. 따라서 이들의 협조를 얻어 내는 것이 수사의 정확성과 원활한 진행을 위해서도 꼭 필요한 것이다. 그러기 위해서는 조사자가 혐오스럽게 대한다거나 비난하고 불신하는 듯한 인상을 주어서는 안 되고 양쪽에게 선입견 없이 객관적으로 질문하고 공정하게 처리하도록 노력해야 한다. 세 번째 단계는 실제로 질문하는 것이다. 여기에서는 조사하고 있는 사건에 관한 질문 외에도 위험성이 있다고 판단되는 것들을 파악해야 한다.[7)]

가해자의 위험성의 정도를 판단하는 데는 다음과 같은 키포인트가 제시되고 있다.

① 피해자가 관계를 끝내려 한다고 가해자가 믿고 있는가

---

7) D. K. Gosselin, *Ibid.*, p. 210.

이것은 대부분의 살인사건이 일어난 경우에 해당한다. 피해자가 가장 위험한 때는 피해자가 진실로 관계를 끊으려 한다고 가해자가 믿을 때이다.

② 가해자가 무기나 흉기를 소지하고 있는가

이것은 모든 상황에 해당하는 질문이다. 총, 칼 등 기타 무기는 피해자에게 사용하지 않았더라도 압수해야 한다. 만약 가해자가 이전에 그러한 무기를 사용한 적이 있었다거나 무기를 소지하지 아니 했어도 무기를 사용할 것이라고 위협했다면 위험성이 높다고 생각된다.

③ 가해자가 알코올이나 약물을 남용하고 있는가

알코올중독자나 마약 등의 약물을 복용하는 가해자는 위험하고 치명적인 공격을 행할 가능성이 높다.

④ 위협행위가 있었는가

피해자와 아이들을 죽이겠다고 하거나 자살하겠다고 위협하는 것은 심각한 것이다. 적어도 가해자가 가족인 경우에는 보통 첫 번째 시도에서 그들을 죽이지는 않는다.

⑤ 가해자가 전에 피해자에게 성적 학대를 한 적이 있는가

이전에 성적 학대가 있었다는 것은 가해자가 피해자에게 위험한 행동이나 폭력을 가할 확률이 매우 높다는 징표이다.

⑥ 가해자가 피해자를 따라다녔는가

스토킹, 피해자의 우편물을 몰래 읽는 행위, 전화통화를 엿듣는 행위, 또는 다른 감시하는 행위는 암암리에 피해자를 위협하는 행위로 보아야 한다.

⑦ 폭력이 자주 그리고 심하게 발생했는가.

앞으로 발생할 폭력을 잘 예측할 수 있기 위해서는 과거의 폭력이 어떠했는지를 파악하는 것이 중요하다. 한 달에 두세 번 이상 일어나는 빈번한 폭력이나 병원에 입원해야 할 정도의 심각한 폭력이 행해진 경험이 있는 경우에는 피해자의 위험성이 그만큼 더 커진다고 볼 수 있다.

⑧ 가해자가 정신건강 문제로 괴로워하거나 고통받고 있는가

어떤 정신건강 문제는 치명적인 범행을 저지르는 경향이 많다. 망상적인

공포나 심각한 우울증 등이 있는지를 조사해야 한다.

또한 아동에 대한 학대가 있었다는 주장이 있을 때는 보호자를 조사해서 아동의 상처 등에 대해 물어보아야 한다. 보호자가 정확하지 않거나 허위진술을 할 경우에는 조사자가 냉정하게 비판적으로 평가해야 한다.

(3) 피의자신문

피의자의 자백은 범죄의 가장 적합하지 않은 증거가 된다. 만약 자백의 임의성을 갖추기 위한 법적 절차에 따라 적절히 시행되었을 때는 자백은 가장 좋은 증거가 될 수 있다. 따라서 피의자의 자백은 가장 확실하면서도 해로운 증거가 될 수 있다. 피의자에 대한 신문을 하기 위해서는 먼저 미란다원칙을 고지하고 조사에 착수해야 한다. 즉 피의자를 체포하거나 범죄의 혐의가 어느 정도 확인되어 피의자신분으로 조사하게 될 때에는 범죄사실의 요지, 체포·구속의 이유, 변호인 선임권 등을 피의자에게 반드시 고지해주어야 한다(범죄수사규칙 제125조).

피의자를 신문하는 경우에는 구속이나 대면조사 외에 전화상으로 진술을 받거나 가정이나 음식점과 같은 편안한 장소에서 조사하는 것도 가능하다. 미란다원칙의 목적은 강요된 진술이나 위협을 통한 강제자백을 방지하는 것이다. 따라서 강요나 협박, 위협은 어떠한 경우에도 자백을 받아내기 위한 수단으로 사용되어서는 안 된다.

몇몇 학자들은 녹음된 전화통화를 통해 피해자가 피의자의 유죄를 입증하는 진술을 얻어낼 수 있다고 주장한다. 이 방법은 가해자가 이미 범죄를 행하였기 때문에 함정수사에는 해당되지 않는다. 미국의 몇몇 주들은 전화녹음을 금지하고 있으나 다른 주에서는 일방의 동의가 있는 경우에는 전화녹음을 허용하고 있다. 만약 피해자가 경찰의 권유나 개입 없이 스스로 고발할만한 증명자료를 녹음하였다면 그것은 증거가 될 수 있다.[8] 또한 경찰관서에서나 그 외의 장소에서 한 피의자의 진술을 녹화한 테이프는 그 진

8) D. K. Gosselin, *Ibid.*, p.247.

술이 자발적 또는 임의적으로 이루어진 경우에는 증거로서 사용될 수 있을 것이다.

2. 아동학대에 대한 조사

모든 가정폭력사건의 수사에 있어서 아동학대에 대한 조사가 가장 많은 시간이 소요되고 어려운 일이다. 학대를 받았는지 안 받았는지의 진위가 의심스러운 아동피해자를 조사하기 위해서는 아동의 나이에 맞는 수준으로 질문해야만 아동이 올바른 판단을 하고 제대로 진술할 수 있다. 아동이 이해하지 못하는 용어를 사용한다거나 질문이 앞서가도 안 되고 아동이 생각하고 있는 것을 편안하게 말하도록 용기를 북돋아주어야 한다. 종래의 아동에게 질문하던 방식은 성인에게 하는 방식과 거의 같았기 때문에 동심에 상처를 주지 않고 할 수 있는 효과적인 방법이 아니다.

(1) 아동증언의 유효성

아동에 대한 성학대와 같은 것이 의심되는 경우에 그에 관한 혐의사실을 밝히기 위해서는 아동을 상대로 한 면접조사가 대단히 유용하다. 그러나 아동에 대한 조사기술의 부족으로 인해 암시적이고 강압적으로 조사가 이루어진 결과 조사내용이 증거로서의 효력이 없게 되어 가해자를 처벌할 수 없는 경우가 종종 있다. 이것은 아동의 증언할 수 있는 능력과 증언한 내용의 신빙성이 문제가 되기 때문이다. 아동에 대한 면접조사는 항상 아동의 증언능력과 증언한 내용의 신빙성에 대한 법적인 논란을 예상하고 행해져야 한다.

(가) 증언능력

우리나라의 형사소송법 제146조는 '법원은 법률에 다른 규정이 없으면 누구든지 증인으로 신문할 수 있다'라고 규정함으로써 모든 사람에게 증인적격을 인정하고 있다. 따라서 아동도 증언을 할 수 있는 자격, 즉 증인적격을 가지지만, 성인에 비해 자신이 경험한 사실을 정확하게 기억하고 제대로 설명할 수 있는 능력이 미흡하여 증언능력이 문제된다. 증언능력은 증인 자신이 과거에 경험한 사실을 그 기억에 따라 공술할 수 있는 정신적인 능력을 말하는데, 나이가 어린 아동의 경우에도 구체적인 사안에 따라서는 범죄사실을 증명하는 데 결정적인 역할을 하는 사실에 관하여 유효한 증언을 할 수 있다.

형사소송법에는 연령에 따른 증언능력에 관해서 구체적인 기준을 정한 명문규정이 없는 만큼 증언능력의 유무에 대한 판단은 사안마다 개별적이고 구체적으로 이루어져야 한다. 따라서 아동의 경우에도 단지 아동의 연령만으로 판단할 것이 아니라 지적 수준이나 진술하는 태도와 진술내용 등을 구체적으로 검토하고 아동이 경험한 과거의 사실이 아동의 이해력과 판단력에 의해 식별될 수 있는 범위 내에 속하는가의 여부 등을 충분히 고려하여야 한다.[9]

(나) 진술의 신빙성

구체적인 사안에서 아동이 증언능력을 가지고 있고 따라서 그의 증언이 증거능력이 있는 경우라 하더라도 바로 요증사실을 증명할 수 있는 힘을 가지는 것은 아니다(증명력의 문제). 특히 아동의 경우에는 기억이나 전달능력 등에 있어서 성인보다 못한 경우가 많기 때문에 그 진술이 신빙성이 있는가를 면밀히 살펴야 한다.

아동의 진술의 신빙성은 아동의 이야기 속에 어떤 특정요소가 있을 때 강화된다. 이 특정요소에는 매우 구체적이고 세밀한 묘사나 가해자가 아동의 동의를 구하기 위해 사용한 물건에 대한 묘사 등이 이에 속한다. 이와

9) 대법원 판례도 유아의 증언능력에 관하여 "그 유무는 단지 공술자의 연령만에 의할 것이 아니라 그의 지적 수준에 따라 개별적이고 구체적으로 결정되어야 함은 물론 공술의 태도 및 내용 등을 구체적으로 검토하고 경험한 과거의 사실이 공술자의 이해력, 판단력 등에 의하여 변식될 수 있는 범위 내에 속하는가의 여부도 충분히 고려하여 판단하여야 한다"고 판시하면서(대법원 1991. 5. 10. 선고 91도579 판결 ; 대법원 1999. 11. 26. 선고 99도3786 판결. 최근에는 대법원 2004. 9. 13. 선고 2004도3161 판결 참조), 범행 당시 만 4세 내지 6세 정도에 불과한 아동의 증언능력을 긍정한 바 있다.

같은 세밀한 것들을 놓치지 않기 위해 아동에게 질문을 할 때의 효과적인 조사방법과 특별한 기술에 관한 많은 제안들이 나왔으며, 아동진술의 신빙성을 확보하기 위해서 조사관에게 보다 많은 책임을 부과하고 있다.

(2) 면접조사의 방법

아동에 대한 면접조사시에는 피해아동의 정서에 신경을 써야 하며 아동에게 상처를 주지 않도록 각별히 주의를 기울여야 한다. 특히 성학대의 경우에는 이들은 '나는 성적으로 이용되었기 때문에 이제 손상되었고 더 이상 좋은 아이가 아니다'라고 믿는 소위 '손상된 상품 증후군(the Damaged Goods Syndrome)'을 가지고 있는 경우가 많다. 이들은 자신이 매우 손상되었다고 느끼며 수치스럽게 생각한다.

조사자는 이러한 아동의 감정상태를 이해하고서 이들을 조사할 때는 조사자가 먼저 마음을 열어야 그때부터 문제해결을 시작할 수 있으며, 상대에 대해 임상적이고 과학적인 분석이 아닌 전체적이며 감정이입적인 수용을 해야 정확한 조사가 가능해진다.[10] 또한 아동에게서 범죄에 관한 정확한 정보를 얻기 위해서는 면접하는 조사자가 객관성을 유지하는 것이 필요하다. 그러기 위해서는 일반적인 면접지침서가 있으면 조사자들 간에 일관성을 유지할 수 있고 최소한의 전문적인 기준을 설정할 수 있어 유용할 것이다.

면접과정에서의 정확성을 증진시킬 수 있는 방법으로는 다음과 같은 것이 있다.

① 면담을 하는 사람의 목소리의 억양과 얼굴 표정은 아동에게 유도하는 인상을 주고 심리적으로 압박감을 주기 때문에 정확한 답변을 이끌어낼 수 없다.

② 아동의 나이와 지적 발달수준에 맞는 질문을 해야 하며 아동이 이해하지 못하는 질문을 하는 것은 무의미한 일이다.

③ 자유롭게 생각을 말할 수 있는 개방적 질문이 바람직하고 '예-아니요' 식의 폐쇄적 질문은 피한다. 폐쇄적 질문은 아동의 반응을 제한

---

10) 알란켐프 저 / 이화여자대학교 사회사업연구회 역, 앞의 책, 224쪽.

하게 되며 정확한 답변을 할 수 없도록 만든다.

④ 힌트 · 암시로 아동을 유도하는 것은 다른 생생한 폭로를 왜곡시키게 된다.

⑤ 아동에 대한 반복된 질문은 해가 되기 때문에 삼가야 한다. 아동은 기억력과 생각을 표현하는 능력이 각각 다르기 때문에 성공적인 조사가 이루어지기 위해서는 조사하는 사람의 기술이 아주 중요하다.

⑥ 조사자는 아동에 대한 현실적인 기대감을 갖고 그들의 눈높이에 맞는 질문을 하고 그에 따른 답변을 이끌어내도록 노력해야 한다.

또한 아동은 인터뷰를 하는 동안에 조사자에게 심문의 중요한 단서를 제공하는 경우가 많으므로 조사자는 아동의 말이나 몸짓 등을 유심히 관찰하여 이것을 결코 간과해서는 안 된다. 그리고 가해자와 아동의 대질신문은 여러 차례 있을 수 있기 때문에 진술이 어떤 형태로든 유도될 가능성이 많은 만큼 가급적 피하는 것이 바람직하다. 이 경우에는 부인하는 가해자에 대해 아동의 진술을 녹화한 비디오테이프를 보여주면 쉽게 자백을 이끌어 낼 수 있을 것이다.

2004년 11월 25일 여중생 4명과 여고생 1명이 ○○지역 남학생들로부터 수개월 간 집단 성폭행을 당했다는 신고가 접수되어 ○○경찰서 수사과에서 가해 남학생 41명을 입건하여 조사를 하였다. 이 사건 조사과정에서 경찰의 1차 피해자조사시에 담당경찰관이 피해 여학생들에게 "피의자들이 삽입을 하였느냐"는 등의 어린 여학생들이 남자경찰관 앞에서 대답하기 곤란한 성적 수치심을 유발하는 질문을 계속하자, 피해자들이 여자경찰관을 입회시켜 주도록 요청하였으나 이를 무시하고 조사를 진행하였다. 2차 조사시에는 가해 남학생 41명 전원을 줄 세워 놓고 피해 여학생들로 하여금 공개석상에서 범인을 지목하도록 대질신문을 하였으며, 담당경찰관이 "○○ 물 다 흐려 놓았다"는 모욕적인 발언을 하였다. 또한 피해자측에서 인적사항 및 피해사실에 대한 비밀유지를 요청했는데도 언론사에 보도자료 배포시에 실명이 게재된 일부자료를 유출시켜 피해자들의 명예가 크게 실추되었다. 이에 ○○여성의전화를 비롯한 여성단체와 전국성폭력상담소협의회에서는 조사경찰관의 인권침해 행위를 규탄하였으며 국가인권위원회에서는 해당 관서에 시정권고를 하기에 이르렀다. 한편 검찰은 가해 남학생 중에서 7명을 구속하고 총 10명을 기소하였다.[11)]

(3) 면접조사(아동진술)의 진술녹화

학대를 받은 것으로 의심되는 아동의 진술만으로는 학대가 이루어질 당시의 상황이나 학대가 아동에게 미친 충격을 제대로 설명할 수 없다. 학대의 세세한 부분이 드러나면서 나타내는 아동의 몸짓, 얼굴 표정, 신체적 반응들은 폭로 자체만큼이나 학대의 상황을 잘 설명해 준다. 녹화된 비디오테이프는 사건의 전말을 보존하고 시간이 흐름에 따라 사라져가는 학대의 증거를 변하지 않도록 해주기 때문에 그 효용성이 크다.

비디오테이프에 녹화된 사람의 대화를 포함한 진술내용은 녹음테이프처럼 전문법칙이 적용된다. 이는 비디오테이프에 녹화된 내용 중에서 피고인이나 제3자의 진술이 있는 경우 그 진술부분에 관한 녹화내용은 실질적인 면에서 공판준비 또는 공판기일에서의 진술에 대신하여 진술한 서류(진술서 또는 진술조서)와 다를 바 없기 때문이다. 따라서 이 경우에 작성주체 내지 진술자에 따라 형사소송법 제311조 내지 제313조가 적용될 것이다. 특히 사법경찰관이나 사인이 피해자의 진술을 녹화한 비디오테이프는 제313조에 따라 공판준비나 공판기일에서 그 진술자의 진술에 의하여 그 성립의 진정함이 증명된 때에 한하여 증거로 할 수 있다.

아동학대와 같은 가정폭력범죄에 있어서도 비디오테이프나 녹음테이프로 녹화한 아동의 진술 또한 이와 마찬가지이다. 과거에는 비디오테이프 녹화를 활용하지 않고 직접적인 조서에 의존했던 결과로 아동학대, 특히 아동성폭력의 경우에는 수사 및 재판절차에서 중복된 신문을 받게 되어 아동피해자는 2차적인 피해 내지 정신적 고통을 입게 되었다. 이러한 문제를 해결하는 가장 좋은 방법은 조서진술 대신에 녹화진술을 적극 활용하는 것이다.

11) 2004. 11. ○○경찰서의 ○○지역 여중생 집단성폭행사건 조사시의 인권침해 사례.

미국에서는 가정폭력과 관련된 사건에 대해 아동의 진술을 제한하는 규정은 어디에도 없다. 형사사건이 유언검인사건이나 소년사건과 동시에 일어나는 경우가 많기 때문에 비디오테이프 진술은 여러 번의 인터뷰와 피해자에게 불필요한 상처를 입히는 것을 피하기 위한 한 가지 선택방법이 될 수 있다. 대신 인터뷰를 한 사람이 유언검인이나 가정 또는 소년법원에서 인터뷰 내용에 대해서 증언할 수 있을 것이다. 그리고 피해자의 비디오테이프 진술은 대법원에 기소 및 고발을 하기 위한 증거로서 대배심에 제공되고 있다. 이런 경우에는 법정에서 형사피고인과 대면할 권리가 주어지지 않는다. 그렇지만 비디오테이프 녹화진술에 대한 헌법적 판단에 대해서는 미연방대법원이 아직 명확한 입장을 나타내지 않고 있는 것처럼 이것의 사용범위가 명확하게 체계화되지는 않았다.

1990년까지 34개 주가 법정에서 피고인과의 대면을 피하기 위해 비디오테이프 진술의 제출이 허용되도록 하였지만 다른 주들은 이를 허용하지 않고 있다. 미 의회는 1990년에 아동에 대한 비디오테이프나 CCTV 증언에 대한 연방차원의 기준을 통과시켰다. 이것에 대해 매사추세츠와 텍사스주에서 비디오테이프 진술의 증거능력 보장을 위한 법률을 제정하려고 하였으나 주 헌법에 근거한 이의제기로 통과하는 데 실패하였다.[12)]

우리나라에서는 2003. 12. 11. '성폭력범죄의처벌및피해자보호등에관한법률'을 개정하여 성폭력 피해아동의 비디오 녹화진술의 증거능력을 인정하였다.[13)] 이것은 성폭력피해자가 수사 및 재판절차에서의 중복신문으로 인해 2차적인 피해 내지 정신적 고통을 받는 것을 방지하고 피해자의 소환을 최소화하기 위한 것이다. 이에 따라 수사기관은 성폭력피해자가 13세 미만이거

---

12) D. K. Gosselin, *Ibid.*, p. 213.

13) 제21조의2 (영상물의 촬영·보존 등)

② 제1항의 피해자가 13세 미만이거나 신체장애 또는 정신상의 장애로 사물을 변별하거나 의사를 결정할 능력이 미약한 때에는 피해자의 진술내용과 조사과정을 비디오녹화기 등 영상물 녹화장치에 의하여 촬영·보존하여야 한다. 다만 피해자 또는 법정대리인이 이를 원하지 않는 의사를 표시한 때에는 촬영을 하여서는 아니 된다.

③ 제2항의 규정에 따라 촬영한 영상물에 수록된 피해자의 진술은 공판준비 또는 공판기일에서 피해자 또는 조사과정에 동석하였던 신뢰관계에 있는 자의 진술에 의하여 그 성립의 진정함이 인정된 때에는 증거로 할 수 있다.

나 장애로 인해 사물을 변별하거나 의사결정능력이 미약한 때에는 피해자측에서 반대의사가 없는 한 의무적으로 피해자의 진술내용과 조사과정을 비디오녹화기 등 녹화장치로 녹화하여야 한다. 이렇게 녹화된 진술은 공판준비 또는 공판기일에서 피해자나 조사과정에 동석하였던 신뢰관계에 있는 자의 진술에 의해 성립의 진정이 인정된 때에 한하여 증거능력을 인정하고 있다.

앞으로 아동 성폭력 외에 유아나 정신미약자에 대한 가정폭력의 경우에도 녹화진술을 확대하여 적용할 필요가 있다. 이를 위해서는 아동진술의 비디오녹화가 범죄에 대한 피해자 진술조서와 같은 객관성과 정확성을 갖출 수 있도록 아동에 대한 면접조사와 비디오녹화가 정확하게 이루어져야 할 것이다. 아동진술을 녹화하는 경우에 특히 염려가 되는 것은 아동의 피암시성(suggestibility)이다. 이에 대해서는 아동학대나 아동과 관련된 많은 분야의 전문가들을 진술녹화 과정에 참여하도록 하고 또한 적절히 훈련받은 조사경찰관이 체계화되고 전문적인 기법으로 조사하는 것이 아동증인을 유도하거나 암시하지 않았다는 것을 입증하는 데 효과적인 방법이 될 수 있다.

2003년 5월 말경, 서울 마포구 모 어린이집 운전기사인 K씨(남, 당시 60세)는 이 어린이집에 다니던 J양(당시 4세)과 K양(당시 3세)을 어린이집 2층 방에서 성추행하여 상처를 입힌 혐의로 입건되었다. 당시에 경찰은 성추행을 당한 두 어린이의 정신적 충격을 덜어 주고 범죄사실을 확인하기 위해 아동학대예방센터에 피해자 진술을 비디오테이프에 녹화해 줄 것을 의뢰했다. 아동심리 상담전문가가 인체인형을 이용하여 피해아동에게서 성추행 여부를 확인하고 그 과정을 비디오테이프에 녹화하였고 경찰은 이를 증거로 피의자 K씨에 대한 구속영장을 신청했다. 1심 법원에서는 J양에 대한 강제추행 부분만 인정하고 K양에 대한 강제추행 및 상해혐의에 대해서는 K양의 진술이 상담원의 유도성 질문으로 왜곡됐을 가능성이 있다는 이유로 비디오테이프의 증거능력을 부정하여 무죄를 선고하였다. 그러나 2심 법원은 K양이 어린이인 점 등을 고려해 K양의 비디오 진술에 대해 증거능력을 인정하여 K양에 대한 강제추행과 상해혐의도 모두 유죄로 인정하여 피고인에 대해 징역 2년 6월을 선고하였다. 대법원은 이 비디오테이프를 증거로 인정하여 원심판결을 그대로 확정하였다. 대법원의 이 판결은 13세 미만 성폭력피해자의 조사시에 비디오 녹화를 의무화한 법률이 시행 중인 가운데, 법원이 제3의 기관에서 녹화한 비디오테이프도 일정요건만 갖추면 법정에서 사건 당시의 상황을 증언하지 않더라도 증거능력을 인정할 수 있다는 판단을 내린 것이다.

(4) 인체인형의 활용

인체인형(anatomical doll)이란 성기, 가슴 등을 그대로 보여주는 인체와 똑같이 만든 인형을 말한다. 이 인형은 나이 어린 아동이 가해자의 성적 행동을 묘사하기에 가장 적합하기 때문에 아동의 성학대 가능성을 조사할 때 조사도구로 많이 활용되는데, 이 또한 논쟁의 여지가 있다. 캘리포니아 법정에서는 이 인형을 활용하여 정보를 수집하는 것을 금지하였으며 영국과 독일 법정에서도 이 인형의 사용을 제한하였다. 이 인형을 활용하는 것을 반대하는 일차적인 이유로는 (i) 인체인형을 활용하는 데에 대한 일정한 지침서가 없고, (ii) 성적으로 학대받은 아동과 다른 학대아동이 어떻게 반응하는지에 대한 일정한 기준이 설정되어 있지 않으며, (iii) 이 인형은 본질상 성적으로 매우 지시적이며, (iv) 이 인형의 사용은 주도적이며 지시적인 질문을 하도록 하기 때문이라는 것이다.[14)]

따라서 이와 같은 문제점에 대해 보우트와 에버슨(Boat & Everson) 같은 학자들은 일정한 지침서를 기초로 하여 활용목적을 명확히 할 수 있어야 한다고 주장한다. 즉 아동을 안심시키기 위해 사용하거나, 실마리를 찾아내기 위해 활용하거나, 또는 인체적 모델로 활용하거나, 그 당시 상황을 재연하기 위해 사용하거나, 또는 사정도구로 활용하고자 하는 경우에만 사용하는 것을 제안하고 있다. 이런 경우라 하더라도 전문적으로 훈련받은 전문가가 인형을 사용하였을 때는 유용한 도구라는 데는 일치하지만 그 사용문제는 계속 논란이 되고 있다.

---

14) 알란켐프 저 / 이화여자대학교 사회사업연구회 역, 앞의 책, 223쪽.

3. 노인학대에 대한 조사

(1) 조사시의 유의점

우리는 노인이 무능력하여 자신을 보호하기 위한 의사표시도 제대로 할 수 없을 것으로 오인하는 경우가 많은데 이것은 사실과 다를 수 있다. 조사자는 노인은 의사표시도 제대로 하지 못한다고 잘못 추측하여 이들의 진술을 경시하고 수사를 진행하는 경우가 종종 있다. 그러나 노인에게도 자신의 학대사건에 대해 진술할 권리가 있으므로 그들의 진술을 최대한 성의껏 받아야한다. 노인 사이에서도 배우자 간의 학대가 존재한다는 것은 앞서 언급하였다. 배우자 간 학대에서의 가해자는 남자와 여자가 거의 비슷하기 때문에 이들을 조사할 때는 선입견 없이 아주 객관적으로 조사하여 진정한 피해자의 보호에 주안점을 두어야 한다. 노인은 특히 자식으로부터의 경제적 착취에 취약한 것으로 판명되었기 때문에 노인이 알면서 재산을 처분했는지 아니면 속아서 그랬는지를 판단하는 데 있어서 세심한 주의가 요구된다.

(2) 면접조사의 방법

노인피해자를 조사할 때는 노인의 권위를 세워주는 것이 중요하다. 면접조사자는 노인의 허락을 받기 전에 기록부터 하는 것을 자제하고 어디에 앉을지를 물어보는 것과 같은 최대한의 배려를 해줌으로써 노인의 권위를 세워주어야 한다. 상대에게 존칭을 써서 존경심을 보여주는 것도 피해노인과 조사자 사이에 친밀감을 형성하게 되어 조사하는 데에 크게 도움이 되기 때문에 노인의 품위를 유지시키도록 노력해야 한다. 또한 면접조사자는 조사를 천천히 해야 하며 노인이 쉽게 이해할 수 있는 언어를 사용해야 한다. 그렇다고 노인에게 선심을 쓰듯이 은혜를 베풀어서는 안 된다.[15)]

노인에 대한 면접조사를 위해 다음과 같은 가이드라인이 제시된다.

---

15) D. K. Gosselin, *Ibid.*, p. 214.

① 조사자는 노인보호기관의 직원이나 민원조사자와 협조하여 노인에 대한 조사가 여러 번 중복되지 않도록 해야 한다.

② 필요한 경우에는 간호사나 건강관리자와 함께 인터뷰를 하는 것도 조사에 도움이 될 수 있다.

③ 조사자는 조사받는 사람과의 유대관계를 확립하기 위해 노력해야 한다.

④ 가능한 경우에는 오디오나 비디오로 녹화하여야 한다.

⑤ 조사자는 모든 관계인 사이의 기밀성을 존중해주어야 한다.

⑥ 진술을 공모하거나 사전에 입을 맞추는 것을 방지하기 위해 가해자를 포함한 모든 관계인에게 사건에 관한 정보를 누설하지 않아야 한다.

⑦ 조사자는 일반적인 질문을 하여야 하고 특정한 대답을 유도하는 질문은 피해야 한다.

⑧ 조사자는 모든 목격자에게 사건과 관련된 정보를 가지고 있는 다른 사람이 있는지와 그가 어떻게 정보를 갖게 되었는지를 물어보아야 한다.

제3장 가정폭력특례법의 실효성 확보

Domestic Violence 가정폭력

제1절 응급조치의 개선

1. 경찰훈방권(중재조치)

경찰의 가정폭력에 대한 대응방법으로 이제까지는 형사사법적 조치 이외에 훈방조치(중재)가 많은 부분을 차지해 온 것도 사실이다. 가정폭력사건에 일차적으로 대응하게 되는 일선 파출소의 경찰관들은 경미한 가정폭력사건에 대해서는 일반 형사사건과 달리 피해정도가 경미하고 피해자의 처벌의사가 없는 경우, 가정의 평화를 감안하여 서로 화해하도록 중재하고 사건처리를 자제하는 경우가 많았다.

그 이유는 당해 사건이 비교적 경미하고 피해자가 굳이 처벌을 원하지 않음에도 불구하고, 공갈죄·손괴죄 등과 같이 친고죄나 반의사불벌죄에 해당하지 않는다고 해서 경찰이 신고받은 사건 전부를 형사입건할 경우에는 오히려 역효과가 있을 수 있기 때문이다. 실제로도 피해자는 경찰이 출동하여 사태를 진정시키고 이후의 폭력의 재발을 막기 위한 경고 정도의 조치만 할 것으로 생각하고 신고를 하였는데도 사법처리하고 그로 인한 벌금 등의 재산적 손해까지 입었다고 말하면서 신고한 것을 후회하는 경우도 있다. 또한 부부 간의 사소한 말다툼 정도의 경미한 사안을 형사입건함으로써(물론 입건 후 검사의 기소유예나 가정보호사건처리로 보호처분받는 것은 별론으로 하고) 부부관계가 오히려 심각한 국면으로 비화하여 가정의 파탄을 불러올 수도 있다.

경찰의 이 같은 태도에 대해서는 심히 위험하다는 일부의 비판이 있다. 한국여성의전화연합에서 조사한 결과에 따르면, 경찰의 가정폭력사건처리에 대한 불만내용 중 가장 큰 비중을 차지하는 것이 '출동하였으나 사건처리가 미흡함'이고 그 다음이 '가해자를 즉시 훈방함'으로 나타났다.[16] 경찰관이 가해자를 현장에서 또는 체포한 후에 다시 훈방하는 경우에는 가해자는 더욱 자신감에 차 피해자에게 이전보다 더 심한 폭력을 사용하거나 폭력을 사용하지는 않더라도 위협한다고 지적하고 있다.

이와 같은 부작용 외에도 경찰의 훈방조치는 법률상 아무런 근거가 없는 것으로서 가해자에 대한 훈방조치는 가정폭력특례법의 취지를 정면으로 훼손하기 때문에 이에 대한 제재 등 내부통제가 필요하다고 지적하는 견해도 있다.[17]

그러나 경찰훈방권에 대한 법적 근거가 전혀 없는 것은 아니다. 경찰청에서는 경찰훈방권의 법적 근거를 '즉결심판에관한절차법'에서 구하고 있다. 동법 제19조(형사소송법의 준용)에 의해 즉결심판절차상 청구권자인 경찰서장에게 형사소송법 제247조 제1항(기소편의주의)도 적용되므로 경찰서장은 즉결심판청구권 행사와 관련하여 불기소하고 훈계방면할 수 있다고 한다.[18] 대법원 판례도 사법경찰관리가 경미한 범죄혐의사실을 검사에게 인지보고 하지 않고 훈방한 경우에 직무유기가 성립되지 않는다고 판시함으

---

16) 정춘숙, "가정폭력사건처리불만신고센터에 나타난 가정폭력방지법의 현황", 19쪽.

17) 이찬진, "가정폭력방지법 운영실태 및 개정방향", 가정폭력방지법 그 평가 및 대안(가정폭력방지법 시행 1주년 기념토론회 자료집), 한국여성의전화연합, 1999. 39쪽.

18) 경찰청, 경찰법령질의회시집, 제7집, 2000.6, 114쪽 참조.

로써 경찰훈방권을 인정하고 있다.[19)]

이론적인 근거로는 경미범죄의 비범죄화 방안으로, '경미성의 원칙' 또는 '현저성의 원칙'을 들 수 있다. 이 원칙에 의하면 어떤 행위로 인한 법익침해의 정도가 경미하거나 현저하지 아니하면 구성요건이 실현되었다고 할 수 없기 때문에 구성요건에서 제외시켜야 한다는 내용으로서, 경미범죄에 대한 현행법상의 축소해석을 하나의 방안으로 제시하고 있다.[20)] 이처럼 대상행위의 '경미성'을 기준으로 한(경미성의 원칙을 부정하는 입장에서 보면, 수사개시에 관한 수사비례의 원칙에 입각하여) 경미범죄의 비범죄화라는 형사정책적 견지에서도 가정폭력사건에 있어서의 경미한 폭력행위는 범죄로 처리하지 않는 것이 옳다고 생각된다.

또한 훈방조치에 대한 피해자들의 불만이 있다고 해서 경찰의 훈방조치 자체가 실효성이 없다든지 인권침해적이라고 말할 수는 없다.[21)] 흔히 경찰권의 발동은 경찰소극목적의 원칙에 의거하여 단속이나 규제라는 소극목적에만 국한하여 업무영역을 제한해야 하는 것으로 이해한 결과, 경미한 가정폭력사건에 있어서 경찰이 실질적인 피해자와 가정의 보호를 위해 중재를 통한 훈방조치를 취하는 것이 경찰권의 한계를 일탈한 위법적 작용으로 생

---

19) 대법원판례는 경찰훈방권의 근거를 형사소송법 제196조(사법경찰관리)에서 찾고 있다. 동법 동조 제1항에서 "사법경찰관은 검사의 지휘를 받아 수사를 하여야 한다"라고 규정하고 있는 바, 판례는 이 조항을 검사의 지휘를 받을 의무를 규정한 것이지 모든 범죄의 수사의무를 규정하는 것은 아니라는 취지 아래, 사법경찰관은 범죄의 혐의가 있으면 그 어떠한 경우를 막론하고 반드시 검사에게 범죄 인지보고를 하여 그 지휘를 받아 수사를 하여야 하는 것은 아니다라고 한다.
- 1982. 6. 8 대판 82도117 : 사법경찰관리가 경미한 범죄혐의사실을 검사에게 인지보고 하지 않고 훈방한 경우와 직무유기죄의 성부(소극): 사법경찰관리는 일체의 모든 범죄혐의에 관하여 검사에게 인지보고하고 그 지휘에 따라 수사를 할 따름이며 피의자에 대한 기소 불기소 등 처분은 오직 검사만이 할 수 있고 사법경찰관리에게는 입건 수사하거나 또는 형사사건으로 입건하지 아니하고 훈계방면 하는 등에 관하여 아무 재량권도 없다는 취지의 소론 논지는 독자적 견해로서 채용할 수 없으므로 상고논지는 그 이유 없다: 김형훈, "경찰훈방", 경찰학연구, 제2호, 2002, 189~192쪽.

20) 임웅, 형법총론, 법문사, 2002, 183쪽 ; 임웅, 비범죄화의 이론, 법문사, 1999, 48~49쪽.

21) 서거석 / 김운회, "가정폭력에 대한 경찰의 대응실태와 문제점", 형사정책, 제14권 제1호, 한국형사정책학회, 2002, 90쪽.

각할 수 있다. 하지만 오늘날과 같이 행정의 국민에 대한 무한봉사를 요구하는 시대에는 경찰작용을 단지 공공의 안녕과 질서를 유지하기 위해서 위해를 예방하거나 제거하는 수준의 소극목적의 범위로 국한할 것이 아니라 사회공공의 복리증진을 위하는 것도 아울러 포함해야 한다고 본다.[22] 이런 관점에서 경찰소극목적의 원칙을 경찰권의 한계로 보는 것에 대해서 의문을 제기하기도 한다.[23]

이와 같은 경찰권의 확대의 필요성은 소방서의 119구급업무에서도 여실히 나타나고 있다. 본래 소방서의 고유업무는 화재발생시의 화재진화이고 화재 외의 일반적인 구급업무는 소방서의 고유업무 영역이 아니었으나 국민에 대한 봉사차원에서 도입된 것인데도 호평을 받고 있는 것을 보면 잘 알 수 있다.

앞에서 지적한 피해자들의 불만에 대해서는 경찰의 훈방조치 자체의 문제라기보다는 운용상의 잘못에서 비롯된 것으로 이에 대한 전문적인 교육을 통해 개선이 가능할 것이다. 따라서 경미한 가정폭력에 대한 경찰의 훈방조치는 법규에 근거하는 것으로서 경미범죄의 비범죄화라는 형사정책에도 부합되기 때문에 바람직하다고 생각된다. 그리고 이렇게 함으로써 불필요한 소송절차 등을 생략하여 행정능률도 향상시키고 가정폭력의 문제해결에도 기여할 수 있을 것으로 판단된다.

2. 격리조치

중재를 할 수 없는 폭력적 상황에서 가장 시급한 것은 가해자와 피해자를 즉각 격리시키는 조치이다. 가정폭력특례법은 경찰이 응급조치에 이어지는

22) 오늘날 행정실태에 있어서는 종래 경찰의 단속행정으로 여겨지던 것 중에서 소극적인 질서유지행정작용과 적극적인 복리행정작용과의 구별이 불명확한 경우가 적지 않다. 위법건축의 규제, 재해방지를 위한 토지이용의 규제, 공해의 규제, 위생관계법에 의한 규제와 강제 등은 오늘날의 관념으로 볼 때에 생활환경의 유지와 향상, 피해자의 보호와 같은 적극적인 복리목적도 아울러 포함하고 있는 것으로 생각된다 : 박윤흔, 앞의 책, 327쪽.

23) 윤세창 / 이호승, 행정법(하), 박영사, 1994, 142쪽.

후속조치에 대해 어느 한 가지도 자율적으로 할 수 없게 되어 있다. 경찰은 피해자를 보호시설이나 의료시설에 인도할 수는 있어도 즉각적으로 가해자에 대한 격리조치를 할 수는 없다. 현행법 아래에서는 동법 제5조의 응급조치 이외에 추가적인 조치가 필요하다고 인정될 경우에는, 동법 제29조의 임시조치를 검사에게 신청하고 다시 검사가 법원에 임시조치를 청구하도록 규정하고 있어서 그 구조가 매우 복잡하게 되어 있다. 그러나 경찰이 개입하여 가해자를 퇴거·격리시키고 일시적으로 접근을 금지시키는 조치들은 즉각적으로 이루어져야 실효성이 있으며, 또한 신체의 자유를 과도하게 제한하는 것도 아니기 때문에 경찰이 이러한 조치를 직접 취한다고 하여 헌법위반이라고 할 수는 없다고 생각된다.[24] 실제로 여성단체와 여러 가정폭력상담소는 폭력현장에서의 효과적인 대응을 위해서는 경찰관에게 수사의 특례, 즉 현장에서의 중재, 격리조치, 퇴거명령, 접근금지명령 등의 이른바 '긴급임시조치권'을 부여할 필요가 있다고 주장한다. 이 같은 점을 고려하여 앞으로 법 개정시 경찰이 초기에 개입할 때 가해자에게 필요한 격리조치 등의 적절한 조치를 취할 수 있는 권한을 부여하는 것이 필요하리라고 본다.

3. 체포조치

체포조치는 가정폭력에 대한 경찰의 응급조치 중에서 가장 강력한 효과가 있는 수단이다. 경찰의 가해자 체포는 폭력행위를 범죄로 간주하는 공식적 사회통제의 적용이기 때문에 직접적으로는 신체적 자유가 제한되는 고통이 따르고 간접적으로는 범죄자라는 낙인을 받게 됨으로써 사회적인 손상을 입게 된다. 누구나 경찰에 체포되면 일단 범죄자라는 낙인이 찍혀 수

24) 헌법 제12조 제3항은 '체포·구속·압수·수색을 할 때에는 적법한 절차에 따라 검사의 신청에 의하여 법관이 발부한 영장을 제시하여야 한다'고 하는데, 퇴거나 접근금지조치가 체포 등에 해당한다고 할 수 없다. 또한 제14조의 거주이전의 자유를 일정부분 침해하는 것으로 보여지지만, 이 자유는 질서유지를 위해 필요한 한도 내에서 제한될 수 있으며 그 침해에 대하여는 법관의 영장 등 법관의 조치를 반드시 요하는 것은 아니다: 한인섭, "가정폭력법의 법적 구조와 정책지향에 대한 검토", 308쪽.

치심이 생기게 되는데, 이러한 개인적인 수치심이 가정폭력에 대한 수단으로서의 체포의 가장 중요한 요소이며 체포의 범죄예방 효과에 가장 크게 영향을 끼친다.[25] 하지만 체포가 가정폭력에 대한 가장 강력한 수단임에도 불구하고 폭력현장에서 즉각적으로 실행할 수 없다는 점이 문제이다.

한국가정법률상담소에서 332명의 피해여성을 대상으로 가정폭력방지법안에 포함되기를 원하는 내용을 분석한 결과를 보면, 응답자 중 가해자에 대한 20년 이상의 장기구속이 22.8%, 처벌강화가 12.3%이었고 경찰의 적극적 개입이 21.9%로 나타났다.[26] 이와 같은 조사결과에서 나타난 것처럼 가정폭력에 대한 사회 전반의 관심이 강력한 법집행을 주문하고 있음에도 현실은 이러한 국민의 요구를 따라가지 못하고 있다.

우리보다 가정폭력문제에 먼저 관심을 가져 온 미국의 경우에는 미니애폴리스(Minneapolis) 경찰실험 결과 체포가 2차적인 폭력을 예방하는 가장 효과적인 대안이라고 보고[27] 대부분의 주에서 가정폭력이 있을 때는 반드시 가해자를 체포하도록 하는 의무적 체포제도를 채택하였다. 그 후 체포제도의 효과에 대한 의문이 제기되어 5번의 반복적인 실험이 이루어졌으나 일치된 결론을 얻지는 못했다. 미니애폴리스 경찰실험의 설계자인 셔먼(Larry Sherman)은 후속연구를 통해 의무적 체포가 기혼취업자 등의 특정집단을 제외하고는 가정폭력에 대한 예방효과가 없다고 하였다. 특히 미혼실업자나 빈민가의 사람들에게는 체포가 장기적으로 폭력을 증가시키는 역효과를 야기시킨다고 주장하였다.[28]

---

25) R. J. Gelles, "Constraints Against Family Violence", p. 581.

26) 양정자 / 안정희, "한국가정법률상담소 창구를 통해 본 가정폭력 실태조사", 가정폭력 그 실상과 대책, 한국가정법률상담소, 1996. 81쪽.

27) 이 미니애폴리스 실험에서는 경미한 가정폭력 사건에 대하여 세 가지 조치(체포, 격리, 중재) 중의 하나를 취하였다. 이 실험에서는 무엇보다도 체포가 가정폭력의 재발을 방지하는 것으로 보고되었다. 특히 가해자를 체포한 경우는 10%, 격리시킨 경우는 24%, 경찰의 중재를 받은 경우는 19%가 재범을 한 것으로 나타났다: R. J. Gelles, Intimate Violence in Families, Sage Publication, 1997. p. 157 참조.

28) E. Stark, "Mandatory Arrest of Batterers: A Reply to Its Critics", American Behavioral Scientist, Vol. 36, No. 5, 1993, p. 659.

반면에 스타크(Evan Stark)는 가정폭력의 특성을 감안할 때 의무적 체포법이 가장 효과적인 개입수단이라고 주장한다. 그는 체포와 적극적인 기소, 구속이라는 일련의 결합된 조치가 이를 채택한 많은 도시에서 폭력을 감소시켰다고 주장하였다. 이처럼 체포의 효과에 대한 학자 간의 견해가 엇갈리고는 있지만 이것이 체포의 폭력에 대한 예방효과를 부정하는 것은 아니다.[29]

우리의 경우는 미국처럼 체포영장 없이 가해자를 체포할 수 없기 때문에 현장에서 제때에 즉각적으로 가해자를 체포하거나 격리조치를 할 수 없어 효율적으로 대처하는 데에 한계가 있을 수밖에 없다. 따라서 가정폭력에 대한 응급조치의 실효를 거두기 위해서는 경찰에게 일정 범위의 재량권을 부여할 필요가 있다. 일반적으로 초동수사 단계의 급박한 상황 아래에서는 검사를 거쳐 영장을 발부받을 만한 시간적 여유가 없기 때문에 경찰이 판사에게 직접 체포영장을 청구하는 것이 바람직할 것이다. 그래야만 가정폭력과 같은 급박한 상황에서 신속하고 효율적인 대응이 가능할 것으로 생각된다. 이것은 가정폭력사건뿐만 아니라 모든 일반 형사사건에서도 마찬가지이다. 경찰의 체포영장 청구와 관련하여 외국의 경우와 비교해 본다면, 사법경찰관이 체포영장을 판사에게 직접 청구하지 못하고 반드시 검사에게 승인을 받거나 검사가 청구하도록 하는 나라는 선진국에서는 거의 그 예를 찾을 수 없다고 말한다.[30]

또한 현행 체포제도가 영장을 발부받기까지 상당한 시간이 걸리는 관계로 문제해결에 있어서 실효성이 떨어지는 것 외에도, 영장을 발부받는 절차가 번거롭고 요건이 까다롭기 때문에 경찰이 체포영장의 신청을 꺼리고 있는 점도 문제이다.[31] 이와 같은 문제를 해결하기 위해서도 모든 사건을 검사가 관여하고 처리하는 방식에서 탈피하여 초동수사단계인 체포단계에서

29) 체포가 슬럼가에 거주하는 실업상태인 학대행위자의 학대를 억제하지는 못하겠지만 체포는 여전히 광범위한 다수의 학대행위자를 저지하는 효과가 있다: J. Zorza, *Ibid.*, p. 66.

30) 손동권, "현행 피의자 체포·구속제도에 관한 연구", 이형국 교수 회갑기념 논문집, 법문사, 1998, 585쪽.

31) 경찰청 범죄분석 통계에 의하면, 2000년 한해 동안 사전영장에 의한 구속자 12,280명, 현행범 체포 30,593명, 긴급체포 46,598명인 데 비해 체포영장에 의한 체포는 1,788명에 불과한 것으로 나타나 이것을 잘 보여준다: 경찰청, 범죄분석, 2001, 972쪽.

만큼은 검사의 중간개입 없이 사법경찰관이 직접 판사에게 체포영장을 청구할 수 있도록 하면 될 것이다. 이 경우 검사는 구속영장 신청단계에서 적정 여부의 검토를 통하여 관여한다면 피의자의 인권보장 측면에서도 별 무리가 없을 것으로 보인다.

제2절 임시조치와 보호처분의 개선

임시조치에 관한 규정인 동법 제29조의 격리, 접근금지 등은 경찰에게 일정 범위의 권한을 부여하여 폭력현장에서 응급조치시 직접 실행할 수 있도록 함으로써 응급조치 및 임시조치의 실효성을 높이도록 해야 한다는 것은 앞서 설명하였다. 이 외에도 몇 가지 개선해야 할 점이 있는 것으로 보인다.

먼저 임시조치의 수단 중 가해자로부터 피해자를 보호하기 위해 가장 많이 사용하게 되는 퇴거 및 접근금지의 형식이 너무 단순한 형태로 되어 있는 점도 실효성을 의심스럽게 한다. 퇴거 및 접근금지의 구체적인 형식에 관하여 동법은 단지 피해자 또는 가정구성원의 주거 또는 점유하는 방실로부터의 퇴거 등 격리, 피해자 또는 가정구성원의 주거·직장 등에서 100미터 이내의 접근금지라는 단순한 표현을 사용하고 있으나, 실제로 가정폭력의 정도, 종류와 빈도 그리고 가정구성원의 형편에 따라서 다양한 형태의 주문을 낼 필요가 있다. 예를 들면, 달리 거처할 곳이 마땅치 않은 가해자인 경우에는 주간에는 거주지 전체에서의 퇴거를 명하더라도 야간에는 거주지 자체의 출입은 허용하되 거주지 중 피해자나 가정구성원이 있는 방실 등 일정 범위의 출입만을 금하고 나머지 부분에 대하여는 출입을 허용하는 방법도 가능할 것이다. 그리고 퇴거만을 명하면 가해자가 피해자의 주변을 맴돌면서 괴롭힐 가능성이 있기 때문에 퇴거와 접근금지는 거의 대부분 병과하는 것이 그 실효성 확보를 위하여 필요할 것이다.[32]

또한 임시조치를 위반한 경우에 대한 처벌규정이 없어서 임시조치 규정이 유명무실화할 우려가 있다. 이에 대해서는 보호처분의 위반과 같은 직접적인 벌칙규정을 두는 것이 바람직하다.[33] 호주에서는 가정폭력에 대한 법원명령을 위반한 경우에는 경찰이 영장 없이 현장에서 체포할 수 있도록 하고 있다. 미국 매사츄세츠주의 경우 법원의 접근금지명령에 위반하는 행위는 형사범죄로서 5,000달러의 벌금형에 처하거나 최고 2년 6월의 구금형에 처하도록 되어 있다.

보호처분과 관련해서는 가해자에 대한 적절한 처우선택과 보호처분 불이행에 대한 대책이 문제가 된다. 앞에서 설명했던 것처럼 동법의 보호처분은 가정의 보호를 위한다는 취지에서 소년범이나 일반 형사범에 비해서 상대적으로 경미한 처벌을 받는 것으로 되어 있어 형평성에 어긋난다고 할 수 있다. 이에 대해서는 입법적으로 가해자의 자기책임성에 입각하여 적절한 제재를 가하는 방법을 개발해야 되겠지만, 현행법의 체계에서는 가해자에 대한 처우선택이 전적으로 판사의 자유재량에 맡겨져 있기 때문에 판사가 폭력행위의 경중, 사회방위적 배려 등 복합적인 요소가 가미된 종합적인 판단을 하여 동법의 목적이 달성될 수 있도록 적절한 보호처분을 하여야 한다.[34] 적정한 처우선택을 하기 위해서는 폭력행위의 동기, 경위 및 내용 등 전말과 가해자와 피해자 등 가정구성원의 나이, 성격, 직업 및 가정환경 등 요보호성에 관한 사실의 파악이 제대로 이루어져야 한다. 여기에 제40조의

32) 금덕희, "가정폭력범죄의 처벌 등에 관한 특례법상의 임시조치와 보호처분에 관하여", 인천법조, 제5집, 2000년, 103~104쪽.

33) 유엔인권위의 가정폭력모델입법에는 가해자가 일방적으로 임시적 제한조치를 위반한 경우에는 법원모독죄로 기소되거나 벌금형을 받거나 자유형을 선고받을 수 있도록 규정을 만들어야 한다고 권고한다: 법무부, 유엔여성인권관련보고서, 2000, 179쪽(UN Commission on Human Rights, A Framework for Model Legislation on Domestic Violence, E/ CN.4/ 1996/ 53/Add.2).

34) 안영길, 앞의 논문, 19쪽.

보호처분을 병과하는 혼합형 양형체계를 적극 활용한다면 적절한 처우를 탄력적으로 선택할 수 있고 책임문제를 회피하지 않으면서도 가해자에게 보호처분을 이행하도록 강제할 수 있다고 생각된다.[35]

또한 동법에는 가해자에 대한 수용업무에 관한 별도의 규정을 두고 있지 않음으로써 제6호의 감호위탁처분 규정이 사실상 사문화되어 있다. 보호시설에의 감호위탁처분은 유일하게 가해자의 거주·이전의 자유를 제한하는 시설내 처우라는 점에서 가장 무거운 내용의 보호처분이라 할 수 있다. 따라서 수강명령이나 상담위탁처분을 불이행하는 경우에 보호시설로의 감호위탁처분으로 변경결정하고 이것을 사전에 가해자에게 경고한다면 나머지 임시조치나 보호처분의 실효성을 담보해 주는 충분한 역할을 할 수 있다고 본다. 이를 위해서는 대폭적인 보호시설의 증설이 필요할 것이다. 이 외에 치료위탁이나 상담위탁 등의 보호처분이 현실적으로 수행될 수 있도록 하기 위해서도 필요한 예산과 관리인력의 확충이 이루어져야 할 것이다.

---

35) 김은경, 앞의 논문, 250쪽.

가정폭력 Domestic Violence

제14장 가정폭력 예방활동의 강화

제1절 폭력적 사회문화의 개선

가정폭력에 대한 특별법이 제정되었음에도 불구하고 가정폭력이 점점 심각해지고 있는 현실에 비추어 볼 때 법을 통한 공권력의 개입만으로는 이것을 감소시키는 데 한계가 있는 것으로 보인다. 특히 남성위주의 권위주의적 가부장제도가 뿌리 깊은 우리 사회에서는 더욱 그럴 수밖에 없다. 가정폭력의 원인은 대부분의 경우에 폭력을 사용하는 사람에게 있는 것이지만 이러한 폭력행위가 지속되는 것은 우리 사회에 폭력을 묵인하고 허용하는 사회문화가 보편화되어 있기 때문이기도 하다. 폭력을 묵인하고 허용하는 분위기와 여성을 경시하는 성차별관념이 사회 전반에 퍼져 있을 때, 개인은 사회화과정을 통해 여성에 대한 폭력적 태도를 자연스럽게 형성하게 되고 또 그러한 행동을 표출하기 쉽다. 그리고 폭력을 행하고도 이것이 사법적으로 처벌받아야 되는 범죄행위라는 것을 망각하기 쉽고 어느 면에서는 당연한 것으로 받아들일 수 있다. 따라서 폭력에 대해 사회가 침묵으로 일관하는 것은 이들 폭력을 용인하고 더 나아가서는 조장하는 결과가 되는 것이다.

가정폭력의 피해자를 보호하고 폭력을 예방하기 위해서는 일차적으로 가정폭력을 허용하거나 관용하는 사회문화적 규범과 함께 이러한 규범에 기여하는 제반 사회문화적 규범들이 개선되어야 한다.[36] 이를 위해서는 폭력에 대한 가치와 규범, 가부장적 이데올로기, 남녀 간의 성역할 등에 있어서 폭력을 자랑스럽게 생각하는 사회적 가치관이나 남녀차별적인 요인들을 개선해야 한다.

먼저 성역할에서의 남녀차별의식을 없애는 것이 무엇보다 중요하다. 어릴 때부터 '남자아이는 공격적이고 권위적이어야 하고 여자아이는 수동적이고 복종적이어야 한다'라는 그릇된 성역할에 관한 교육을 시키다보면 이는 성역할을 정형화시키게 되고 이러한 성역할의 정형화는 곧 성적 불평등을 초래하게 된다. 더 나아가 남녀역할의 차이를 강조하는 잘못된 교육이 여성에 대한 폭력의 토양을 마련해 주는 것이다. 또한 가정이나 학교에서 체벌이나 훈육이란 이름으로 폭력을 사용하고 이를 정당한 것으로 여기는 분위기도 개선되어야 할 것이다. 지금도 많은 아이가 집이나 학교에서 잘못에 대한 훈계차원에서 여러 형태의 신체적 체벌을 받고 있는데, 이러한 행태의 근저에는 잘못된 행동을 통제하기 위해서 폭력을 사용해야 된다는 의식이 깔려있는 것이다. 그러므로 어린이에 대한 구타는 물론이거니와 잘못에 대한 체벌도 폭력을 학습하는 기회가 될 것이기 때문에 지양해야 한다.

남성과 여성 간에 취업의 기회와 임금에 있어서 차별과 불평등이 여전히 존재하고 있으며 장애인과 사회적 약자에 대한 차별 또한 존재하고 있다. 이러한 것도 가정폭력을 유발할 수 있는 요인이 되므로 사회적 차원에서 해소하는 것이 필요하다. 사회학자들은 빈곤이나 실업과 함께 차별, 불평등 같은 사회문제가 가정폭력문제를 악화시킨다고 믿고 있다. 또한 오늘날과 같은 핵가족 시대에 전통적인 가족구조가 더 이상 존재하지 않는 것도 가정폭력을 심화시키는 요인이라고 지적한다. 부모와 자녀가 한 집에서 거주하는 전통적인 가족형태는 개인이 사회적 고립에 처하지 않도록 도와주고 가정 내에서 폭력이 발생하더라도 어느 정도 진정시켜준다고 한다. 이와 같

36) R. J. Gelles, Family Violence, 2nd, edition, Sage Publication, 1989, pp. 16~20.

은 것을 볼 때 우리 사회 구석구석에 녹아있는 남녀 간, 계층 간, 세대 간의 차별과 불평등 같은 갈등요인들을 해소하도록 노력하는 것도 가정폭력이 발생할 수 있는 토양을 제거하는 것이다.

이 외에도 매스컴에서 연예계나 특정 스포츠의 폭력을 용인 내지 미화하는 것도 문제라고 비판하고 있다. 매스컴은 일반적으로 폭력을 조장하는 것으로 여겨지고 있는데, 그것은 영화, 텔레비전, 언론매체 등에서 유명연예인이나 운동선수의 과도한 폭력장면을 투사함으로써 폭력을 미화하고 있으며 시청자들로 하여금 폭력에 대해 둔감하게 만드는 결과를 초래하기 때문이다. 또한 매스컴이 남녀 성역할의 정형화를 유지시키는 역할을 하면서도 좀 더 조화로운 남녀관계를 위한 필요한 가치들은 대중에게 전달하지 않는다는 점에서도 비난받는다. 하지만 반면에 매스컴이 현대 통신수단으로서 가정폭력의 심각성을 널리 전파하고 이에 대한 교육 및 예방 프로그램을 위한 기금조성이나 형사사법제도와 공공정책의 개선을 위해 긍정적인 역할을 하는 것도 사실이다. 따라서 매스컴의 폭력성을 줄이는 것도 중요한 일이지만 매스컴의 또다른 이점을 이용하여 남녀평등의식을 고취시키고 가정폭력에 대한 대중의 인식이 새롭게 될 수 있도록 적극적으로 홍보를 펼치는 것도 필요하다.

제2절 지역사회 공동체의 역할 강화

1. 지역사회 공동체의 개입

최근에 들어와 우리나라뿐만 아니라 세계 여러 나라에서 경찰을 비롯한 여러 정부기관이 가정폭력문제에 적극적으로 개입하고 있지만, 여전히 이들 폭력은 감소하지 않고 계속 발생하고 있다. 피해자는 여전히 학대를 당하고도 신고를 기피하고 있으며 많은 경찰관은 애써 무관심하고 소극적으로 대응하고 있다. 가해자는 비록 체포되더라도 처벌받지 않고 곧바로 풀려나와 다시 폭력을 휘두르는 일이 많으며 범죄가 몸에 배었기 때문에 재활프로그램은 아무 효용이 없다. 그 결과 가해자는 아무런 죄책감도 느끼지 않은 채 계속 피해자를 학대하고 피해자는 고통 속에서 살고 있다.

이처럼 가정폭력에 대한 공적 기관의 개입과 통제에도 한계가 있는 것이 드러난 만큼 지역사회 공동체에서 가정폭력문제에 대한 새로운 해법을 찾아볼 필요가 있다. 그 예로 뉴질랜드 원주민인 마오리족 사회에서 전통적으로 행해지고 있는 공동체회의를 들 수 있다.

호주 서부지역의 범죄연구센터에서 가정폭력을 경험한 원주민을 중심으로 조사한 프로젝트에 따르면, 가정폭력에 대한 이해 여부에 따라 이에 대한 인식과 대응방안에 차이가 발생한다. 즉 이 프로젝트는 가정폭력에 대한 대응전략으로서 가정폭력을 범죄로 다루는 것에는 반대하고 단순한 가족 사이의 폭력문제로 보고 이에 초점을 두고 있다. 또한 이 프로젝트는 전적으로 페미니스트적인 관점에만 의존하지는 않으며 친밀관계에 있어서의 폭력에 대한 설명도 부족하다. 이 프로젝트는 식민지의 영향, 가족의 해체, 외상 후 충격, 알코올중독에 큰 무게를 두고 있으며 남성에 의한 폭력이 가부장적 권력과 관련되어 있기보다는 남성으로서의 지위, 자긍심, 가치상실에 대한 보상의 차원에서 이루어지는 것으로 보고 있다.[37)]

이 이론은 여권운동가들이 보기에는 문제가 있기는 하지만, 호주 내에서 일어나고 있는 가정회복이라는 추세와는 일치하는 부분도 있다. 이 프로젝트는 피해자와 가해자, 그리고 사회공동체를 한 데 모아 중재를 통하여 갈등을 인지하고 협상을 통해 문제를 해결하는 데에 초점을 두기 때문에 공적인 형사사법체계와는 빗겨가는 측면이 있다. 하지만 이와 같은 공

37) S. Pickering, Domestic Violence : A Global View, Greenwood Press, 2002, p. 7.

동체회의 전략은 여성의 신고기피로 인해 처벌받지 않는 남성의 문제를 해결하는 데 실패한 지금의 형사사법제도의 문제점을 지적하는 장을 개척하였다.

범죄에 대한 통제력은 가해자에 대한 형사처벌보다 수치심이 더욱 큰 효력이 있다. 가해자가 속해 있는 지역공동체가 폭력행위에 대한 관심을 가지는 것이야말로 가해자에게 가장 강력한 수치가 될 것이다. 더 나아가 지역공동체가 나서서 가해자와 피해자를 중재하고 갈등과 폭력의 원인이 되는 근본적인 문제들을 해결하도록 도와준다면 이는 가해자에게 수치심을 주어 범행을 억제하도록 하는 효과 이외에 폭력유발요인을 사전에 해소함으로써 폭력이 재발되는 것을 막을 수 있다. 이처럼 가정폭력에 대한 지역공동체의 관심과 문제해결을 위한 노력은 공적 기관이 할 수 없는 기능을 일정부분 수행하기 때문에 상당히 효과적일 것으로 보인다.

2. 관련기관의 상호 연계

가정폭력에 대한 지역공동체의 관심과 문제해결을 위한 적절한 개입이 가정폭력의 재발을 막는 데 있어서 상당한 효과가 있는 것으로 앞에서 설명하였다. 그러나 이와 같은 공동체회의는 현실적으로 볼 때 인구가 적고 산업화가 안 된 농촌과 같은 지역에서나 가능할 뿐이지 산업화의 영향으로 개인중심적인 대도시에서는 사실상 불가능하다고 판단된다. 그래서 공동체회의와 같은 차원에서 가정폭력과 관련된 지역 내의 관련기관들 사이에 유기적인 협력체계를 유지하고 가정폭력에 대한 공동의 노력을 기울이는 것이 필요하다고 생각된다. 가정폭력은 당사자뿐만 아니라 어느 한 기관만의 노력으로 문제를 해결할 수 없는 복잡한 사회문제이기 때문에 이와 관련이 있는 모든 기관이 공동의 노력을 집중할 때만 효과가 나타날 수 있기 때문이다.

가정폭력과 관련이 있는 기관으로는 상담소, 보호시설, 병원, 종교기관, 학교, 경찰, 변호사, 법원과 검찰, 자원봉사단체 등이 있다. 이들 기관에서는 가정폭력에 대한 인식을 새롭게 하고 각각 이와 관련된 기관의 업무를 보다 관심을 가지고 적극적으로 처리해야 한다. 이와 함께 여러 기관 사이의 연계를 강화하여 가정폭력에 효율적으로 대처할 수 있는 공동의 시스템을 구축하는 것이 필요하다. 관련기관 간의 긴밀한 상호 연계는 기관 간의 경쟁과 적대감을 해소하고 공동의 협력정책과 세부적인 실천방안의 개발을 가능하게 해준다. 그 결과 피해자에게도 시의적절하고 가장 효과적인 서비스를 제공할 수 있게 된다.

이러한 기관 간의 대표적인 협력 케이스로는 다기관 합동팀(Multi-Agency Team)을 들 수 있다. 가정폭력사건의 경우에는 피해자가 적극적으로 가해자의 처벌을 요구하지 않는다는 점 외에도, 설령 피해자가 학대사실을 주장한다고 할지라도 이를 뒷받침할 만한 증거수집이 어려운 것이 문제이다. 실제로 수많은 학대사건이 일어나고 있지만 피해자가 고소하는 경우에도 증거 불충분으로 범죄를 입증할 수 없는 경우가 많다. 이에 대해서는 여러 관련기관 또는 여러 학문분야에 걸친 전문가들로 구성된 팀을 통한 접근방법이 효율적인 방법이다. 이것은 피해자보호기관, 경찰, 의료기관, 검찰과의 협력을 통해 문제를 해결하려는 최근의 시도들 중의 한 예이다. 여러 분야의 전문가들이 학대의 정확한 초상화를 그리기 위해 필요한 정보를 다양한 원천으로부터 수집할 수 있고 이러한 정보를 바탕으로 다각적인 면에서 판단할 수 있기 때문이다.

미국 매사추세츠주의 노스웨스턴 지방검찰청에 있는 합동조사팀의 예를 본다면, 이 팀의 구성은 의사, 경찰, 정신건강 전문가, 피해목격자, 검찰청직원 등으로 되어 있다. 이 팀은 한 주에 한두 시간 정도 미팅을 갖는데 사회복지부직원이 심각한 육체적·성적 학대를 받은 아동의 한 주간 명단을 가져오면 이 팀원들이 명단에 있는 사례에 대해서 토의를 한다. 팀원이 피해아동과의 인터뷰를 하고 경찰이나 검찰에서는 입건할 가치가 있다고 판단되는 경우에는 이 증거들을 통해서 인터뷰 과정을 지켜본다. 경찰은 가해자 신문을 담당하고, 의사는 피해자의 신체상태에 대한 진단을 하며, 피해자의 변호사와 정신건강 전문가는 아동의 정신건강문제에 관심을 갖고 피해아동이 재판과정을 수행할 능력이 있는지에 대해 설명을 한다. 이와 같은 팀의 통합적인 판단에 따른 조치를 통해서 실질적인 피해자보호를 위해 많은 아동학대사건이 재판에까지 이르게 하지 않고 해결되도록 하고 있다. 또한 이러한 어려운 사건의 가해자에 대한 형사소추도 팀접근법으로 증가되었다.[38]

제3절 지역사회 경찰활동의 활성화

1. 지역사회 경찰활동의 의의

가정폭력에 대해서는 경찰의 역할이 중요한 것인 만큼 이에 대한 경찰활동에 거는 기대와 관심 또한 커지고 있다. 경찰활동 중에서 최근에 부각되고 있는 것이 지역사회 경찰활동(community policing)이다. 이 이론이 본격적으로 논의되기 시작한 것은 1980년대 후반 미국에서부터이다. 근대적 경찰제도가 확립된 이래로 경찰은 법집행과 질서유지, 범죄통제의 임무를 수행해 오면서 지역사회 주민과의 관계에 대해서는 별로 관심을 기울이지 않았다. 전통적으로 경찰이 수행해 온 치안활동은 순찰차를 위주로 한 무차별적 예방순찰과 범인검거를 위한 수사활동으로 요약할 수 있는데, 이와 같은 전통적 경찰활동 아래에서는 경찰은 단지 법을 집행하고 범인을 검거하는데 치중하였다. 이에 따라 경찰조직은 공식적이고 조직내부에 초점을 두게 되며 범죄에 대해서도 근본적인 원인을 규명하여 재발을 방지하기 위해 노

38) D. K. Gosselin, *Ibid.*, p. 265.

력하기보다는 범죄자를 체포하는 데에 더욱 관심을 두고 있었다.[39]

그러나 사회가 급격히 변화함에 따라 기존의 경찰조직과 활동으로는 사회의 변화에 적절히 대응하지 못하게 되자 시민들의 불안이 높아지게 되었다. 이에 대한 개선책으로 시민참여를 통해 범죄뿐만 아니라 광범위한 사회문제의 해결을 위한 적극적이고 능동적인 새로운 접근방법을 모색하게 된 것이 지역사회 경찰활동이다.

지역사회 경찰활동의 개념은 다양한 정의와 의미를 가지고 있다. 스티팩(Stipak)은 지역사회 경찰활동에 대해 "업무협조와 개인 간의 접촉을 통해 지역사회의 안전을 위한 시민과 경찰의 공동책임을 증대시키는 관리전략"으로 정의하였다. 즉 지역사회 경찰활동이란 경찰과 시민이 상호 동등한 동반자로서 범죄의 발생, 사회적 무질서, 그리고 지역사회의 생활환경 악화와 같은 지역사회의 문제를 발견하고 해결하기 위해 함께 노력하고 이를 통해서 지역주민의 삶의 질을 향상시키는 협력관계를 조성하는 새로운 경찰활동이라 할 수 있다.[40] 지역사회 경찰활동에서는 범죄예방을 위한 활동을 중요한 문제로 취급한다. 범인의 검거도 중요하지만 예방적 차원에서 범죄의 원인이 될 수 있는 각종 문제에 대해 다양한 방법으로 접근하여 범죄의 원인을 사전에 제거하자는 것이다. 이러한 목적을 달성하기 위해서는 경찰이 단지 범죄와 싸우는 범죄투사나 법집행자로서의 직무수행에 그쳐서는 아니 되고 주민의 삶의 질을 향상시키기 위한 서비스제공자, 문제해결을 위한 사회활동가가 되어야 한다는 것이다.

가정폭력의 경우에도 전통적인 경찰활동으로는 이를 예방하고 통제하는 데에 한계를 드러낼 수밖에 없었다. 전통적 경찰활동 모델에서는 경찰은 통상적으로 신고를 받고 폭력현장에 출동하여 폭력을 제지하고 가해자를 체

---

39) H. Wallace, C. Roberson and C. Steckler, Fundamentals of Police Administration, Englewood Cliffs, NJ : Prentice Hall, 1995, pp. 275~276 : 이황우, "미국의 지역사회 경찰활동에 관한 연구", 한국공안행정학회보, 제5호, 1998, 105쪽.

40) R. Trojanowicz, V. E. Kappler, L. K. Gaines & B. Bucqueroux, Community Policing : A Contemporary Perspective, 1998, p. 3.

포함으로써 폭력을 일시적으로 막을 수는 있었다. 하지만 대부분의 가정폭력이 상습적으로 행해진다는 점을 감안한다면 이것은 미봉책에 불과하다는 것을 알 수 있다. 미네아폴리스(Minneapolis) 경찰실험에서는 가정폭력가해자에 대한 체포가 가정폭력을 줄이는 가장 효과적인 방법으로 나타났지만, 지금까지 경찰활동의 영역 밖이라고 인식하고 있었던 요소, 즉 실업, 미혼, 빈곤 등이 가정폭력의 문제해결에 있어서 중요한 역할을 한다는 사실도 드러났다. 가정폭력가해자 중 60%가 실업자이었고 80%가 지난 6개월 동안 경찰에 가정폭력으로 신고된 적이 여러 번 있었다. 이러한 사실은 실업이나 빈민구제와 같은 근본적인 문제를 치유하지 않는 이상 가정폭력범의 체포는 단기적인 효과밖에 없다는 것을 시사해준다.

따라서 지역사회 경찰활동은 가정폭력에 대한 종래의 방관자적 입장에서 벗어나 적극적으로 대처하도록 요구한다. 경찰관이 폭력적인 가정에서 중재자로 활동할 수 있도록 지식과 기술을 훈련시키고 빈민가정이나 알코올중독자가 있는 가정 등 문제성이 있는 가정을 찾아 이들에게 가능한 여러 방법으로 도움을 줄 수 있도록 한다. 예를 들어 가정폭력이 있었던 가정을 사건처리 이후에도 주기적으로 방문하여 가해자에게 경찰이 계속해서 관찰하고 있다는 것을 알게 하고, 상습적으로 폭력을 행하는 가해자를 상담기관과 연결시켜 주어 전문가로부터 상담과 치료를 받을 수 있도록 해준다. 또한 가정에서 부모의 폭력을 보고 자랐기 때문에 성인이 된 후에 다시 가정폭력의 당사자가 될 가능성이 많은 폭력가정의 청소년에게도 각별한 관심을 갖고서 선도활동을 한다.[41]

이처럼 지역사회 경찰활동은 주민을 경찰활동의 대상이 아닌 동반자로 보고 지역사회문제나 심지어는 개인의 사소한 문제까지도 서로 협력하여 해결하도록 하는 것이다. 그 결과로 주민은 경찰을 통해서 국가나 사회로부터 이용 가능한 재원을 최대한 지원받게 됨으로써 경찰에게 지지와 신뢰를 보내게 되고,[42] 경찰은 지역사회의 치안확립에 있어 튼튼한 우군을 확보하

41) 정경선, 지역사회경찰론, 경찰대학, 2000, 28~29쪽.

42) 일본국민의 경찰에 대한 신뢰는 대단히 높다. 1995년 7월 요미우리신문의 조사에 의하

게 되어 사건 발생시에 피해자나 증인의 협조를 더 잘 얻어 낼 수 있어 문제해결에 도움을 받는다. 특히 가정폭력의 경우에는 그 특성상 피해자가 신고를 하지 않고 감추려는 경향이 있으므로 다른 어느 범죄보다도 이웃 주민이나 사회단체의 협력이 긴요하다는 점에서 지역사회 경찰활동의 필요성은 더욱 크다고 할 수 있다.

2. 활성화 방안

(1) 대민봉사업무의 확대

범죄의 원인을 발견하여 범죄의 발생을 억제하는 예방경찰활동을 펼치기 위해서는 주민의 긴밀한 협조가 절대적으로 필요하기 때문에 경찰이 주민의 협조를 얻기 위해서도 사회봉사활동을 확대할 필요가 있다. 이를 위해서는 경찰조직을 점차 범죄예방과 국민의 생활안전 및 편익을 도모하는 업무들을 중심으로 재편성해야 한다. 이제는 우리 사회가 과거에 비해서 어느 정도 안정된 관계로 정보나 보안, 경비 등 시국치안업무보다는 민생치안을 위한 수사나 방범기능을 강화해야 하는 것이 이 시대의 조류이기 때문에 이러한 치안수요의 변화에 맞추어 경찰업무와 조직을 재조정해야 한다. 따라서 경찰조직에서 시국치안부문을 필요한 최소한의 범위로 축소하고, 수사나 방범분야의 조직 및 외근경찰관의 인원을 확충하여 민생치안력의 제고와 함께 대민봉사업무의 비중을 높여야 할 것이다.[43]

특히 대민봉사는 지역사회 경찰활동을 통해서 이루어지기 때문에 파출소(지구대)의 기능은 어느 경찰기능보다 중요하다. 따라서 파출소의 기능을 강화시키기 위해서는 부족한 파출소의 인력을 확충하고 효율적인 근무방법

면, "경찰을 신뢰하는가?"라는 물음에 80% 이상이 긍정적으로 답하고 있고, NHK나 교오또(京都) 대학의 조사 등에서도 "자유・권리의 수호자는 누구인가"라는 물음에 경찰이 각각 1위와 2위를 차지하고 있다: 小野正博, "地域警察の本質", 警察學論集, 第48卷 11号, 1995. 11, 17面.

43) 정경선, 앞의 책, 291쪽.

을 모색해야 한다. 이를 위해서는 우리나라의 경찰관 1인당 담당인구가 선진국가와 비교해서 여전히 높은 편임을 고려하여 경찰인력의 증원을 통해 일정 수준까지 파출소의 외근인력을 보강해야 한다.[44] 또한 지역경찰관은 지역주민과의 상호 신뢰관계 형성이 매우 중요하기 때문에 단기이동을 억제하여 최소한 한 지역에 2~3년 이상 근무하도록 함으로써 지역실정에 맞는 경찰활동과 주민과의 긴밀한 유대관계가 가능하도록 해야 한다.

일본에서는 이와 같은 경찰인력의 개선책으로 종래의 파출소를 고반(交番)으로 명칭을 변경하고 고반상담원을 제도화함으로써 고반을 생활안전센터화하였다. 고반상담원으로는 경험이 풍부하고 경찰업무에도 정통한 퇴직 경찰관이 대부분 채용되었고 이를 위해서 지방재정에도 반영하여 이들의 봉급을 지급하고 있다.[45] 우리나라도 일본의 고반상담원과 같이 퇴직경찰관으로 구성된 파출소상담원제도를 도입한다면, 파출소 인력부족의 해소와 함께 경찰신분을 떠난 퇴직경찰관이기 때문에 현직 경찰관보다 더 주민과 가까운 관계를 형성할 수 있어 가정폭력에 대한 정보를 수집하고 대민 선도활동을 하는 데 있어서도 유리할 것이다.

순찰은 지역사회의 안전을 확보하기 위한 지역경찰의 고유한 기본적인 활동으로서 경찰업무 중에서 가장 중요한 기능 중의 하나이다. 현재 우리 경찰의 순찰활동은 거의 대부분이 112차량순찰에 의존하고 있는데, 범인검거의 효율성을 높이기 위해서 도입한 이 제도가 도입 초기에 예상했던 만큼의 효과가 있는지는 의문이다. 112차량순찰은 범인의 검거에 중점을 둔 미국의 전통적인 순찰방식으로 이미 미국에서도 실패한 경찰전략이다. 미국 캔사스시의 연구결과에 따르면, 무작위 차량순찰과 범죄에 대한 신속한 대응이 효과적으로 범죄를 억제하거나 더 많은 범죄자를 체포하지는 못하

---

44) 주요국가별 경찰관 1인당 담당인구는 1992년 현재 미국 348명, 일본 343명, 영국 376명, 프랑스 268명, 이탈리아 288명, 홍콩 175명이다. 한국의 경우는 1995년 말 현재 518명이다: 경찰청, 경찰백서, 2000, 303쪽.

45) 渡部一成, "コミュニテイポリシング", 警察學論集, 第48卷 11号, 1995. 11, 66~68面: 전대양, "일본의 지역사회 경찰활동에 관한 연구", 형사정책연구, 제8권 제4호(통권 제32호), 1997, 151쪽.

였다는 결과가 나타났다.[46] 이에 지역사회와 경찰개혁론자들은 순찰이 지역사회와 보다 밀접한 관계 속에서 이루어져야 한다는 점에 공감하고 있다. 순찰경찰은 비상사태에 대응하는 앰뷸런스서비스와 같이 배치되기보다는 일상적인 업무수행 과정에서 항상 주민과 만남으로써 지역사회를 이해하고 평상시의 요청에도 대응하며 지역사회의 모든 장소에서 나타날 수 있도록 가시적이어야 한다는 것이다.[47]

따라서 순찰활동이 범죄를 예방하는 효과를 거두기 위해서는 단순한 차량순찰로서는 의미가 없고 지역주민과의 대면접촉이 가능한 도보순찰을 병행하여 실시하는 것이 바람직할 것이다. 특히 가정폭력과 같이 담장 안에 숨겨진 범죄를 발견하고 예방하기 위해서는, 비록 많은 경찰인력이 소요되겠지만 모든 이웃 가정을 도보로 방문하는 가정방문(house visits)이 효과적이라고 판단된다.[48] 경찰이 집집마다 방문하면서 방범진단을 하고 서비스를 제공하며 경찰활동에 대한 주민의 제안을 청취한다. 그러면서 때로는 거주자의 가정문제에 대해서도 정보를 수집하고 의견을 교환함으로써 가정폭력문제에 자연스럽게 접근할 수 있게 될 것이다.

(2) 시민의 참여 확대

지역사회의 범죄나 여러 문제해결을 위해서는 시민의 경찰활동에 대한 폭넓은 참여가 필요하다. 현대사회에서는 청소년비행과 가정폭력, 환경, 교통문제 등이 심각한 사회문제로 대두되고 있지만, 이제는 어느 하나라도 시

---

46) George L. Kelling et al, The Kansas City Preventive Patrol Experiment: A Summary Report(Washington, D. C.: The Police Foundation, 1974); Stephen L. Percey, "Response Time and Citizen Evaluation of Police", Police Science and Administration, 1980, pp. 75~86.

47) 최선우 역, 지역사회 경찰활동: 각국의 이슈 및 현황, 집문당, 2001, 31쪽.

48) 일본의 고반(koban)이나 싱가포르의 이웃경찰부서(NPPs)는 관할구역 내의 모든 주거지 및 사업장에 대하여 적어도 1년에 1번 이상 방문한다. 미국 산타아나 시와 노르웨이 오슬로 시에서도 지역경찰에 의해 부정기적으로 주거방문을 하고 있다. 또한 미국 디트로이트시와 휴스톤 시의 경찰도 주거방문을 해 왔는데 주민들로부터 냉대를 받을 것이라는 처음의 우려와는 달리 열렬한 환영을 받고 있다: 최선우 역, 앞의 책, 34쪽.

민의 참여와 협조 없이 경찰 자체의 능력만으로 문제를 풀어나가기는 어렵게 되었다. 1999년에 발생한 범죄 중 경찰이 수사에 착수하게 된 단서를 살펴본다면, 전체범죄의 57.1%, 형법범의 경우 67.8%가 시민의 범죄신고에 의한 것으로 나타났다.[49] 이와 같은 현실에서 알 수 있는 것처럼 앞으로의 치안정책은 과거처럼 경찰력을 내세운 국가주의보다는 민주시민의 적극적 참여와 협력을 통한 연대주의가 바람직하다고 할 수 있다.

시민단체의 활동은 경찰이 직접 개입하기 어려운 영역에서 경찰에 비하여 훨씬 효과적인 경우가 많다. 예컨대, 가정폭력피해자와의 상담을 위해서는 경찰보다 여성의전화나 가정폭력상담소가 더 안성맞춤이며 매 맞는 아내들의 피난처로서도 경찰시설보다는 쉼터와 같은 여성단체의 보호시설이 더 유용할 수 있다. 환경범죄의 예방을 위해서는 경찰관이나 환경공무원의 단속보다 환경보호단체의 활동과 감시에 의존하는 것이 더 효과적일 수 있다. 또한 비행청소년을 위한 사랑의교실, 청소년선도위원회의 청소년 고충상담 등도 시민운동과 경찰활동이 접합한 좋은 본보기가 될 것이다.[50]

외국의 경우에도 지역주민이 중심이 되어 지역 내의 범죄예방을 위한 조직을 만들어 활동하고 있다. 대표적인 것으로는 주민감시(neighborhood watch)를 들 수 있다. 주민감시활동은 일정한 지역 내에 거주하는 주민이 모임을 갖고 단체를 조직하여 의심스러운 사람이나 차량에 대한 경계를 하고 이를 경찰에 알려준다. 이들은 경찰의 눈과 귀가 되어 지역의 범죄예방에 크게 이바지하고 있다. 이와 같은 활동은 미국, 영국뿐만 아니라 일본 등에서도 광범위하고 대규모적으로 이루어지고 있다.[51] 우리도 이와 같은 주민감시프로그램을 활용한다면 가정폭력과 같이 경찰이 발견하고 접근하기 어려운 문제에 대해서 보다 쉽게 접근할 수 있을 것으로 판단된다.

---

49) 경찰청, 경찰백서, 2000, 167쪽.

50) 정경선, 앞의 책, 282쪽.

51) 이웃감시활동은 1970년대 초기에 미국에서 시작되어 현재는 세계 여러 나라에서 활발히 이루어지고 있다. 영국 내무성의 자료에 따르면, 1986년에 약 8,000여 개가 운영되고 있는 것으로 나타났고, 싱가포르에서는 1980년에서 1987년 사이에 인구의 약 절반이 이웃 감시단에 가입된 것으로 추정하고 있다 : 최선우 역, 앞의 책, 24~29쪽.

하지만 우리나라의 현실은 지역주민이 자발적으로 주민감시활동을 할 정도로 경찰활동에 적극적으로 참여하는 분위기가 성숙되어 있지 않다는 것이 문제이다. 이것은 경찰활동이 주민의 안전과 행복을 위한 것이지만 한편으로는 주민을 감시하고 통제한다는 인상을 주고 있기 때문에 경찰활동에 적극적으로 참여하는 데 주저하고 있기 때문이다. 따라서 이러한 주민과 경찰과의 간격을 좁히고 주민의 협조를 얻기 위해서는 먼저 경찰이 주민으로부터 신뢰를 쌓는 것이 무엇보다 필요하다고 생각된다. 이를 위해서는 경찰의 법집행이 공정하고 적법하게 이루어져야 한다. 경찰이 모든 단속업무와 지도활동 등의 법집행을 공정하고 적법하게 하고서 이를 주민에게 널리 홍보한다면 시간이 지남에 따라 자연스럽게 주민의 신뢰를 얻게 될 것이다. 여기에 또한 지역사회의 범죄예방과 같은 문제해결을 위해 노력하는 모습을 보일 때 주민의 자발적인 참여를 유도할 수 있을 것이다.

(3) 문제지향적 경찰활동

지금까지의 경찰활동은 주요범죄나 사회이목을 집중시키는 대형사건이나 사고에 초점을 맞추어 편협하게 행해져 왔다. 경찰의 전략은 비상사태에 신속히 대처할 수 있도록 대부분의 경찰력을 배치하고 상황이 발생했을 때 신속하게 상황을 진정시키고 범인을 체포하는 것으로 만족하였다. 이와 같이 경찰력이 개개의 사건해결에 치중함으로써 당해 사건의 조기해결은 가능하겠지만 늘 유사한 사건발생과 이에 대한 대응이 반복적으로 이루어지는 것이기 때문에 사건의 원인이 되는 문제에 대해서는 근본적인 처방을 할 수 없게 된다. 그 결과 경찰은 새로운 사건이 발생했을 때 사건을 해결하지도 못하고 또한 발생하지 않도록 사전에 예방하지도 못하게 된다. 무의식적으로 행하는 도보순찰이나 차량순찰과 같은 가시적인 순찰활동이 범죄에 어느 정도의 영향을 미치는지도 의문이다.

이와 같은 종래의 비효율적이고 낭비적인 경찰활동에 대한 새로운 전략으로서 문제지향적 접근법(Problem-Oriented Approach)이 제시되었다. 골드스타인(Herman Goldstein)은 이와 같은 경찰활동의 문제점에 대한 해결방안으로 경찰이 사건지향적이기보다는 문제지향적일 것을 제안하고 있다.[52] 경찰은 재발하는 범죄와 무질서 등 사회문제에 대해 그 원인을 근본적으로 분석해서 해결방안을 개발하고 이러한 목적을 달성하기 위하여 공공부문과 민간부문의 인적·물적 재원이 동원될 수 있도록 지원해야 한다는 것이다. 따라서 경찰활동은 비단 범죄문제뿐만 아니라 주민의 생활의 질과 관련된 다양한 문제까지도 포괄적으로 담당해야 한다고 주장한다.

골드스타인의 문제지향적 접근은 몇몇 미국 지역사회에서 시도되었는데, 그 중 문제지향적 접근이 가장 잘 이루어진 대표적인 경우는 메릴랜드주의 볼티모어 카운티경찰의 프로그램이다.[53] 볼티모어 경찰은 1982년부터 15명으로 구성된 3개의 팀을 만들어 관할구역 내에서 반복적으로 발생하는 문제점에 대한 해결방안을 찾고 있었다. 이 팀들이 발견한 문제점 가운데 하나는 관련 지역에서 주거침입절도가 매년 봄에 매우 높게 발생한다는 것이었다. 이들은 야구글러브가 가장 빈번하게 도난당한다는 사실을 발견하고 소득수준이 낮은 가정에 야구장비를 구입해 주는 프로그램을 시행했을 때 주거침입절도 비율이 현저하게 감소하였다. 또 다른 예는, 청소년들이 공원 등 공공장소에서 본드나 페인트 등 유해화학물질을 흡입하는 문제를 해결하기 위하여 지역 소매상에게 청소년이 선호하는 환각성이 높은 유해화학물질을 진열하지 않도록 권고하고 이들 유해화학물질을 남용하는 청소년을 알고 있는 경우에는 그들에게 판매하지 않도록 설득하여 좋은 성과를 거두었다.

이상에서 본 것처럼 문제지향적 경찰활동은 경찰에 대한 점증하는 사회의 요구에 부응하는 방법으로서 이미 발생한 개개의 사건에 초점을 두지 않고 사건의 근본적인 원인이 되는 지역문제에 초점을 두고 이를 해결하려는 노력이다. 이러한 것은 경찰이 사건의 원인이 될 수 있는 지역문제에 대해 폭넓게 파악할 수 있어야 되는데 이것은 주민과의 원활한 관계가 유지

52) H. Goldstein, "Improving Policing : A Problem-Oriented Approach", Journal of Crime and Delinquency (April 1979), pp. 236~258.

53) 최선우 역, 앞의 책, 51~53쪽.

될 때만이 가능하다. 주민과의 상호협력관계를 유지하기 위해서는 주민과의 공식적 모임이나 비공식 접촉을 통해서 지역주민의 관심사를 청취하고 지역문제에 관심을 기울이면 경찰과 주민 사이의 긴장을 완화하여 지역문제에 대한 정보를 폭넓게 수집할 수 있다. 경찰도 주민으로부터 정보를 얻는 데 그쳐서는 안 되고 경찰이 갖고 있는 정보, 즉 지역에서 일어난 범죄나 사건에 대한 정보를 주민에게 제공해줌으로써 주민으로 하여금 스스로가 대책을 강구할 수 있도록 해야 한다.

이렇게 수집한 정보를 통해 알게 된 지역문제에 대해 순찰활동과 같은 업무를 통해서 문제를 해결하도록 노력해야 한다. 물론 범죄를 예방하는 데는 경찰의 순찰활동이 가장 중요하지만 단순히 순찰인력을 증가시킨다고 해서 범죄가 간단하게 예방되는 것은 아니다. 그러므로 무의식적인 순찰이 아닌 목적이 있고 계획적인 순찰을 하도록 해야 한다. 또한 전 지역에 대한 일률적인 순찰을 하는 것보다는 범죄 다발지역이나 문제성 있는 특정집단을 선정하고 여기에 순찰활동을 강화하는 것이 보다 효과적일 것이다. 조직폭력이나 마약사범 검거, 범인성유해업소 단속 등과 같이 사회적으로 큰 반향을 불러일으키는 범죄 등에 그 우선순위를 두고 여기에 더 많은 경찰인력을 배치하는 것도 한 방법이다.

가정폭력도 엄연한 범죄행위인 만큼 가정폭력이 자주 발생하는 지역(아무래도 저소득층의 집단거주지대가 해당될 것임)에 대한 순찰과 가정폭력의 전력이 있는 가정에 대한 주기적인 가정방문과 같은 활동도 가정폭력을 예방하는 데 큰 기여를 할 것이다. 특히 아동학대의 예방을 위해서는 이를 사회봉사단체에 전가한다거나 쉽게 잊어버려서는 안 되고 계속 관심을 갖고 순찰 중에 확인해야 한다. 순찰 중에 아동학대의 전력이 있는 가정을 자주 방문하는 그 자체만으로도 아동에 대한 학대와 상해를 상당 부분 감소시킬 수 있다.

제5장

가정폭력 Domestic Violence

사회복지적 서비스 강화

가정폭력에 대한 효과적인 대응을 위해서는 이에 대한 예방적 노력과 함께 보다 적극적인 사후대책적 접근이 이루어져야 한다. 가정폭력에 대한 장기적인 예방과 치료의 대책으로서 공공기관의 형사사법적인 대책만으로는 한계가 있을 수밖에 없기 때문에 사후대책으로서 여러 분야의 사회복지적인 지원이 필요하다. 이러한 사회복지적 지원은 가정폭력이 발생하는 가정에 사회복지기관이 적극적으로 개입하여 피해자를 보호하고 가해자를 치료함으로써 가정폭력의 폐해를 줄이고자 하는 것이다. 피해자에게는 우선 긴급한 보호와 치료가 필요하고 독립하여 재활할 수 있도록 삶의 터전을 마련해주는 것이 필요하다. 가해자에게도 장기적인 치료가 행해져야 한다. 이를 위해서는 다양한 분야의 전문가의 개입과 유관기관과의 긴밀한 협조를 통하여 적극적인 사회복지적 서비스가 피해자뿐만 아니라 가해자와 가족 전체에게 제공되어야 할 것이다.

제1절 피해자 보호

1. 긴급전화

긴급전화는 위기에 처한 피해자를 발견하여 사회복지적 서비스지원을 해줄 수 있도록 연결시켜 주는 최초의 서비스 전달체계이다. 이것은 피해자에게 최초로 반응한다는 점에서 상담소나 피해자보호시설과 같은 여러 서비스 전달체계 중에서 가장 긴요한 기능이라 할 수 있다. 그래서 가정폭력에 효과적으로 대처하기 위해서는 긴급전화의 설치가 필수적인 것이다. 그것은 위기에 처한 피해자에게 긴급전화를 통해서 위험수준을 평가하여 위기개입이 필요하다고 판단될 경우 일시보호소로 피신시키거나 경찰과 관련단체와의 연계를 통하여 필요한 지원을 시작하기 때문이다.

따라서 긴급전화는 경찰서, 쉼터, 사회복지시설 또는 상담기관과 유기적인 관계를 맺고 있어야 하며 119나 112처럼 지역마다 가정폭력 신고 또는 긴급원조 요청의 Hot-Line이 설치되어야 한다. 미국에는 24시간 무료로 운영되는 가정폭력위기전화(NDVH)가 있는데, 이것은 여성폭력방지법(VAWA)에 의해 설치되어 보건복지부의 재정지원을 받고 있다. 이 프로그램은 미국 전역에 살고 있는 모든 사람이 지역에 관계없이 24시간, 365일 무료로 서비스를 받을 수 있다.[54]

우리나라도 1998년 1월 1일을 기해 여성전용 위기상담전화인 '1366'[55]을 개설하여 2001년 7월 이후 전국에 시・도별로 16개 권역에 설치하여 운영

54) 박영란 / 황정임, "여성에 대한 폭력 관련 서비스 연계 방안", 한국여성개발원, 2000, 38~39쪽.

55) 1년 365일 + 하루 더 서비스라는 뜻으로 1366임.

하고 있다. '1366'은 전국에서 112, 119처럼 국번 없이 무료로 통화할 수 있는 전화이다. '1366'은 가정폭력피해자, 성폭력피해자, 인신매매피해여성과 같이 위기에 처한 여성을 대상으로 한 긴급상담과 여성과 관련된 사회복지시설이나 기관과의 서비스 연계 등을 해줌으로써 위기개입 전화로서의 성격을 지니고 있다. 이 여성전용 긴급전화는 피해여성에게 어느 때나 상담 및 보호조치를 취할 수 있도록 24시간 Hot-Line을 운영하고 있으며, 긴급상황에 처한 피해자를 위해 가까운 상담소나 보호시설, 112, 119 등에서 즉시 조치를 취할 수 있도록 관련기관과의 긴급연락망 구축 및 협조체계를 유지하고 있다. 현재 긴급전화는 독립된 프로그램이 아니고 포괄적인 프로그램의 일부로 기능하고 있는데 주로 쉼터와 연결되어 운영되고 있다. 장기적으로는 독립적인 프로그램으로 발전되어야 하겠지만 과도기적으로는 기존의 쉼터와 경찰서, 사회복지기관이 서로 업무분담을 한다면 가능하리라고 본다.[56]

〈표 4-1〉 여성긴급전화 1366 설치현황

(2002년 12월 기준/명)

시·도	합계	서울	부산	대구	인천	광주	대전	울산	경기	강원	충북	충남	전북	전남	경북	경남	제주
배치인원	144	11	9	9	9	9	9	7	11	9	9	9	9	9	9	9	7

자료: 여성부, 권익증진사업안내, 2003.

2. 피해자보호시설

위기에 처해 있는 피해자들을 돕기 위해서는 우선 이들의 신체적인 안전을 보호해줄 보호시설이 확충되어야 한다. 많은 학대받는 여성이 마땅히 갈

56) 박미은, 앞의 논문, 19쪽.

만한 곳이 없어서 다시 폭력남편이 기다리는 집으로 돌아가는 경우가 많기 때문에 쉼터와 같은 보호시설의 증설은 아주 긴요하다. 보호시설의 주요기능은 폭력적인 남성으로부터 여성과 아동을 보호하고 이들에게 심리상담 및 법적 조언 등을 해주는 것이다. 또한 이들을 사회복지·아동복지프로그램과 연결시켜 주고 직업과 거주할 집을 구할 때까지 일정 기간 동안 거주하도록 도와준다. 이들 보호시설에서는 사후지원 및 예방프로그램도 운영하고 있는데, 이것은 궁극적으로 피해여성에게 자립할 수 있는 힘을 길러주기 위한 것이다. 따라서 우선 안전한 장소에서 신변을 보호하고 다른 후속조치를 강구할 시간을 벌기 위해서라도 피난처의 확보가 우선적으로 필요하다.

피해여성을 위한 보호시설은 영국의 피지(Erin Pizzey)가 1971년에 가정폭력희생자를 위한 피난처를 설립한 것이 최초이다. 같은 해 미국에서도 여성을 위한 피난처가 만들어지기 시작하여 1985년에는 미국에 약 780개의 쉼터가 생겨났으며, 1994년까지는 약 2,000개가 넘는 쉼터와 피해여성을 위한 프로그램이 생겨나 미국 전체의 2/3나 되는 지역에서 봉사하고 있다. 그러나 이러한 시설을 이용하는 사람은 일시적으로나마 학대로부터 안전을 보장받을 수 있지만, 가정폭력의 절대적인 증가로 인하여 모든 피해여성의 요구를 충족시켜 주기에는 크게 부족한 실정이다. 그래서 많은 지역의 쉼터들은 다음과 같은 사람은 같은 학대피해자라 하더라도 쉼터입소를 허용하지 않는다. 사춘기의 남자아이를 데리고 있는 여성이나 레즈비언, 게이남성, 남성피해자들이 이에 속한다. 이들을 받아줄 경우에는 여성들만 있는 쉼터 내의 질서가 문란해질 수 있기 때문이다.[57)]

우리나라에서는 2002년 12월 현재 전국적으로 31개소의 가정폭력피해자보호시설과 159개소의 가정폭력상담소가 있다. 그러나 과거에 비해서 가정폭력상담소나 쉼터 등의 피해자보호시설이 현저히 증가하였지만 아직도 많은 가정폭력피해자가 지역적으로 쉽게 접근할 수 있고 필요한 때에 적절한 지원을 받기에는 부족한 상태이다. 또한 민간기관이 운영하는 쉼터에서는

---

57) D. K. Gosselin, *Ibid.*, p. 135.

재정난으로 인해 전문인을 확보하거나 다양한 서비스를 제공하기가 어렵다. 특히 쉼터의 경우는 장소의 부족과 충분한 서비스제공을 할 수 없어 많은 여성이 별다른 대책 없이 다시금 가정으로 돌아가는 형편이다.[58] 그러므로 정부기관의 쉼터서비스를 내실화하고 민간기관의 쉼터에 대한 정부의 지원을 확대하여 피해자에게 실질적인 서비스가 제공되도록 하여야 한다.[59]

〈표 4-2〉 피해자보호시설 현황

(2002년 12월 기준/개소, 명)

구분		합계	서울	부산	대구	인천	광주	대전	울산	경기	강원	충북	충남	전북	전남	경북	경남	제주
시설수		31	8	2	1	1	1	1	1	1	1	2	2	1	3	2	3	1
입소자	정원	488	110	30	10	12	30	30	20	15	15	32	30	12	30	30	37	45
	현원	325	84	18	5	7	13	15	15	28	6	35	12	9	23	14	31	15
종사자	정원	73	24	3	3	2	2	3	2	3	2	4	4	3	8	4	4	2
	현원	70	20	3	2	2	2	2	2	4	2	4	4	3	6	6	6	2

자료: 여성부, 권익증진사업안내, 2003.

3. 피해자의 비밀보장

개인 신상에 관한 정보가 공개되는 사회현실에 비추어 볼 때 가해자나 스토커가 피해자의 정보를 입수하여 이용할 가능성이 커지고 있다. 가정폭력과 성학대의 피해자를 보호하기 위해서는 그들의 이름과 주소를 선거인

58) 피해여성의 쉼터 이용 후의 진로는 귀가가 53.9%, 취업이 16%, 별거 9.1%, 이혼 5%, 기타 6.7%의 결과를 보인다 : 한국여성의전화, 베틀, 제78호, 1994, 17쪽(쉼터통계).

59) 박미은, 앞의 논문, 19쪽.

명부나 전화번호부와 같은 공공의 리스트에서 특별히 관리하여 비밀을 유지해 주어야 한다. 이것은 피해자 신상에 관한 정보가 가해자에게 알려지게 되면 그들의 위치가 드러나게 됨으로써 다시 위험에 빠지게 될 가능성이 있기 때문이다. 피해자가 경찰이나 사법기관에 임시조치와 보호처분을 신청할 때도 자신의 이름, 전화번호, 주소가 외부에 알려지지 않도록 요구할 수 있고 기관에서는 이를 특별히 관리하여 비밀유지를 해야 한다.

또한 회사나 은행, 신용카드회사, 병원 등 많은 기관이 주민등록번호를 일상적으로 사용하고 있기 때문에 폭력관계에서 탈출한 피해자가 자신의 신원을 감추기가 불가능한 것도 문제가 된다. 이에 대해 미국에서는 가해자로부터 도망쳐 나온 사람이 새로운 사회보장번호를 취득하는 데 따르는 곤란을 해결하기 위해 피해자가 보호명령장을 제시하거나, 경찰관 또는 다른 친구나 이웃의 진술이 있으면 현재의 학대에 대한 증거가 되도록 해줌으로써 피해자가 사회보장번호를 쉽게 취득할 수 있도록 하고 있다. 학교에 다니는 아이와 함께 보호시설이나 친척, 친구 집으로 피신한 여성의 경우에는 아이의 교육을 위해 아버지의 동의 없이도 쉽게 전학할 수 있도록 하여야 한다. 이 과정에서 전학한 학교나 거주지가 가해자에게 입수되지 않도록 특별히 관리해야만이 피해자의 안전을 지킬 수 있다.

4. 안전예방조치

폭력에서 벗어나려는 여성에게 가혹하고 치명적인 위험은 그 관계가 거의 끝나가는 단계에서 최고로 고조된다. 이때는 가해자가 자신과의 관계가 끝나가고 있고 여성이 곧 도망갈 것이라는 것을 알고 있기 때문이다. 이 기간은 가해자가 법원으로부터 격리, 접근금지명령 등의 임시조치나 보호처분을 받은 경우가 많겠지만, 현실적으로 국가가 모든 폭력가정의 안전을 사전에 보장해주는 것이 불가능한 일이기 때문에 피해자는 특히 이 기간 동안에는 스스로 자신을 보호해줄 수 있는 예방책을 미리 준비하고 있는 것이 현명하다. 자신과 자녀의 안전을 위해 다음과 같은 일반적인 제안을 따르는 것이 바람직할 것이다. 이 외에도 자신의 본능에 따른 판단력과 직관을 이용해야 한다. 지금 자신이 처해있는 상황을 자신이 누구보다도 잘 알고 있기 때문이다.[60]

(1) 가해자와 헤어진 경우

가해자와 헤어진 후 떨어져 있는 경우에는 자신의 집에서 신변안전을 도모하기 위해 취할 수 있는 방법으로 다음과 같은 것이 있다.

- 열쇠를 바꾼다. 현관문은 철이나 금속으로 된 재질로 바꾸고 보안장치나 화재예방 감지장치를 설치하며 집 밖에는 실외등을 설치한다.
- 단층집에 살거나 낮은 층의 아파트에 살고 있다면 창에 방범창을 달고 미닫이 유리문과 창문에는 잠금장치를 설치한다.
- 현관문을 열어주기 전에 누가 찾아왔는지 반드시 확인한다. 문마다 밖을 내다볼 수 있는 와이드앵글 뷰어를 설치한다. 집이나 직장에서 나갈 때는 주위를 살펴서 조심한다.
- 핸드폰을 구입하여 항시 충전시켜 두고 전화번호부에 등록되지 않은 번호로 새로운 전화를 설치하여 믿을 수 있는 사람에게만 알려준다.
- 경찰서와 지역 쉼터의 전화번호를 찾기 쉽게 가까운 곳에 둔다.
- 갑자기 도망갈 경우에 대비하여 가지고 갈 중요한 문서를 한 장소에 모아 둔다(주민등록증, 운전면허증, 의료보험카드, 예금통장, 수표 등).
- 믿고 지내는 이웃이나 친구, 친척에게 지금 처해 있는 상황을 알려주고 여분의 아파트 열쇠와 자동차 열쇠를 맡겨 둔다.
- 이웃에게 비상시에 협조를 구할 수 있도록 상의한다. 불을 깜박이거나 아파트 바닥이나 천장을 세게 두드리는 것은 경찰을 불러달라는 신호라고 서로 약속한다.

60) 법무부, 각국의 여성에 대한 폭력방지 제도, 92쪽 참조.

(2) 스토킹 당하는 경우

· 집 안의 취약성을 줄이기 위해 집에 개를 키우는 것이 좋다. LA경찰국의 스토킹관리팀도 이것이 가장 돈이 적게 드는 효과적인 경보장치라고 제안한다. 집에 경보장치를 다는 것도 하나의 대안이다.

· 자신의 전화번호나 집주소를 가르쳐주지 않는다. 새로운 주소를 만들어서 개인의 수표와 비즈니스카드를 변경한다.

· 스토커가 자신의 전화번호를 입수하였다면 항상 자동응답기를 켜 두어야 한다. 친구들에게 등록되지 않은 새로운 전화번호를 가르쳐준다. 때로 스토커가 집 안의 전화선을 자를 수 있는 만큼 외부에서뿐만 아니라 집안에서도 항시 핸드폰을 휴대해야 한다.

· 모든 테이프, 편지, 선물, 또는 다른 서신 등을 보관하고 의심되는 사건들을 기록한다.

· 항상 차를 밝은 장소에 주차시키고 문을 반드시 잠그어 두며 운전 중에도 차문을 잠근다.

· 운전 중에 쫓기고 있다고 생각되는 경우에는 경적을 울리고 손을 창밖으로 내밀어 계속 흔들면서 다른 사람의 도움을 요청해야 한다. 그래도 계속 쫓아오면 집이나 친구 집으로 가지 않고 경찰서로 간다.

· 유효한 유권자신분증과 새로운 운전면허증을 만들어 둔다.

제2절 피해자 지원

1. 의료서비스

피해여성에 대한 의료서비스는 다른 여러 서비스제공 중에서 가장 기본적인 서비스이다. 해마다 가정폭력으로 인한 상해로 수많은 여성이 병원을 찾고 있는 데서 알 수 있는 것처럼 가정폭력은 피해자에게 치명적인 상해에서부터 정신분열과 같은 여러 정신적인 장애를 일으켜 피해자가 스스로 독립하여 생활을 영위할 수 없을 정도로 그 폐해가 심각하다. 그러기 때문에 피해자에 대한 의료적 지원이 신속하게 이루어져야 한다.

피해자는 부끄럽고 심리적으로 위축되어 있어서 직접 병원에 가거나 상담소를 방문하기가 어려워 전화로 문의하는 경우가 많다. 이런 경우 상담소에서는 의료에 관한 전문지식이 부족하고 또한 의료기관에서는 가정폭력에 관한 체계적인 상담을 해줄 수 없는 것도 문제이다. 일차적으로 의료기관을 방문하였다고 하더라도 대부분의 의료기관에서는 찾아온 피해자를 일반환자와 똑같이 취급하고 있으며 피해자도 상해의 원인에 대해 거짓말을 하면서 사실을 숨기고자 한다. 또한 의사가 단순한 사고나 또는 가정폭력으로 인한 상해이지만 그럴 수 있는 것으로 생각하고 지나쳐버려 가정폭력이 영원히 은폐되고 이에 대한 필요한 사회적 조치가 제대로 취해지지 못하고 있다. 이런 경우에는 마땅히 상담소에 직접 연결시켜 주거나 시간상 너무 위험하다고 판단될 때는 대피하는 요령을 알려주거나 입원치료를 받게 해주어야 한다. 이러한 점에 비추어 볼 때, 피해자에 대한 체계적인 사회적 지원을 위해서는 전문 의료지식과 상담을 병행해서 할 수 있는 통합적인 의료기관의 설립이 필요하다고 생각된다.

피해여성에 대한 의료비지원에서도 문제가 있다. 남편의 폭력으로 상해를 입은 피해여성이 병원에 입원하거나 도피 중일 경우에는 경제적으로 여유가 거의 없는 상태이다. 이런 까닭에 막대한 의료비 부담으로 치료를 포기하는 피해자도 많이 있다. 이러한 피해자의 구제를 위해서 가정폭력방지및피해자보호등에관한법률 제18조[61]와 동법 시행규칙 제12조[62]가 개정된 바 있다.

개정 전의 법 제18조와 규칙 제12조에 따르면, 가정폭력으로 인한 피해자의 치료비용은 가해자와 국가 또는 지방자치단체가 이를 부담하고, 국가나 지방자치단체가 부담한 경우에는 가해자에게 구상권을 행사하도록 되어 있었다. 따라서 의료기관은 피해자를 치료한 비용을 가해자와 국가 또는 지방자치단체에게 선택적으로 청구할 수 있었다. 그러나 국가나 지방자치단체로 하여금 의료기관에 치료비를 지급하도록 한 규정이 재량적이었기 때문에 국가나 지방자치단체가 치료비를 지급하지 않는 경우도 상당히 있었다. 그래서 의료기관은 국가나 지방자치단체로부터 의료비 지급을 확실히 보장받을 수 없어 피해자의 치료를 기피하기도 하였다. 이에 정부에서는 2006. 4. 28 동법 제18조를 개정함으로써 이제는 국가나 지방자치단체가 가해자

---

61) 가정폭력방지및피해자보호등에관한법률 제18조(치료보호)

③제2항의 규정에 불구하고 피해자가 치료보호비를 신청하는 경우에는 국가 또는 지방자치단체는 가정폭력행위자를 대신하여 제1항의 치료보호에 필요한 비용을 의료기관에 지급하여야 한다.〈개정 2006.4.28〉

④국가 또는 지방자치단체가 제3항의 규정에 의하여 비용을 지급한 경우에는 가정폭력행위자에 대하여 구상권을 행사할 수 있다. 다만, 피해자가 보호시설 입소중에 제1항의 치료보호를 받은 경우나 가정폭력행위자가 다음 각호 가운데 어느 하나에 해당하는 때에는 그러하지 아니하다.〈신설 2004.1.20, 2006.4.28〉

1. 국민기초생활 보장법 제2조의 규정에 의한 수급자
2. 장애인복지법 제29조에 의하여 등록된 장애인

62) 가정폭력방지및피해자보호등에관한법률시행규칙 제12조(치료보호비용의 부담 및 구상권 행사등)

①법 제18조의 규정에 의하여 가정폭력피해자의 치료보호를 실시한 의료기관은 가정폭력행위자 또는 가정폭력행위자의 거주지를 관할하는 시장·군수·구청장에게 치료보호에 소요된 비용(이하 "치료보호비용"이라 한다)을 청구할 수 있다. 〈개정 2004.5.21〉

를 대신하여 의무적으로 의료비를 지급하도록 함으로써 이러한 문제점을 일정 부분 해결하였다.

이와 같은 관련 법률의 개정으로 피해자에 대한 의료적 지원이 한결 용이하게 되었지만, 아직도 일부 의료기관에서는 이 제도에 대한 이해부족으로 일반 환자에 비해 가정폭력피해자에 대한 치료를 기피하는 경향이 있는 것도 사실이다. 또한 가정폭력피해자에게 의료보험 적용을 하지 않고 무보험 적용을 함으로써 이들에게 경제적 부담을 주어 결과적으로 치료를 포기하거나 어렵도록 하기도 한다. 그러므로 피해자들에 대한 의료적 지원이 원활히 이루어지기 위해서는 의료인의 가정폭력에 대한 올바른 이해와 함께 이들의 의식전환이 요구된다고 할 것이다.

2. 상담서비스

피해자에 대한 상담 중에서 법률상담이 중요한 비중을 차지한다. 현재는 각 지역의 가정법률상담소에서 가정폭력으로 인한 가해자의 처벌이나 보호조치, 이혼문제 등의 관련법규에 대해서 민사·형사상의 가정문제와 함께 상담해주고 있을 뿐이고 별도의 법률구조는 거의 이루어지지 못하는 형편이다. 관련법규에 관한 교육은 여성의전화의 쉼터와 같은 복지시설에서 얼마간 실시되고 있는 정도이다. 이와 같은 문제에 대해서는 현실적으로 볼 때 변호사 선임은 보수문제로 지원에 한계가 있는 만큼 여성의전화, 쉼터 등의 사회봉사단체의 전문가가 법정에서 피해자 변호를 조력해주는 방안이 효과적이라고 생각된다.

미국의 경우에는 가정폭력피해자들이 민사명령이나 금지명령을 요청하는 데 필요한 서류양식이나 재판절차가 복잡하기 때문에 이러한 명령을 신청하기를 꺼려하고 있다. 많은 피해자는 재판과정에서 그들을 도와 줄 변호사를 선임할 능력이 없어 고통을 겪고 있다. 그래서 이러한 문제를 해결하기 위해 피해자·목격자 지원프로그램을 만들어 경제력이 없는 피해자를 위해 변호사를 선임해주고 있는데, 이들의 보수는 유죄를 선고받은 가해자로부터 받은 벌금에서 지급해 주고 있다. 그리고 미국의 일부 주에서는 가정분쟁사건에 대한 변호서비스의 요구가 갈수록 증대되기 때문에 이의 충족을 위해 변호사 외에 지원자나 피해여성보호소로부터 보수를 받는 전문가, 그리고 법과대학 교육실습생 중에서 적정한 학생을 선발하여 피해자를 위한 변호를 맡기고 있다.[63]

일반상담의 경우에도 여러 단체의 상담기관들이 제대로 관련 교육을 받은 전문가를 충분히 확보하고 있지 못한 것도 문제로 지적된다. 현재 여러 상담기관에 종사하고 있는 사람들은 사회사업가나 상담전문가, 심리학자, 여성학자, 법률가가 아닌 이 분야에 관심이 있는 일반 사람인 경우가 대부분이어서 가정폭력사건에 대하여 적절한 도움을 주지 못하고 있는 것으로 드러난다.[64] 상담자에 대한 교육과 훈련프로그램의 가동으로 능력을 갖추는 데 힘을 기울이고 있으나 여전히 전문성을 확보하지 못하고 있다. 이것은 필요한 재원을 마련하여 자격기준을 강화한 후 이러한 자격을 갖춘 전문가를 확보하는 것이 가장 필요할 것으로 생각된다.

〈표 4-3〉 가정폭력상담소 현황

(2002년 12월 기준/개소)

구분	합계	서울	부산	대구	인천	광주	대전	울산	경기	강원	충북	충남	전북	전남	경북	경남	제주
시설수	159	22	14	5	7	5	4	4	25	8	4	10	10	6	21	10	4

자료: 여성부, 권익증진사업안내, 2003.

하지만 가정폭력에 대한 상담수요가 급증하고 있고 정부지원 예산의 부족으로 인하여 단기간 내에 충분한 상담전문가를 확보하는 것은 쉽지 않을 것이다. 그래서 가정폭력에 관한 상담전문가를 확보하는 방법 외에 현재 이 분야와 관련된 업무를 담당하고 있는 공무원을 활용하면 상담전문가 부족

63) D. K. Gosselin, *Ibid.*, p. 205

64) 변화순외, "한국가족정책에 관한 연구", 한국여성개발원, 1990, 43쪽.

의 공백을 채울 수 있을 것으로 보인다. 현재 전국 거의 모든 시・군・구에는 사회복지 전담직원이 배치되어 미온적이나마 가정폭력문제에 대해 상담활동을 하고 있다. 이들이 가정폭력상담원 교육을 이수하고 상담이론과 전문적 상담기법을 통해 가정폭력문제에 접근한다면 가정폭력의 문제해결에 큰 도움이 될 것이다.

대부분의 피해자가 고액의 변호사 수임료를 낼 수 없어 변호인의 조력을 받을 수 없는 입장임을 감안하여, 경찰이 가정폭력에 대한 법률상담이나 일반상담을 해주는 것도 한 방편이 될 것으로 보인다. 각 경찰서별로 법과대학을 졸업한 여성경찰관으로 가정폭력전담반을 편성하여, 이들에게 가정폭력에 관한 전반적인 관련법률과 상담기법 등의 전문교육을 이수하게 한 후 상담전문가 자격증을 주어 피해자에게 법률상담과 일반상담을 해주는 방안도 검토해 볼 가치가 있다고 본다.

〈표 4-4〉 사회복지 전담직원 현황

(2004년 12월 기준 / 개소, 명)

시・도별	읍・면・동 수	사회복지전담직원이 배치된 읍・면・동 수	사회복지전담 직원정원 수	사회복지전담직원 현인원 수
계	3,573	3,573	7,144	6,977
서울	522	522	834	828
부산	226	226	543	537
대구	143	143	335	334
광주	90	90	210	204
대전	79	79	180	181
인천	139	139	309	312
울산	58	58	81	81
경기	574	574	973	955
강원	193	193	338	325
경남	314	314	538	529
경북	338	338	668	612
전남	299	299	756	744
전북	251	251	567	551
충남	209	209	444	423
충북	153	153	266	266
제주	43	43	102	95

자료: 보건복지부, 보건복지통계연보, 제50호, 2004.12 참조

3. 재활서비스

폭력으로 인하여 집을 나왔거나 이혼한 여성의 재활을 위한 서비스도 요구된다. 피해자들이 다시 학대가정으로 돌아가지 않고 자립할 수 있도록 지원해 주는 것이 폭력을 원천적으로 차단할 수 있는 길이다. 이들이 자립할 수 있게 하기 위해서는 일시적으로 보호시설에 있는 것만으로는 부족하다. 직장을 잡을 때까지의 기간 동안 거주할 수 있는 주거와 생계보조, 직업훈련과 아동의 학교문제해결 등이 요청된다.

주거지원은 쉼터 등 일시보호시설에서 나온 여성과 아동이 임시적으로라도 거주할 수 있는 거주공간이 제공되어야 한다. 현재는 주거지원이 전혀 없기 때문에 쉼터에서 나온 여성이 갈 곳이 없어서 또다시 폭력을 각오하고 집으로 돌아가는 일이 빈번한 실정이다. 그렇지 않으면 주로 친정이나 친한 친구, 이웃집에 잠시 동안 신세를 지는 방식으로 자신의 비공식지원망을 이용하는 수준에 불과하다. 그리고 피해여성과 아동에게 일정 기간 동안 생계보조를 해주는 것이 필요하다. 피해여성과 아동은 가해남편이 있는 집을 나와 생계수단이 끊겨진 경우이거나 이혼판결이 나고 재산분할이나 위자료, 양육비 등을 받기 이전인 경우에 이와 같은 경제적 위기에 놓이게 되는데, 이들이 자립할 수 있는 최소한의 기간 동안이라도 기초적인 생계비보조가 있어야 할 것이다.

또한 여성이 자립하기 위해서는 탁아문제와 아동의 학교문제가 걸림돌이 되고 있으며, 여성이 폭력으로 인한 부상을 당한 경우에는 여성의 병간호가 문제가 된다. 이를 위해서 탁아문제와 여성의 병간호를 위해 직접 가정을 방문하여 간호 등 봉사활동을 하는 것도 요구된다. 가정봉사활동은 전문가정복지사가 담당하는 것이 가장 바람직하겠지만, 앞서 언급했던 시·군·구 등 일선행정기관의 주로 빈민계층을 대상으로 방문활동을 하는 가정복지담당 여성공무원이 이 분야까지 병행하여 담당한다면 비용을 절감할 수 있기 때문에 상당히 효과적일 것으로 보인다.

4. 아웃리치(찾아가는 서비스)

아웃리치(outreach)라는 용어는 여성과 아동의 거주지 및 지역사회에 직접 진출하여 가정폭력과 관련된 서비스를 제공해 주는 활동, 이른바 '찾아가는 서비스'를 일컫는다. 영국에서 아웃리치는 종종 중첩되기도 하는 2가지 다른 측면을 가지고 있다. 첫째는 현재 폭력관계 속에서 살고 있거나 혹은 그로부터 탈출을 했지만 피난처(보호시설)를 이용하지 않고 있는 여성을 위한 찾아가는 서비스이고, 둘째는 피난처에서의 생활을 청산하고 떠나는 여성이나 아동을 위한 재정착 지원서비스이다.

아웃리치는 피난처(보호시설)의 제공과 병치되는 개념이다. 피난처서비스는 역사적으로 볼 때, 가정폭력에 대응한 핵심적인 서비스에 해당한다. 일관되게 나타나는 가정폭력으로 인한 여성피살자 수의 높은 비율과 이혼이나 별거 후의 폭력발생의 높은 정도를 볼 때 이러한 피난처서비스는 중요한 것이다. 또한 새로운 정착지를 지원하는 것에 대한 어려움을 감안할 때도 현재 있는 피난처에서 여성 및 아동에게 제공하는 서비스의 내용들은 여전히 중요하다고 할 수 있다.

하지만 지난 20~30년간의 피난처서비스의 제공 경험으로 볼 때, 지금은 이보다 폭넓은 대응방안을 강구해야 될 시점이라고 판단된다. 그것은 많은 여성과 아동이 여러 이유로 피난처서비스를 받지 못하고 있으며, 또한 새로운 거주지에 정착하기 위한 추가적인 지원이 없을 경우 피난처에서 나온 여성 중 상당수가 빈곤이나 소외, 고초로 인하여 다시 폭력가정으로 되돌아가는 악순환에 빠져들기 때문이다. 그래서 아웃리치의 개발이 필요한 것인데 이것은 피난처서비스와 가장 밀접하게 관련되어 있다. 이것은 피난처나 안전가옥 제공과 관련한 지원을 축소하자는 것은 아니지만, 가정이나 지역사회 울타리 안에서 제공받을 수 있는 접근가능한 서비스를 확대할 필요성이 증가하고 있다는 것을 의미한다. 아웃리치는 이미 피난처 근무자들에 의해서 널리 행해지고 있다. 영국에서는 대부분의 여성피난처에서 이것을 실행하고 있는데 잉글랜드에서는 71%가, 웨일즈, 스코틀랜드, 북아일랜드에서는 88%가 현재 아웃리치 서비스를 제공하고 있다. 아웃리치 서비스의 핵심요소로는 다음과 같은 것들이 있다.

· 가정폭력전문가로 구성된, 지역사회 내의 접근 용이한 서비스
· 정보에 대한 접근성 및 조기지원
· 접근 곤란한 집단에 속한 여성을 대상
· 일방적 서비스 제공보다 사용자 중심의 서비스 제공
· 가정으로부터 탈출 또는 피난처에서 떠날 때 지역사회 내에서 적극적 지원
· 서비스 요구 이전의 한 발 앞선 서비스 제공

이러한 관점에서 보면, 아웃리치 서비스로 규정될 수 있는 다양한 서비스로는 다음과 같은 것을 들 수 있다. 즉 전문가 전화상담, 부녀자 정보제공 및 지원서비스, drop-in 센터, 기타 아웃리치 서비스 프로젝트 등이 위에서 언급한 특징들을 내포하고 있는 서비스들이다.[65)]

또한 아웃리치 서비스의 가장 큰 장점은 접근용이성이다. 어떤 서비스가 아무리 피해자에게 도움이 된다고 하더라도 피해자가 서비스를 제공받는 일이 용이하지 않다면 아무 소용이 없게 된다. 따라서 서비스의 접근용이성이 매우 중요하다고 할 수 있는데 이것이 아웃리치의 핵심적 특징이면서도 여러 다양한 서비스 활동을 통합하는 것이다. 캐나다에서 조사된 장애여성에 관한 연구결과에 따르면, 장애여성의 학대비율은 비장애여성과 거의 비슷하지만 육체적·성적 학대의 기간은 비장애여성보다 훨씬 장기간인 것으로 나타났다. 호주에서는 가정폭력을 겪는 여성 중에서 단지 10~20%만이 경찰이나 긴급구조센터에 연락을 취했다고 한다. 이는 관계기관이나 구조단체에 신고하고 도움을 요청하기가 그만큼 어렵기 때문인 것이다. 이것을 보더라도 가정폭력의 피해자 보호를 위해서는 접근용이성이 뛰어난 아웃리치 서비스가 얼마나 효과적인가를 짐작할 수 있다.

---

65) L. Kelly & C. Humphreys, "Supporting women and children in their communities: Outreach and advocacy approaches to domestic violence", What Works in Reducing Domestic Violence, Whiting & Birch Ltd., 2001, pp.247~249.

이상으로 볼 때 피해자를 진정으로 위하고 보호하는 길은 가해자를 거주지에서 추방하고 여성 및 아동이 그들의 가정에서 계속 거주할 수 있도록 보호해야 한다는 것이 현재의 대체적인 추세이다. 안전경보제도(safety alarms), 강력한 민・형사법률, 적극적 경찰활동(community policing), 가해자 프로그램 등이 피해여성과 아동이 가정에서 계속 살 수 있도록 기회를 확대해주는 방안들 중의 일부이다. 그럼에도 가해자가 계속 폭력과 협박을 일삼는 경우에는 위와 같은 전략들이 한계가 있는 것이겠지만 이러한 전략들이 최근에 와서 시행되고 있는 만큼 이에 대한 평가는 좀더 시간을 두고 지켜보아야 할 것이다.

제3절 가해자프로그램

피해자에 대한 지원 외에도 가해자에 대한 치료적 조치가 있어야 한다. 대부분의 경우에 폭력을 행사하는 남성은 자신의 행위를 잘못으로 인정하지 않고 그 책임을 상당 부분 여성이나 가정환경 탓으로 돌리는 경향이 있기 때문에 이들에 대한 적절한 치료프로그램이 만들어져야 한다. 가해자에 대한 가장 일반적인 제재는 강제적인 치료프로그램이라 할 수 있다.

대부분의 가정폭력이 경범죄에 해당하기 때문에 장기간에 걸친 상습적인 폭력을 제외한 나머지 가정폭력에 대해서는 형사처벌 대신에 강제적인 치료프로그램이 대신 사용된다. 이러한 가해자프로그램에 대해서는 반대하는 의견도 있다. 한정된 재원으로 가해자에 대한 서비스를 병행하다 보면 파이(pie)를 나누는 꼴이 된다는 비판이 그것이다. 그러나 가해자의 앞으로의 행위를 종식시키기 위해서는 동정모델에 입각한 가해자의 상담 및 치료프로그램이 요구되는 것이다. 그것은 가해자프로그램의 주된 목적이 폭력의 재발을 막기 위한 것이기 때문이다.

가해자프로그램의 내용에는 여러 가지 접근적 방법이 가능하겠지만 성역할의 재사회화는 반드시 포함되어야 할 부분이며 가해자의 대인관계문제, 정서적 문제, 성적 문제, 행동상의 문제 등을 모두 포괄할 수 있어야 한다. 그리고 모든 프로그램이 폭력의 유형, 상습성, 가해자의 특성, 전문가의 진단결과 등을 종합적으로 참조하여 그 실행을 담보할 수 있도록 법원의 명령으로 행해져야 한다.[66]

미국에서는 법원명령에 의한 가해자 치료프로그램이 성황리에 실행 중이다. 그러나 미국법원은 가해자별 특징을 고려한 맞춤형 치료프로그램은 인정하지 않고 있다. 많은 프로그램이 분노관리에 관한 내용을 포함하고 있는데 이러한 프로그램의 긍정적 효과도 많이 있기는 하지만 중도에 프로그램을 이수하지 못하고 포기하는 확률이 높다는 것이 문제라고 한다. 가해자를 위한 치료프로그램이 효과를 거두기 위해서는 어느 정도의 기간이 적당한가에 대한 실험적 증거는 없지만, 26주 기간의 미네소타주 둘루스(Duluth)의 가해자프로그램 이수자 중 약 60%가 재범을 하지 않은 것으로 나타났다. 가정폭력에 대한 개입이 빠르면 빠를수록 가해자의 행동에 변화를 가져오기 쉽다고 하며, 또한 약물남용의 경험이 있는 가해자를 위해서는 약물남용치료와 함께 폭력성향치료가 병행되어야 한다고 말한다.

66) 변화순, 앞의 논문, 124쪽.

가정폭력 사례

① 가출한 아내를 추적, 자살케 한 남편

〈사례 36〉 이 사건은 22년간 폭력에 시달리다 이를 견디지 못해 가출한 아내를 붙잡아 유서를 쓰게 한 후 농약을 먹고 죽도록 한 사건이다. 숨진 J씨(여, 44세)는 남편을 만나 결혼한 이래 22년간 차마 말로는 표현할 수 없는 고통을 받고 살아왔다. J씨의 불행이 시작된 것은 1980년 꽃다운 나이인 22살에 남자를 만나 일방적으로 강간당하고 동거생활에 들어가게 되면서 부터였다. 동거생활에 들어간 지 몇 개월 지났을 무렵 새벽에 아버지와 함께 어떤 여자가 찾아왔는데 알고 보니 남편의 전 애인이었다. 이 때부터 J씨의 신혼의 꿈은 산산이 부서지기 시작했다.

남편은 도박과 경마, 손찌검, 춤바람, 다른 여자 성추행, 외도에 의처증까지 있어 나쁜 면에서는 어느 누구에게도 지지 않을 정도였다. J씨가 뒤늦게 후회하고 가슴치며 괴로워했지만 남편은 잘못했다고 빈다거나 위로 한 번 해주지 않았다. "남자니까 그럴 수 있는 것 아니냐"라면서 오히려 당당해하였으며 자기의 잘못을 전혀 뉘우치지 않았다. 그렇지만 J씨는 아이들 때문에 그리고 친정어머니를 생각하여 참고 살기로 마음먹고 지금까지 살아온 것이었다. 하지만 남편의 끝없는 구타와 폭행을 도저히 견딜 수가 없었으며 심한 의처증 때문에 친구도 사귀지 못하고 시장이나 목욕탕에도 허락받아야 갈 수 있는 형편이었다. 이렇게 너무나 지치고 고립된 외로운 상황에서 컴퓨터를 배워 상대 남자와 대화를 하게 되었다. 이것이 빌미가 되어 남편은 J씨를 닦달하여 남자와의 관계를 추궁하였고 이 때문에 J씨는 모진 구타를 당하였다. 아무리 사실대로 말을 해도 남편은 믿지 않았고, 매가 무서워 성관계까지 했다고 허위로 자백을 하였다. 남편은 빗자루, 혁대, 야구방망이, 연탄집게, 장식칼, 전기줄, 몽둥이, 마포걸레, 옷걸이 등 손에 잡히는 대로 J씨를 무자비하게 구타하였다. 야구방망이로 전신을 구타하기도 하고, 전기밥통을 들어 머리를 내려치고, 전기줄로 목을 조르고, 음모를 뽑는 등 갖가지 방법으로 학대하였다. 단지 의처증 때문만이 아니라 부부동반 모임에 가서 술을 많이 마셨다는 이유로 때리고 비위에 거슬린다거나 마음에 안 들면 무슨 특별한 이유가 없어도 때렸다. 그래서 남편은 너무나 무서운 존재가 되었고 남편의 발소리나 목소리만 들어도 가슴이 철렁 내려앉았다. J씨의 남편은 있지도 않는 다른 남자와의 성관계를 의심하면서도 자신은 애인인 무당을 데려와 함께 놀자고 강요하였다. 한번은 남편에게 맞아 눈과 얼굴이 붓고 멍이 든 상태에서 남편의 애인인 무당과 함께 셋이서 여관에 억지로 끌려 들어갔다. 그렇게 매를 맞고 강제로 성관계를 하게 되자 참기 힘들 정도의 모욕감을 느꼈다. 모두 옷을 벗고 한 침대에서 양쪽을 번갈아가면서 성관계까지 하는 수모를 당할 때는 한점의 자존심도 남아 있지 않았고 고개를 들 수조차도 없어 세상을 그만 두고 싶다는 생각까지 들었다. 이처럼 J씨의 남편은 자신은 갖은 악행을 일삼으면서 아내를 꼼짝 못하게 통제하였다. 또 아내의 인격이나 의사를 무시하고 무조건 복종하도록 강요하였다. 실컷 때리고 나서도 성관계를 강요할 정도로 부부 사이의 성관계도 자기 마음대로였고 다른 여자와 한 장소에서 변태적 성행위를 요구할 정도로 아내를 성적 도구로 취급하였다. 모욕감과 매에 못이겨 몇 번이나 자살을 생각해봤지만 아이들 생각에 그마저도 쉽지 않았다. 그래서 남편에게 이혼을 해달라고 사정하여 드디어 협의이혼하기로 하고 법원에 신고까지 하여 부부관계가 정식으로 끝난 줄 알았다.

그리고 '이제는 지긋지긋한 지옥에서 벗어났구나' 하고 곧바로 집을 나와버렸다. 하지만 J씨의 불행은 여기서 끝나지 않았다. 법원에서의 이혼신고 외에 관할구청에 다시 이를 신고했어야 하는데 신고를 하지 않았기 때문에 무효가 되어버렸다. 그런 줄은 전혀 생각도 못하고 2002년 집을 나온 J씨는 어디 마땅히 의지할 곳도 없어 어느 작은 도시에서 다른 남자를 만나 약 2년간 동거생활을 하였다. 그리고 이제는 전남편과 완전히 이혼이 된 줄 알고 동거하고 있는 새 남자의 주민등록에 동거인으로 등록하였는데 불행하게도 이것이 단서가 되어 J씨는 가출한 후 집요하게 2년 동안 추적해 온 남편에게 다시 덜미가 잡히게 되었다. 남편은 J씨의 거주지를 찾아내 J씨를 납치해 차에 태우고 다니면서 자살하도록 강요하였다. 공포에 질린 J씨는 삶에 대한 희망을 포기하고 강압에 의해 남편과 자식들에게 잘못해서 자살한다는 내용의 유서를 쓰고서 농약(제초제)을 마시고 사망하였다.

이로써 22년간 갖은 학대를 못 견뎌 도망간 아내를 추적하여 유서를 쓰게 한 후 자살하도록 강요했던 남편은 1심 재판에서 20년이란 중형을 선고받았다. 서울고법 항소심에서도 심신장애와 양형부당을 이유로 한 피고인의 항소를 기각하고 원심대로 징역 20년을 선고하였다.

② 여성의집과 상담소에서의 아내 살해

〈사례 37〉 T여인은 남자관계가 복잡하고 과도하게 카드를 사용하는 낭비벽이 심한 사람이었다. 이로 인해 남편 K씨의 의처증과 계속되는 살해위협을 견디다 못해 집을 나와 지방에 있는 이모 집에서 숨어 지냈다. 그 후 엄마를 찾아내라며 칼로 위협하는 아버지에게 두려움을 느낀 두 딸도 주위 사람들의 도움을 받아 세 모녀가 무사히 만나게 되어 창원에 있는 ㅇㅇ여성의집 모자일시보호소로 피난하였다.

초등학생인 둘째딸은 비밀리에 전학이 가능하였으나 고등학생인 큰딸은 친권자인 아버지의 동의서가 없이는 전학을 허용할 수 없다는 학교측의 반대에 부딪치게 되었다. 그 과정에서 남편 쪽에서 아이들의 실종신고를 하자 천안의 상담소에서 큰딸의 학교를 통해 피해자의 거처를 확인하여 창원의 ㅇㅇ여성의집으로 연락을 했고 두 상담소 관계자들이 다시 한번 학교측에 큰 딸의 전학을 요청했으나 역시 거절당하였다. 그 때 아이들을 찾아달라고 남편 K씨가 눈물로 호소하자 천안쪽 상담원은 T여인과 남편 K씨가 한 번 만나 보도록 요청했으나 창원쪽 상담소에서 신변의 위험성을 들어 거절하였다. 이에 천안상담소에서는 휴대폰으로 피해자인 T여인과 직접 통화하여 남편이 합의이혼에 동의하기로 하였다며 면담을 주선하였다. 그래서 피해자인 T여인은 경찰 입회하에 면담하도록 하겠다는 천안쪽 상담소의 다짐을 믿고 주위의 만류를 무릅쓰고서 두 딸과 함께 천안쪽 상담소로 남편을 만나기 위해서 갔다. 하지만 상담소에서는 약속과는 달리 경찰에게 도움을 요청하지 않았던 관계로 경찰관이 동석하지 않은 상태에서 여자 상담소장과 함께 남편과 대면하게 되었다.

남편 K씨가 아내와 단둘이 이야기하고 싶으니까 잠시만 자리를 비껴달라고 요청하여 상담소장이 잠시 자리를 비껴준 사이에, 다시 함께 살자는 남편의 요청을 T씨가 완강하게 거절하자 남편이 양말 속에 미리 준비해 간 과도로 T씨의 가슴과 복부를 여러 차례 찔러서 살해하였다. T씨의 비명소리를 듣고 옆

방에 있던 상담소장과 직원들이 달려왔지만 칼을 들고 있는 남편의 행동을 제지할 수 없어서 끔직한 상황을 그저 쳐다만 볼 수밖에 없었다. 이 때 T씨의 살해장면이 상담소에 설치된 CCTV에 찍혀 방송에 그대로 보도되어 세간의 화재가 되기도 하였다.

이 사건은 피해여성이 가출했을 때가 가해자에게 살해당할 가능성이 높기 때문에 가장 위험한 때라는 점을 조명해주고 있다. 또 여성의집이나 상담소에서 경찰관 입회 없이 가출한 피해자와 가해자를 직접 대면시키는 것은 피해자의 안전을 보장할 수 없는 극히 위험한 행위라는 것을 보여 주는 예이기도 하다. 한편 이 사건으로 해당 상담소도 피해자 보호에 소홀하였다는 비난을 받았다.

③ 아내의 친구집에서의 아내 살해

〈사례 38〉 결혼 13년째인 N씨(여, 39세)는 시골에서 고등학교를 졸업하고 상경하여 직장을 다니다가 지금의 남편을 만나 결혼하였다. 남편은 결혼생활 동안 여러 직업을 전전하며 친정으로부터 경제적인 도움을 받기도 하였으나 성실하지 못한 탓으로 친정에서도 신뢰를 받지 못했다. 또한 성격이 포악하여 종종 친정식구들과 싸움을 하여 친정과의 관계도 소원해진 상태였다. 사건이 일어나기 얼마 전 N씨가 인터넷으로 채팅하는 법을 배웠는데 이 사실을 알게 된 남편은 아내가 바람이 났다고 더욱 의심하고 아내의 일거수일투족을 감시하며 조금만 의심이 가면 구타를 하였다.

이에 N씨는 남편과 도저히 살 수 없다고 생각하고 2002년 8월 남편에게 이혼을 요구하였다. 남편은 처음에는 이혼해줄 수 없다고 했지만 친정에서 N씨 명의로 사 주었던 집을 명의이전해 주는 조건으로 협의이혼서에 도장을 찍어 주겠다고 하였다. 그러나 집을 자기 앞으로 이전해 놓고서도 남편은 이혼을 해주지 않고 도리어 N씨를 방에 가두고 긴 머리를 가위로 자르며 심하게 구타했고 급기야 N씨는 집에서 도망쳐 나왔다. N씨는 우선 고등학교 동창 집에 숨어 지내면서 식당일을 하고 자리가 잡히면 아이들도 데려오리라 생각하고 있었다. 남편은 N씨가 바람이 나서 집을 나간 것으로 생각하고 혈안이 되어

N씨를 찾아다녔으며 친정집으로 협박전화를 하기도 하였다. 이 과정에서 N씨는 여성의전화를 방문하여 상담을 받았다. 당시 여성의전화에서는 N씨에게 쉼터에 대한 정보를 알려주고 쉼터에 입소하도록 권유하였으나 N씨는 친구집이 안전하다고 생각하고 쉼터에 입소하지 않은 채 계속 친구 집에 머물렀다. 그러다 2003년 4월 협의이혼을 하기로 하고 법원에서 만나기로 한 날에 남편은 N씨가 피신해 있던 친구집을 찾아가 N씨를 칼로 가슴과 배를 수차례 찔러 살해하고 그 친구까지 상해를 입혔다.

N씨의 남편은 징역 15년형을 선고받고 항소하였으나 기각되었다. 이 사건은 남편의 폭력에서 벗어나기 위해 자진해서 상담소를 찾아 왔던 피해자가 남편에게 살해된 유형이다. 상담을 할 당시에 상담소측에서는 피해자의 대수롭지 않게 생각하는 면만을 보고서 상황을 심각하게 보지 않는 오류를 범했다. 당시에 피해자의 상황을 좀 더 깊이 있게 파악하여 쉼터에 머물게 하고 체계적인 지원을 했더라면 피해자가 죽음에 이르는 것은 막을 수 있지 않았을까 하는 아쉬움이 남는 사례이다.

④ 머나먼 폭력가정으로부터의 탈출

〈사례 39〉 부인 S씨(여, 42세)는 처녀시절 건축회사에 다니다가 같은 직장에 근무하는 현재의 남편(49세)을 만났다. 남편집안은 매우 가난했고 부모 모두 장기간 병치레를 하고 있어 친정에서는 이들의 결혼을 극구 반대하였다. 그럼에도 S씨는 어려운 환경에서도 성실하게 일하는 남자에 대해 불쌍한 생각도 들고 한편으로는 돌보아주고 싶은, 일종의 연민의 정을 느껴 부모의 반대를 무릅쓰고 결혼을 강행하였다. 이들의 결혼생활에 불운이 찾아온 것은 아파트 건축현장에서 일하던 남편이 추락사고를 당한 후부터였다.

그 사고로 남편은 지체장애 3급, 기질성 뇌증후군, 심한 성격장애 등으로 현저히 다른 사람으로 변하였다. 남편은 지체장애와 정신질환 때문에 정상적인 일을 할 수 없어 소득이 없고, 부인이 부업으로 버는 월 몇 십만 원 정도의 수입과 정부보조금, 국민연금으로 어렵게 생계를 꾸려가고 있는 형편이었다. 남편은 돈에 대한 집착력이 대단하여 얼마 되지도 않는 돈을 자신이 관리하면서 관리비와 공과금 정도만 내고 부인에게 생활비를 전혀 주지 않고 오히려 부인과 자녀들에게 교회나 주위 사람들에게서 돈을 빌리거나 얻어오도록 강요하였다. S씨와 자녀들의 고통은 여기서 끝나는 것이 아니었다.

남편은 부인과 자녀들에게 상습적으로 구타를 하였으며 물리적인 폭행을 하면 이혼당할 수 있다는 것을 안 이후로는 조심하면서 주로 정신적으로 괴롭혔다. "에미를 닮아서 더러운 년들, 너희들은 평생 몸 팔 년들이야"와 같은 성적 모욕감을 주는 상스러운 욕을 입에 달고 살았다. 또한 초등학교 다니는 딸아이들의 옷을 벗겨 만지고 건드리면서 성추행도 하였다. 의처증까지 생겨 부인에게 바깥활동을 전혀 못 하게 하였고 가족들을 집안에 가두어 놓았다. 그리고 "니네들 잠만 자봐라 쥐도 새도 모르게 죽여 파묻어버릴거야"라고 협박하면서 잠을 자지 못하게 하였다. 상황이 이러한데도 남편으로부터 탈출하기는 여간 어려운 일이 아니었다. 남편은 정신질환을 앓는 사람치고는 보통 똑똑한 게 아니었다. 자기주장을 잘 펴고 다른 사람의 말꼬리를 잡고 계속 물고 늘어지기 때문에 다른 사람이 함부로 접근하지 못하였다. 한 번은 파출소에 신고하여 도움을 요청했지만 남편의 말만 듣고 집안문제이기 때문에 경찰이 개입할 수 없다고 하여 되돌아온 적도 있었다. 이혼하려고 해도 친정과는 의절한 상태이고 주위에서는 남편이 무서워 증인이 되어줄 사람이 없었으며 물증도 없어 매번 무위로 끝나고 말았다. 이들 가족이 집으로부터 탈출하게 된 것은 집안에 갇혀 있던 부인 S씨가 동사무소에 전화를 걸어 사회복지담당 공무원들의 도움을 받아 이루어졌다. 처음 S씨가 전화로 구조요청을 했을 때는 다급하고 잔뜩 겁에 질린 목소리였다.

"저 좀 도와주세요, 애 아빠가 애들하고 저하고 밖에 못 나가게 지키고 있어요", "삼일 째 잠도 못 자게 하고, 밥도 먹지 못하게 하고 … 밤새도록 … 이혼당할까 봐 이제는 때리지는 않는데…밤새 몽둥이 들고 욕하고 고함지르고 말도 안 되는 소리로 잠을 못 자게 괴롭혀요", "제발 저희 좀 구해주세요", "집 밖으로만 나올 수 있게 해주세요"

현장에 도착한 사회복지담당 공무원들은 남편의 정신병적 증상 때문에 대화를 시도한다는 것이 무리라는 것을 알고서 차를 발코니 쪽에다 세워놓고 남편이 동네주민과 이야기를 나누는 사이에 식구들을 발코니에서 뛰어내리도록 하여 차를 태워 탈출시켰다. 세 모녀는 양말도 신지 못하고 빈 몸으로 동전지갑 하나만 들고 집을 빠져나왔다. 차를 타고 아파트단지를 완전히 빠져나오기까지 세 모녀는 부들부들 떨며 서로 꼭 껴안고 몸을 숨기기에 여념이 없었다.

세 식구가 임시로 거주할 쉼터 및 일시보호소를 알아보았으나 남편이 찾아낼 것이 예상되어 갈 수 없었고 친정 동생들 집도 찾아와 행패를 부릴 것이 염려되어 결국 사회복지사 집에서 3개월 간 거주하기로 하고 후원비로 생활비를 충당하였다. 15일 후 학교가 개학하였으나 남편이 찾아올까 봐 두 자녀 모두 학교에 보내지 못하고 아이들도 아버지와 만나는 것조차 두려워하여 한 달 정도 집 밖 출입을 하지 않고 살았다. 이에 빠른 이혼수속을 밟으려고 법률구조공단에 자문을 받아보았지만 심한 폭언 및 정신적 학대에 대한 증인확보가 어렵고 남편의 정신진단 자료가 전혀 없어 승산이 없다고 판단하여 포기하였다. 또한 아이들 학교문제와 함께 임시거처의 마련이나 장기적인 생계비 지원도 어렵게 되어 어디 가 있을 만한 마땅한 곳이 없었다. 결국 세 모녀는 다시는 그런 폭언과 행패를 부리지 않겠다는 남편의 약속을 받고서 탈출 3개월 만에 다시 지옥과 같은 가정으로 되돌아 갈 수밖에 없었다.

(그 후 2~3년간 여전히 학대가 계속되어 큰딸이 정신과 치료를 받고 있으며 가해자인 남편 또한 정신질환이 악화되었으나 사람이 워낙 똑똑한 것처럼 말하고 자기주장과 고집이 센 탓으로 의사와의 상담치료가 불가능하여 약물치료가 필요한 상태라고 함)

참고문헌

□ 국내문헌

1. 단행본

김광일 편저, 가정폭력 : 그 실상과 대책, 탐구당, 1997.
김병주, 한국의 가정폭력 : 실상과 국가개입, 백산자료원, 2002.
김병준, 가정폭력범죄론, 법문사, 2004.
김용우/최재천 공저, 형사정책, 박영사, 1998.
박상기/손동권/이순래, 형사정책, 형사정책연구원, 2001.
박윤흔, 최신 행정법 강의(하), 박영사, 2002.
배종대, 형사정책, 홍문사, 2001.
배종대·이상돈, 형사소송법, 홍문사, 1996.
송광섭, 범죄학과 형사정책, 유스티니아누스, 2003.
윤세창·이호승, 행정법(하), 박영사, 1994.
이배근, 아동학대의 이론과 실제, 신흥메드싸이언스, 2004.
임 웅, 형법총론, 법문사, 2002.
임 웅, 비범죄화의 이론, 법문사, 1999.
정경선, 지역사회경찰론, 경찰대학, 2000.
정영석/신양균, 형사정책, 법문사, 1997.
최선우 역, 지역사회 경찰활동: 각국의 이슈 및 현황, 집문당, 2001.
최영인/염건령, 가정폭력범죄와 여성에 의한 스토킹범죄이론, 백산출판사, 2005.
홍정선, 행정법원론(하), 박영사, 2002.
그랜트 마틴 저/김연 역, 가정폭력과 학대, 두란노, 2002.
시오노 나나미 지음/김석희 옮김, 로마인 이야기, 한길사, 2006, 제4권.
알란켐프 저/이화여자대학교 사회사업연구회 역, 가족학대·가족폭력, 나남출판, 2001.
조세핀 도너번 저/김익두·이월영 역, 페미니즘이론, 문예출판사, 1998.

R. J. Gelles 저/이동원・김지선 역, 가정폭력의 허상과 실상, 길안사, 1998.

2. 연구논문

권정희, "가정폭력의 실태와 법적 고찰", 법학논집, 제6권 제1호, 이화여자대학교 법학연구소, 2001.6.

금덕희, "가정폭력범죄의 처벌 등에 관한 특례법상의 임시조치와 보호처분에 관하여", 인천법조, 제5집, 2000.

김병주, "가정폭력범죄에 대한 경찰의 대응 방안", 치안연구소, 1999.

김병주, "가정폭력 관련법률에 대한 평가와 전망", 형사법연구, 제10호, 1998.

김승권/조애저, "한국 가정폭력의 개념정립과 실태에 관한 연구", 한국보건사회연구원, 1998.

김엘림 외, "성폭력・가정폭력 관련법의 시행실태와 과제", 한국여성개발원, 1999.

김익기외, "가정폭력의 실태와 대책에 관한 연구", 한국형사정책연구원, 1992.

김재엽, "한국 가정폭력의 실태에 관한 연구", 한국사회복지학, 통권 제35호, 1998.

김재엽, "한국 가정폭력의 실태와 사회계층 변인과의 관계 연구", 한국사회복지학, 통권 제35호, 1998.

김재엽, "가정폭력방지관련법의 개정방안에 관한 연구", 사회과학론집, 제28권, 연세대학교 사회과학연구소, 1997.

김재엽, "한국가정폭력 실태와 행위자교정 프로그램 개발연구", 법무부용역과제, 연세대학교 사회복지연구소,1999.

김재엽/조학래, "한국가정의 자녀폭력 실태와 문제점", 가정 내에서의 아동학대, 한국아동학대예방협회, 1998.

김은경, "가정폭력범죄의 형사절차상 위기개입 방안연구", 한국형사정책연구원, 2001.

김형훈, "경찰훈방", 경찰학연구, 제2호, 2002.

김혜선, "아내구타에 대한 경찰의 개입", 입법조사연구, 제237호, 1996.

김혜선, "가정폭력방지법 시행실태 및 집행에 대한 태도조사", 가정폭력방지법 그 평가 및 대안(가정폭력방지법 시행 1주년 기념토론회 자료집), 한국여성의전화연합, 1999.

문혜숙, "가정폭력 실태와 예방 및 대책에 관한 연구", 지역연구, 제9집 (2000.2).

민수홍, "가정폭력이 자녀의 비행에 미치는 영향", 한국형사정책연구원, 1998.

박미은, "가정폭력과 사회복지적 대응방안", 사회복지, 제131호, 1996.

박선미, "가정폭력의 개념과 대책에 관한 고찰: 남편의 아내폭력 문제를 중심으로", 국회보, 제301호(1991.11).

박수철, "가정폭력의 실상과 대응방안", 98 주요 현안별 정책연구 자료집, 국회법제사법위원회, 1998.

박영란/황정임, "여성에 대한 폭력 관련 서비스 연계 방안", 한국여성개발원, 2000.

변화순외, "한국가족정책에 관한 연구", 한국여성개발원, 1990.

변화순 외, "가정폭력의 예방과 대책에 관한 연구", 한국여성개발원, 1993.

서거석/김운회, "가정폭력에 대한 경찰의 대응실태와 문제점", 형사정책, 제14권 제1호 한국형사정책학회, 2002.

서윤, "노인학대 사례 연구", 노인복지연구, 통권 제9호, 한국노인복지학회, 2000.

서윤 "한국 노인학대의 현황과 사회복지적 개입 실천과제", 보건과 복지, 제7집, 한국보건복지학회, 2004.

손동권, "현행 피의자 체포·구속제도에 관한 연구", 이형국 교수 회갑기념 논문집, 법문사, 1998.

심영희, "아내구타의 사회적 의미와 대책", 아내구타·아동학대, 깨어진 가족공동체(가정폭력방지법 추진을 위한 공개토론회 자료집), 한국여성의전화, 1994.

심재근, "가정 내의 폭력과 공격성: 아내구타의 이론과 발생빈도 그리고 구타 양상", 가정폭력: 그 실상과 대책, 탐구당, 1997.

안영길, "가정폭력행위자에 대한 법원의 조치", 가정폭력방지법 시행상의 문제점과개선방안 세미나 자료집, 법무부, 1999.

양정자 / 안정희, "한국가정법률상담소 창구를 통해 본 가정폭력 실태조사", 가정폭력 그 실상과 대책, 한국가정법률상담소, 1996.

유숙영, "가정폭력처벌법상의 개선방안", 한일형사법의 과제와 전망(수운 이한빈 교수 정년기념논문집), 화성사, 2000.

이영자, "아내구타 : 가정파괴, 사회폭력범죄문제로접근", 아내구타, 아동학대, 깨어진 가족공동체(가정폭력방지법 추진을 위한 공개토론회 자료집), 한국여성의전화, 1994.

이종걸, "가정폭력범죄의 처벌 등에 관한 특례법 제정경위와 목적", 가정폭력특별법 토론회, 한국가정법률상담소, 1998.

이찬진, "가정폭력방지법 운영실태 및 개정방향", 가정폭력방지법 그 평가 및 대안(가정폭력방지법 시행 1주년 기념토론회 자료집), 한국여성의전화연합, 1999.

이화숙, "가정폭력에 대한 영국가족관련법의 보호조치", 법학논총, 경원대학교, 제3호, 1996.

이황우, "미국의 지역사회 경찰활동에 관한 연구", 한국공안행정학회보, 제5호, 1998.

이훈구/이영주/박수애, "가정폭력의 피해자 및 피의자 특성", 국무총리 청소년 보호위원회, 2000.

임동규, "가정폭력처벌법에 관한 고찰", 법조, 2001. 8(Vol. 539).

전대양, "일본의 지역사회 경찰활동에 관한 연구", 형사정책연구, 제8권 제4호(통권 제32호), 1997.

정춘숙, "가정폭력사건처리 불만신고센타에 나타난 가정폭력방지법의 현황", 가정폭력방지법 조기정착을 위한 토론회 자료집, 한국여성의전화연합, 1998.

정춘숙, "가정폭력관련법 시행실태 및 집행에 대한 조사", 가정폭력방지법 시행5주년 현주소와 개선방향, 서울여성의전화, 2003.

정현미, "가정폭력방지법의 제정은 필요한가?", 형사정책연구소식, 제38호, 1996.

최원규, “경찰 사회사업가제도 도입・활용방안”, 치안보고서, 치안연구소, 1995.

표창원, “영국 사례의 검토를 통한 한국경찰의 가정폭력 대응능력 제고방안”, 형사정책, 제12권 제1호, 2000.

한인섭, “가정폭력법의 법적 구조와 정책지향에 대한 검토”, 법학, 제39권 제2호, 서울대학교 법학연구소, 1998.

한인섭, “가정폭력 피해자에 의한 가해자 살해 : 그 정당화와 면책의 논리”, 법학, 제37권 제2호, 서울대학교 법학연구소, 1996.

한인섭, “가정폭력법에 대한 법정책적 검토”, 피해자학연구, 제7호, 한국피해자학회, 1999.

3. 간행물

경찰청, 경찰백서, 2000.

경찰청, 경찰백서, 2005.

경찰청, 범죄분석, 2001.

경찰청, 경찰법령질의회시집, 제7집, 2000.

경찰청, 대여성・아동범죄 실무 매뉴얼, 2002.

대검찰청, 범죄분석, 1997.

법무부, 각국의 여성에 대한 폭력방지제도, 2001.

법무부, 유엔 여성인권관련보고서, 2000.

보건복지부, 전국 아동학대현황보고서, 2003.

서울여성의전화, 2003년 가정폭력상담소 면접설문 통계.

□ 외국문헌

1. 구미문헌

(가) Books

Berry, D. B., The Domestic Violence Sourcebook, LA : Lowell House, 2000.

Bourlet, A., Police Intervention in Marital Violence, Open University Press, 1990.

Buzawa, Domestic Violence, Sage Publication, 1996.

Dobash, R. E., Women Violence and Social Change, New York: Free Press, 1981.

Egger, S., Contemporary Domestic Violence and Forcible Rape, New York: Pager and Companies, 2003.

Geller, J., Breaking Destructive Patterns, N.Y: Free Press, 1992.

Gelles, R. J., Family Violence, 2nd, edition, Sage Publication, 1989.

Gelles, R. J, Intimate Violence in Families, Sage Publication, 1997.

Giles-Sims, J., Wife Battering: A System Theory Approach, New York: Guilford, 1983.

Goldstein, H., "Improving Policing: A Problem-Oriented Approach", Journal of Crime and Delinquency, (April 1979).

Gosselin, D. K., Heavy Hands: an Introduction to the Crimes of Domestic Violence, Prentice-Hall Press, 2000.

Policy Studies Institute, Police and People in London, Iver, 1983.

Pizzey, E., Scream Quietly or the Neighbours Will Hear, London: If Books, 1974.

Rudi, D., Police Policy on Domestic Violence, London: Sage Publication, 1993.

Summers, R. W. and Hoffman, A. M., Domestic Violence: a Global View, Greenwood Press, 2002.

Thomas, T., The Police and Social Workers, Hants, 1994.

Walker, L. E., The Battered Woman, Harper & Row, 1979.

Walker, L. E,. Terrifying Love : Why Battered Woman Kill and How Society Responds, N.Y: Harper & Row, 1989.

Wallace, H., Roberson, C. and Steckler, C., Fundamentals of Police Administration, Englewood Cliffs, N J : Prentice Hall, 1995.

Wiehe, V. R., Understanding Family Violence : Treating and

Preventing Partner, Child, Sibling, and Elder Abuse, Sage Publications, Inc., 1998.

(나) Articles

Brewster, M. P., "Domestic Violence Theories, Research, and Practice Implications", Handbook of Domestic Violence Intervention Strategies, Oxford University Press, 2002.

Douglas, D., "Intervention With Male Toddlers Who Have Witnessed Parental Violence", J of Contemporary Human Service, Nov., 1991.

Elbow, M., "Children of Violent Marriage: the Forgotten Victims", J of Contemporary Social Work, Oct., 1982.

Ferro, K. J., "Policing Women Battering", Social Problems, Vol.36, No.1, Feb., 1989.

George L. Kelling, et al., The Kansas City Preventive Patrol Experiment: A Summary Report(Washington, D.C: The Police Foundation), 1974.

Gells and Maynard, "A Structural Family Systems Approach to Intervention in Cases of Family Violence", Family Relations, Vol.36, 1987.

Gelles, R. J, "Constraints Against Family Violence", American Behavioral Scientist, Vol.36, No.5, 1993.

Hoffman, Jan., "When Men Hit Women", The New York Times Magazine, Feb., 16, 1992.

Kelly, L. & Humphreys, C., "Supporting women and children in their communities: Outreach and advocacy approaches to domestic violence", What Works in Reducing Domestic Violence, Whiting & Birch Ltd., 2001.

Roberts, Kurst-Swanger, "Police Responses to Battered Women: Past, Present, and Future", Handbook of Domestic Violence

Intervention Strategies: Policies, Programs, and Legal Remedies, Oxford University Press, 2002.

Stark, E., "Mandatory Arrest of Batterers: A Reply to Its Critics", American Behavioral Scientist, Vol.36, No.5, 1993.

Straus, M. A., "A General Systems Theory Approach to a Theory of Violence between Family Members", Social Science Information, 1973.

Straus, M. A., "Measuring Infrafamily Conflict and Violence : The Conflict Tactics Scales(CT)", Journal of Marriage and the Family, February, 1979.

Walby, S., "Violence", Theorizing Patriarchy, Cambridge: Basil Blackwell Ltd., 1990.

Zorza, Joan, "The Criminal Law of Misdemeanor Domestic Violence, 1970-1990", The Journal of Criminal Law & Criminology, Vol.83, No.1, 1992.

2. 일본문헌

日本 警察廳, 警察白書, 1995.

日本 警察廳, 犯罪統計書(平成8年의 犯罪), 1997.

日本 警察廳, 警察白書, 2000.

小野正博, "地域警察の本質", 警察學論集, 第48巻 11号, 1995.

浜井浩一外, "世界から見た日本の家庭內暴力", 刑政, 第109巻, 第11號, 1998.

渡部一成, "コミュニテイポリシング", 警察學論集, 第48巻 第11号, 1995.

宮澤浩一(장규원역), 피해자학입문, 길안사, 1999.

찾아보기

가

나

다

라

마

바

아

자

차

카

타

파

하

〈저자소개〉

■ 김 운 회

전북대학교 행정학과 졸업

연세대학교 대학원 졸업(행정학 석사)

전북대학교 대학원 졸업(법학 박사)

전북지방경찰청 수사과장

전북지방경찰청 경비교통과장

전주중부경찰서장

김제경찰서장

TBN 전주교통방송 총무국장

현, 도로교통공단 전북지부장

현, 전주대학교 경찰행정학과 겸임교수

가정폭력범죄 -그 이론과 실제 그리고 사례-

2006년 7월 10일 초 판 발 행

2008년 1월 20일 수정판발행

著 者 김 운 회

發行人 (寅製) 秦 旭 相

發行處 白山出版社

서울시 성북구 정릉3동 653-40

등록 : 1974. 1. 9. 제1-72호

전화 : 914-1621, 917-6240

FAX : 912-4438

http://www.baek-san.com

edit@baek-san.com

값 20,000원

ISBN 89-7739-860-6